COLLECTION LITTÉRATURES

Nina Almberg · *La Dernière Amazone*
· *Pour Suzanne*

Aïda Amara · *Avec ma tête d'Arabe*

Mehdi Charef · *Rue des Pâquerettes*
· *Vivants*
· *La Cité de mon père*
· *La Lumière de ma mère*
· *Le Harki de Meriem*

Collectif Piment · *Le Dérangeur*

Adèle Gascuel · *Les Nouveaux Venus*

Paulo Higgins · *Vous vouliez ma chaleur, vous aurez mon feu*

Tassadit Imache · *Fini d'écrire !*
· *Le Voyage empêché*
· *Une fille sans histoire*

Catherine Laurent · *La Possibilité d'un enfant*

Bruno Le Dantec · *Et mon père un oiseau ?*

Myriam Loussif · *Tiens bon, ne lâche rien*

Agnès Mascarou · *Laisse tomber la nuit*

Louise Morel · *Ressource humaine*

Louise Mottier · *Bâtiment Babinski*

Trevor Noah · *Trop noir, trop blanc*

Erika Nomeni · *L'Amour de nous-mêmes*

Daphné Ticrizenis · *Autrices*
tome 1 (Moyen Âge - XVIIe siècle)
et tome 2 (XVIII et XIXe siècles)

Émilie Tôn · *Des rêves d'or et d'acier*

Dali Misha Touré · *Cicatrices*

Elsa Vallot · *Le corps le sang la rage*

COLLECTION FAITS ET IDÉES

Sara Ahmed · *Vivre une vie féministe*

Valérie Archeno · *Épanouies*

Victoria Berni-André · *Vivant·es et dignes*

Jacques Bouveresse · *Les Premiers Jours de l'inhumanité*
· *Les Foudres de Nietzsche et l'aveuglement des disciples*
· *La Passion de l'exactitude*

Arthur Brault-Moreau · *Le Syndrome du patron de gauche*

Collectif · *Notre corps, nous-mêmes*

Collectif · *Solidarité forever*

Collectif · *Anthologie de la pensée noire*

Collectif · *Nos enfants, nous-mêmes*

Hendrik Davi · *Le capital, c'est nous*

Adeline De Lépinay · *Organisons-nous !*

Magali Della Sudda · *Les Nouvelles Femmes de droite*

Quentin Delval · *Comment devenir moins con en dix étapes*

Sarah Durieux · *Militer à tout prix ?*

Elvire Duvelle-Charles · *Féminisme et réseaux sociaux*

Caroline Ernesty, Agathe Moreaux · *Pourquoi le sexe fait mal*

Alexandra Frénod, Caroline Guibet-Lafaye · *On ne va pas y aller avec des fleurs*

Mariame Kaba · *En attendant qu'on se libère*

Hanane Karimi · *Les femmes musulmanes ne sont-elles pas des femmes ?*

Malcolm X et Alex Haley · *L'Autobiographie de Malcolm X*

Margaux Mazellier · *Marseille trop puissante*

Julian Mischi · *Le Parti des communistes*

Louise Morel · *Comment devenir lesbienne en dix étapes*

Louise Mottier · *Les Conquérants*

Marion Olharan Lagan · *Patriartech*

Lucie Ramognino · *Trop fortes !*

Jean-Jacques Rosat · *L'Esprit du totalitarisme*

Alexia Soyeux · *Passer l'âge*

Jennifer Yezid (avec Asya Djoulaït et Sami Ouchane) · *Malika*

Clara Zetkin · *Je veux me battre partout où il y a de la vie*

33 NEWPORT STREET

Convaincu·es que l'écriture inclusive pose des questions essentielles mais n'y apporte pas encore de réponses pleinement satisfaisantes, nous avons choisi pour chaque livre publié, en accord avec son auteur·rice et selon l'avancée des débats en cours, des solutions adaptées au sujet abordé et au public visé.

Afin de contribuer à rendre plus lisible la structuration de l'édition en France, lorsqu'une maison d'édition citée dans nos livres dépend d'un groupe, nous le précisons entre parenthèses à la première occurrence – sous réserve des rachats en cours.

Photographie de couverture :
© Gary Butterfield (Unsplash)

42, rue Saint-Saëns 13001 Marseille
www.horsdatteinte.org

Première édition en langue française : Seuil, 1991

Cet ouvrage a été publié avec le soutien de la Région Provence-Alpes-Côte d'Azur.

1re impression

ISBN : 978-2-38257-247-4
ISSN : 2677-8041

33 NEWPORT STREET
AUTOBIOGRAPHIE D'UN INTELLECTUEL ISSU DES CLASSES POPULAIRES ANGLAISES

Richard Hoggart

Présentation de Claude Grignon

Traduction de Christiane et Claude Grignon

avec la collaboration de Christopher Todd

Préface de Bernard Lahire

RICHARD HOGGART OU LA FORCE DU DÉPLACÉ

Paru en français en 1991, *33 Newport Street* reste à ce jour la lecture la plus bouleversante qu'il m'ait été donné de faire. Je n'avais alors pas tout à fait vingt-huit ans et avais soutenu un an plus tôt ma thèse sur l'échec scolaire des enfants de classes populaires à l'école primaire. Quelques années auparavant, j'avais lu *The Uses of Literacy*[1] avec le sentiment que son auteur – dont j'ignorais alors presque tout de la vie – ne trahissait pas la réalité des classes populaires qu'il décrivait: vie familiale et de quartier, rapport aux médias, pratiques de lecture, morale pratique, etc. Il fallait aussi une grande lucidité sociologique pour oser reconnaître que le « boursier » – qu'il avait été – est le « produit le plus pur du système scolaire[2] » et qu'il demeure marqué à vie par sa condition d'oblat. J'avais également lu quelques romans d'Annie Ernaux[3], qui témoignaient avec sincérité des différents moments familiaux et scolaires de son parcours d'ascension sociale, mais dont les sentiments de honte ou de mépris qu'elle disait avoir éprouvés envers sa famille me mettaient profondément mal à l'aise, tant ils étaient étrangers à ma propre expérience d'enfant issu de la classe ouvrière.

1 Ouvrage traduit en français par François et Jean-Claude Garcias et Jean-Claude Passeron, sous le titre *La Culture du pauvre*, Minuit, « Le sens commun », 1970.

2 *Ibid.*, p. 354.

3 Cf. *Les Armoires vides*, Gallimard, 1974; *La Place*, Gallimard, 1983 et *Une femme*, Gallimard, 1987.

Bouleversante, la lecture de *33 Newport Street* l'a été pour des raisons indissociablement personnelles et sociologiques. En plongeant dans l'autobiographie de cet homme né en 1918 à Leeds, je m'y suis presque entièrement « retrouvé », malgré les différences d'époque et de pays. J'y retrouvais les personnages féminins bienveillants de mon enfance – ces grand-mère, mère et tante courageuses qui mènent leur barque familiale avec une admirable constance –, mais aussi les figures-repoussoirs de ceux qui, au sein même de la famille, se laissent « couler » en-dessous du seuil de respectabilité. Et, bien sûr, j'y retrouvais les attitudes et les comportements du « boursier » : celui qui, pour pouvoir se consacrer avec acharnement – et au risque de la « dépression nerveuse » – au travail d'appropriation des connaissances, se coupe des réseaux de sociabilité amicale qui lui sont accessibles et peut sombrer ; celui qui éprouve une « suspicion envers tous les groupes » (p. 120), conséquence de la clôture protectrice du milieu familial ; celui, enfin, qui se montre « hypersensible, à vif, mal assuré et irrité au moindre soupçon de condescendance » (p. 412).

Non seulement je m'y « retrouvais » personnellement, avec le sentiment d'une sorte de correspondance miraculeuse entre deux parcours biographiques, mais j'y trouvais, dans le subtil mélange de récit et de réflexivité sociologique, les mots justes pour dire l'expérience vécue par tous les « déplacés sociaux ». Car, contrairement à ce que l'on peut penser, être issu d'un groupe social ne prédispose pas nécessairement à faire la (bonne) sociologie de ce groupe. Le passage, à la fois heureux et douloureux, d'un groupe dominé à un autre, plus légitime, peut parfois nourrir des rapports ambivalents à son milieu d'origine, oscillant entre affection et mépris culturel. Convertir une traversée de l'espace social – véritable expérience anthropologique, au sens d'expérience humaine mais aussi d'expérience de l'« exotisme » au sein d'une même formation sociale –, en dispositions scientifiques à interroger le monde social, sans mépris ni démagogie : voilà ce que Richard Hoggart accomplit magnifiquement dans *33 Newport Street.*

Ce livre est une autobiographie d'un genre particulier. Il serait d'ailleurs plus juste de parler d'« autobiographie sociologique » car, loin du genre littéraire consistant à mettre sans cesse en avant sa vie et ses sentiments détachés de tout contexte, Hoggart nous propose un récit qui n'est pas exclusivement centré sur un parcours individuel isolé. À travers un minutieux travail de reconstruction, il restitue les conditions et les étapes de production de sa « personne ». Ici, point d'accumulation d'anecdotes ou de détails insignifiants : chaque événement, chaque scène décrite sont toujours sociologiquement pertinents.

Ainsi, lorsqu'il évoque les vieux veufs de son quartier, dont les chiens tenaient une place importante, il ne se contente pas de mentionner un élément pittoresque servant à planter le décor ou à typifier un personnage. Là où d'autres en resteraient à la simple notation, Hoggart livre le sens social profond de cette présence canine :

> Bien que les femmes vécussent en général plus longtemps que leurs maris, il y avait beaucoup de vieux veufs, pour qui les chiens étaient souvent quelque chose d'important, pour deux raisons apparemment mais pas nécessairement contradictoires : c'était quelque chose dont on pouvait être le « maître » lorsqu'il n'y avait rien d'autre à « maîtriser », et aussi quelque chose à aimer, lorsqu'il n'y avait plus d'être humain proche à aimer[4].

4 P. 258-259.

Ce genre de remarques foisonne dans un texte d'une grande densité sociologique. Et comment ne pas lui donner raison, aujourd'hui encore et bien au-delà de l'Angleterre, y compris à propos d'une partie des chercheurs en sciences sociales contemporains, lorsqu'il affirme que « ceux qui réagissent avec colère contre l'idée que le sentiment de classe et les comportements de classe sévissent encore en Angleterre le font avec autant de conviction [...] parce que le style de classe qu'ils pratiquent eux-mêmes est si enfoui dans leur éducation et dans leur formation qu'ils sont tout à fait incapables de le reconnaître ; cela leur semble la manière ordinaire, normale et neutre de se comporter » ? (p. 406).

Son récit donne à voir avec une précision rare quelles ont été ses conditions d'existence et de coexistence, en commençant par les primes socialisations familiales et en poursuivant avec les socialisations scolaires et universitaires, pour pouvoir rendre compréhensibles les dispositions à agir, à sentir ou à penser qui le caractérisent. Tout au long de son récit, il s'attache aussi à montrer que les différentes manières de vivre et de se conduire, qu'elles soient individuelles ou collectives, ne sont jamais indépendantes les unes des autres : elles se définissent en creux, se répondent et se façonnent en s'opposant.

Hoggart raconte avoir pressenti très tôt – dès ses années de lycée à Cockburn – que « la grande majorité d'entre nous roule réellement dans sa tête le modèle et l'image tridimensionnels qui nous sont propres, un sens du temps, de l'espace et du possible qui nous est pour une faible part personnel, qui est déterminé socialement, et qui reste pratiquement inchangé depuis le moment où il a pris forme » (p. 361). C'est notamment en repensant à cette formule, vingt ans plus tard, que j'ai eu l'intuition de l'importance de ce que j'ai appelé une *problématique existentielle* pour comprendre aussi bien la création des œuvres littéraires[5] que la production onirique de tout un chacun[6]. Celle-ci se met en place très tôt dans la vie et repose sur des éléments d'une remarquable stabilité tout au long de l'existence, mais peut néanmoins évoluer en fonction des grandes étapes du cycle de vie ou des événements marquants d'un parcours biographique.

Hoggart devient très tôt orphelin de père, puis de mère. Son père, peintre en bâtiment mais n'ayant cessé d'entrer et de sortir de l'armée, meurt vers l'âge de 40 ou 50 ans, alors que Richard n'a qu'un an et demi. Sa mère, issue d'une famille de Liverpool considérée par la branche paternelle comme de « meilleure classe », disparaît à son tour lorsqu'il n'a que sept ou huit ans. Véritable « principe organisateur du ménage » (p. 136), cette mère se distingue par un refus constant, probablement en raison de son origine sociale légèrement plus élevée, du « laisser-aller » ou du « relâchement » caractéristiques d'autres familles populaires. Vivant dans des conditions matérielles très précaires et à maints égards humiliantes – la famille Hoggart, composée de la mère et de ses trois enfants, est prise en charge par la paroisse, le Comité des gardiens et l'Assistance publique de la commune –, elle gère tant bien que mal, avec le peu d'argent dont elle dispose, une vie familiale repliée sur elle-même.

L'univers familial d'Hoggart, et en tout premier lieu celui qu'il forme avec sa mère, son frère et sa

5 Bernard Lahire, Franz Kafka. *Éléments pour une théorie de la création littéraire*, La Découverte, « Laboratoire des sciences sociales », 2010.

6 Bernard Lahire, *L'Interprétation sociologique des rêves*, La Découverte, « Laboratoire des sciences sociales », 2018 et *La Part rêvée. L'interprétation sociologique des rêves 2*, La Découverte, « Laboratoire des sciences sociales », 2021.

sœur, a tout du sanctuaire : un espace paisible, clos sur lui-même, où « les habitudes et les styles » sont édictés par « Dieu – c'est-à-dire Mère » et où toute comparaison avec l'extérieur est soigneusement évitée, car nécessairement désavantageuse :

> Ce que les autres faisaient et que nous ne faisions pas – partir en vacances, acheter des frites et du poisson à la boutique du coin pour le soir ou, plus exotique encore, le vendredi à l'heure du thé, aller au cinéma en ville le samedi en matinée – représentait pour nous, durant nos premières années, moins des activités à envier que des déviations bizarres à ignorer[7].

Cette fermeture, « imposé[e] par la rigueur avec laquelle [leur] mère devait agir », avait une conséquence directe : les jeux se déroulaient exclusivement au sein de la fratrie, et les sorties conservaient un caractère strictement familial :

> Nos seules visites étaient pour notre grand-mère paternelle à Hunslet. Nous n'appartenions à aucune association sportive, récréative, communautaire ou scolaire ; nous étions tellement obligés de nous replier sur l'intérieur que nous étions absolument extérieurs à tout et, dans la mesure où nous ne connaissions pas d'autres manières d'être, nous ne cherchions pas à nous intégrer[8].

De cette expérience précoce, vécue en marge des cadres institutionnels où les enfants se retrouvent

7 P. 123.

8 P. 120.

pour des activités sportives ou culturelles, Hoggart a forgé des dispositions rétives à l'égard des collectifs : « C'est peut-être là, pour une part, l'origine de ma suspicion constante et maintenant encore inextirpable envers presque tous les groupes (excepté les clubs de cyclisme populaires) » (p. 120).

Lorsque Richard Hoggart, à la mort de sa mère, est séparé de son frère et de sa sœur et placé chez sa grand-mère paternelle à Hunslet, au 33 Newport Street, il intègre un milieu marqué, lui aussi, par un « attachement crispé et continuel à la respectabilité, produit de la crainte de sombrer sans laisser de trace » (p. 98). Cette « classe populaire respectable » prend corps à travers plusieurs figures féminines centrales. Il y a tout d'abord sa tante Ethel, gardienne intransigeante du non – « laisser-aller », du contrôle de soi et des exigences de la « respectabilité ». Sa grand-mère, quant à elle, est « immensément enfamilialisée », dénuée de toute ambition personnelle ; mais elle nourrit pour son petit-fils une aspiration profonde : qu'il « fasse son chemin » et, « par-dessus tout », qu'il « sache manier les mots » et « apprenne […] à bien parler ». Enfin, sa tante Annie, à l'image de sa grand-mère, lui témoigne un « amour désintéressé », offrant un soutien affectif essentiel dans cet environnement où l'honneur et l'éducation sont perçus comme les seuls remparts contre la précarité sociale.

Même la figure repoussoir de l'Oncle Walter, qui « gaspille » ses « talents » en buvant de l'alcool, n'est pas dépeinte de manière totalement négative. Hoggart se souvient en effet que, dans un univers social éloigné de la culture écrite, cet oncle se distinguait en écrivant des récits « sur le modèle de ce qu'on pouvait trouver dans les magazines hebdomadaires à bon marché de l'époque » (p. 86). Même son grand-père paternel, décédé avant qu'il n'intègre le foyer, incarne une forme de respectabilité ouvrière. Chaudronnier « très au-dessus d'un ouvrier non qualifié », il est resté dans la mémoire familiale comme un homme animé par une profonde fierté professionnelle.

Si l'on ajoute à cela le rôle déterminant de deux figures éducatives – Mr. Harrison, le directeur de son école primaire (chapitre 5), et Bonamy Dobrée, professeur à l'université de Leeds (chapitre 7) – qui ont soutenu matériellement et encouragé le jeune Hoggart, notamment par des injonctions prédictives telles que « Il faut que tu réussisses, mon gars » (p. 195), on saisit l'ensemble des éléments, matériels et symboliques, qui ont contribué à rendre possible une improbable réussite scolaire et professionnelle.

Comme je l'ai déjà mentionné, le thème de la respectabilité est central pour comprendre à la fois la situation sociale de la famille de Hoggart et la dynamique qui permet au jeune Richard de s'extraire de sa classe d'origine. « Bien que pauvres, nous appartenions, c'était tout à fait clair, à la classe ouvrière respectable » (p. 72), écrit-il. Mais comment cette « respectabilité » se manifeste-t-elle concrètement ? Et, plus précisément encore, comment se traduit « cet attachement crispé et continuel à la respectabilité » (p. 98) ? Tout d'abord, l'apparence – qu'il s'agisse des vêtements, de l'ameublement ou de décoration intérieure – devait à tout prix éviter de donner l'impression d'un quelconque laisser-aller. L'obsession était de ne jamais apparaître « minable » :

> Minable était un mot qui avait pour nous tous une résonance profonde. Il véhiculait, dans ses différentes significations, beaucoup des craintes propres aux membres des classes populaires respectables. D'ordinaire, ceux-ci ne remarquaient

> pas, et n'étaient pas conscients du fait qu'ils étaient stigmatisés par leur langage (même s'ils reconnaissaient la manière de parler cultivée lorsqu'ils l'entendaient). Mais ce qu'ils craignaient, c'était de commencer à avoir l'air miteux[9].

Un « aspect minable » était, pour la famille de Hoggart, « l'indicateur que quelqu'un [...] avait laissé les choses aller au lieu de se battre sans trêve pour ne pas succomber » (p. 312). On mesure alors la tension permanente qui pesait sur ces fractions des classes populaires, coincées entre la peur de « sombrer dans le genre minable » et les contraintes d'un budget si restreint qu'il ne permettait pas, par exemple, d'acheter autre chose « que des vêtements bon marché qui se lustraient rapidement puis s'élimaient » (p. 311).

Mais le désir de respectabilité poussait aussi à gérer son budget avec une rigueur implacable :

> S'ils veulent survivre et ne pas couler, les pauvres doivent, fardeau supplémentaire, ironique et pervers, gérer leur argent comme le feraient des comptables. Rien n'a le droit de déborder, d'être desserré, d'être relâché même sur les bords, il n'y a pas de possibilité pour des mouvements déplacés, pas le moindre jeu dans la trame de la vie quotidienne. Dix centimes de perdus, un léger écart pour une petite folie, et l'addition, tout simplement, ne tombe plus juste, le puzzle ne s'assemble plus[10].

En lisant cela, on ne peut s'empêcher de penser au mépris de classe qui frappe ordinairement ceux

9 P. 310-311.

10 P. 131.

que l'on qualifie de « tendus », de « radins » ou d'« anxieux » alors qu'en réalité, ils n'ont jamais eu le luxe de ne pas l'être. Ceux qui, comme on dit, « ont les moyens », traversent sans inquiétude les petites épreuves du quotidien : un vêtement déchiré, une assiette ébréchée, un meuble abîmé, un appareil ménager ou une chaudière qui tombent en panne, rien de tout cela ne met en péril leur équilibre financier ni la survie de leurs proches. Ils donnent ainsi l'impression d'être détachés des contingences matérielles, mais uniquement parce que, pour eux, tout est facilement remplaçable.

La quête permanente de respectabilité révèle que l'opposition « eux »/« nous »[11] ne se limite pas à un clivage figé entre les classes populaires et « les autres » – qu'ils soient bourgeois, intellectuels, professeurs ou représentants de l'autorité publique. Elle traverse en réalité l'ensemble de l'espace social et s'exprime tout autant à l'intérieur même des classes populaires. Entre différentes fractions de classe, entre voisins, d'un quartier ou d'une rue à l'autre, etc., cette distinction se rejoue sans cesse, alimentant des jugements et des rivalités fondés sur des écarts souvent infimes : « On décidait des frontières par l'aspect des rues et par les gens qui y habitaient. Tel ensemble de rues appartenait aux Irlandais, tel autre se trouvait légèrement supérieur à ceux qui l'entouraient, tel autre encore était considéré comme un peu moins respectable (p. 265). »

11 On peut parler de la loi du rapport eux/nous et de la préférence donnée au « nous ». Cette loi explique diversement népotisme, corporatisme, nationalisme, patriotisme, ethnocentrisme, racisme, xénophobie, régionalisme, guerres de clochers, etc., qui sont autant de manifestations de la préférence accordée ou la priorité donnée au « nous » sur le « eux ». Cf. Bernard Lahire, « Chapitre 21. Eux/nous : ethnocentrisme, racismes », *Les Structures fondamentales des sociétés humaines*, La Découverte, « Sciences sociales du vivant », 2023, p. 842-877.

Tout ce qui est contenu dans les limites du « nous » – qu'il s'agisse de la famille, de la rue ou du quartier, selon les contextes – est perçu comme supérieur, meilleur et préférable à ce qui se trouve à l'extérieur :

> Cette chapelle ou ce pub étaient « les nôtres », les autres étaient « les leurs ». Ce quadrillage subtil par identification possessive s'étendait à tous les commerces locaux : il y avait « notre » boucher, « notre » épicier, « notre » marchand de bonbons ; et nous étions absolument sûrs que nos boutiques étaient meilleures que « les leurs »[12].

À différents moments du livre, Richard Hoggart évoque deux grandes orientations dans le traitement politique des classes populaires. Qu'il s'agisse du travail social ou des bibliothèques – mais l'on pourrait penser aussi à l'école –, il montre que le prétendu « respect » des classes populaires est pour le moins ambigu. Ce respect se traduit, par exemple dans le travail social, par une volonté du professionnel de « s'identifier à son client », brouillant ainsi la frontière objective entre les « autorités publiques » et les classes populaires ; frontière qui, dans un autre état de la définition du métier de travailleur social, était clairement marquée et assumée. Miss Jubb, dont parle Hoggart, est la figure idéaltypique de l'ancien modèle.

Dans le domaine des bibliothèques, cette même logique conduit le bibliothécaire « démocrate » à vouloir « respecter » les goûts de ses lecteurs populaires plutôt que de chercher à remplir les rayons de la bibliothèque « de littérature classique, de bons romans, de bonne poésie et de bonnes pièces de

12 P. 265.

théâtre» (p. 347), comme avaient l'habitude de le faire les anciennes générations. Ces dernières considéraient en effet qu'il était de leur devoir d'offrir un accès à des œuvres auxquelles les classes populaires n'avaient que peu de chances d'être exposées dans leur environnement familial :

> Les « démocrates » [...] contestent aux bibliothécaires le droit de choisir les livres en fonction de leur propre échelle de valeurs, d'être, comme ils disent dans leur jargon, « normatifs », de promouvoir certains livres parce qu'ils pensent qu'ils sont meilleurs que d'autres, qu'ils font partie de la grande tradition. [Ils] usent d'un argument populiste courant : puisque les bibliothèques sont financées sur les impôts locaux, elles doivent s'adapter aux besoins et non les créer, autrement dit proposer ce que la majorité désire, à savoir une avalanche d'histoires romanesques, des monceaux de romans à suspense, des palanquées de récits de voyages faciles à lire, des torrents de plus en plus abondants de guides pour le traitement de l'information et pour la maîtrise de la technologie moderne de la communication appliquée à la maison et au bureau[13].

Intervenir en s'appuyant sur des normes légitimes constitue indéniablement un acte de pouvoir. Toutefois, s'abstenir d'intervenir au nom du respect des différences ou des « identités », c'est aussi contribuer à perpétuer les inégalités et enfermer les classes populaires sur elles-mêmes. Richard Hoggart interroge cette tension entre légitimisme et relativisme, qui renvoie à des choix politiques fondamentaux. Il pense visiblement

13 P. 347-348.

qu'un processus d'émancipation véritablement efficace repose sur des classes populaires dotées de savoirs et de moyens d'expression étendus. Dans cette perspective, le légitimisme débarrassé de ses abus est sans conteste préférable au relativisme démagogique.

Hoggart adopte également une posture critique à l'égard de certains intellectuels anglais issus d'Oxford ou de Cambridge (« Oxbridge »). À propos de l'un d'entre eux, formé à d'Oxford, il note « le même air de confiance totale, le même plaisir à manier une dialectique qui ne fonctionnait si facilement que parce qu'elle ignorait et éludait les complexités culturelles qu'elle n'était pas préparée à prendre en compte » (p. 390). Hoggart laisse ainsi entrevoir une conception du travail intellectuel plus modeste, mais aussi plus proche des exigences du travail scientifique : autant qu'une connaissance livresque et qu'une capacité de réflexion, elle demande une attention minutieuse aux détails et aux complexités propres à chaque univers culturel. Son parcours social atypique joue sans doute un rôle-clé dans ce rapport qu'il entretient avec la culture, plus profond – ou moins superficiel. Ainsi, son ouvrage illustre ce que le regard d'un intellectuel issu des classes populaires peut apporter de neuf à la compréhension du monde social.

Dès le lycée, le jeune Hoggart ressent le caractère très superficiel de la culture scolaire. En même temps qu'il acquiert l'habitude d'interroger, d'analyser, de critiquer, il ne peut s'empêcher de retourner contre l'institution scolaire elle-même ce qu'elle lui a précieusement inculqué : « Cockburn (le lycée) avait déclenché en moi l'habitude de mettre en question le monde qui m'avait été précédemment offert, ce qui, en retour, agissait sur mon acceptation ou mon refus du monde que Cockburn lui-même offrait » (p. 361).

Son esprit critique l'amène, par exemple, à percevoir le caractère à la fois limité et limitant des savoirs scolaires lorsqu'ils sont enseignés comme des vérités figées et indiscutables :

> On n'avait pas l'idée que les idées sont intéressantes, excitantes, qu'elles posent des défis et qu'on peut leur en poser. Ce qu'on nous apprenait, bien ou mal, était servi sur un plateau : voilà de l'arithmétique, voilà de la géographie, voilà de l'histoire ; tout était distribué comme des rations, jamais présenté comme des sujets de réflexion, comme quelque chose qui avait en son temps provoqué des conflits d'opinion, comme un élément d'un processus continu dans lequel, à bien y regarder, nous étions tous encore engagés[14].

De même, Hoggart constate que la pression des examens empêche les élèves de plonger intensément dans les œuvres et de s'en laisser véritablement affecter. Censée éveiller le goût de la littérature et du savoir, l'école génère paradoxalement, sous l'effet des exigences des programmes et du système d'évaluation, une vue panoramique qui reste à la surface des choses[15]. Il écrit ainsi :

> Tout se passe comme s'il fallait se protéger contre la force des œuvres si l'on veut parvenir jusqu'au moment du cursus universitaire où l'on doit présenter huit ou neuf mémoires sur des périodes et des genres différents ; vous ne pouvez pas permettre qu'elle vous pénètre, cela pourrait vous pousser hors de la route[16].

14 P. 302.

15 Bernard Lahire, *Savoir ou périr*, Seuil, « Libelle », 2025.

16 P. 386.

Enfin, il est impossible de parler de *33 Newport Street* sans mentionner les passages particulièrement émouvants où Hoggart exprime le sentiment d'une communion intime et sensuelle avec son milieu d'origine. Ce lien profond se manifeste notamment à travers « un sentiment intense de bonheur tranquille et d'assurance » (p. 104), ressenti à des moments-clés de sa vie : lors du décès de sa tante Annie, au cours d'une fin d'après-midi avec sa grand-mère sur le seuil de la maison, ou encore durant des vacances d'été partagées avec sa femme Mary et son frère Tom. Ces instants de plénitude traduisent l'indéfectible attachement de l'auteur à sa famille, malgré la distance culturelle :

> J'entamais le mouvement vers l'extérieur, vers le lointain, quittant pas à pas, lentement mais irrévocablement, cette maison-là, cette culture-là, ces gens malheureux auxquels je serais à jamais lié émotionnellement. J'emportais avec moi cette fierté particulière qui est la leur, et qui s'exprime sous des formes différentes, timides ou agressives. Après tout et malgré tout, en ayant été placé à Hunslet, j'avais eu plus de chance que mon frère ou ma sœur. Par-dessus tout, j'avais eu l'amour de notre grand-mère[17].

À Lyon, mars 2025

Bernard Lahire, sociologue, directeur de recherche CNRS, Centre Max Weber/ENS de Lyon

17 P. 103.

PRÉSENTATION

Ce livre raconte une histoire vraie, l'histoire d'une vie. Mais il se lit comme un roman, qui captive et tient en haleine, qu'on ne se résout pas à refermer parce qu'on veut connaître la suite, qu'on relira parce qu'on a envie de revenir là où il nous a transportés. En le lisant, on entend une voix qui nous parle, celle de l'auteur qui en est le personnage principal ; un destin improbable, comme celui de Richard Hoggart, est un destin romanesque. « À la fin de ma seconde, je savais que, de tout ce que j'apprendrais à l'école, la littérature, et par-dessus tout la poésie, serait ma passion prédominante » : Hoggart aime trop la littérature pour céder aux facilités de l'écriture littéraire. Il ne cherche pas à séduire en allant au-devant des attentes supposées du public ; il s'abstient des procédés qui donnent l'illusion de l'exotisme et du dépaysement, qui installent le lecteur dans les conventions d'un pacte confortable et trompeur. Par ce niveau d'exigence, *33 Newport Street* peut à bon droit être considéré comme un chef-d'œuvre[18].

Ce livre émouvant est un livre instructif ; il est du petit nombre des récits à la fois suggestifs et significatifs qui donnent à penser en donnant à voir. C'est à la fois l'œuvre d'un écrivain et l'ouvrage d'un historien, d'un sociologue et d'un ethnologue. Hoggart parvient à associer l'écriture littéraire et l'écriture scientifique, à concilier et à combiner leurs exigences et leurs capacités respectives : l'impression de vérité pour la première, l'impératif d'exactitude de la seconde. Son talent d'écrivain fait revivre le passé, permet de

18 « *33 Newport Street*, conversation sur un chef-d'œuvre », *in* Alain Finkielkraut (dir.), *Ce que peut la littérature*, Folio, 2008 [2006].

l'imaginer par la peinture d'un monde disparu. Mais après l'art il fait « venir l'analyse, qui raisonnement ce que les yeux ont contemplé et ce que le cœur a senti[2] ». Quand il peint, Hoggart ne force jamais sur la couleur locale. Il se refuse à transformer le Leeds des années 1930 en décor ; il ne nous le fait pas visiter comme on visite des ruines industrielles ou un écomusée mais parcourir à bicyclette, avec les yeux et les mollets d'un garçon de quinze ans échappé d'un quartier populaire. Il s'abstient également de transformer les personnes de sa famille et de sa classe d'origine en personnages, c'est-à-dire en curiosités désamorcées et inoffensives, reconnues comme authentiques parce que conformes à des stéréotypes consacrés par l'usage. Ce refus du pittoresque social lui permet de renouveler littérairement des sujets que le point de vue dominant sur les cultures populaires a transformés en poncifs, comme, par exemple, la fête foraine. Les noms propres de personnes ou de lieux autour desquels s'organise son récit (St. James, Potternewton, Newport Street, Hunslet sont des titres de chapitres de l'original anglais, *A Local Habitation*) ne sont pas donnés pour leur exotisme, pour le mystère de leur étrangeté, mais pour les relations qu'ils permettent de décrire, relations de parenté, rapports de voisinage, rapports entre les métiers, entre les différentes fractions et les différentes couches des classes populaires, etc. L'association étroite de la littérature et de l'analyse se voit dès le début de l'ouvrage. N'en déplaise à Hoggart, « Ma tante Annie est en train de mourir à l'hôpital St. James » est bien un *incipit*, qui captive « l'attention sentimentale » du lecteur. Mais cet incipit est immédiatement suivi d'un commentaire qui informe le lecteur qu'en s'exprimant ainsi, en disant « Ma tante Annie », on adopte une tournure spécifique du langage populaire du lieu et de l'époque : « Tante

Annie évoquerait un monde tout différent». À partir d'une expression populaire courante, «elle s'est sentie vraiment mal dans la nuit, alors ils l'ont emmenée à St. James», Hoggart introduit les notions de résignation et de fatalisme populaire, ainsi que l'opposition, centrale, entre «Eux» et «Nous». «Il y avait de la fatalité dans la manière dont c'était dit. On admettait que c'était ce qu'"Ils" faisaient à ce moment-là». Comme le remarque Jean-Claude Passeron dans «Conversation sur un chef-d'œuvre», «l'attaque littéraire du récit rend le lecteur réceptif à une analyse sociologique qui lui apprend quelque chose[3].» Ce maillage serré constitue la trame de tout l'ouvrage.

Leeds avait déjà beaucoup changé lorsque Hoggart a écrit *A Local Habitation*. Pourtant, vingt ans après, *33 Newport Street* reste toujours actuel, d'une actualité qui n'est pas l'actualité événementielle, quotidienne et sans lendemain, toujours déjà périmée et démodée, mais l'actualité persistante de problèmes qui continuent de se poser dans des contextes historiques différents ; il y est question d'héritage et de handicaps culturels, d'inégalités devant l'école, d'obstacles à la mobilité professionnelle et sociale, etc. Les solutions qu'on propose d'apporter à ces «problèmes de société» constituent toujours des enjeux politiques et idéologiques majeurs. *33 Newport Street* aborde des thèmes et reprend des mots qui sont passés au premier plan de l'actualité politique et du débat d'opinion, comme «communauté» ou «identité». Si le déclin de la population ouvrière a accru l'écart entre la société française contemporaine et l'Angleterre industrielle des années 1930, le développement de l'immigration et de cultures autonomes, séparées de la culture standard par la langue et par la religion, l'a réduit. On retrouve un dilemme permanent : faut-il respecter l'altérité des cultures populaires ou faut-il, pour assurer l'intégration sociale des groupes qui en sont porteurs, procéder à leur intégration et à leur assimilation culturelles (particulièrement lorsque la société, comme c'est le cas de la France, tend à s'identifier à une nation) ? La pertinence de ce livre tient aussi à la permanence des questions relatives à la représentation que l'on se fait des cultures étrangères, populaires ou exotiques, et, plus généralement, de l'étranger et de l'«Autre». En donnant à voir, en faisant sentir ce que la culture dont il est issu représentait en elle-même, ce qu'elle signifiait pour ceux qui en étaient, comme lui, les indigènes, Hoggart combat notre tendance spontanée à imaginer et se figurer les cultures autres en les comparant à notre propre culture, à évacuer leurs différences et leur altérité en procédant par analogies et par rapprochements successifs. *33 Newport Street* éclaire d'un jour nouveau des questions rémanentes, comme les rapports entre culture et société, entre culture et civilisation, entre cultures populaires et cultures dominantes. Sa lecture stimule et entretient la vigilance critique à l'égard des modes intellectuelles, du conformisme de circonstance véhiculé par l'esprit du temps.

«Je m'efforce, dans ce livre, de partir d'une histoire personnelle et d'en tirer une signification qui dépasse le niveau de l'individu». Tâche difficile, projet paradoxal, car cette histoire singulière est celle d'une réussite exceptionnelle, contraire au destin social auquel l'enfant Hoggart était promis. Contre-exemple exemplaire, cette réussite montre que les mécanismes sociaux les plus déterminants laissent une place à la réalisation des possibles les moins probables. Si Hoggart gagne son pari, c'est que son cas personnel est un cas typique. Il appartient à la famille des boursiers (dans laquelle on trouve entre autres, dans la littérature française, Charles Péguy, Jean Guéhenno ou Louis

Guilloux). C'est sans doute parce que ses aptitudes, son talent, bref ses « dons » personnels exceptionnels l'ont fait remarquer que Hoggart a pu poursuivre des études. Il doit sa réussite à des accidents de parcours heureux, à des interventions qui décident de son avenir en l'orientant au moment crucial dans la bonne direction, à commencer par celle du directeur de l'école primaire qui le fait entrer au lycée, le premier à lui avoir fait « la courte échelle au bon moment ». Hoggart est le type même du boursier. On peut se demander si ce type existe encore, si l'opposition entre « héritiers » et « boursiers » a survécu à la démocratisation, même relative, des systèmes d'enseignement, britanniques ou français, et au déclin de l'idéal méritocratique. Comme le constatait déjà Hoggart lorsqu'il a écrit *A Local Habitation*, la poursuite d'études a perdu sa rareté, ce qui était l'exception est devenu la norme, ce qui était « miraculeux » est devenu banal. Reste que l'élimination brutale a été remplacée, du moins en France, par des mécanismes de relégation scolaire moins visibles, plus insidieux, et non moins précoces. La réduction des inégalités d'accès aux différents niveaux de la hiérarchie formelle, administrative, du système d'enseignement est allée de pair avec le maintien, voire le renforcement, des inégalités sociales dans l'accès, dès la maternelle, aux « bonnes » écoles, puis aux « bonnes » sections des « bons » lycées, et, dans l'enseignement supérieur, aux grandes écoles ou aux facultés qui préparent à l'exercice d'une profession libérale. La réussite d'une fille d'ouvrier qui parvient à entrer à Polytechnique n'est pas moins improbable qu'en son temps la réussite de Hoggart.

On peut cependant essayer d'aller plus loin dans la recherche des mécanismes sociaux capables d'expliquer ce succès improbable. L'origine sociale de Hoggart n'est pas exclusivement, « purement » populaire. Originaire de Liverpool, sa mère est une déclassée, « issue de ce que les Hoggart de Hunslet appelaient «une famille de meilleure classe» » ; c'est sans doute pourquoi « elle ne voulait pas que nous [ses enfants] soyons des classes populaires de Leeds, ni que nous en ayons l'air ». Sa famille est pauvre (« nous étions les très pauvres et les très anciens »), mais elle appartient, « c'était tout à fait clair, à la classe ouvrière respectable », c'est-à-dire à la couche supérieure des classes populaires, celle des ouvriers qualifiés, par opposition aux manœuvres et à tous ceux qui exercent des métiers purement « manuels », notamment dans le bâtiment ou dans les mines. Dans le milieu dont Hoggart est issu, on fait preuve d'un sentiment très vif des hiérarchies sociales locales, de la position qu'on y occupe, des écarts de niveaux qui séparent les différentes couches des classes populaires ; un sentiment constamment activé par l'expérience quotidienne des différences sociales entre les quartiers. Alors que Potternewton est « une enclave de douceur à l'intérieur de Chapeltown », Hunslet est peuplé de « durs », de « travailleurs manuels non qualifiés » ; « la plupart des ouvriers qualifiés déménageaient ne serait-ce que pour s'éloigner de deux ou trois rues ». Sa cousine Winnie s'installe après son mariage dans « un endroit pour classes populaires respectables, très légèrement au-dessus de Newport Street d'après les fins calculs de statut social qu'on fit dans notre quartier ». L'opposition entre « Eux » et « Nous » commence au niveau et à l'intérieur des classes populaires. En témoignent les réticences que suscitent les fiançailles de « notre tante Annie » avec un mineur, « gaillard mal dégrossi ». « Un mineur, habitant un logement social dans un village de mineurs, était proche du bas de l'échelle que nous connaissions ». Annie s'abstient de perturber les habitudes domestiques de son mari; elle se rend vite compte que, « en s'efforçant, disons à plus d'élégance et de distinction », elle n'arriverait même pas à atteindre « le niveau sous-chintz[19] ».

La respectabilité est un élément essentiel de la culture du milieu dont Hoggart est issu. On aurait tort d'y voir un « enpetitbourgeoisement », une perte de l'authenticité du mode de vie et de la culture populaires. La morale de la respectabilité a sans doute été imposée de l'extérieur et d'en haut aux classes populaires, notamment par l'éducation religieuse, l'influence de l'Église allant de pair avec celle de l'école, ou même la précédant. Jusqu'au milieu de son adolescence, Hoggart fréquente une chapelle méthodiste primitive. Il ne va jamais au pub: « Nous ne posions même pas le pied sur leur seuil. » Cette morale est puritaine: « Il y avait facilement de la gêne dans un monde entouré de tant d'inhibitions concernant la sexualité (et l'argent, et la boisson) ». Mais le méthodisme primitif a l'avantage de « transmuer une grande partie de la moralité en respectabilité ». Si la morale prêchée par l'Église est adoptée par les classes populaires respectables, c'est parce qu'elle est adaptée à leurs conditions de vie, qu'elle les soutient, les aide à résister à ce qui les domine, les oppresse et les menace. Le sentiment aigu des écarts qui séparent les différentes couches des classes populaires va de pair avec la menace du déclassement, permanente et bien réelle, avec la hantise de la chute, de la descente dans les bas-fonds, de la déchéance. Pour ne pas tomber il faut se tenir, ne jamais se laisser aller. Cette crainte s'étend au-delà des classes populaires respectables; « les Birtle

19 Le chintz est une toile de coton teinte ou imprimée d'aspect brillant et glacé. Les rideaux en chintz ou les coussins recouverts de chintz étaient une marque d'appartenance à la bourgeoisie moyenne.

(la famille de Jack le mineur) avaient leur propre sorte de respectabilité [...] ; elle était un peu plus rude que la nôtre dans son expression, mais elle sortait du même moule ». Cette respectabilité se fonde sur un respect moral, qui n'a rien à voir avec le respect obtenu par la force dont se contentent les « bagarreurs » et les fiers-à-bras. Elle signifie le plus souvent respect de soi ; mais elle n'exclut pas la possibilité d'être fier de soi vis-à-vis des autres, pourvu que cette fierté soit justifiée, qu'elle se fonde sur la réussite et sur des performances exceptionnelles : « Montre-leur, coco, de quoi tu es capable. » À condition d'être sans prétention, cette fierté rejaillit sur l'entourage immédiat ; vos proches peuvent être fiers de vous. L'acceptation de sa réussite par sa famille a sans doute encouragé Hoggart à poursuivre ses études. Les dispositions psychologiques et morales propres à la culture des classes populaires respectables constituent un élément essentiel des ressources que lui offrait son milieu d'origine ; en l'amenant à avoir très tôt un niveau élevé de vigilance et d'exigence vis-à-vis de lui-même, en lui inculquant le sens et le goût de l'effort, en l'incitant à se fixer des objectifs et à se lancer des défis volontaristes tout en cultivant chez lui la persévérance et la ténacité (« tenir bon »), elles ont favorisé sa réussite scolaire et sa réussite intellectuelle.

La culture d'origine de Hoggart, sa culture primordiale est une sous-culture familiale spécifique, distincte sous nombre de rapports de la culture locale et de la culture des classes populaires respectables dont elle fait partie. L'enfant Hoggart est tenu à l'écart, sinon rejeté, par le milieu social dans lequel il grandit ; comme orphelin, il est un cas à part, susceptible et soupçonné de poser problème : « les trois gosses sans père de Mrs. Hoggart » sont « quelque chose dont il ne fallait pas se mêler » (Hoggart pense que c'est sans doute l'origine de sa « suspicion constante et encore maintenant inextirpable envers presque tous les groupes »). Ce manque d'intégration va de pair avec la fermeture du milieu familial. « Notre propre Potternewton était une poche populaire à l'écart. » « Nous étions intensément solitaires. Nous n'avions pas souvent des visiteurs [...]. Nous n'achetions pas le journal [...]. Nous n'avions pratiquement pas de curiosité en dehors de nous-mêmes, pour d'autres vies, d'autres intérêts, d'autres inquiétudes. Ce n'était ni de l'égoïsme inné ni de l'autocontemplation, c'étaient les conditions mêmes de nos vies. » Cette clôture protège Hoggart contre la culture de la rue, de la fréquentation et de l'influence des enfants « ordinaires » : les camaraderies d'école elles-mêmes s'arrêtaient « à la sortie de la cour de récréation, car il ne pouvait y avoir d'échanges de visite ». Cet isolat est chaleureux : « On prenait si bien soin de nous, à l'intérieur de cette famille bien close. » Comme ses frères et sœurs, Hoggart est choyé par sa mère, qui « couve » ses enfants « derrière la porte fermée, attentive et veillant à tout », puis par sa grand-mère, à qui il est lié par une compréhension mutuelle profonde et une « affection inexprimée ». Les soutiens et les chefs de cette famille sont des femmes, qui ne sont ni l'une ni l'autre d'origine ouvrière (la grand-mère de Hoggart est issue de la paysannerie). Le rôle primordial des femmes, l'absence de modèle masculin (l'oncle Walter – jamais « mon » ni « notre oncle » –, tombé dans l'alcoolisme, est l'exemple à ne pas suivre) expliquent sans doute les réticences de Hoggart quant à la valorisation populaire de la force physique et de la virilité, son dédain pour les « bagarreurs », son aversion pour la « brutalité » et son goût pour la « douceur ». « La cour de récréation, comme l'école tout entière [l'école primaire de Jack Lane, à Hunslet], mais sous la forme plus intense d'une jungle à demi surveillée, fut au début un choc pour moi, d'autant que celle des classes enfantines de Chapeltown avait été douce et sans menaces » ; témoin encore la manière dont Hoggart oppose sa région d'origine, l'Angleterre industrielle du Nord, à l'Angleterre du Sud, « tellement plus douce, tellement plus enveloppante, aux arêtes tellement moins dures ».

Hoggart est bien placé pour voir et faire voir l'ambivalence des cultures populaires. Le récit de son enfance, si démunie et pourtant si riche de souvenirs, fait comprendre que les groupes les plus dominés ont encore une culture, et qu'en même temps il n'est pas de culture populaire, si fermée, si repliée sur elle-même et si protégée soit-elle, qui ne soit investie et habitée par la relation qui l'oppose à la classe et à la culture dominantes[4]. En donnant à voir la culture de son enfance dans sa cohérence et dans son autonomie symbolique, il rappelle que les cultures populaires ne se vivent et ne se définissent pas seulement négativement, en termes de manques, mais présentent des ressources qui leur sont propres et qui constituent elles aussi des savoirs : savoir-faire pratiques liés à l'obligation de compenser le manque d'argent par le travail domestique, mais aussi savoir-vivre, qui régissent les relations de voisinage, les échanges familiaux, les invitations, « le franchissement du seuil ». Mais il sait aussi, par expérience, pour l'avoir éprouvé, que ce qui protège est aussi ce qui enferme, que ce qui réchauffe peut être ce qui étouffe. Comme l'indique le titre original, *A Local Habitation*, les différences et les inégalités sociales se matérialisent et se manifestent dans l'espace géographique. Les lieux où l'on habite, l'aire à l'intérieur de laquelle se déplace, les endroits que l'on fréquente sont autant de repères et de rappels de la position sociale que l'on occupe. « On décidait des frontières par l'aspect des rues et par les gens qui y habitaient. Tel ensemble de rues appartenait aux Irlandais, tel autre se trouvait légèrement supérieur à ceux qui l'entouraient, tel autre encore était considéré comme un peu moins respectable ». Les lieux dans lesquels on se tient sont à la fois ceux où l'on est relégué, et ceux auxquels d'autres n'ont pas accès, les lieux dont on se contente et ceux que l'on préfère. Les endroits que l'on fréquente sont les endroits fréquentables : « Cette chapelle ou ce pub étaient “les nôtres”, les autres étaient “les leurs”. Ce quadrillage subtil par identification progressive s'étendait à tous les commerces locaux : il y avait “notre” boucher, “notre” épicier, “notre” marchand de bonbons ; et nous étions absolument sûrs que nos boutiques étaient meilleures que “les leurs” ». Toutes les cultures sont des cultures locales. C'est le cas, aussi bien, des cultures dominantes ; certaines d'entre elles sont des cultures standards, qui sont parvenues à s'imposer à l'échelle d'une nation ou d'un empire, notamment par l'intermédiaire d'une langue commune obligatoire ; d'autres sont à l'inverse des cultures élitistes, très localisées dans l'espace social, souvent désignées par le nom de leur emplacement institutionnel (école mais aussi bien café ou boutique, Quartier latin, rue d'Ulm, Oxford, Cambridge, Deux-Magots, Bon-Marché-Rive-Gauche, Faubourg-Saint-Honoré, etc.). Plus les cultures dominantes sont locales, plus l'aire sociale et géographique dans laquelle elles sont enfermées est étroite, et plus elles sont riches ; riches en biens de prestige, socialement valorisées, mais aussi, dans le cas des cultures scientifiques spécialisées, riches en savoirs et en instruments de connaissance. Fractionnées à chaque niveau, les cultures populaires sont, à l'inverse, d'autant plus pauvres qu'elles sont plus divisées en sous-cultures locales de plus en plus restreintes, et que la position sociale des groupes auxquels elles correspondent est plus basse.

Les frontières qui séparent les cultures populaires des autres cultures sont ambivalentes ; comme les frontières géopolitiques, elles garantissent leur indépendance, leur autonomie : les modes de vie et de pensée, les façons de parler et de se comporter dominants s'arrêtent aux portes de Hunslet. Mais elles sont aussi des limites, qui interdisent l'accès à ce qui fait la richesse des cultures dominantes, et qui obligent à envisager et à ressentir les cultures populaires négativement, par défaut, en termes de restrictions et de privations. Pour réussir pleinement leur vie, pour se développer, pour s'épanouir, les indigènes des cultures populaires doivent dépasser ces limites et donc franchir ces frontières. C'est ce qu'illustre l'exergue, une citation de T.S. Eliot, par lequel Hoggart ouvre son autobiographie : « Home is where one starts from », « le chez-soi, c'est l'endroit d'où l'on part ». La culture d'origine de Hoggart est sa culture de départ, celle dont il s'est éloigné et écarté, dont il a vu les limites à mesure qu'il découvrait de nouveaux horizons, qu'il prenait le large en même temps que de la hauteur. Hoggart éprouve un sentiment de libération lorsqu'il s'aventure en direction des « Autres », par exemple, quand il rencontre de jeunes aviatrices dont les manières, pourtant si distantes, lui font entrevoir un autre monde, plus large et moins contraint. La fréquentation de la bibliothèque publique de Leeds lui apporte « la révélation de l'ampleur, de la profondeur et de la variété possible de la vie, du savoir et de la compréhension ». Il ne se souvient pas du moment où il s'est rendu compte pour la première fois qu'il voulait « sortir de Hunslet et de la vie qu'on y menait. Autant que je me souvienne, cette prise de conscience fut exempte de ressentiment et de rejet ; c'était la certitude aveugle que tel était le chemin qui m'attendait et que je devais prendre, comme si un pur instinct me poussait vers des manières de vivre et de voir la vie que Hunslet n'offrait pas.» Les thèmes du départ et de l'évasion reviennent régulièrement dans son récit: réussir, c'est «s'en sortir», «faire son chemin», montrer qu'on est de ceux qui peuvent «aller loin», «encore plus loin», en «allant» au lycée, puis à l'université. «Je franchis la première étape de ce voyage, au sens propre comme au sens figuré, lorsque je partis un matin pour me rendre au lycée de Cockburn, de l'autre côté de la lande», pour «rejoindre une première petite aire de lancement, première étape d'un long voyage».

«J'entamais le mouvement vers l'extérieur, vers le lointain, quittant pas à pas, lentement mais irrévocablement, cette maison-là, cette culture-là, ces gens malheureux auxquels je serais à jamais lié émotionnellement. J'emportais avec moi cette fierté particulière qui est la leur.» Hoggart reste attaché affectivement au milieu et à la culture dont il est issu et avec lesquels il a rompu socialement et intellectuellement. Son «sentiment familial» a «une force primitive». Combinaison inoubliable «de lumière, de sons et d'odeurs», l'atmosphère de Leeds l'attire encore «comme un sein maternel». Un tour dans un Woolworth (l'équivalent de Monoprix) lui «fait le même effet que s'il s'injectait une drogue à laquelle il se serait adonné très tôt». C'est à la coexistence de ce lien affectif et de la prise de distance que correspond l'autre exergue, une citation de Proust: «Nous sentons dans un monde, nous nommons et nous pensons dans un autre. Entre les deux, nous pouvons établir un système de correspondances, mais nous ne pouvons pas combler l'écart.» Hoggart parvient cependant à faire accepter sa réussite par son milieu d'origine. Réussite inimaginable, faute de précédents, aux deux sens du terme: on ne sait pas en quoi elle consiste (« autour de moi on ne comprenait pas complètement ce qui m'arrivait ») et on ne pouvait pas la prévoir. Faire des études supérieures à l'université de Leeds « n'était pas grand-chose, mais pour Hunslet c'était aussi étrange que si le Phénix en personne avait surgi de ses cendres ». La réussite scolaire de Hoggart suscite la fierté de ses tantes et de sa grand-mère ; elle ne provoque pas l'envie, car il se garde de paraître lui-même fier, c'est-à-dire prétentieux. Il était « celui qui pourrait s'évader pour eux tous » ; on peut, dans son milieu d'origine, « être heureux que quelqu'un "arrive", surtout si c'est par le mérite et en travaillant dur ».

Hoggart aime son milieu et sa culture d'origine pour ce qu'ils sont, en pleine connaissance de leurs manques, de leurs aspects les plus misérables et les plus pénibles. Il lui est aussi difficile de se défaire de ses souvenirs de Leeds, « fondamentaux », que de « se débarrasser d'un chien miteux qui vous suit à la trace le long de la route » (Hoggart compare aussi Leeds, « gris, sale et humide » à « un gros vieux matou, costaud et miteux que seule la famille peut aimer »). *33 Newport Street* n'est pas un livre désenchanteur ; il ne paraîtra tel qu'à ceux qui préfèrent s'en tenir à la vision enchantée qu'on peut avoir des cultures populaires quand on les contemple de l'extérieur. C'est un livre démystificateur. En racontant son évasion, en faisant voir pourquoi et à quel point celle-ci était nécessaire, Hoggart délivre un antidote efficace contre la prévalence, de plus en plus forte, de l'idéologie et du culte des « racines ». Mettre en évidence et en valeur les caractères locaux des cultures populaires, ceux qui ne se rencontrent que là où elles se trouvent, comme l'ont fait les folkloristes et à leur suite les ethnologues, c'est faire ressortir les différences et les particularités par lesquelles elles se distinguent positivement des cultures dominantes, notamment dans le langage (langues régionales, dialectes, accents, ces derniers particulièrement discriminants en Angleterre, tant socialement que régionalement) ou dans les productions symboliques (musique, danse, costumes, etc.). C'est donc les envisager dans leur autonomie. Mais c'est aussi marquer leurs frontières. On risque alors d'enfermer les natifs des cultures populaires à l'intérieur de ces frontières, et d'en venir à considérer ceux qui parviennent à les franchir comme des transfuges, pour ne pas dire des traîtres. Quitter la classe et la culture où le hasard vous a fait naître serait quitter sa patrie, sa terre, renier ses origines et ses ancêtres, et perdre, en même temps que ses racines, son identité. Cette ambivalence contribue sans doute à expliquer comment la phobie du déracinement, qui est un des thèmes fondateurs de la pensée conservatrice (Barrès[20]), a pu passer de l'extrême droite à l'extrême gauche de l'espace politique. Le culte des racines conduit à rechercher des quartiers de plèbe comme on recherche des quartiers de noblesse. Il va de pair avec le culte du passé et l'assimilation des cultures populaires à des cultures traditionnelles. Au principe du fétichisme des origines, on trouve la croyance aristocratique selon laquelle la qualité dépend non du mérite, mais de la naissance, c'est-à-dire de l'authenticité d'une filiation protégée des influences extérieures par un ancrage ancestral dans un même lieu.

Le réalisme de Hoggart protège contre la dérive populiste qui guette la représentation savante des cultures dominées ; en donnant à voir le monde dont il est issu du point de vue de l'indigène qu'il était, il empêche de l'idéaliser dans le malentendu, à la faveur de l'ignorance. Hoggart ne fait pas de son lecteur un

20 Cf. Maurice Barrès, *Les Déracinés*, Bartillat, 2010 [1897].

spectateur, un visiteur, un touriste de passage, mais un ethnologue ; il le dépayse pour de bon, le transporte à Leeds, à Hunslet, chez Grand-mère dans les années 1920 et 1930. En désignant les lieux où il a vécu par leurs noms propres, qui ne disent rien à l'étranger mais qui étaient pleins de sens pour les gens du coin, il place le lecteur devant l'évidence, le cela-va-de-soi, l'implicite propres à sa culture d'origine. Hoggart permet à son lecteur d'échapper à ce qu'on peut appeler le piège de l'empathie ; il l'invite à se mettre à la place des personnages qu'il évoque, et pour commencer de lui-même, mais sans prendre leur place, sans se substituer à eux, et voir leur monde avec ses propres yeux, ses propres codes tout en croyant le voir avec les leurs.

Le boursier Hoggart doit sa réussite sociale à l'école. Pour lui, l'unique porte de sortie était la porte d'entrée du lycée. Issu de la classe ouvrière, il n'envisage pas de se mettre à son compte ; sa famille partage « l'aversion générale qu'inspiraient les gens "dans le commerce" ; pas seulement l'épicier tricheur mais quiconque accumulait de l'argent en se contentant d'acheter et de revendre. Nous pensions qu'il y avait quelque chose de salissant dans ce genre d'activités. » Lorsque Hoggart se demande ce qu'il fera à sa sortie de l'école, il ne pense jamais « aux affaires ou au commerce (pas plus qu'à une profession libérale ; elles étaient socialement et financièrement hors d'atteinte). Pasteur non-conformiste peut-être ; la politique, non. » C'est dans le prolongement de ses études, en devenant à son tour professeur, « homme d'école » comme on devenait « homme d'Église », que Hoggart, dépourvu d'héritage, est devenu un intellectuel, qu'il a accédé à cette espèce particulière de la culture dominante qu'est la culture savante, et, pour commencer, à la culture littéraire ; c'est par l'intermédiaire de cette culture qu'il a pu avoir accès aux autres aspects de la culture dominante. Comme le souligne l'exergue emprunté à Proust, Hoggart est partagé entre son attachement affectif pour la culture de son milieu d'origine et son adhésion intellectuelle à sa culture d'arrivée. Mais il ne se retrouve pas, ne demeure pas pour autant en position intermédiaire, en porte-à-faux entre ces deux cultures. Il est allé de l'une à l'autre, de sa culture de départ à sa culture d'arrivée, a fait l'expérience de ce trajet, en tire les enseignements et le refait en rassemblant, en écrivant ses souvenirs. C'est pourquoi il vaut mieux, dans son cas, parler de multiculturalisme que de biculturalisme. De sa culture d'origine, Hoggart a la connaissance intime et spontanée réservée à l'autochtone, celle dont l'ethnologue doit s'efforcer d'acquérir l'équivalent comme on essaie d'acquérir le « sentiment » d'une langue étrangère. Cette familiarité native lui permet de rappeler des faits menus mais pertinents, insignifiants pour l'étranger mais gros de significations pour les indigènes. Écrire son autobiographie, c'est à la fois remonter, revenir dans le passé, et contempler celui-ci à partir du présent – ne serait-ce que parce qu'on connaît la suite de l'histoire. Hoggart voit et évalue la culture dont il est parti d'en haut, du point de vue surplombant de sa position sociale et de sa culture d'arrivée. Il en voit d'autant mieux les limites qu'il les voit de plus loin ; plus il découvre les richesses dont il aurait dû être privé, et plus il en mesure la pauvreté. Mais sa connaissance vécue, intime de la sous-culture populaire dont il est l'indigène le protège contre l'ethnocentrisme de classe et de culture dominantes, contre ses naïvetés, ses contre-sens et ses préjugés interprétatifs.

Par son talent d'écrivain, par son érudition, Hoggart a conquis une position et fait une carrière intellectuelle que nombre d'héritiers peuvent lui envier. Il a pleinement réussi son intégration dans son milieu d'arrivée. Mais, si complète que soit son acculturation, il ne partage pas les certitudes inconscientes des indigènes des cultures dominantes, leur adhésion spontanée au cela-va-de soi qui est au principe de ces cultures et qui borne leur horizon. Hoggart est bien « chez eux », mais il n'est pas « des leurs ». Il importe dans son milieu d'arrivée et dans son rapport à la culture savante des dispositions psychologiques et morales liées à sa prime éducation et à l'éthos de son milieu d'origine, notamment le goût de l'effort et du travail (autant de qualités que la hiérarchie dominante des prestiges dévalorise comme « laborieuses », voire « besogneuses »). Hoggart n'est pas un dilettante. Pour lui, la littérature et la réflexion ne sont pas des loisirs, ni des consommations ostentatoires, mais des activités productrices qui demandent à être prises au sérieux ; l'aptitude au « jeu intellectuel » lui « échappe » et lui échappera toujours sur le chemin qu'il a parcouru, « il n'y avait pas beaucoup de temps pour les caprices et pour les pirouettes intellectuelles ». Au cours de son trajet, Hoggart a acquis et développé l'aptitude à la distanciation, la disposition critique qui est au principe de l'activité intellectuelle : « Cockburn (le lycée) avait déclenché en moi l'habitude de mettre en question le monde qui m'avait été précédemment offert, ce qui en retour agissait sur mon acceptation ou mon refus du monde que Cockburn lui-même offrait. » Ce monde est aussi bien l'école elle-même ; Hoggart lui reproche de ne pas avoir et de ne pas donner « l'idée que les idées sont intéressantes, excitantes, qu'elles posent des défis et qu'on peut leur en poser. Ce qu'on nous apprenait, bien ou mal, était servi sur un plateau : voilà de l'arithmétique, voilà de la géographie, voilà de l'histoire ;

tout était distribué comme des rations, jamais présenté comme des sujets de réflexion. » Faute de la familiarité que procurent l'entourage et l'environnement, la teneur des conversations et la présence des livres (on pense au Sartre des *Mots*), les bons élèves issus des classes populaires n'ont accès à la culture littéraire que par l'intermédiaire de l'école, et donc des sanctions scolaires ; la poésie est quelque chose que l'on récite, la littérature est un sujet de devoirs, d'exposés, de dissertations. En même temps qu'elle donne accès à la culture littéraire, l'école lui fait écran. « Tout se passe comme s'il fallait se protéger contre la force des œuvres si l'on veut parvenir jusqu'au moment du cursus universitaire où l'on doit présenter huit ou neuf mémoires sur des périodes et des genres différents ; vous ne pouvez pas permettre qu'elle vous pénètre, cela pourrait vous pousser hors de la route. » C'est seulement « en lisant *Macbeth* dans un champ, pendant la campagne d'Afrique du Nord en 1942 » que Hoggart « ressent pour la première fois l'impact de Shakespeare ».

Après un parcours de ce genre, on ne peut plus être « l'indigène à part entière » d'aucune culture, « et ce n'est pas à regretter ». La mobilité culturelle ne permet pas seulement de connaître et de comprendre des cultures étrangères, de ne pas rester prisonnier d'un seul point de vue, « d'élargir sa cervelle », comme disait Flaubert. Elle agit sur les habitudes et sur les aptitudes intellectuelles, développe à la fois la virtuosité et la rigueur en obligeant à transposer et à traduire, et donc à penser les traits caractéristiques d'une culture dans les termes d'une autre. Passer d'une culture à l'autre permet d'en finir avec la définition négative de l'identité (de ne plus être seulement ce que ne sont pas les autres, c'est-à-dire ce que l'on n'est pas). Hoggart est un intellectuel issu des classes populaires. Il n'appartient plus à sa culture de départ; il n'appartient pas davantage à sa culture d'arrivée, il n'est retenu, détenu par aucune des deux. C'est à cette expérience vécue de la prise de distance qu'il doit de combiner des points de vue et des lucidités qui sont d'ordinaire incompatibles.

Claude Grignon

À la mémoire de notre père,
de notre mère et de notre grand-mère

AVANT-PROPOS

Je m'efforce, dans ce livre, de partir d'une histoire personnelle et d'en tirer une signification qui dépasse le niveau de l'individu. Je ne puis recourir ici aux procédés de la fiction ou du drame ; la forme, s'il y en a une, doit émerger d'elle-même. Je ne peux pas davantage pratiquer la distanciation esthétique. Non que la plupart des fictions ou des drames soient à proprement parler impersonnels, entièrement détachés de l'écrivain. J'aime le mot de Samuel Butler : « L'œuvre de chaque homme, que ce soit de la littérature, de la musique, de la peinture, de l'architecture ou n'importe quoi d'autre, est toujours un portrait de lui-même. » J'avais déjà utilisé, dans *La Culture du pauvre*[21], des incidents personnels, choisis pour leur valeur d'exemple et d'illustration générale. Certains d'entre eux ne pouvaient être omis ici ; ils font partie également de mon histoire personnelle. Mais les deux livres ont des buts différents, et ces incidents, peu nombreux, sont vus et présentés ici sous un autre angle. J'ai aussi été amené à emprunter, également sous une forme modifiée, des éléments à trois textes publiés ailleurs. Le seul qui soit d'une longueur importante vient d'une étude sur Bonamy Dobrée que j'ai, à cette occasion, prolongée jusqu'à la mort de celui-ci.

Même si la référence est neutre ou amicale, certains peuvent se sentir gênés par le seul fait d'être nommés dans ce livre ; aussi ai-je changé tous les noms, sauf ceux qu'il aurait été pédant de modifier.

« Il ramera à travers ce grand océan de matériaux et il y plongera, çà et là, un petit seau qui ramènera

21 Richard Hoggart, *La Culture…*, *op. cit.*

de ces profondeurs lointaines à la lumière du jour un spécimen caractéristique qu'on examinera avec une curiosité attentive.» Cette formule d'*Eminent Victorians*[22] décrit d'une manière vivante et suggestive la façon dont on s'efforce de sonder la mémoire. J'ai joué avec un grand nombre d'autres images: c'est comme si l'on drainait un tube en verre inséré quelque part à l'arrière de la tête; c'est comme une exploration psychospéléologique, c'est de l'orpaillage – et il n'y a jamais beaucoup d'or. Du reste, comment reconnaîtrait-on l'or? Le fait que la mémoire s'accroche à tel incident et se refuse, en dépit des témoignages qu'on lui fournit, à retrouver tel autre, ne nous permet guère de distinguer les incidents vraiment représentatifs, mais peut nous en dire long sur nos propres inhibitions.

22 De Lytton Strachey; publié en 1918, ce livre iconoclaste d'un ancien élève de Cambridge (Trinity College) a fait date dans l'histoire de la biographie; Lytton Strachey est également l'auteur d'une biographie gentiment irrévérencieuse de la reine Victoria. (Sauf mention contraire, cette note, comme toutes celles qui suivent, sont des traducteurs.)

« Le chez-soi, c'est l'endroit d'où l'on part. »
T. S. Eliot

« Nous sentons dans un monde, nous pensons et nous nommons dans un autre. Entre les deux, nous pouvons établir un système de correspondances, mais nous ne pouvons pas combler l'écart. »
Marcel Proust

I. LA FAMILLE

CHAPITRE 1
RÉTROSPECTIVE

Ma tante Annie est en train de mourir à l'hôpital St. James.

Le lecteur qui n'est pas du Nord de l'Angleterre[23] verra peut-être dans la brusquerie de cette phrase d'introduction une tentative pour capter son attention sentimentale. Mais pour quelqu'un qui est originaire des classes populaires[24] de Leeds, cette façon de parler possède depuis des décennies une force simple. Le possessif – « ma », ou lorsqu'on parle à l'intérieur du groupe familial, « notre » – appartient à la trame de notre vie ; commencer par : « Tante Annie est en train de mourir », évoquerait un monde tout différent. St. James est l'endroit où beaucoup des pauvres gens de Leeds sont allés pour mourir depuis des générations. « Elle s'est sentie vraiment mal dans la nuit, alors ils l'ont emmenée à St. James. » Il y avait de la fatalité dans la manière dont c'était dit. On admettait que c'était ce qu'« Ils » faisaient à ce moment-là. Peu de temps après, on apprenait probablement qu'elle

23 Sur l'opposition entre le Nord populaire et le Sud bourgeois de l'Angleterre, voir p. 245.

24 On a traduit en général *working class* par « classes populaires », comme l'avait déjà fait J.-C. Passeron pour *La Culture du pauvre*, et pour les mêmes raisons, en particulier le caractère trop limitatif et trop technique de termes comme « classe ouvrière » ou de « prolétariat » ; *respectable working class*, plus spécifique, a toutefois été traduit par « classe ouvrière respectable ». *Middle class* a été rendu non par « classe moyenne », expression fortement connotée avec l'idéologie de la standardisation des modes de vie et de l'effacement des différences de classe, et de ce fait contraire à la vision générale du monde social à laquelle se rattache R. Hoggart, mais par « bourgeoisie », en distinguant, si nécessaire, entre les classes dominantes et les classes moyennes *(lower middle class)*. Le terme anglais *professions* comprend à la fois les médecins, les hommes de loi, les gens d'Église et les « enseignants », de l'instituteur au professeur d'université ; on l'a traduit en conséquence par « professions libérales et intellectuelles ».

était « partie ». Les deux mots usuels, dans le prologue et à l'issue d'un enterrement, étaient « partir » et « s'en aller », de préférence à « mourir » (« Ah, elle s'en est allée la semaine dernière »). Pour parler d'une manière plus distinguée, les mots favoris étaient « passer » et « partir pour un monde meilleur ».

Il fallait que ce soit St. James, cette bâtisse qui s'étalait là-haut, dans le quartier de Burmantofts, environ un mile après le grand rond-point au bord duquel se trouvait naguère Quarry Hill – un grand ensemble de logements ouvriers de style viennois, bâti par un président de la commission du logement de Leeds, le révérend Charles Jenkinson. (L'un des premiers textes que j'ai écrit – c'était pour la revue des étudiants de l'université de Leeds – était sur la rêverie architecturale du révérend Jenkinson. Est-ce que je l'ai comparée aux maisons accolées dos à dos[25] de Hunslet ? Si oui, dans quel sens ? Je n'arrive pas à m'en souvenir.) Un président réformateur et, à en juger par d'autres projets, efficace, ce révérend, mais les classes populaires anglaises aiment les villages urbains horizontaux, et non les immeubles en hauteur de style européen. Vers les années 1970, Quarry Hill était devenu un taudis malsain ; il est maintenant démoli.

Deux monuments, l'un au Comité des gardiens[26] du tournant du siècle, à l'époque des briques lugubres, l'autre au socialisme d'avant-guerre, bien intentionné mais culturellement insensible. En dépit de grandes

25 Les *back-to-backs* désignent des maisons accolées à la fois dos à dos et côte à côte et faisant partie d'un alignement ou d'une rangée *(terrace)* donnant de chaque côté sur une rue ; les *semis ou semi-detached*, accolés seulement deux à deux par le côté, sont plus proches du pavillon à la française, en l'occurrence le pavillon semi-individuel.

26 *Boards of Guardians* : comités élus institués en 1838 par la loi sur les pauvres *(Poor Act)* pour administrer les fonds provenant des contributions financières des paroisses *(Poor Rates)* ; ce sont également eux qui administraient les *workhouses*.

extensions modernes dont l'architecture signifie « fonction » plutôt que « charité publique », St. James est encore, dans son bloc central, une grande masse dépourvue d'amour et de grâce. Le deuxième plus grand hôpital d'Europe, m'a dit un interne ; par le nombre de lits, je suppose. À force de grandes décisions et par petites touches, on l'a fait paraître plus puissant, plus imposant et pourtant moins redoutable, moins destiné aux pauvres, plus reluisant. Une grande enseigne extérieure le désigne maintenant comme « Hôpital universitaire St. James », et on a donné aux bâtiments des noms conventionnels et localement imposants : le « Pavillon de la Princesse royale » (c'est la branche Harewood, leur berceau est à quelques miles plus loin sur la route, dans la campagne), le « Pavillon du Chancelier » (sans doute en l'honneur de la duchesse de Kent, la fille d'un propriétaire terrien du Yorkshire, actuel chancelier de l'université).

Le Service national de santé[27] a mis de l'argent dans les locaux, dans les installations et dans des tentatives « d'humanisation ». Quel mot d'époque, un brin manipulateur ; il présuppose que les gens doivent être pris en main, qu'on doit leur donner quelque imitation de ce qui leur est familier pour qu'ils continuent à être heureux et qu'ils se tiennent tranquilles. Construisez quelque vaste machin consacré à votre but technocratique, rappelez-vous qu'il doit être « humanisé » et rajoutez en conséquence quelques touches non fonctionnelles, comme le petit tortillon de crème pâtissière sur chacun des milliers de petits pains au lait synthétiques produits en masse.

Non que St. James soit ainsi. Il est trop destiné à des usages particuliers, trop fait de bric et de broc

27 *National Health Service* : une loi datant de 1946 régit à la fois les services hospitaliers, la profession médicale et les soins médicaux.

pour que l'humanité réelle en ait été complètement expulsée. Je pense, entre autres, à ces drôles de petits essais pour transformer les longues et hautes salles victoriennes. Les embellisseurs commencent par peindre les murs de telle sorte que le regard soit forcé de s'abaisser. Ils rénovent les endroits pour s'asseoir avec des chaises confortables, recouvertes de tissu à fleurs (produites en grande série, pas de qualité bourgeoise, mais quand même accueillantes), des téléviseurs, des vases de fleurs apportées par les visiteurs et données par les malades, des rideaux gais et des gravures aux murs, du genre connu que les magasins à succursales multiples ont défini. Les hauteurs se perdent dans la pénombre de sorte que ces salles d'attente ressemblent à des salles de séjour sorties d'un pavillon de banlieue ou à un décor pour une répétition d'une pièce de Pristley[28] dans un grand studio à haut plafond. Si l'œil balaie l'ensemble et fait l'aller-retour entre l'extérieur et l'intérieur, le gros et massif bâtiment officiel en brique fait penser à un éléphant de bande dessinée, paré de fanfreluches.

La salle où est Tante Annie a elle aussi reçu un nom. Étrange pouvoir que celui que l'on attribue aux noms, même si, à l'évidence, ils ont été imposés, inventés pour suggérer la « personnalisation » – un autre truc, un autre mot, tout à fait fin de (notre) siècle. Comme « humaniser », « personnaliser » pourrait bien vouloir dire que plus nous sommes traités dans nos vies publiques comme une partie de la masse, plus nous nous réfugions dans le petit et le familial dans nos vies privées, et plus les grandes institutions publiques essaient de démontrer qu'elles

28 Les analyses psychologiques sur fond de critique sociale modérée de John Boynton Priestley (1894-1984), romancier, critique, auteur dramatique à succès, ont donné lieu à de nombreuses adaptations cinématographiques et télévisées.

reconnaissent, elles aussi, l'importance de l'« humain » et de la « personne ». Et pas seulement les grandes institutions publiques ; tous ceux qui mettent l'accent sur la valeur de ce qui est « personnel » et « à taille humaine » tombent dans le même bourbier linguistique. Témoin, par exemple, leur penchant pour le mot « communauté » ; comme s'il suffisait de dire « la communauté afro-antillaise », « la communauté ethnique », « la communauté homosexuelle », « la communauté lesbienne », « la communauté soignante » pour créer une unité et une fraternité là où, comme ils le redoutent inconsciemment, il n'y a rien de plus qu'une collection hétéroclite. Ce qui se perd le plus dans tout cela pourrait bien être, paradoxalement, le sens de ce qui est véritablement public.

Il est à la mode de dire que, pour la plupart des gens, les mots ont aujourd'hui peu de sens, et qu'ils ont été remplacés par des images visuelles. La force des mots en « -iser », comme « humaniser », « personnaliser », et tous ceux qui nous renvoient à une humanité dont nous sentons qu'elle est en train de s'échapper de nous, suggère pourtant que nous enterrons beaucoup trop tôt le pouvoir du langage. Les mots nous tourmentent parce que la vie nous tourmente, et nous tourmentons le langage pour apaiser le tourment de la vie ; d'où ce recours habituel à l'évasion linguistique. Nous avons horreur de dire « sans travail », aussi inventons-nous « inactifs », comme s'il était plus gentil pour les chômeurs de les cacher dans une catégorie fourre-tout qui inclut aussi les enfants et les retraités. Nous n'aimons pas dire « retraité » et encore moins « vieux », et c'est pourquoi quelque mielleux personnage a imaginé de placer ceux-ci sous le patronage de l'expression « sénior ». Les gens sophistiqués adoptent le « troisième âge », mais celui-ci, qui n'a pas un pouvoir d'évasion linguistique très supérieur, évoque irrésistiblement le Tiers Monde..., les territoires du Vieux Monde qui n'ont pas été développés et ont maintenant peu de chances de l'être.

Assis à côté du lit d'hôpital d'Annie, et pensant, de plus en plus souvent maintenant, à la mort des membres de la famille et des amis, je réalisais d'une manière plus aiguë que jamais que le sentiment du vieillissement et de l'approche de la mort est loin de nous atteindre tous au même moment. Certains commencent à le ressentir et à le montrer, non pas physiquement mais dans leur caractère, avant la fin de la quarantaine, d'autres après cinquante ans, d'autres encore seulement après la soixantaine, lorsque leurs propres amis commencent à quitter la scène. Une attraction rhétorique sentimentale nous pousse à rappeler « la mort des amis, la mort de chaque œil brillant qui nous a coupé la respiration[29] ». Contre cette tentation, j'ai trouvé un correctif dans une observation douce et un peu embarrassante de Groddeck : « Même maintenant, c'est moins la mort des amis qui éveille le chagrin dans mon cœur que d'autres occasions, auxquelles on ne prête habituellement pas attention ; ce qui me rend parfois un peu sceptique sur le deuil des autres. » Et à ce correctif, je trouve chez Forster un contre-correctif dans un des nombreux jugements en forme d'épigrammes et si parlants de *Aspects of the Novel*[30]. Forster dit que *The Old Wives' Tale* d'Arnold Bennett[31] est « fort, sincère, triste » et que « le temps en est le véritable héros ». J'ai toujours pensé que Forster pouvait avoir eu à l'esprit, en particulier, l'expérience

29 « The death of friends, or death/Of every brilliant eye/That made a catch in the breath. » W. B. Yeats, « The Tower », 1928.

30 Recueil de conférences données à Cambridge et publiées en 1927.

31 Publié en français chez Gallimard en 1931 sous le titre *Un conte de bonnes femmes*.

accablante de Sophia revoyant Gerald mort, à Deansgate, Manchester, trente-six ans après que celui-ci l'eut abandonnée :

> Elle vit dans la pénombre la figure d'un homme âgé émergeant de sous un drap blanc sur un matelas nu... une expression générale de fatigue ultime, d'épuisement tragique et intense... tout le temps elle resta à penser en elle-même, avec horreur : Oh ! comme il devait être fatigué !... Toute sa rancune contre lui, énorme et amère, s'écroula et s'émietta... Encore un petit moment, pensa-t-elle, et je serai étendue sur un lit comme ça ! Et j'aurai vécu pour quoi ? Quel est le sens de tout ça ? L'énigme de la vie elle-même était en train de la tuer, et il lui semblait se noyer dans une mer de chagrin inexprimable.

Cette parenthèse sur le langage, la réalité et le sens de la mort m'a été inspirée par les efforts touchants et dépourvus de cynisme que déploie l'hôpital St. James pour adoucir les contours d'une réalité dure et angoissante dont il doit, professionnellement parlant, être complètement conscient. Quel que soit le nom qu'on lui donne, la salle de Tante Annie est en fait une salle de gériatrie : le numéro 45. Elle a gardé son numéro et c'est probablement sous celui-ci qu'elle figure dans les documents officiels. À l'intérieur, l'atmosphère donne au mot « animation » un sens nouveau et meilleur que d'habitude. Une bonne humeur résolue, l'exploit constant de surfer sur la houle des émotions – faire autrement serait s'abandonner au chagrin, ce qui est impensable – se retrouve partout dans la salle et se transmet à chaque changement d'équipe. Comme on le dit, et comme on le pense, le personnel fait toujours de son mieux pour tout. Est-ce un masque que les infirmières enlèvent lorsque le service se termine et qu'elles retrouvent leur mari ou leur ami ? D'une certaine manière, il doit en être ainsi, ce qui n'a rien de déshonorant. Étant données l'ampleur et la gravité des problèmes quotidiens, l'ambiance des salles est probablement aussi bonne qu'elle peut l'être. Personne ne peut garder continuellement, tout au long de la journée, ce mélange d'enjouement légèrement fébrile et cependant patient et détendu vis-à-vis de la geignarde, de l'incontinente, de la gâteuse légère et de la violente. Il y a une vieille femme qui par moments éclate en obscénités et se met à griffer sauvagement tous les visages qu'elle peut atteindre. Il y a l'habituelle chapardeuse de chocolats, de mouchoirs et de Lucozade[32]. C'est un monde fermé sur lui-même où les séniles, les confus et les gâteux sont rejetés pour les derniers mois de leur existence, une frontière d'où presque personne ne revient.

Quelques-unes ont des visites régulières de leur famille, certaines semblent complètement seules au monde, l'une a eu visiblement une vie dure, tout en bas de la classe ouvrière. Une autre, visitée non sans élégance par trois générations de la petite bourgeoisie assez aisée, conscientes de leur différence, est la reine mère de la salle. Le personnel s'occupe de toutes avec cet entrain inlassable, professionnel mais sans dureté. On leur donne sans doute des cours d'endurance en bonne humeur, à ces menues infirmières stagiaires qui ont l'air d'avoir seize ans et à cette infirmière titulaire, une Antillaise costaude. Elles ont aussi appris le langage de la courtoisie hospitalière, qui rappelle la culture de pavillon de banlieue : « Alors,

32 Boisson gazeuse à l'orange vendue en pharmacie et qu'on apporte traditionnellement en cadeau aux malades.

Annie, comment ça va le petit bidon aujourd'hui ? » ou « Alors, ma cocotte, comment va la tuyauterie ? ». Beaucoup plus agréable que : « Est-ce que vos intestins fonctionnent, madame Birtle ? »

J'ai eu une longue conversation avec le docteur chargé du cas de Tante Annie. Il m'a dit qu'il était content de me rencontrer après avoir tant entendu parler de moi. « Elle est très fière de vous et elle vous aime énormément. Je pense que vous le savez. » Je le savais, mais mes yeux s'embuèrent à la pensée de cinquante et quelques années d'affection constante et de fierté de moins en moins informée depuis le jour où, petit garçon, nouvellement orphelin et fraîchement séparé de mon frère et de ma sœur, j'avais franchi le seuil de la maison de sa mère. À des moments comme celui-ci, je pense que je connais et que je crois ce que dit ce vers obsédant de Larkin : « Ce qui survivra de nous est l'amour[33]. » À d'autres moments, je ne le crois pas mais j'aimerais pouvoir le croire.

Le dossier de Tante Annie était aussi ample et aussi détaillé que le savoir du médecin. Ils avaient trouvé toutes sortes de choses qui n'allaient pas et, sans aller jusqu'à la chirurgie, ils s'étaient donné beaucoup de mal pour la rétablir, comme s'ils se supposaient capables de la guérir assez pour qu'elle puisse rentrer chez elle au bout de quelques semaines. C'est ainsi que font les médecins. Mais on était enclin à penser que c'était un effort et une dépense extraordinaires pour quelqu'un qui allait sur ses quatre-vingt-dix ans et qui, à l'évidence, se désagrégeait. Le principe selon lequel tous les efforts possibles doivent être faits pour sauver la vie jusqu'au bout semble absolu.

33 « What will survive of us is love. » Philip Larkin, « An Arundel Tomb », *The Whitsun Weddings*, 1964.

Tous les changements, grands et petits, dont l'hôpital a bénéficié, depuis les équipements nouveaux dans les salles d'opération neuves et anciennes jusqu'à l'ambiance banlieusarde un peu forcée des salles-cavernes, sont des progrès. Mais l'odeur continue à vous ramener en arrière, instantanément, une odeur d'encaustique institutionnel, de cuisine institutionnelle, de désinfectant, de draps, d'antiseptique, de bassins hygiéniques, de crachats dans les mouchoirs, avec une touche d'urine, l'odeur omniprésente de confiné que la maladie continuelle, individuelle ou collective, crée continuellement. Cette exhalaison composite fait partie de la vie active d'un hôpital comme la sueur fait partie de la vie du coureur de fond.

Si j'avais jamais réfléchi à la manière dont j'aurais voulu que finisse Tante Annie, j'aurais souhaité qu'on la trouve, sans avertissement, morte dans son « pavillon gardienné[34] » (les plans sont meilleurs là que dans les blocs du Révérend Charles Jenkinson[35]). Quelle que soit la bienveillance de l'hôpital, ç'aurait été préférable pour elle, et c'est ce qu'elle aurait préféré. Mais elle est tombée de son lit et s'est entaillé le cuir chevelu ; le service de garde est venu, et il a appelé un autre service auquel on a recours depuis des décennies dans le coin ; c'est ce qu'on appelle « faire venir l'ambulance ». Tout d'abord, Annie savait à peine où elle était, ensuite elle a remercié tout le monde de l'avoir trouvée ; puis, après quelques semaines, elle s'est mise tour à tour à dire qu'elle avait très envie de rentrer chez elle, et à s'installer dans une résignation

34 *Protected maisonettes* : ensemble de pavillons ou parfois d'appartements bénéficiant d'un gardiennage et d'un système d'alarme à domicile, réservés aux personnes âgées valides et vivant seules.

35 Charles Jenkinson (1887-1949), conseiller municipal de Leeds, a mené un programme d'élimination des taudis de Leeds, remplacés par des logements modernes.

institutionnelle de plus en plus désespérée ; dans le même temps, son esprit devenait de plus en plus confus.

Quand le désir de rentrer chez elle la prenait, ce qui devint de plus en plus rare à mesure que les semaines passaient, elle pouvait se déchaîner et accuser le personnel de mauvais traitements. Il a été entraîné pour accepter cela aussi et pour le détourner. D'une mort à l'autre, nous avons tendance à oublier que des gens constamment doux, des gens qui ont été apparemment, année après année, patients et quasi incapables de rancune, peuvent tout d'un coup, à la fin, projeter comme un volcan le ressentiment et la colère qu'ils ont contenus pendant quarante, cinquante ou soixante ans. La femme d'un ami, qui avait toujours été d'un naturel remarquablement doux envers lui, sa famille et tous les gens qu'elle rencontrait, mourut prématurément d'un cancer ; mieux valait, disait-il, ne pas penser à ses dernières semaines. Je me souviens aussi d'une vieille fille qui, pendant des années, s'était occupée de ses parents : alors qu'elle approchait de la mort, longtemps après que ses parents eurent disparu, un flot d'obscénités sortit de cette bouche qu'on n'avait jamais entendu émettre un juron. Ce genre de choses appelle des explications psychologiques toutes faites, dont certaines sont sans doute exactes. Admettons que la réalité, la « vérité » profonde de la personnalité soit cette dernière colère et cette haine plutôt que les années de gentillesse apparente ; il n'y a pas moins une sorte de triomphe dans cette lutte en faveur du côté le plus aimant, dans le fait de l'avoir conservé et de s'être laissé convaincre par lui pendant tant d'années.

Quand elle est d'une humeur moins sombre et plus douce, le caractère habituel de Tante Annie s'affirme ; parfois d'une manière surprenante. C'est ainsi qu'elle me demande anxieusement quel pourboire elle doit donner à telle infirmière ou à telle fille de salle. En dépit des plaisanteries, courantes en Europe de l'Est, sur la nécessité d'avoir les poches bien garnies pour obtenir une bonne chirurgie ou simplement des soins acceptables dans un système de monopole d'État, je n'avais jamais entendu parler de cela ni pensé à cela auparavant en Grande-Bretagne. Tante Annie peut très bien y avoir pensé toute seule. Je ne crois pas qu'elle voulait acheter des privilèges ; cela ne lui serait pas venu à l'idée. Elle était très forte pour le troc, spécialement pendant la dernière guerre et dans les années qui suivirent, et ne posait jamais de questions sur ce qui était « tombé des camions » ; à ce moment-là, dans le monde où elle habitait, presque personne n'en posait. Mais elle ne cherchait pas à se faire bien voir du personnel ou à le soudoyer. Je suppose que, dans son état de dépendance, elle peut avoir été soucieuse jusqu'à l'excès d'être dans les petits papiers d'une ou deux personnes qu'elle arrivait à reconnaître. Surtout, elle avait toujours été généreuse et je pense que son impulsion principale, derrière la question du pourboire, était simplement la gratitude envers une infirmière dont elle parlait et qui était particulièrement gentille, « avec toujours un mot aimable », et envers une femme de service qui s'arrêtait pour échanger quelques mots. C'est conforme à son caractère et à son style, alors que la colère ne l'est pas, et c'est conforme aux complexités de son ensemble de règles culturelles.

Quand Tante Annie mourra, il ne restera personne de cette génération du côté Hoggart. « Alors, nous serons en première ligne », dit mon frère Tom, qui a un sens plus aigu que moi de la marche des générations. Soeur de notre père, avant-dernière de dix enfants, Tante Annie est la dernière de nos tantes et oncles directs. Dix semblait un chiffre très commun dans ces familles de la classe ouvrière à la fin du règne de Victoria. Est-ce que le mari et la femme, ou plus vraisemblablement la femme, disaient alors « ça suffit comme ça » ? Et que faisaient-ils pour la contraception, étant donné qu'il est peu probable qu'ils aient utilisé des préservatifs ? Des refus, le *coïtus interruptus*, quelques abandons effrayés, le tout maladroit et insatisfaisant ? Ou bien est-ce que la femme, après dix enfants, n'atteignait pas souvent la quarantaine et était alors plus ou moins hors de danger ?

Dans la famille de mon père, les dix enfants ne sont pas morts dans l'ordre chronologique, mais ils ne s'en sont pas beaucoup écartés, compte tenu du modèle social en usage. Une fille est partie très tôt, entre vingt et trente ans ; on se souvenait inévitablement d'elle comme de la plus jolie et de la plus gentille. Notre père est parti de bonne heure lui aussi, entre quarante et cinquante ans, je pense. Il est également mort à St. James, pour autant que je sache ; je n'irai pas le vérifier. Pas plus que je ne vérifierai où était notre mère lorsqu'elle mourut, quelques années plus tard seulement ; je suis presque sûr que c'était à St. James. Entouré à l'époque de rangées de maisons de brique en carton-pâte, et pas encore de grands ensembles, l'hôpital poursuivait sa rêverie sombre et menaçante tournée vers la colline, à environ un mile, sur la route de la ville, du cottage en pierre humide, plein de cafards, dans lequel Maman s'occupait de nous trois. En gros, dans cette génération, le modèle âge-sexe de la mort a été respecté ; quel que soit le nombre d'enfants qu'elles aient eu, les femmes ont duré plus longtemps que les hommes, souvent au-delà de quatre-vingts ou de quatre-vingt-dix ans.

J'avais sept ou huit ans quand je vins, à la mort de notre mère, vivre chez ma grand-mère. Il y avait déjà trois personnes dans la maison de Newport

Street, Grand-Maman, Annie et son frère Walter ; nous fûmes bientôt cinq, quand Tante Ethel quitta son travail à Huddersfield, environ seize miles plus haut vers les Pennines ; puis six, quand une cousine arriva de Sheffield. Bien qu'en bas, il y eût seulement une salle de séjour, je ne me souviens pas d'avoir eu le sentiment d'être à l'étroit ; à l'époque, la pièce semblait suffisamment grande ; elle donnait directement sur la rue. Derrière, il y avait une arrière-cuisine, étroite comme une fente, qui donnait sur une petite cour avec, au fond, deux cabinets qu'on vidangeait et un trou à ordures. Comme notre maison était la dernière d'une petite rangée de six maisons seulement, la cour était en forme de L, avec une barrière en bois écroulée qui ouvrait sur la rue à côté de la maison. C'est là que Grand-Père avait garé sa voiture à bras ; quand je suis arrivé, il était mort depuis quelques années.

Les voitures à bras faisaient partie du mobilier de la rue au même titre que l'éclairage au gaz, le crottin de cheval et le chiffonnier. Indispensables pour déménager à la cloche de bois et pour transporter, sur quelques pâtés de maisons, toutes sortes de meubles, certains étonnamment grands, elles étaient les breaks, les familiales, les camions de déménagement des quartiers populaires ; je vis une fois un cercueil sur l'une d'elles. Elles étaient les premiers moyens de transport capables de relier et de souder entre elles les différentes parties du voisinage, et ne sortaient pas souvent de leur aire de service connue. Elles ont disparu, mais leurs descendants en ligne directe leur ont succédé ; ce sont les petites camionnettes de location qui s'activent maintenant dans la plupart des villes, spécialement le week-end. Ceux qui les louent vont plus loin de nos jours. On pouvait prévoir que les ouvriers d'aujourd'hui y prendraient goût ; elles sont petites, maniables, pas chères et très pratiques.

À l'étage du 33, il y avait deux chambres, l'une au-dessus de la salle de séjour et l'autre au-dessus de l'arrière-cuisine; les entrepreneurs en bâtiments bon marché de l'époque victorienne avaient le sens de la symétrie et de l'économie. Nous avions aussi un grenier qui couvrait toute la maison. Ce grenier, comme la petite cour de derrière et la double exposition, nous distinguait des maisons accolées dos à dos d'en face. Les maisons de notre rangée étaient louées un shilling ou deux de plus. La nôtre, avec sa cour supplémentaire sur le côté, était encore supérieure et le loyer se montait à neuf shillings par semaine; je ne me souviens pas qu'il ait jamais changé. Je suppose qu'on avait placé notre petite rangée parmi les maisons meilleur marché pour la louer à des chefs d'équipe, des contremaîtres ou assimilés. Grand-Père avait été chaudronnier, très au-dessus d'un ouvrier non qualifié. Et fier de l'être. Une histoire familiale le montre donnant sa démission d'un bon travail dans une usine qui fabriquait des machines pour les bottes et les chaussures, parce qu'un chef peu sûr de lui critiquait son travail. À ce qu'on disait, il avait répondu « Retourne à tes godasses », et tout plaqué.

Je dormais dans le grenier avec Oncle Walter, d'abord dans un grand lit à deux places, puis dans un petit lit pour moi seul avec un matelas de laine. Le grenier donnait sur la cour de derrière et sur le terrain de jeu cimenté de l'école St. Joseph, une école de garçons catholique romaine. La gloire de ce grenier, l'honneur de la maison, était la baignoire, la seule baignoire à eau courante chaude et froide de la rue et, par conséquent, l'une des très rares du coin. Elle était en fer, grossièrement peinte en blanc à l'intérieur et à l'extérieur – une couche de peinture par-dessus l'autre sans aucune préparation, comme le flanc d'un bateau lorsqu'on le regarde de près; et elle avait des pieds contournés. Un séchoir à linge, transformé en paravent au moyen de chutes de papier peint collées sur toute sa surface et exhibant une quantité prodigieuse de fleurs, protégeait le baigneur des regards, même lorsque celui-ci était seul. Il le protégeait aussi des courants d'air, ce qui était plus important car il faisait un froid de loup dans ce grenier en hiver. C'est des rituels qu'on se souvient le mieux, toujours ; les rituels de la baignoire indiquaient le statut. Il arrivait qu'une mère de famille de notre rangée de maisons, rarement de plus loin, frappe à notre porte et demande si sa fille pouvait prendre un bain car elle devait se marier le lendemain. Bien que pauvres, nous appartenions, c'était tout à fait clair, à la classe ouvrière respectable.

Dans la salle de séjour se tenait Grand-Maman, toujours en noir même si ses filles la persuadaient parfois de les laisser la pomponner un peu avec un col de dentelle blanche pour une occasion spéciale – des parents qu'on voyait rarement ou le thé du dimanche. Elle était d'origine paysanne et, comme les paysannes veuves que l'on peut encore voir dans beaucoup de régions de l'Europe rurale, elle avait probablement porté du noir depuis le jour de la mort de son mari ; à l'exception des touches blanches occasionnelles, je ne me souviens d'elle dans aucune autre couleur. La chaise à dossier haut, à gauche de la cheminée et de son fourneau couleur de plomb, était à elle. À elle aussi était cette sorte de houle émotionnelle sous-marine qui soulevait la maisonnée, une sorte d'humeur à la fois inquiète, préoccupée et tranquille.

Quels souvenirs Grand-Mère pouvait-elle avoir de ses propres parents à Boston Spa, de ses grands-parents qui avaient connu les dernières phases des guerres napoléoniennes et les troubles des années 1830 ? Elle n'avait pas le sens de la perspective historique ; comment aurait-elle pu l'avoir ? Pour elle, il n'y avait pas d'autre témoignage du passé que ce qui était contenu dans les recoins de la mémoire des gens de sa génération. À part ce qui est transmis oralement, les classes populaires n'ont presque aucun sens de leur propre histoire ; et cette histoire est en général décousue, confuse et vite perdue lorsqu'ils remontent à des années qu'ils n'ont pas enregistrées. Si bien que, quand les gens comme moi entendent pour la première fois la femme d'un collègue dire : « Ah oui, ce secrétaire, il était à ma mère qui le tenait de sa mère », ils sentent le temps se déplacer horizontalement en arrière d'une manière bizarre, qu'ils n'ont jamais connue eux-mêmes. Pour les ouvriers, trois générations, au plus quatre, encore en vie, l'évocation occasionnelle d'un visage (cette jolie tante qui mourut jeune), quelques petits objets, une anecdote ou deux : c'est habituellement tout. En fait de mémoire historique, ma grand-mère devait avoir ce qui lui avait été transmis par le biais de la presse à sensations (de seconde ou de troisième main jusqu'à ce qu'elle ait appris à lire elle-même), par l'intermédiaire des principes que le pasteur énonçait en chaire, ou, simplement, par des commérages. La libération de Mafeking était un des grands souvenirs de sa vie, Kruger[36], l'un des grands méchants, suivi de près par l'empereur Guillaume. Du point de vue de la dramatique, c'était un monde de contes pour enfants.

Elle respectait le savoir ; non comme moyen de parvenir à la richesse, un peu sans doute en tant que chemin vers le pouvoir et l'autorité, mais surtout pour l'idée pure du savoir comme libération de la personne. Ceci n'est probablement pas sans rapport avec mon propre empressement à entrer comme professeur dans l'enseignement universitaire pour adultes, des

36 Allusions à la guerre des Boers (1899-1902).

années après sa mort, quand je revins de l'armée après la Seconde Guerre mondiale; c'est une chose qu'elle aurait comprise instantanément et qui lui aurait été immédiatement sympathique.

Née paysanne et restée paysanne, devenue plusieurs fois grand-mère et plusieurs fois arrière-grand-mère, elle avait un sens de la famille qui l'emportait sur tout autre intérêt. Il avait oblitéré si complètement toute ambition personnelle que personne n'aurait jamais songé qu'elle pût ambitionner quelque chose pour elle-même, et il l'avait amenée à refouler à l'arrière-plan tout intérêt pour une communauté plus grande que le voisinage immédiat; à l'égard de ces choses-là, elle avait établi très tôt ses propres limites.

Il existe depuis longtemps chez certaines vieilles femmes des classes populaires un sens de la famille qui consiste à savoir les dates de naissance et de mort de chaque membre de la famille sur plusieurs générations, à situer les gens avec continuité et précision, à rappeler les mariages, les maladies, les déplacements, les périodes de service militaire. Ce sont les historiens de la famille. L'investissement de ma grand-mère dans la famille n'était pas de cette espèce. L'une de ses filles, Tante Jenny, remâcheuse congénitale des nouvelles familiales, finit par adopter ce rôle. En comparant la manière dont Jenny organisait mentalement son matériau (« et alors, et alors, et alors ») avec celle de ma grand-mère, je réalisais combien celle-ci était d'un tempérament différent et spécial, même par rapport à ses filles. Elle ne commérait jamais, et disait rarement des banalités. Son esprit aurait très bien pu se débrouiller avec des sujets plus vastes et avec des principes abstraits, mais elle n'en avait jamais eu l'occasion. De même, elle n'avait jamais songé à ruer dans les brancards. À une autre époque et dans d'autres circonstances, elle aurait pu devenir professeur d'université ou médecin.

Mais elle était là, immensément enfamilialisée. Au-dessus du niveau du discours trivial au quotidien, cet enracinement familial se combinait parfois avec son intuition vague mais sûre qu'il existait à l'extérieur un monde d'idées et d'imagination plus vaste pour produire les seules occasions où elle pouvait avoir l'air de se vanter. Ses formules, fascinantes, sonnaient davantage gallois que yorkshirien. Elle avait l'habitude de dire de temps en temps, quand quelque chose touchait cette zone de son esprit, que « le Poète Longfellow » était un de nos anciens parents de Boston Spa, mais que cette branche de la famille était partie en Amérique où le poète était né. Pendant plusieurs générations, l'aîné des garçons Hoggart, de notre côté, a porté Longfellow comme second prénom. Mon père le portait, mon frère le porte. Désireux d'épargner à son fils le fardeau d'un prénom aussi insolite, ce dernier a mis fin à la tradition.

L'autre connexion artistique que ma grand-mère revendiquait, si elle y était poussée, était avec « le Peintre Hogarth » qui, disait-elle, s'appelait à l'origine « Hoggart » mais avait changé son nom, à la demande de sa seconde femme, pour une version plus chic et sonnant mieux, quand il commença à être connu à Londres. Ceci semble plus tiré par les cheveux que la prétention Longfellow. Ce qui est vrai, c'est que « Hogarth » avec un « o » long est encore senti comme plus correct que le « Hoggart » sans rallonge. En Grande-Bretagne, mais aussi au Canada, en Australie, en Nouvelle-Zélande et aux États-Unis, si je donne mon nom, sans méprise possible, comme « Hoggart » à une téléphoniste, j'obtiens comme réponse « merci monsieur Hogarth » avec un « o » long, comme s'il fallait absolument corriger et anoblir mon propre nom quand on me parle. Ces bribes de généalogie, peut-être toutes deux fausses, sont les seules informations sur l'histoire ancienne de la famille que j'aie jamais entendues.

Grand-Mère avait le souci de me corriger : je devais grandir pour « bien faire » ; mais, par-dessus tout, elle me donna un amour désintéressé ; et je le lui rendis. Peut-être aussi voyait-elle en moi quelque chose de ce qu'elle pensait être les talents de Walter, liés à la volonté de ne pas les gaspiller. Elle aimait certainement l'idée que je « fasse mon chemin » et, par-dessus tout, que je sache manier les mots et que j'apprenne, petit à petit, à bien parler.

Dans la plupart des souvenirs visuels que je garde d'elle, elle est assise à côté de la cheminée, ou bien elle est en train de préparer, de plus en plus lentement, un repas simple, un ragoût, un hachis, du poisson frit. La gamme des plats qu'elle savait préparer était bien sûr limitée mais, comme la plupart des femmes de sa génération, elle pouvait transformer la nourriture la moins chère en un repas appétissant, et pas seulement nourrissant. Il en était ainsi pour toutes ses filles. C'était bien des années avant que je ne me rende compte que certaines personnes fabriquent à tous les coups des ragoûts ratés, parce qu'il leur manque tout bonnement le tour de main, l'intérêt ou le sens du goût ; et qu'elles peuvent rater n'importe quel plat, même ceux qui contiennent des ingrédients très chers.

J'ai un souvenir marquant de ma grand-mère en dehors de la maison. C'était pendant mes premières années à Newport Street ; j'avais environ neuf ou dix ans et elle en avait au moins soixante-dix. Nous partîmes ensemble pour un séjour d'une semaine chez un de ses fils qui était marié mais sans enfants. C'était là une coutume parmi les gens de notre sorte ; on n'avait pas assez d'argent pour un séjour à la mer, même pour le genre de vacances où l'on ne payait que la chambre et les repas préparés avec les ingrédients qu'on achetait soi-même. Pour s'offrir cela, il fallait qu'il y ait à la maison quelqu'un qui rapporte régulièrement une bonne paie d'homme. Faute de quoi on allait chez un parent, de Leeds à Sheffield ou vice-versa; c'était un changement; les tramways étaient différents, de même que les grands magasins, les jardins publics et le spectacle des vitrines.

L'oncle chez qui nous étions avait travaillé dans un magasin de nouveautés fréquenté par la bourgeoisie de Harrogate et en avait été congédié pour des raisons entièrement commerciales. Grand-Maman et moi passâmes une semaine morne dans leur pavillon plutôt bon marché; ils lésinaient sur tout pour le payer. Je suppose qu'il avait coûté dans les deux cents livres, pas plus. On disait du côté Hoggart que la tante avait «peu d'idée de ce qui fait un foyer» et, ce qui était pire, on la soupçonnait de «ne pas savoir s'occuper de son mari»: à certains égards, le jugement était trop dur. Elle semblait aveugle, elle manquait d'antennes pour enregistrer la façon dont les autres s'y prenaient pour rendre leur maison confortable; elle était également incapable de s'aviser de la différence de goût entre sa tambouille et la nourriture des autres; tout simplement, elle ne remarquait pas ce genre de choses et semblait à peine s'y intéresser. Sa salle de séjour ne disait rien, ne suggérait ni chaleur, ni accueil, ni calme, et ce n'était pas parce qu'elle était en désordre et encombrée; d'autres personnes ont un intérieur en désordre, mais cela ne les empêche pas de savoir comment on organise une pièce autour d'un coussin ou d'une lampe.

C'était par ailleurs une couturière habile et elle ne manquait jamais de clients qui lui demandaient de retoucher ou de confectionner des robes ou d'autres vêtements ; elle pouvait même faire des robes de mariées. Les bourgeoises de Harrogate la désignaient sûrement comme « la petite dame qui travaille bien et qui me fait mes robes » ou « ma petite couturière ». L'argent qu'elle gagnait passait sans doute presque en entier dans les traites de la maison. Après que le mari eut été chassé de sa place, elle accepta davantage de travail et, peu à peu, les rôles du mari et de la femme furent entièrement renversés. Cet homme au cœur tendre fut écrasé et joua les seconds rôles tristes, jusqu'à ce que la Seconde Guerre mondiale lui apporte un poste de fonctionnaire temporaire. Le souci et le choc causés par la perte de l'emploi qui lui avait permis d'avoir une identité lui avaient fait perdre subitement tous ses cheveux, alors qu'il était encore assez jeune, de sorte qu'il paraissait en public avec une affreuse perruque, roussâtre et ondulante.

Les travaux de couture de sa femme avaient envahi la pièce de devant, ou salon, qui, comme les autres pièces, était petite mais avec une fenêtre un peu en saillie. On ne pouvait jamais s'y asseoir et elle avait ce qu'Orwell appelle « cet air provisoire et profané des pièces qui ne remplissent pas leur juste fonction ». Il restait seulement la pièce de derrière, ou salle à manger, qui était encore plus petite, mais qui donnait sur un jardin minuscule. Cette pièce-là aussi était sans grâce. Il y avait un feu qui ne contenait jamais plus que quelques parcelles de charbon ; le peu de chaleur qu'il procurait était en grande partie empêché d'aller jusqu'aux humains par un petit fox-terrier gâté et indifférent, la seule créature de cette maison à qui l'on prodiguait de l'affection. La nourriture était maigre et pas très appétissante : deux caractéristiques que je n'avais jamais rencontrées auparavant dans la cuisine d'un parent.

Le deuxième jour, ma grand-mère annonça qu'elle et « le garçon » sortiraient pour prendre l'air après le déjeuner, et il en fut ainsi tous les jours suivants. Nous avions tous deux envie de sortir de cette maison morne et de nous dégourdir les jambes, et elle voulait m'acheter quelque chose de plus à manger, une pomme pour un sou, ou un petit pain au lait. Ces promenades restent parmi les plus paisibles que j'aie jamais faites. Je ne me souviens pas de quoi nous parlions. Je suppose que je bavardais presque sans cesse et qu'elle faisait des petits bruits de gorge propres à m'encourager. Nous ne discutions certainement pas des défauts de nos hôtes ; ceci aurait été impensable. Mais nous savions tous les deux que nous savions, sans avoir à nous embarquer dans une analyse critique. Surtout, et c'était bien plus important, nous étions liés par une affection inexprimée et, dans mon cas, par une dépendance émotionnelle que je ne ressentais pour personne d'autre. C'était une leçon cardinale sur les relations humaines et sur la puissance de l'amour.

La maison de Newport Street était dominée émotionnellement par Tante Ethel, la fille aînée. Pendant tout le temps où je l'ai connue, notre mère, qui était le seul adulte de notre cottage, avait été accablée par la maladie ; aussi n'avais-je jamais rencontré la fureur émotionnelle dans sa plénitude, avec sa charge physique, jusqu'à ce que je vive dans la même maison qu'Ethel. Ce fut une révélation affreuse et, maintenant encore, j'ai envie de filer en vitesse quand j'entends une femme qui élève la voix en montant dans certaines gammes ou dans certains registres.

Vis-à-vis des hommes, Tante Ethel était profondément ambiguë. La plupart du temps, elle était d'un mépris implacable, comme si elle parlait d'une sorte d'aberration du Créateur ou de chiens excités.

Mais une de ses épithètes préférées était « viril » et elle pouvait donner à ce mot une force vibrante. Elle disait parfois qu'elle aimait beaucoup « l'odeur d'un bon cigare », elle qui n'avait pas pu en sentir beaucoup de bons dans sa vie. De temps à autre, elle remarquait que c'était bien d'avoir « un homme à la maison » et elle ne semblait pas vouloir dire seulement qu'il serait utile pour bricoler ; elle donnait à entendre qu'il pourrait avoir une sorte de charme. À ces moments-là, le timbre de sa voix devenait plus grave. Son homme idéal semblait être un chapon ou un cheval hongre qui aurait pu sentir le tabac, mais jamais le sexe. Je n'ai jamais entendu dire qu'aucun homme l'ait trahie ou lui ait de quelque autre manière fait du mal.

Elle avait vraiment un caractère violent et la langue à l'avenant. Il est peu probable qu'elle ait jamais été jolie. Dans la famille Hoggart, on a tendance à avoir soit le nez camus, comme un bout de mastic, soit le nez grand et crochu ; Ethel avait hérité de ce dernier. Reste que des hommes et des femmes surprenants de laideur trouvent encore des compagnons tant que quelque chose à partager – tendresse, prudence, cynisme, avidité, soumission, sens de l'humour – resplendit à travers leur disgrâce. Un ancien de la famille suggéra une fois que Tante Ethel aurait déconcerté tout homme qui aurait songé à lui faire la cour par la seule force de sa mauvaise tête et de la langue qui l'accompagnait. Ces dispositions se voient aussi bien chez certaines épouses que chez certains maris ; mais elles ont tendance à émerger avec toute leur force une fois que la fleur de la jeunesse est passée. Tante Ethel en avait peut-être fait preuve trop tôt. Peut-être n'avait-elle tout simplement pas eu de chance : elle faisait partie de la génération qui avait grandi vers l'époque de la Première Guerre mondiale, à la suite de laquelle certaines femmes avaient eu des difficultés pour trouver des hommes disponibles. Ou peut-être, contre toutes les mœurs en usage, n'avait-elle réellement pas voulu se marier. En tout cas, elle avait fini par se rendre compte un jour qu'il était trop tard, qu'elle était, pour reprendre une expression qui avait alors une force terrible, « au rancart », et qu'elle avait toutes les chances d'y rester. Peut-être avait-elle, au fond, toujours voulu se marier ; peut-être est-ce à ce moment-là qu'elle commença à dire avec insistance et avec un mépris et un dédain croissants qu'elle ne voulait pas de ce qu'elle savait maintenant clairement qu'elle n'aurait jamais. Elle développa une bonne douzaine de manières différentes de dire « les hommes ! », qui étaient autant de manières différentes de rejeter l'autre sexe.

Annie avait environ dix ans de moins qu'Ethel, et Walter était le bébé de la famille. On pensait, au début de mon séjour dans la maison, qu'il réussirait car il était déjà « un homme à trois livres par semaine ». Tandis que la plupart des hommes du quartier gagnaient de trois shillings à deux livres par semaine, il se trouvait dans une catégorie tout à fait différente. Il était vendeur dans un magasin de meubles bon marché près du centre-ville et savait certainement se montrer persuasif avec les jeunes couples de la classe ouvrière qui cherchaient anxieusement leur premier ensemble de salon trois pièces ; il avait un air aimable qui ne devint insinuant et patelin que lorsqu'il commença à marcher à sa ruine. Il touchait un salaire de base plus une commission ; j'ignore si celle-ci était comprise dans les trois livres. On pensait qu'il deviendrait probablement, à la longue, « un homme à cinq livres par semaine » et qu'il irait sûrement vivre de l'autre côté de la ville après son mariage.

Être un homme à cinq livres par semaine, tel était le but attrayant qu'on me proposa lorsque j'entrai au lycée – but proposé par la famille, pas par l'école. Celle-ci ne se serait pas exprimée en chiffres. Tout au plus, les enseignants voyaient dans les garçons comme moi des professeurs potentiels qui, je suppose, n'auraient pas gagné plus de cinq livres par semaine ; l'école désignait une profession, et non un salaire. À la maison, les buts proposés et les désignations qui les accompagnaient étaient toujours ajustés aux horizons possibles ; ils étaient à la fois précis et métaphoriques. Ainsi, on ne devenait pas un homme à cinq livres par semaine à moins d'avoir « une belle main », ce qui voulait dire avoir une belle écriture. C'est ce qui me fut proposé par l'oncle qui avait passé toute sa vie active comme vendeur dans un magasin de nouveautés chic, portant veste noire et pantalon à raies grises, n'osant jamais ouvrir le bec jusqu'à ce qu'on le congédiât, sans cérémonie et sans compensation, à la suite d'une fusion – la victime parfaite. La phrase sur la « belle main » illustrait douloureusement les limites de sa fierté et les profondeurs de sa servilité. Elle allait de pair avec son insistance sur la nécessité d'être « bien habillé » ou, pire parce que plus inculqué, d'être « correctement habillé ». Ces hommes-là, lorsqu'ils s'évadaient désespérément de la classe des manœuvres, butaient aussitôt contre un nouveau plafond, un rempart défendu aussi impitoyablement par des mains et des manières d'une espèce différente.

La cousine Winnie de Sheffield vint à Newport Street peu de temps après moi, pour obtenir du travail dans une des grandes fabriques de vêtements de Leeds. Sa mère, Tante Madge, était l'aînée des filles de Grand-Mère ; elle avait épousé un employé des chemins de fer qui avait perdu une jambe à la suite d'un coup de sabot décoché par un cheval de fardier ; on lui avait en conséquence donné un travail sédentaire, garde-barrière ou quelque chose de ce genre. Il était de souche paysanne, du Lincolnshire, et resta paysan quand il fut absorbé par les chemins de fer en expansion qui cherchaient à la campagne des hommes sachant manier les chevaux. Ils avaient onze enfants, douze lorsqu'ils accueillirent Tom à la mort de Maman. Winnie fuyait les inspecteurs des enquêtes sur les revenus[37], signe qu'un membre du ménage était sans travail et touchait les allocations de chômage. Si elle était restée chez elle et avait travaillé à Sheffield, celles-ci auraient été réduites ou supprimées. De toutes les règles qui pesaient sur les chômeurs des années 1920 et 1930, c'était la plus haïe, parce qu'elle forçait les gens à agir contre une de leurs convictions fondamentales, à savoir que les familles ne doivent pas être dispersées.

Les membres des familles nombreuses ont tendance à adopter l'une ou l'autre de ces positions extrêmes : ou bien ils n'ont de cesse de fuir le vacarme et l'encombrement, ou bien, comme Winnie, ils supportent mal d'être en dehors du nid surpeuplé. Winnie se sauvait chez elle, à Pitsmoor, à trente et quelques miles, par le moyen de transport le moins cher chaque fois qu'elle le pouvait, ce qui voulait dire presque chaque week-end, jusqu'au moment où quelqu'un de Leeds commença à lui faire la cour. À vrai dire, elle ne supportait pas Leeds ; c'était pour elle une terre étrangère. Sa mère non plus. Quand elle nous rendait visite de temps en temps à Hunslet et qu'elle se tenait assise, massive, ruminant et grommelant à côté du feu, en face de Grand-Maman, Tante Madge finissait presque toujours par dire : « Ah, Leeds, c'est une ville de pécheurs ! » Avait-elle, en traversant la place centrale au début de la soirée dans la brume tourbillonnante pour

37 L'enquête sur les revenus *(Means Test)* permet d'établir les besoins d'une famille avant de lui accorder une aide financière.

aller de la gare au tram de Hunslet, aperçu des couples qui se bécotaient, des putains portant des jupes serrées ou des hommes qui faisaient des propositions ?

Comme je l'ai dit, la maison était dominée, voire opprimée, par Ethel et ses humeurs qui étaient souvent noires. J'ignore pourquoi elle était rentrée de Huddersfield ; peut-être son travail avait-il pris fin, de sorte qu'elle avait dû revenir à Leeds pour trouver du travail dans une fabrique de vêtements. Peut-être sentait-elle qu'on aurait besoin d'elle à la maison, auprès de sa mère vieillissante. Elle avait, en effet, un vif sentiment du devoir familial ; mais, lorsqu'elle y avait obéi, souvent en regimbant, elle rendait, à cause de son sacrifice, la vie misérable à ceux qui l'entouraient. Si c'était pour cela qu'elle était rentrée, elle se trompait : la famille se débrouillait à sa manière, même si c'était d'une manière qu'elle désapprouvait parce qu'elle n'était pas de bon ton. Toujours est-il qu'elle revint, et, comme elle était l'aînée des enfants, il fallut changer notre arrangement pour les chambres à coucher. Je ne me rappelle pas combien de temps Winnie resta chez nous après l'arrivée d'Ethel ; jusqu'à son mariage, je suppose. Durant toute cette période, Grand-Maman, Tante Annie et Winnie devaient se partager la « grande » chambre à coucher de devant, Tante Ethel occupant la petite chambre de derrière au même étage (elle pouvait contenir ce qu'on appelait un « petit lit à deux places », c'est-à-dire un lit de 120).

Une fois rentrée, Ethel était prisonnière et elle le savait, quoiqu'elle ne l'eût jamais admis. Prisonnière avec sa mère, mais aussi avec une sœur et un frère auxquels elle serait toute sa vie émotionnellement liée, dont elle voulait obtenir le respect et l'affection, mais qu'elle n'approuvait pas. Elle était captive de ces murs mesquins, parmi ces gens « communs » ; tout cela, elle le détestait. Huddersfield avait donné corps à un rêve qu'elle n'abandonna jamais tout à fait et qu'elle réalisa pour un temps, plus tard dans sa vie. Un rêve de pavillon, avec des rideaux colorés qu'on peut tirer, à la place du store à rouleau d'une seule couleur qu'on baisse pour le soir et des rideaux en dentelle qui restent immobiles en permanence sur la partie inférieure des fenêtres à guillotine ; et des « vécés » intérieurs, avec un tapis en U et un couvre-siège assortis, une salle de bains, un peu de jardin devant et derrière et des voisins à la parole courtoise. Elle ne visait pas et ne pouvait pas viser plus haut ni suivre un autre modèle ; et lorsqu'elle rencontra, beaucoup plus tard, le désordre et le manque d'élégance étudiés de la bourgeoisie universitaire, elle fut scandalisée. Son rêve n'avait rien de déshonorant ; il rendait hommage à des dieux domestiques obscurs et tranquilles, dépourvus d'agressivité. Pendant la guerre, j'eus comme collègue un agent d'assurances qui venait de Manchester. Alors qu'il était perché sur l'une des lointaines collines d'Algérie, couvertes de chênes-lièges, ou assis sur la belle côte tunisienne, bleue et fauve, ses yeux se voilaient au souvenir de ses retours avec sa femme, le samedi soir, de la rue du Marché à leur pavillon qui se trouvait là-haut, à un des bouts les moins chers de la ville ; il pensait au *high tea*[38], au poste de TSF, et – plus inattendu – à leurs pratiques amoureuses exotiques. Un de leurs scénarios préférés était celui où il faisait semblant d'être un cheikh, et elle sa prisonnière blanche défaillante.

Ethel passait tour à tour ses week-ends à Huddersfield et à Hunslet. Pour nous, ses week-ends à Huddersfield étaient un soulagement, jusqu'à ce

38 Remplace à la fois le thé et le dîner dans les familles urbaines dont les membres travaillent au-dehors toute la journée. C'est un thé complété par un plat substantiel (porc, viande froide, poisson frit).

que le ciel commence à s'assombrir à nouveau à l'approche du dimanche soir. Ses week-ends à Hunslet étaient presque toujours, quoi qu'on fit, orageusement désagréables. Winnie sortait avec son fiancé, Annie allait dans un pub ou un club respectables avec deux ou trois amies non mariées, Grand-Maman regardait fixement et tristement le feu, un passé difficile, un présent misérable et un avenir qui ne laissait entrevoir aucun signe de secours. Je gardais la tête baissée sur mes devoirs, j'allais peut-être « au ciné », le samedi, en début de soirée. Le temps passait ainsi, jusqu'à ce que l'orage éclate ; et alors personne n'y échappait.

Il éclatait en général lorsque Walter rentrait en dégageant une odeur de bière. Walter est le premier adulte de quelque talent et donnant quelques espérances que j'ai vu se jeter lui-même en bas de la pente ; non pas essentiellement à cause de l'alcool, du tabac et des femmes, mais par leur intermédiaire ; ils étaient les symptômes et les agents, et non les causes de sa déchéance. Plus encore que le désir d'être admiré, et d'être admiré sans se donner trop de peine, la vraie raison de sa chute était la faiblesse de la volonté, le désir d'être aimé comme un camarade qui est à tu et à toi avec tout le monde. Très à l'aise dans les bars et les pubs, il était d'un abord agréable et je ne me souviens pas qu'il se soit jamais montré vicieux ou méchant. Envers moi, il fut dès le début un oncle médiocre, inefficace sans doute, mais bienveillant. Plus tard, quand il descendit la pente et me vit prendre la direction opposée, il me conseilla sentencieusement de ne pas faire l'imbécile comme il l'avait fait ; mais il ne fut jamais jaloux ni cruel envers moi. Comme le disait Ethel sur un ton de mépris, il était incapable de porter son fardeau, le pire ennemi de lui-même.

Il avait certains talents mineurs. Une fois, il me montra quelques récits écrits sur le modèle de ce qu'on pouvait trouver dans les magazines hebdomadaires bon marché de l'époque, comme *Answers* ou *Titbits*[39]. On ne les accepta pas, peut-être parce qu'ils étaient écrits à la main ou parce qu'ils n'étaient pas meilleurs que les trucs que les éditeurs pouvaient obtenir, à la demande, des écrivains à la tâche qu'ils connaissaient. Mais c'était écrit avec une certaine compétence et beaucoup plus savant que tout ce qu'auraient pu produire les autres hommes des rues avoisinantes.

Chaque fois que j'arrive, en lisant « In Praire of Limestone » d'Auden, au passage sur les fainéants grégaires qui ne se refusent rien, les chéris de leur mère exploiteurs de leur mère, je songe à l'oncle Walter. Les vers sur celui qui ruine « Une belle voix de ténor/Pour des effets qui font crouler la salle[40] », lui vont parfaitement. Il avait en effet une bonne voix de ténor et, avant de commencer sa glissade, il était très recherché sur le circuit des oratorios des chapelles[41] de Leeds, surtout pour les représentations du *Messie* et de *Judas Maccabée*. Sa mère et sa sœur en étaient extrêmement fières, ce qui rendit par la suite leur déception et leur détresse encore plus grandes.

L'alcool était le fléau bien connu de la classe ouvrière et son abus ne pouvait jamais être pardonné ;

39 Magazines populaires familiaux où l'on trouve à la fois des romans-feuilletons, des bandes dessinées, des jeux, des histoires courtes, des nouvelles sportives. Ce genre de revues familiales distinct de la presse féminine existe peu en France ; l'équivalent français le plus proche serait sans doute *Le Petit Écho de la mode* ou *Le Chasseur français*. Cf. *La Culture du pauvre*, *op. cit.*, p.274-275.

40 «A fine tenor voire/For effects that bring down he houle.» W.H. Auden, *Nones*, Faber and Faber, London, 1952.

41 Le terme *Chapel* est réservé aux lieux de culte des sectes dissidentes et non conformistes telles que les méthodistes, les congrégationalistes, les baptistes, etc., par opposition au terme *Church* employé uniquement pour l'Église anglicane.

mais qu'on y succombe quand on avait un travail de col blanc et qu'on était la gloire de la famille était beaucoup plus dur à supporter pour les proches. Walter avait trouvé des compagnons pour boire parmi les vendeurs des magasins avoisinants, d'abord pour aller prendre un verre de temps en temps à midi et puis, de plus en plus souvent, pour des beuveries de plus en plus longues chaque soir. La clientèle de ces bars du centre-ville, légèrement canaille (« canaille » veut dire ici qu'on aime porter des chapeaux mous à bords souples et des costumes trois pièces qui ont une élégance superficielle et éphémère et qui ont vite fait de s'effilocher et de se lustrer), se composait dès l'ouverture de vendeurs et d'employés célibataires, d'hommes qui butaient contre les contraintes du mariage, de rieurs faciles, d'anecdotiers congénitaux, de pourvoyeurs de plaisanteries sans fin, de connaisseurs d'une certaine sorte de saletés. C'est ainsi que Walter cessa peu à peu de recevoir des invitations pour jouer un rôle dans les oratorios. Il dénatura sa voix afin de produire le genre de bel canto corrompu qu'on appréciait dans les pubs, et les chansons qui l'accompagnaient telles que « No Rose in All the World » et « Like a Golden Dream »[42] ; quand il fut au plus bas, on le paya en verres.

Quand il rentrait les soirs de week-end, très tard, après s'être fait jeter des pubs avec ses camarades sur le trottoir où ils bavardaient jusqu'à ce qu'il aille prendre son tram pour un retour titubant, il trouvait non seulement une mère inquiète et une assiette contenant un souper desséché, mais aussi une Tante Ethel chargée, sèche comme de l'amadou, semblable à un projectile à grande puissance pointé directement sur lui, prêt à partir à la moindre pression sur le contact. Il

42 Chansons sentimentales de style « Belle Époque ».

n'avait aucune chance d'y échapper. Qu'il glisse sur le pas de la porte ou qu'il bredouille du bout des lèvres une excuse à sa mère, et la fusée partirait. La langue d'Ethel était violente et son invention, en matière d'insultes, était horriblement puissante et blessante. J'étais adolescent, je faisais encore mes devoirs sur la table de la salle de séjour, et je me sentais tout de suite malade, jusqu'au creux de l'estomac ; je regardais Grand-Maman qui croisait et décroisait misérablement ses mains.

Tante Ethel n'avait qu'un seul sujet, la critique de l'individu aberrant, mais, à l'intérieur de ce thème limité, elle disposait d'une gamme de tons remarquable, d'une variété et d'une complexité étonnantes. Les avait-elle trouvés dans les pièces, en général des histoires de famille dramatiques, qu'elle voyait de temps en temps au Théâtre royal avec une amie de Huddersfield ? Étaient-ils transmis oralement de génération en génération ? Était-elle un génie original ? Son style, extrêmement théâtral, abondait en exclamations scéniques, en pauses recherchées, en interrogations rhétoriques, en regards tournés vers le ciel et en conclusions tonitruantes. Mais ça vous déchirait et j'espère ne plus jamais revoir ni ne plus jamais entendre quelque chose de semblable. C'était, sans doute, l'expression d'un esprit torturé, mais d'un esprit qui, tant qu'il était en proie à son obsession, ne cédait jamais, si peu que ce soit, à la pitié, à la réserve, ou au bénéfice du doute : « Ah oui ! ah oui ! joli coco ! Après tout ce qu'on a fait pour lui, eh ! Bien ! on a vu, n'est-ce pas, Mère ? » Pause. « Un ivrogne, une épave, ton préféré, hein, pas fichu de garder un bon travail, pas fichu de garder une des meilleures filles du monde, une des filles qui ont le plus souffert au monde ! »

C'était une allusion à Jeanne, à laquelle Walter avait fait la cour et s'était fiancé quand il faisait encore le circuit des chapelles ; une fille très gentille, très correcte, tout à fait de la classe ouvrière respectable, pratiquante régulière, et qui venait de Beeston, un quartier légèrement supérieur, à environ un mile et demi de chez nous, où les maisons, alignées en rangées mais pas dos à dos, avaient un petit jardin devant, avec une grille et des marches qui menaient à la porte d'entrée. Nous aimions tous Jeanne et nous la respections. Pour ma part, je n'avais jamais approché auparavant une jeune femme aussi soignée, aussi douce, aussi agréable, et sentant aussi bon. Elle resta fidèle à Walter, avec une détresse croissante, jusqu'à ce qu'à la fin, ses frères la lui arrachent. Ils avaient raison, en dépit du mythe qui circulait dans la famille et selon lequel les choses se seraient peut-être arrangées si elle s'était accrochée un peu plus longtemps encore, un mythe auquel on croyait seulement à demi. L'amour rédempteur d'une femme bonne. Je ne la revis jamais, mais je crois me souvenir qu'elle s'est mariée. Elle évoquait la bonté et la douceur, et c'est sans doute ce qui, plus que la sexualité, attirait les hommes en elle.

Les disputes étaient continuelles, surtout le samedi soir, ces samedis soir affreux. Walter était l'épicentre du cataclysme, mais Grand-Maman recevait aussi son compte d'outrages, pour avoir été trop molle avec lui et pour ne pas lui avoir serré la vis plus tôt. Elle se tassait misérablement dans sa chaise à dossier haut et continuait à frotter l'une contre l'autre ses mains pâles, décharnées, couvertes de veines bleues. Ethel déversait sa fureur comme un torrent dont la puissance et l'élan semblaient inépuisables. Sa rage vous mettait en lambeaux, on se sentait liquéfié, complètement et absolument malheureux ; elle ne vous laissait que vos yeux pour pleurer. Cette éruption de rancune ravageait tout, il n'y avait plus d'amour nulle part, plus trace d'amour « dans le monde entier abandonné». Ce n'est pas juste, se chuchotait-on à soi-même, sans se rendre compte alors de l'universalité du jugement moral qu'on s'efforçait d'atteindre. Bien des années plus tard, on découvrit qu'Ethel avait des calculs biliaires; ce fut une sorte de soulagement de penser qu'ils avaient pu, jusqu'à un certain point, être responsables de son humeur. Mais son caractère ne s'améliora pas beaucoup quand on eut enlevé ces choses énormes et qu'on les eut placées dans un bocal, sur le dessus de cheminée.

Tante Annie recevait aussi sa part parce qu'elle était trop molle, parce qu'elle ne participait pas à l'attaque, parce qu'elle était comme sa mère et qu'elle gâtait Walter. Elle restait assise, semblait moins malheureuse qu'excédée mais ne disait rien, sachant que la moindre riposte rendrait l'assaut encore plus intense et encore plus long. À d'autres occasions, elle savait prendre sa revanche en provoquant sournoisement sa sœur. Personne n'avait autant de nerf, autant de vigueur que Tante Ethel; mais Annie avait une manière de regarder son frère qui disait «laisse tomber tout ça, Walter, tu sais très bien toi-même, au fond, où tu en es»; ou bien encore, elle jetait un coup d'œil vers le haut de l'escalier, par où il avait peut-être déjà échappé au typhon en titubant. Pour ces moments-là, Tante Ethel avait mis au point une sorte de ventriloquie qui lui permettait de poursuivre l'attaque contre ceux qui restaient dans la salle de séjour tout en projetant sa voix, à des intervalles soigneusement étudiés, à l'étage, là où la forme ronflante, remplie de bière et de fumée de clopes, gisait maintenant sur le lit voisin du mien.

Winnie recevait de temps en temps un ou deux petits coups de scalpel parce qu'elle ne portait aucun intérêt aux événements du 33 et n'en prenait pas la responsabilité. «Vas-y, mademoiselle, profite de nous comme d'une pension de famille ; on sait que c'est tout ce qu'on est pour toi ! » Winnie restait sans mot dire et, si son visage exprimait quelque chose, c'était seulement un détachement un peu dégoûté. Peu de temps après son arrivée à Leeds, Albert, un coiffeur pour hommes, commença à lui faire la cour – vu l'existence quasi érémitique qu'elle menait, j'ignore complètement comment ils avaient pu se rencontrer. C'était une jeune femme correcte, brune et potelée, qui rentrait toujours de bonne heure de ses soirées avec Albert, une fille prudente qui buvait à peine et qui, je suppose, resta vierge jusqu'à son mariage. Elle avait une bonne nature, spontanée, pas exigeante, telle qu'on en trouve chez ces gens dont le sang semble couler lentement, imperturbablement, et qui ne sont pas troublés par des volte-face intellectuelles ou sentimentales. Albert et elle avaient, le samedi soir, des séances d'étreintes assez longues à l'angle de notre cour et du mur de l'école St. Joseph (« Qu'est-ce qu'elle fait dehors à cette heure-ci, Winnie ? – Elle dit bonsoir à Albert ») ; après quoi elle rentrait et montait tout de suite l'escalier, indifférente aux balles perdues comme à celles qui lui étaient destinées. Tout à fait silencieuse, aucune riposte, indemne, un petit morceau de Sheffield dans la nuit.

Jusqu'à dix-douze ans, je fus à l'abri des attaques sévères, mais ensuite je me mis à les attirer. Jusque-là, j'avais surtout fait l'objet d'avertissements qui émaillaient la progression de la bataille – le sens de la forme, de l'allure et du clair-obscur était très développé chez Tante Ethel. Ces mises en garde sur ce qui m'attendait si je me mettais à boire étaient inspirées par le sentiment qu'on avait là, dans la maison, quelqu'un qui pouvait pour de bon s'évader vers une existence meilleure, et qu'on devait à tout prix l'empêcher de laisser échapper sa chance. Mais c'était aussi une manière à demi voilée d'insinuer que certains aspects de mon comportement suggéraient déjà que je pourrais facilement descendre moi aussi cette pente-là ; comme de légers coups de timbales à l'arrière-plan. Plusieurs années après, je ne pouvais toujours pas entrer dans un pub sans me sentir à la fois coupable, vulgaire et canaille.

De temps à autre, les disputes passaient du niveau verbal au niveau physique et devenaient totalement théâtrales, en trois dimensions ; cela se produisait en général le matin, surtout le lundi quand on avait devant soi toute une semaine morne et monotone. Le dimanche venait au deuxième rang pour la fréquence des disputes, là encore pour des raisons évidentes : le samedi soir avait laissé de mauvais souvenirs. Le dimanche, on mettait le couvert pour le petit déjeuner ; le sucre était dans un petit sucrier fuselé en argent, le seul objet de qualité dont je me souvienne dans la maison. Non que celle-ci ait été remplie de camelote ; mais les meubles et tout ce dont elle était fournie étaient, au mieux, au niveau de ce qu'achetaient les gens de la classe ouvrière respectable : des objets produits en masse mais qui devaient faire de l'usage, assurer un bon service ; des objets démocratiques, de style américain. Telle cette horloge qui est maintenant sur la cheminée de mon bureau et qui se trouvait sur une cheminée de Newport Street quand j'y étais. Elle a un cadre en bois solide, un peu dans le style palladien, un cadran argenté et un bord doré. Elle ne porte aucune indication d'origine, mais c'est évidemment un objet relativement ancien, fait à la machine et fabriqué pour un marché précis.

Le sucrier était différent ; c'était un bel et simple exemple de l'art d'un orfèvre, et nous sentions qu'il appartenait à une tout autre classe d'objets ménagers. Même si quelqu'un dans notre famille avait eu de l'argent, il n'aurait jamais songé à l'acheter. Ç'avait peut-être été un cadeau de noces offert à Grand-Maman par la famille de propriétaires terriens chez qui elle avait travaillé comme domestique avant son mariage. C'était à Boston Spa, un petit village chic à quelques miles de Leeds, pas très loin du domaine royal de Harewood, du côté nord (au sud, terre non féodale et plutôt plate, se trouvaient quelques-unes des grandes usines, les canaux, les champs de rhubarbe et, un peu plus loin, les houillères). Ma grand-mère a dû se rendre à la grande propriété vers la fin des années 1860, quand elle a commencé à travailler, à l'âge de dix ou onze ans. Son sucrier était un objet discret, délicat et plutôt déplacé dans cette maison, comme quelque chose qui serait venu par hasard d'un monde plus rare, aussi étrange qu'une crinoline dans les rues du voisinage.

Le dimanche, le dimanche seulement, nous avions du bacon pour le petit déjeuner. Pas d'œufs et pas le bacon maigre de l'échine, mais du bacon entrelardé bon marché de l'épicerie Sunshine où l'on faisait crédit à tout le monde. Reste que le bacon entrelardé a davantage de goût, comme beaucoup d'aliments pas chers qui ont un goût grossier mais fort, comme s'il fallait compenser par là leur absence de délicatesse coûteuse ; c'est le cas à l'heure actuelle pour la *junk food*[43] quand elle n'est pas insipide. Les leaders en matière de goût sont le saumon en boîte, bien sûr, et le mouton très bon marché, qui fait un meilleur ragoût que les morceaux plus chers.

Un dimanche matin, donc, une dispute éclata quand on était à table. Ethel s'emporta violemment contre « l'ivrognerie ignoble » de Walter, la nuit

43 Définition technique : « L'ensemble des denrées alimentaires qui ont une faible valeur nutritionnelle et un apport calorique élevé. »

précédente. Ce frère, dans lequel on avait mis tant d'espoirs, laissait tout tomber, évidemment, et s'encanaillait devant nos yeux. Dans la mêlée, le sucrier fut soit renversé violemment, soit agité en l'air dans un accès de colère et de tyrannie rhétoriques, et une volée de sucre traversa la table et s'abattit directement sur mon bacon. Comme j'ignorais alors les habitudes américaines, je croyais qu'il était contre nature de mélanger le salé et le sucré et je fus profondément choqué.

La plus grande de toutes ces disputes matinales eut lieu un lundi. Chacun s'asseyait ou tournait autour de la table, brièvement, avant d'aller à pied aux usines de Holbeck ou de se rendre à la rue principale pour prendre le tramway. D'habitude, les petits déjeuners des jours de semaine comprenaient du thé, du pain et du lard ; très savoureux, avec du sel sur le lard. Ce jour-là, il y avait des tripes épaisses, restes du souper du dimanche. Soudain, dans l'ambiance lourde, sombre et sans espérance, une dispute éclata. Aussi soudainement, je me rendis compte que Tante Ethel était en fureur, une fureur incandescente. Un morceau de tripes épaisses s'envola de l'autre côté de la table, n'atteignit personne et atterrit sur le mur. Je marchai vers l'école, à demi consterné, à demi riant, déjà en train d'emmagasiner l'événement. Bien des années plus tard, Tante Annie et moi pouvions nous demander : « Tu te souviens de la bataille de tripes ? » et nous mettre à rire. L'événement me revient également lorsque je lis *Tristram Shandy*[44] et que j'en arrive aux batailles reconstituées de l'Oncle Toby. Comme beaucoup de comédies, cette scène se nourrit du contraste entre des puissances titanesques et un cadre étroitement domestique. Mais ces disputes périodiques étaient perturbantes ; elles témoignaient

44 Laurence Sterne, *Vie et opinions de Tristram Shandy, gentilhomme* [1759].

d'une vie totalement dépourvue de calme, une vie où l'on maîtrisait mal les émotions immédiates, une vie où les sentiments étaient brutaux et poussés à des extrémités qui n'étaient ni nécessaires ni justifiées. Je m'orientai de plus en plus vers les livres et vers l'école.

Vis-à-vis de moi, les attitudes de Tante Ethel étaient extrêmement complexes, beaucoup plus complexes qu'elle et moi ne le savions. Par nature, elle ne pouvait pas s'empêcher de me remettre dans le droit chemin; c'est une tendance pour laquelle il y a toujours un peu de place chez chacun de nous, en particulier chez ceux dont les jugements s'appuient en toute occasion sur une moralité de métronome. Quand elle était d'humeur, Tante Ethel aurait serré la vis à Platon pour avoir trop pensé, à Shakespeare pour avoir trop écrit, ou à Michel-Ange pour avoir passé trop de temps à peindre. Si un saint voué au célibat était entré lorsqu'elle était lancée, elle l'aurait attaqué pour avoir manqué d'être un homme. Une famille qui avait un seul enfant était égoïste, une famille nombreuse était la preuve que les parents étaient dégoûtants, incapables de « se contrôler ». Elle ne se serait jamais servie d'une phrase telle que « forniquer comme des lapins », mais ses capacités vocales rendaient inutile la vulgarité de la plupart des métaphores de ce genre. Certaines phrases quotidiennes sont si profondément associées à des moments intenses de notre vie qu'elles sont comme des devises imprimées au fer rouge dans la mémoire. Tante Ethel donnait à l'expression « chercher querelle » une force qui, pour moi, ne s'est jamais atténuée. Elle était aussi obsédée qu'une kleptomane dans un Woolworth; à certains moments, elle avait, tout simplement, besoin d'une dispute.

Au fond, elle soupçonnait les hommes Hoggart d'avoir davantage de charme facile et léger que de cran ou de caractère (ce genre de mots « virils » faisait partie de son vocabulaire usuel), et elle avait profondément peur que je ne suive l'exemple d'Oncle Walter. Elle était décidée à faire tout ce qui était en son pouvoir pour m'empêcher de suivre cette route-là. Pour peu qu'à dix-huit ans, déjà étudiant, je boive un demi de bière (ce qui arrivait rarement, puisque je ne disposais que d'un shilling par semaine pendant la première année pour faire face à toutes mes dépenses personnelles, et cela avait dû se produire une fois en tout et pour tout en l'honneur d'une occasion spéciale), elle m'accusait de rentrer « puant l'alcool » et me faisait savoir une fois de plus ce qui m'attendait. Dès le début, elle avait été convaincue qu'Annie me gâterait et que Grand-Maman serait incapable de me corriger ; en conséquence, c'est à elle qu'il incombait de me garder sur la bonne voie, en contrant l'indulgence de ces deux-là et l'exemple misérable de Walter.

Comme je réussissais à l'école, elle se rendait compte que j'étais intelligent et que cette intelligence pourrait au moins me tirer de la vie morne, sans perspectives, de la classe ouvrière, une vie contre laquelle elle s'emportait toujours en son for intérieur et parfois en explosant. Ma grand-mère aussi était contente que je sois intelligent, mais elle en voyait les conséquences possibles en des termes à la fois plus vagues et plus larges ; quelque chose comme « être un homme instruit », capable de « leur » parler sur un pied d'égalité, de se faire une place dans ce monde plus large et plus confiant qui se trouvait au-delà des rues de Hunslet, un monde dont elle savait l'existence mais qu'elle ne connaissait absolument pas. Ce n'était pas le monde de la grande propriété rurale où elle avait travaillé quand elle était jeune fille ; c'était le monde affairé de la grande ville où les hommes, les hommes avant tout, parlaient bien, réussissaient, avaient de l'assurance ; des hommes pensifs, qui étaient «respectés»; ce qui était plus important que d'être riche.

L'intérêt que Tante Ethel me portait – un intérêt passionné qui devint, au fil des années, une fierté passionnée – avait quelque chose d'une manifestation revendicative pour elle-même aussi bien que pour moi, une revendication qui la justifiait et en même temps l'aidait à apaiser le souvenir des talents gaspillés de Walter. Elle n'avait aucune idée de l'endroit où j'aboutirais; mais, peu à peu, elle devint certaine que «je leur montrerai». J'étais celui qui pourrait s'évader pour eux tous, qui pourrait effacer le souvenir de ces années de travaux routiniers, de pieds gonflés et de dos fatigués; le souvenir du risque continuel d'être «tiré vers le bas» par le quartier et les gens d'alentour, y compris par certains des siens, le souvenir des affronts infligés non par de véritables messieurs et mesdames mais par de petits arrivistes qui n'avaient pas deux sous et qui se donnaient des airs, ceux qui étaient juste au-dessus, la couche supérieure, comme il faut, de la classe ouvrière respectable; le souvenir de cet oncle qui avait passé la plus grande partie de sa vie derrière le comptoir d'un magasin de nouveautés de Harrogate, pour être brutalement jeté dehors après tant d'années d'obséquiosité.

Je pourrais continuer ainsi indéfiniment; même lorsque j'écris des souvenirs, en employant le langage qui leur convient, les métaphores affluent à tout moment pour rappeler cet attachement crispé et continuel à la respectabilité, produit de la crainte de sombrer sans laisser de trace. La vieille plaisanterie selon laquelle il ne fallait pas sortir sans avoir une culotte propre ou, du moins, bien reprisée au cas où on tomberait et où on montrerait tout ce qu'on avait, ou au cas où on serait écrasé, emmené à l'hôpital et déshabillé, n'était pas du tout une plaisanterie;

c'était une bonne précaution. Les pièges de la vie et son train-train semblable à la roue de l'écureuil ne faisaient jamais relâche, et c'était seulement en en étant craintivement conscient qu'on pouvait non pas s'élever, mais au moins rester à sa place, garder la tête au-dessus de l'eau. «Vigilance» était le maître mot.

«On peut entendre les affaires des autres les plus privées, mais seulement dans un esprit de sympathie, de finesse et de discernement, dans un esprit de respect pour cette chose en lutte et délabrée qu'est une âme humaine. Car la satire elle-même est une forme de sympathie[45]... » Lawrence plaidait pour le roman, mais son avertissement vaut bien au-delà de la fiction. De tous mes parents, Tante Ethel est de loin celui à propos duquel il m'est le plus difficile d'écrire. Je ne veux en aucune manière la critiquer, et certainement pas la noircir plus que nécessaire dans mon souci de tracer d'elle un portrait vrai. Je ne veux rien rapporter par malice ou pour me justifier, encore moins faire d'elle un personnage comique et grotesque; je ne veux pas non plus faire du sentiment, ni lui pardonner par piété familiale ou par cette indulgence facile que nous accordons volontiers aux morts. J'aimerais bien pouvoir dire avec une entière conviction: «Après tout, elle nous aimait» et, parfois, je sens que c'est vrai. Peut-être pourrais-je franchir le pas et le dire clairement lorsque j'aurai terminé ce livre. J'aimerais tout autant pouvoir dire: «Après tout et malgré tout, je l'aimais.» En un sens, je crois que je l'ai aimée, par-delà toutes les tensions sentimentales qui se poursuivirent jusqu'au jour de sa mort et que le moindre écho suffirait peut-être encore à ranimer.

L'une des difficultés que je rencontre tient à ce qu'il y avait toujours un aspect dur, excessif et

45 D. H. Lawrence, *L'Amant de Lady Chatterley* [1931], Gallimard, 1993.

personnel à des actes qui, racontés simplement, ressemblent à des actes d'amour pur ou de générosité simple. Il en est ainsi dans nombre des rapports que nous appelons, un peu à la légère, des rapports d'amour. La haine est beaucoup plus facile à identifier et à décrire. Elle concentre tout comme un miroir ardent. Le ressentiment est lui aussi facile à identifier ; à moins qu'on ne le brise par un acte de volonté immense, il couve éternellement sous la cendre. Mais l'amour a mille formes, presque toutes adultérées. La métaphore qui lui convient est peut-être celle de l'or pur qu'il faut adultérer pour pouvoir l'utiliser, qu'on doit mêler à d'autres substances de sorte qu'il est, je suppose, techniquement impur. À l'égard de Tante Ethel, ma tristesse tient aussi au fait qu'en dépit de sa susceptibilité lucide et lancinante, elle n'était pas très sensible aux nuances qui échappaient à sa gamme centrale. Elle était si susceptible pour tout ce qui se rapportait à son propre rôle et à la manière dont on la considérait que son élan plein de ressentiment semblait, dans sa férocité, exclure les nuances de la tolérance. Elle se rendit rapidement compte que je préférais Annie, et elle le ressentait avec amertume, tout en étant apparemment incapable d'en tirer utilement la leçon. Comme sa mère, Annie savait au plus profond d'elle-même que les enfants ont besoin d'amour, de l'assurance d'un amour désintéressé qui n'est pas lié à la bonne conduite, qui tolère les fautes, qui ne tient pas la comptabilité des récompenses et des punitions, qui est capable de transiger. Sans être intellectuellement conscientes que c'était ce qu'elles faisaient, Grand-Maman et Annie se fiaient aux processus patients de la croissance.

Ethel était incapable de céder ; elle faisait constamment la discipline. Une expression telle que : « Bon, il a coulé de l'eau sous les ponts depuis » était totalement étrangère à sa nature et elle lui aurait paru suspecte si elle l'avait beaucoup entendue autour d'elle. Ajoutez à cela sa langue féroce et blessante, son art de vous faire sentir que vous étiez fouetté jusqu'au sang : on comprend pourquoi nous étions tous intimidés par elle. « Je me demande comment elle sera ce soir » était un de nos refrains juste après cinq heures de l'après-midi. Par contraste, Annie, plutôt timide, indécise, réclamait peu et était généreuse ; simplement, sans en être consciente, elle avait une vision des choses, innée ou acquise, plus naturelle que celle d'Ethel.

Je me rendis compte plus tard qu'en dépit de son énergie et de sa capacité expressive, Tante Ethel n'était pas vraiment intelligente. C'est elle qui, la première, me fit voir à quel point l'intelligence, pour bien se développer, exige aussi une forte imagination. L'imagination est le fluide qui peut transformer l'intellect, l'esprit et l'énergie bruts, en intelligence – une qualité qui est à la fois plus nerveuse et plus musclée.

Même maintenant, il est évident que je n'arrive pas à donner un sens un peu cohérent à Tante Ethel ; je voudrais pourtant bien y parvenir : ce serait pour moi une sorte de dépassement. Somme toute, deux souvenirs lui font davantage honneur que beaucoup de choses que j'ai pu en dire. Lorsque Oncle Walter descendait la pente, ce qui devait arriver arriva. Le propriétaire du magasin d'ameublement où il travaillait découvrit qu'il avait empoché une partie des recettes pour financer ses soûleries. C'était un Juif aimable qui ne désirait pas le poursuivre en justice. Je suppose qu'il savait qu'il n'obtiendrait rien d'une action, du moins pour récupérer son dû. Mais, d'après ce que j'ai entendu, il se souciait aussi de Walter humainement. Toutefois, il voulait récupérer son argent, du moins autant que possible.

Ma grand-mère était hors d'elle. Walter, sa fierté et sa joie, en être arrivé là ! La menace de la prison pesait sur un des siens ! Comme toujours, on ne me dit rien. Je sus l'histoire par ses fuites, à travers les fissures de conversations chuchotées, aux phrases indirectes. Que diable pouvait-on faire ? Le terrible problème fut résolu lorsque Ethel encaissa l'une des polices d'assurance qu'elle avait gardées pour sa retraite ; l'argent fut remboursé, suffisamment du moins pour contenter le propriétaire. C'était un acte remarquable. Pourquoi accepta-t-elle de le faire ? Peut-être se souvint-elle de ce petit frère qui avait du talent (on le pensait toujours) et qu'on chérissait, derrière l'homme miteux, très apeuré, qui hantait la maison et passait maintenant ses soirées chez lui, et non plus dans les pubs. Elle imagina certainement le choc que sa mère aurait ressenti : « S'il était allé en prison, ça l'aurait tuée. » Il y avait, aussi, sa propre fierté. De quoi aurait-elle eu l'air devant ses collègues lorsque cette honte serait sortie au grand jour, ce qui se serait produit, inévitablement. Elle fournit l'argent et se mit en fureur.

Dans ses dernières années, Tante Ethel eut, comme Tante Annie, un « pavillon gardienné ». Lorsqu'on déblaya celui-ci après sa mort, on trouva une pile de coupures de journaux jaunissantes qui retraçaient ma carrière, au fil des années. Il y avait là un reflet de gloire ; elle parlait de moi aux amis qu'elle avait connus après avoir quitté Hunslet, en disant : « Le neveu que j'ai élevé. » J'espère, je pense qu'il y avait derrière tout cela un instinct confus, peut-être maternel, et donc une sorte d'amour qui s'aigrissait, malheureusement, au moment même où il essayait de s'exprimer.

Il n'y a pas grand-chose dans ces dernières pages sur la gaieté et sur les moments agréables et normaux que tout garçon sain est susceptible de ressentir. Ces moments-là existaient, mais pas dans la vie du voisinage immédiat : ils existaient plutôt dans les livres, dans des sorties avec mon meilleur ami, Musgrave, dans quelques excursions scolaires et dans quelques petits plaisirs comme des visites à la fête de Holbeck avec Tante Annie. L'un dans l'autre, je me repliais sur moi-même ; après mes onze ans, je mis le lycée au centre de mes préoccupations, et j'y trouvai beaucoup de soutien et de générosité.

J'entamais le mouvement vers l'extérieur, vers le lointain, quittant pas à pas, lentement mais irrévocablement, cette maison-là, cette culture-là, ces gens malheureux auxquels je serais à jamais lié émotionnellement. J'emportais avec moi cette fierté particulière qui est la leur, et qui s'exprime sous des formes différentes, timides ou agressives. Après tout et malgré tout, en ayant été placé à Hunslet, j'avais eu plus de chance que mon frère ou ma sœur. Par-dessus tout, j'avais eu l'amour de notre grand-mère.

Grand-Mère mourut juste avant Noël, pendant ma première année à l'université de Leeds, sur son lit qu'on avait transporté dans la salle de séjour, ce qui était pratique pour les visites du médecin (qui eurent lieu comme de juste) et pour les soins. Un soir que j'étais sorti faire une promenade, je revins pour trouver sur le pas de la porte Tante Ethel, qui m'annonça qu'elle venait de « partir ». Sous l'effet d'une sorte de compulsion, je repartis et je marchai dans les rues pendant longtemps. Je ne pensais à rien, j'étais simplement misérable, dépossédé, avec la conscience sous-jacente que les conditions de ma vie avaient une fois de plus changé. Tante Annie avait à cette époque quitté la maison pour s'occuper des enfants d'un autre lit, et mes relations avec Tante Ethel étaient d'une autre espèce. Pour la deuxième fois (la mort de notre mère étant la première), la personne qui m'avait prodigué un amour désintéressé était partie.

Lorsque je rentrai, on me consola ; après tout j'avais dix-huit ans, je n'étais plus un gosse. Mais, dans de telles épreuves, l'âge n'a guère d'importance. Quand la seule personne aimante et aimée avant toutes les autres s'en va, toutes les perspectives changent, le sens du paysage qui vous entoure et qui s'étend devant et derrière vous change, le sentiment et la trame du quotidien eux-mêmes changent. Ni les relations, si nombreuses qu'elles soient, ni les amitiés qui se succèdent ne peuvent rendre l'ensemble aussi plein de sens et aussi fortifiant. Pour cela, il faut avoir quelqu'un d'autre à aimer et qui vous aime. À moins, je suppose, qu'on puisse dire « maintenant et à jamais nous ne sommes pas seuls » ; mais, pour cela, il faut avoir une croyance religieuse.

J'ai commencé à écrire ce chapitre quand Tante Annie est entrée à l'hôpital. J'en ai terminé le premier jet lorsqu'elle mourut. Je connaissais alors les infirmières et je les contactais par téléphone de mon travail à Londres. Vint l'après-midi où elles m'annoncèrent qu'elle n'en avait plus pour longtemps, et je pris le premier train. Lorsque j'arrivai en début de soirée, elle dormait ou avait perdu conscience. Je tenais sa main amaigrie, luisante comme du papier, et je la serrais tout en disant, doucement, à plusieurs reprises : « Tante Annie, chère Tante Annie, c'est Richard. » Il me sembla que je sentis, en réponse, une pression douce ; le médecin me dit plus tard qu'il était bien possible que, quelque part dans les recoins de son esprit, ce message d'amour ait pénétré. Ce fut alors que je fus submergé par une sensation que je n'avais jamais connue auparavant et que je n'ai jamais plus ressentie depuis. C'était un sentiment intense de bonheur tranquille et d'assurance, le sentiment d'être rattrapé par des puissances immenses mais entièrement favorables, qui accompagnaient Tante Annie dans une marée embrassant l'univers entier et totalement bonne ; et qui me reconnaissait aussi. C'était incontestable et indéniable. Je suis agnostique et je n'avais ni attendu ni espéré cela ; je ne sais pas davantage ce que c'était. Lorsque cette sensation s'éloigna, je regardai Tante Annie ; son visage contracté, blanc comme du parchemin, semblait non seulement beau, mais radieux. Je me rendis compte qu'elle entamait l'étape ultime de son dernier voyage. Elle mourut aux petites heures du matin.

CHAPITRE 2
NOTRE MÈRE

Jusqu'à vingt-deux ans, mon chez-moi fut Leeds. Des endroits différents de Leeds, et d'abord Potternewton, une petite enclave à l'intérieur de ce que nous appelions Chapeltown (d'après la carte, le nom exact est Chapel Allerton ; peut-être y avait-il deux lieux-dits différents qui se recouvraient plus ou moins). À environ un mile au nord du centre-ville, Potternewton est, ou en tout cas était, un de ces quartiers où prédominent la toute petite bourgeoisie et les classes populaires respectables. Vers mes huit ans, je fus emmené à Hunslet, un quartier du même genre, dans ces concentrations de maisons accolées dos à dos du sud de Leeds, également à environ un mile du centre. J'y suis resté jusqu'à la mort de Grand-Maman, à la fin de mon premier trimestre d'université, et j'y ai même passé quelques mois de plus avec Tante Ethel, avant que celle-ci ne prenne une boutique avec son amie Ida. Ce fut une période pleine d'incertitudes ; je me surmenais pour essayer de me débrouiller avec l'enseignement supérieur et Ethel n'était pas encore sûre de réussir son pari ; elle disjonctait de plus en plus facilement. Si je restais à la maison ou rentrais tôt, j'étais trop à la maison. Si je rentrais tard, je prenais le chemin d'Oncle Walter. Elle essayait bien de comprendre qu'un étudiant devait travailler à la bibliothèque de l'université jusqu'à sa fermeture (probablement à neuf heures). Mais, pour elle, il y avait là quelque chose d'étrange, de pas bien ; et, de toute façon, elle ne pouvait pas me laisser m'occuper seul de mon dîner.

Je ne souhaitais pas une rupture dramatique, mais j'écrivis quand même à la Légion britannique[46] à Londres en rappelant les états de service de mon père ; on me donna une bourse d'étudiant pour payer mon logement. J'allai voir le professeur d'éducation, qui était le directeur de la principale résidence universitaire masculine, Devonshire Hall, située à Headingley, dans l'ouest bourgeois et urbain de Leeds. C'était complet mais, après Pâques, il me mit dans l'unique chambre réservée aux étudiants malades. En ce temps-là, et cela devait durer encore environ trente ans, cette sorte d'implication personnelle allait de soi ; elle faisait partie du travail d'un professeur, de son devoir pastoral. Le semestre suivant, j'eus une chambre normale. Malgré cela, durant toute cette période, jusqu'à ce que je sois appelé à l'armée en 1940, et même pendant toute la guerre, jusqu'à ce que nous nous installions, ma femme et moi, dans notre propre maison en 1946, l'adresse de Tante Ethel à Armley continua d'être considérée par elle, et en partie par moi, comme étant, en un certain sens, « ma maison » ; et ce, en dépit du fait que durant mes permissions, j'allais rejoindre ma femme (nous nous étions mariés en 1942) dans la maison de ses parents à Stalybridge. Pour sa part, Tante Ethel considérait, sans en démordre, que le rôle de sa mère, en tant que personne responsable de moi, lui avait échu.

De ma naissance jusqu'à mon départ à la guerre, lorsque je quittai Leeds pour de bon, il y avait donc pour moi quatre Leeds : deux faubourgs proches, Potternewton au nord et Hunslet au sud ; et, en ville même, Armley au sud-ouest et Herdingley à l'ouest/

46 Association d'anciens militaires fondée en 1921 ; une de ses fonctions est d'assister financièrement les anciens militaires en difficulté ainsi que leurs familles.

nord-ouest. L'Est était une région inconnue que nous traversions à vélo sur le chemin des Wolds, nettement moins attirants pour nous que les Dales. Sans cesse, nos traces se croisaient et se recroisaient, notre sœur là, un cousin ici, une tante là, un camarade de classe de ce côté ; et toujours avec la bicyclette, qui nous donnait accès à la vue, au toucher et à l'odeur de chaque rue comme aucun transport public n'aurait pu le faire. Les paysages du début de la vie sont gravés dans l'esprit d'une manière indélébile ; dans mon cas, c'est la bicyclette qui servit de burin.

Avec la distance du temps et de l'espace, Potternewton a l'air brumeux d'un daguerréotype du milieu du XIXe siècle ; c'est beaucoup moins piqué, dans mon souvenir, que Hunslet. L'image reste pourtant claire et, quand je regarde de près, je peux encore distinguer beaucoup de détails. Au début des années 1920, c'était un monde dans lequel on voyait encore peu d'automobiles, à la fois parce qu'à ce moment-là,elles n'étaient pas très nombreuses à Leeds même, parce que notre quartier, petit et pratiquement autonome, était en dehors des grands axes de circulation, et parce que presque personne, dans ce quartier, n'aurait pu s'en payer une, pas même un vieux tacot. Dans ce genre de quartier, il a fallu attendre presque quarante ans, jusqu'aux années 1960, pour voir des voitures, la plupart vieilles de cinq à douze ans, le long des trottoirs.

Cette allure lente persista en gros jusqu'à la guerre, en dépit d'une certaine amélioration du niveau de vie procurée par des contrats d'armement, passés en particulier avec les firmes de construction mécanique. C'est au milieu des années 1930 que je vis pour la première fois des avions de guerre : une demi-douzaine de bombardiers bimoteurs qui passaient lentement et assez bas au-dessus de Hunslet en vrombissant d'une manière sinistre. C'était un aperçu étonnant sur un monde dont nous avions seulement une compréhension vague et, à coup sûr, le signe d'une préparation massive et bien réelle à la guerre ; c'était ce qu'on voulait nous faire comprendre, et c'est pourquoi on les faisait voler au-dessus des grandes villes industrielles, afin de remonter le moral des populations, comme disait l'homme de gauche local à ceux qui étaient disposés à l'écouter ; un truc grossier mais caractéristique de l'époque et de l'attitude officielle envers « les masses ». Je rapportai à la maison mon scepticisme de seconde main tout neuf, et Tante Ethel me rappela aussitôt le danger qu'il y avait à écouter les individus de la mauvaise espèce ; se poser des questions à propos des affaires publiques, même de la manière la plus timide, était une chose qui n'avait pas cours dans son monde, pas plus que dans celui de la plupart des gens de son milieu.

Durant un temps qui semble maintenant remarquablement long, les chevaux et les charrettes furent plus courants que les automobiles, les camionnettes ou les avions. Le charbonnier, le laitier, le chiffonnier, le rémouleur (avec sa charrette dont la grosse roue unique servait à la fois à repasser et à rouler bruyamment) avaient pour la plupart leur propre cheval ou leur poney. Ainsi se reproduisait jour après jour un petit cycle écologique simple et complet : le bruit des carrioles voulait dire qu'il y avait du fumier de cheval dans un périmètre de quelques centaines de mètres ; chaque parcelle en était ramassée à la pelle en un tournemain ; et les giroflées dans les jardinières de balcon étaient florissantes.

Faire un tour jusqu'au centre de la ville nous semblait aussi formidable que le fut pour mes enfants leur premier voyage de Hull jusque dans le Lancashire ; dans notre prime enfance, nous faisions rarement le voyage sauf quand nous traversions la ville en tram pour aller voir Grand-Mère à Hunslet. Qu'ils soient de Potternewton ou de Hunslet, les adultes, eux, allaient en général régulièrement en ville, que ce soit pour le travail, la distraction ou les deux. Chacun avait son propre Leeds, son propre espace, qui coexistait avec les autres Leeds des autres gens. C'était comme si les points de repère, les points de rencontre et les axes de circulation incontournables (Briggate, Boar Lane, City Square, Vicar Lane et les Markets, Headrow, les grands magasins, la pendule de chez Dyson sous laquelle on se donnait rendez-vous, les arcades, l'hôtel de ville, etc.) dessinaient une grille de base de la ville, et comme si les différents Leeds, correspondant à des usages différents des mêmes éléments, venaient se superposer sur cette grille de base et y ajouter des tracés amovibles différemment colorés. Chacun faisait sa propre ville à partir de la ville, selon ses goûts et son porte-monnaie. Les jeunes gens se dirigeaient vers le Locarno ou la Mecca, des bourgeoises entre deux âges ralliaient Schofield ou Marshall et Snelgrove pour le café du matin, Jacomelli pour le déjeuner, peut-être Queen's Hotel pour le thé. Les bars autour de Briggate attiraient les gens comme Oncle Walter, les gens cultivés allaient au Grand Théâtre, aux concerts de l'hôtel de ville et aux expositions du musée des Beaux-Arts ; les familles populaires allaient faire un tour au Woolworth, aux marchés, chez leur charcutier favori et chez Lewis. En ce qui concerne le centre-ville, mon propre Leeds d'avant-guerre était Salem Chapel, la bibliothèque municipale, Woolworth et le marché couvert ; très occasionnellement le cinéma Majestic, place de l'hôtel de ville, mes boutiques de *fish and chips* préférées, tout aussi occasionnelles, et des réunions publiques à l'Hôtel de ville, sur la menace du fascisme et de la guerre.

Délimitées par les lignes de communication avec Londres, les Midlands, Sheffield et son acier, les centres manufacturiers du Sud-Est et de l'Ouest, en particulier Manchester et son coton, et les ports de chaque côte, les aires d'habitat des classes populaires formaient autour de Leeds un arc de cercle qui allait d'est en ouest en passant par le sud. Je veux croire que le fait que le nord de Leeds est plus accidenté et possède des points de vue dégagés est uniquement l'effet du hasard ; mais, en l'absence d'industrie lourde, il bénéficiait aussi d'un air plus pur. Au nord-ouest et à proximité se trouvaient les Dales, de grandes collines dont chaque groupe social avait le sentiment qu'elles lui appartenaient ; à l'ouest et au sud, sur la route allant vers Manchester et le Lancashire, il y avait les crêtes du West Riding[47] et les bourgades lainières qui approvisionnaient Leeds de telle sorte qu'elle était devenue à ce moment-là le plus grand centre de prêt-à-porter du monde ; du moins, c'est ce qu'on nous disait.

Les grandes concentrations populaires de Leeds étaient incontestablement Hunslet et Holbeck, qui se jalousaient comme deux chiens bâtards face à face, toujours prêts à s'attaquer. La région de Dewsbury Road et Burmantofts n'avait pas un caractère aussi clairement défini. Notre propre Potternewton, dont l'épine dorsale était Potternewton Lane, où nous vivions avec notre mère, était une poche populaire à l'écart, rejetée, qui survivait à l'intérieur d'un quartier légèrement plus riche, comme un retraité veuf au milieu de pavillons semi-individuels bon marché[48]. On arrivait de la ville par le tram après avoir traversé

47 Division administrative du Yorkshire qui en compte trois : The East, West and North Ridings.

48 *Cheap semi ;* cf. chapitre 1, note 9.

Sheepscar, un quartier juif qui abritait en majorité des ouvriers du vêtement, dont les grands-parents étaient venus par vagues au milieu et à la fin du XIXe siècle pour échapper aux pogroms d'Europe de l'Est et qui vivaient alors dans des cours et des ruelles fétides. D'abord employés, pour la plupart, à des travaux d'esclaves, ils se syndiquèrent et se défendirent. Dans les années 1920, les choses allaient beaucoup mieux pour eux de même que pour les petits grossistes et les détaillants, mais l'endroit n'était pas plus salubre. Sheepscar était une première étape. Ceux qui réussissaient chargeaient ensuite leurs camions de déménagement pour aller vers le nord, en suivant la ligne principale de tramway, dépassaient notre rue et s'arrêtaient dans l'air plus sain des pavillons semi-individuels de Roundhay; s'ils réussissaient vraiment très bien, ils allaient jusqu'aux pavillons individuels d'Alwoodley et même d'Adel. Ils avaient un besoin de mouvement et d'ascension qui était étranger à la plupart des Anglo-Saxons et des Celtes qui les entouraient.

De Sheepscar à Potternewton Lane, on rencontrait, au milieu d'hectares de logements petits-bourgeois, un petit bloc de ce qui avait été autrefois des habitations presque bourgeoises et était encore respectable. J'avais une parente éloignée qui vivait là, une tante au énième degré; sa maison avait un salon à haut plafond et à baie vitrée et, à l'arrière, des pièces plus étroites destinées aux petites bonnes depuis longtemps disparues. Je ne l'ai vraiment connue que lorsque j'étais adolescent et, même à ce moment-là, elle me semblait d'une distinction paralysante. Sa distinction, certaine, était comme une sorte de défense nerveuse contre la rudesse de la vie extérieure envers son monde collet monté et son dévotement méthodiste. Sous cette distinction, elle était « la gentillesse même », de même que son mari, une sorte d'homme à la Joe Gargery[49], gros, timide, qui travaillait comme forgeron spécialisé, peut-être dans le fer forgé. Elle me dit un jour, avec les yeux brillants, que dans toute sa vie de femme mariée, ils ne s'étaient pas disputés une seule fois. À l'époque, je trouvai cela bizarre, et je le mis sur le compte de la nature du quart d'oncle, pensive et d'une absolue douceur. Évidemment, ils ne discutaient jamais de sujets qui divisent et il faisait plus ou moins ce que sa femme désirait ; il admirait son activité intellectuelle, ou du moins ce qu'il en imaginait. Elle tenait un cabinet d'élocution dans la pièce de devant.

Je revins chez elle longtemps après avoir quitté Potternewton, à la recherche de secours élocutoires. Je n'avais pas l'intention d'apprendre à réciter des vers en public ou à parler d'une manière chic ; je voulais corriger un défaut de prononciation que j'avais toujours eu, et qui m'empêchait de former correctement les « r » et les « l », que je faisais tous les deux comme des « w ». Inutile d'insister sur les persécutions que ce genre de particularité m'occasionna, avant et le long de mes années de lycée. Pendant une douzaine d'années, les services de l'école ne firent rien à ce sujet ; à la vérité, je ne leur fus pas adressé. Que quelques enfants parlent imparfaitement n'avait rien de bien surprenant ; il y avait beaucoup de maux plus évidents et plus inquiétants, comme les poux, les dents en train de se gâter, la mauvaise vue ou la sous-alimentation manifeste. Cela n'empêche que ce défaut fut pour moi, pendant des années, une source de souffrance, l'objet de maintes manœuvres de camouflage et d'une activité compensatoire intense, qui se traduisait par une manière de parler rapide et

49 Personnage des *Grandes Espérances* de Charles Dickens, Joe Gargery est un forgeron de village qui symbolise toutes les vertus des « gens simples ».

extravagante. Au lycée, les élèves de terminale lisaient chacun à leur tour la leçon pour le rassemblement du matin et, naturellement, la pensée de devoir en faire autant me terrifiait. Le professeur d'anglais et le proviseur, tous deux intéressés et attentifs, firent de leur mieux pour me trouver un passage avec peu de « r » et de « l », et je parvins à me tirer de cette épreuve. À ce moment-là, j'ai sans doute parlé du supplice du rassemblement à Grand-Mère, de sorte que mon problème apparut en pleine lumière.

Quelqu'un, alors, et ce pourrait bien avoir été Tante Ethel, décida qu'il fallait contacter « Tante » Alice, le professeur d'élocution, et je montai là-haut à vélo. Au bout de deux consultations, celle-ci se rendit compte que mon cas dépassait sa compétence et elle m'adressa, sans rien me faire payer, à une dame plus spécialisée qu'elle, une sorte d'expert envers qui elle était légèrement déférente. Cette dame utilisait comme local professionnel une pièce de devant encore plus grande, où l'on voyait une tête en terre grandeur nature sur un pied, qui rappelait les mannequins des tailleurs. Elle ne mit que quelques minutes pour découvrir ce qui n'allait pas : une « langue paresseuse » qui n'avait jamais appris à s'abaisser et à se lever pour les « r » et les « l ». Dix-huit ans pour découvrir ça. Pendant un mois, je passais mes minutes libres à répéter encore et encore, principalement le soir dans mon lit, des passages sélectionnés, pleins de « r » et de « l ». Pour moi, depuis ce temps-là, et quoi que je puisse y trouver par ailleurs, *Macbeth* me rappelle avant tout (la dame hautement qualifiée m'avait demandé de trouver mon propre passage) :

> Chaque jour de nouveaux accents de douleur
> vont frapper la face du ciel, qui en retentit,

comme s'il était sensible aux maux de l'Écosse,
et qu'il répondit par des cris aussi lamentables[50].

Au début, dire la dernière ligne était comme escalader une montagne à l'intérieur de ma propre bouche; pendant ce temps-là, Oncle Walter ronflait dans le lit d'à côté, dans le grenier. Après quelques semaines de ce régime spécial pour le palais supérieur, antérieur et postérieur, je fus guéri, à ceci près que, maintenant encore, dans les moments de tension, il m'arrive de rechuter (dans une séance de questions-réponses rapides par exemple, mais pas dans une conférence préparée).

Cela se passait au milieu des années 1930, environ dix ans après mon départ pour Hunslet et quarante et quelques années avant que Chapeltown ne décline et ne devienne un pôle d'attraction pour dragueurs motorisés, avec beaucoup de ses maisons en multilocation. De notre temps, c'était triste, ennuyeux, avec l'ennui pincé d'une prétention raide et tendue à la distinction. Le tram s'arrêtait à Potternewton Lane, où nous descendions pour marcher vers la petite cour au fond de laquelle se trouvait notre cottage de pierres. D'autres voyageurs traversaient la route en direction du Centre spécial du ministère des Pensions pour les invalides de guerre et un autre de mes souvenirs durables est celui d'hommes à la jambe de bois ou au bras artificiel en acier, équipés de prothèses primitives avec des mécanismes à la Pinocchio, qui se tenaient debout près des barrières en attendant le tram pour retourner en ville (je suppose qu'ils avaient une sorte de permis de transport permanent). Du moment où je les remarquai, je fus persuadé qu'une assez grande

50 « Strike Heaven on the face, that it resounds/As if it felt with Scotland, and yel'd out/Like syllable of dolour. » Acte IV, scène 3.

proportion de la population masculine était comme eux. L'image s'effaça, mais refit surface à nouveau à ma première visite en France, plusieurs années plus tard. Les sièges nommément réservés aux mutilés de la Première Guerre mondiale, que je vis pour la première fois dans le métro à Saint-Lazare, ramenèrent pour moi la vision de ces paquets d'hommes à l'air sinistré.

Un petit peu plus loin dans la rue principale, sur le même côté que nous, se trouvait le dépôt des trams, avec une plaque tournante pour ceux qui n'allaient pas jusqu'au terminus de Roundhay et qui repartaient vers la ville. Quand j'avais sept ans, ce dépôt m'a donné pour la première fois l'idée qu'il y avait des questions publiques qui nous concernaient, que les gens ne vivaient pas juste dans leur cocon. Nous étions intensément solitaires. Nous n'avions pas souvent des visiteurs ; des parents Hoggart de temps en temps ou, rarement, des voisins qui passaient à l'improviste une minute, en général pour amener à notre mère un morceau de quelque chose qu'elle serait, pensaient-ils, heureuse d'avoir. Je ne me souviens pas de visite de la famille de Liverpool, du côté de ma mère. Nous n'achetions pas le journal, pas plus que nos proches voisins qui vivaient, pour la plupart d'entre eux, sur ce qu'ils appelaient encore « la retraite Lloyd George[51] ».

Au début du mois de mai 1926, je vis un groupe d'hommes qui se tenaient devant l'entrée du dépôt de trams ; un garçon dont le père travaillait là me dit qu'ils étaient en grève, que c'était une grève générale. La phrase était pour moi entièrement nouvelle et elle m'apporta un premier rai de lumière sur des concepts tels que travailleurs contre employeurs,

51 La première loi sur la retraite, *The Old Age Pension Act*, fut promulguée en 1908 par le parti libéral alors au pouvoir, et dirigé par Lloyd George.

conflits sociaux, action collective de travailleurs pour la défense de leurs droits, sur ce modèle dramatique élaboré et tourbillonnant qui constitue aujourd'hui une part permanente du paysage mental de presque tous les adultes et de la plupart des enfants. C'était simplement un groupe d'hommes, probablement un piquet de grève, mais pas un piquet agressif; ils semblaient plutôt incertains: ni pancartes ni slogans, pas de défilé, pas de police, pas de camions garnis d'étudiants. Là-dessus, je retournai dans notre enclave, sous l'aile de la veuve, qui nous couvait derrière la porte fermée, attentive et veillant à tout.

Ce refuge exigu se trouvait au fin fond d'une petite cour où l'on descendait par quelques marches, et où se trouvaient deux ou trois maisons, avec des cabinets communs; des touffes d'herbe drue poussaient entre les dalles. Tout cela a maintenant disparu, bien sûr, disparu depuis longtemps. La salle de séjour donnait directement dans la cour; il y avait une carpette rase et un fourneau en plomb noir devant la cheminée; derrière, une petite arrière-cuisine. Un escalier partait de la salle de séjour; à l'étage, il y avait deux chambres, dont une très petite. La clôture physique reflétait notre clôture psychologique. C'était comme si nous partagions avec quelques autres hôtes de la forêt un petit trou dans la partie la plus basse du tronc d'un gros arbre très animé; si l'on quittait le tronc, si l'on sortait de la cour, on entrait dans un monde différent et on pouvait alors entendre la rumeur de la ville.

De l'autre côté de la rue, en regardant vers le sud, il y avait un champ, un champ modeste, à l'air abandonné, semblable à un paysan peu soigné qui aurait été laissé en arrière. Il était sans doute loué à un des fermiers qui habitaient plus loin, en dehors de la ville; je vis un jour une vache y vêler. À l'autre bout du champ s'étendait un lotissement de pavillons bon marché vendus en propriété, presque aussi déplacés. Cela aussi était un monde étranger et nous n'avons jamais escompté mettre le pied dans l'une de ces habitations. Si nous l'avions fait, nous aurions été glacés à la vue des signes extérieurs de leur splendeur, boîtes à biscuits chromées, lampes frangées de pompons, ensembles de salon trois pièces colorés, rideaux sur rail tombant jusqu'au sol, eau chaude au robinet et cabinets intérieurs. Mentalement, nous n'appartenions pas seulement à un monde différent, mais aussi à une époque différente. Nous étions, nous et nos voisins, les très pauvres et les très anciens, un tout petit groupe relégué dans un coin oublié d'une des plus grandes cités de l'un des continents les plus riches de la terre.

Il y avait aussi une boulangerie pauvre et sombre, dont la porte de derrière donnait sur notre cour et dont la porte de devant ouvrait sur la cour suivante, légèrement plus grande. Elle était tenue par une vieille femme qui avait une loupe poilue sur le menton et qui semblait vivre seule dans son arrière-boutique. Au-dessus de la porte d'entrée se trouvait une clochette tenue par un tortillon de cuivre souple : ce n'était pas du luxe car la boulangère se tenait en général dans l'arrière-boutique, en train de faire le pain. Tous les vendredis, elle faisait des petits pains briochés aux raisins ; à la fin de la journée, elle bradait ceux qu'elle n'avait pas vendus, ou en faisait cadeau à quelqu'un dans le genre de notre mère, quelqu'un de vraiment très pauvre. Je me souviens d'elle, pas seulement pour ses petits pains, mais aussi pour sa gentillesse. Nous avions beau être les trois gosses sans père de Mrs. Hoggart, elle ne nous faisait pas sentir, contrairement à d'autres, que nous étions à part, que nous étions quelque chose dont il ne fallait pas se mêler.

Cela met une fois de plus en évidence le principe de notre vie. On prenait si bien soin de nous à l'intérieur de cette famille bien close que, maintenant encore, l'image de notre mère me vient à l'esprit lorsque je vois, dans la réalité ou dans un film, un oiseau voler vers son nid et nourrir consciencieusement et anxieusement les becs grands ouverts de ses petits. Nous n'avions pratiquement pas de curiosité en dehors de nous-mêmes, pour d'autres vies, d'autres intérêts, d'autres inquiétudes. Ce n'était ni de l'égoïsme inné, ni de l'autocontemplation, c'étaient les conditions mêmes de nos vies, leur cadre sous-jacent, tels qu'ils nous étaient imposés par la rigueur avec laquelle notre mère devait agir. Les camaraderies d'école s'arrêtaient à la sortie de la cour de récréation, car il ne pouvait pas y avoir d'échanges de visites ; nous étions les seuls enfants dans notre cour, personne d'autre n'y jouait. Nos seules visites étaient pour notre grand-mère paternelle à Hunslet. Nous n'appartenions à aucune association sportive, récréative, communautaire ou scolaire ; nous étions tellement obligés de nous replier sur l'intérieur que nous étions absolument extérieurs à tout ; et, dans la mesure où nous ne connaissions pas d'autres manières d'être, nous ne cherchions pas à nous intégrer. Du moins au début ; peut-être, en entendant dire que nos camarades d'école faisaient partie de tel club ou allaient à telle activité de groupe, avons-nous appris en grandissant à dire, au moins à nous-mêmes, que nous ne voulions pas participer, tout en sachant que de toute manière cela nous était impossible. C'est peut-être là, pour une part, l'origine de ma suspicion constante et maintenant encore inextirpable envers presque tous les groupes (excepté les clubs de cyclisme populaires). L'attrait qu'exercent ces groupements tient souvent non pas tant à l'intérêt des activités et des plaisirs qu'ils proposent explicitement qu'au fait qu'on sait que d'autres n'en font pas partie et restent dehors. Puisque nous étions toujours ceux qui ne participaient pas, ceux qui n'étaient pas invités, nous construisions nos propres défenses.

De la même façon, les enfants qui sont dans notre position apprennent vite à interpréter les tons de voix des adultes ; pas seulement les tons hostiles, mais, ce qui a bien plus d'importance, les tons indifférents des gens qui parlent de vous comme de quelqu'un d'extérieur et d'étranger – et comme d'une espèce inférieure d'étranger. Les voix de ces gens-là parlent de vous comme d'un problème, un problème qu'il faut résoudre, sans doute, mais qui n'en est pas moins une affaire extérieure, une intrusion ; ils s'adressent à leurs propres enfants avec la douceur de l'amour par-dessus la table du dîner, et changent de ton quand ils se tournent vers vous ; encore heureux si leur voix reste soigneusement polie. Les pires sont ceux qui parlent de vous à la troisième personne en s'adressant à d'autres en votre présence : « Ne croyez-vous pas qu'ils seraient mieux dans une institution ? » Par contraste, je me souviens d'une nuit, peu de temps après que je fus parti vivre chez Grand-Mère, où j'entendis celle-ci parler de moi au rez-de-chaussée à un voisin sans qu'elle sache que je l'entendais ; c'était peut-être au sujet de ma santé ou de quelque chose que je lui avais raconté à propos de l'école. J'entendis la voix de l'affection inconditionnelle et je sentis que j'étais à nouveau arrivé au port.

À Potternewton, nos plaisirs étaient entièrement faits maison. On allait faire une promenade le long des ruelles et des allées familières, bordées de murs, à travers des bouts de terrain vague, parfois jusqu'au cimetière, le plus grand espace vert du coin, où il y avait une pierre tombale plate, couleur de viande en conserve, qui était délicieuse pour s'étendre à la chaleur du soleil. C'est seulement quand vint le moment d'aller à l'école que nous nous aventurâmes régulièrement, sans être accompagnés, en dehors de la maison, dans le monde extérieur ; l'école aussi avait un air familier et campagnard, ou du moins, elle semblait telle comparée aux sauvageries ultérieures de Hunslet. À nouveau, la sensation du village s'opposait au sentiment d'être en ville : Potternewton était comme un enclos, et c'était comme si la grande cité avait respiré et bourdonné à l'extérieur, loin de nous.

Mais cette coupure n'était sans doute pas aussi radicale. D'une manière obscure, nous avions le sentiment que nous faisions partie de l'entité Leeds et nous étions fiers de lui appartenir. Nous étions assis tout au bout de la table, notre part dans la vie communale était minuscule et insignifiante. Théâtre, musique, parade militaire de Roundhay, shopping dans Briggate et Board Lane, presque tous les plaisirs citadins nous étaient interdits parce qu'ils coûtaient de l'argent. Nos plaisirs publics devaient être gratuits : nous pouvions à la rigueur nous offrir un trajet en tram jusqu'aux parcs, et cela seulement lors d'un week-end spécial. De tous les divers Leeds possibles, le nôtre était la version « tartine à la graisse de bœuf ».

Malgré cela, je ne pense pas que nous nous sentions « déshérités ». Même si nous ne le formulions pas, nous savions, et depuis notre plus jeune âge, que nous étions « en dehors de la plupart des choses ». Nous prenions cela comme allant de soi, sans ressentiment et sans avoir l'impression d'être brimés ; nous ne faisions pas consciemment ce genre de comparaisons. Je pense que notre mère aurait pris en mauvaise part et rejeté le mot « déshérités » dans ses usages modernes courants ; elle aurait pensé qu'il voulait dire qu'elle était perçue de l'extérieur comme un problème social, par des gens qui se sentaient le droit, qu'elle leur aurait refusé, de porter ce genre de jugement. On dit que les membres de la famille royale, qui ne vivent pas dans le monde où on gagne et où on dépense jour après jour, n'ont pas d'argent sur eux. Dans notre isolement et dans notre dénuement, nous étions plus proches des sensations de la famille royale que de celles de la famille du commerçant ou de l'ouvrier qualifié du coin. Nous habitions notre propre monde, un monde qui, à l'intérieur des étroites possibilités données par l'allocation hebdomadaire de l'Assistance publique, se suffisait largement à lui-même. Notre mère ne faisait pas seulement en sorte que la maison se suffise à elle-même, mais qu'elle soit la loi même. Dieu – c'est-à-dire Mère – en décrétait les habitudes et les styles. Ce que les autres faisaient et que nous ne faisions pas – partir en vacances, acheter des frites et du poisson à la boutique du coin pour le soir ou, plus exotique encore, le vendredi à l'heure du thé, aller au cinéma en ville le samedi en matinée – représentait pour nous, durant nos premières années, moins des activités à envier que des déviations bizarres à ignorer. Ainsi nos défenses intérieures n'en étaient-elles que plus fermement construites. Notre mère avait une fierté et un amour-propre puissants qui couvaient sous la cendre ; elle savait qu'elle faisait de son mieux, qu'elle faisait ce qu'il fallait envers ses enfants et elle prenait soin, sans que je sache à quel point elle en était consciente, de nous pénétrer de la conviction que notre façon de vivre était tout simplement la seule et la bonne.

Plusieurs années plus tard, je reconnus beaucoup d'elle chez M. Morel[52]. Ma mère était de Liverpool, issue de ce que les Hoggart de Hunslet appelaient une

52 Le personnage de la mère, dans *Amants et fils* [1931], de D. H. Lawrence, Gallimard, 1981.

famille d'une « meilleure classe » ; et, dans la famille de son mari, on était toujours un peu intimidé par sa politesse assez réservée, son refus de toute protection et le soin jaloux qu'elle prenait de ses enfants. Son nom de baptême était Adeline Emma, mais on l'appelait Addie ; « Addie se bat comme un lion pour ses enfants », disaient les Hoggart, surpris que leur Tom ait pu conquérir une telle femme comme épouse. Une photo de lui, retrouvée il y a seulement quelques années, qui montre un soldat moustachu en grossier uniforme kaki de la Première Guerre mondiale et en casquette à visière, apporte un élément de réponse : maintenant encore, une vigoureuse masculinité se dégage de la sépia effacée. On les aurait très bien vus jouer tous les deux dans *Amants et fils*[53].

Les Hoggart ne manquaient pas de dire qu'elle avait prêté une part de son héritage à son frère préféré afin qu'il puisse monter à son compte un magasin de nouveautés et qu'il ne la lui avait jamais rendue. Si chacun avait ce à quoi il a droit… Expression du regret et de l'illusion du bien-être perdu, cette phrase faisait partie de la mythologie des familles populaires. Ils disaient de la même manière que notre grand-père Hoggart avait été un homme intelligent, beaucoup trop intelligent pour n'être que chaudronnier dans une usine de construction mécanique ; d'après eux, il avait inventé une forme de crampon qui permettait de soulever de grandes feuilles d'acier en serrant plus fort lorsque le poids augmentait, qu'il ne l'avait pas brevetée, que la firme en avait profité, et qu'il n'avait jamais eu un sou pour son invention. Si chacun avait ce à quoi il a droit…

J'ignore pour quelles raisons notre mère avait quitté sa famille et trouvé du travail à York où Tom Longfellow Hoggart la rencontra au camp de

53 *Ibid.*

Strensall, où elle servait à la cantine (c'est ce qu'on raconte, je n'en ai aucune preuve). Bien que la guerre ait sans doute déjà secoué quelques idées toutes faites sur ce que les femmes pouvaient et ne pouvaient pas faire, c'était en ce temps-là un acte hardi et inhabituel pour une jeune femme célibataire. Elle devint veuve peu de temps après la naissance de leur troisième enfant, Molly, en avril 1920. Tom avait alors trois ans et j'avais un an et demi. Je n'ai aucun souvenir de notre père ; Tom s'en souvient un peu. L'un de ses souvenirs est celui d'un homme grand – « dans des vêtements sombres, je pense. Toute la scène est plutôt sombre » – qui lui donne une liasse d'échantillons de papiers peints pour jouer ; Tom s'assoit avec elle sur le sol dans la petite salle de séjour, sous la fenêtre, derrière un fauteuil à haut dossier. C'était donc sur notre mère, et sur notre mère seule, que reposaient nos jeunes vies et notre compréhension de la vie.

Sa solitude doit avoir été considérable et continuelle, dans ce minuscule cottage relégué dans ce petit quartier perdu, si loin de sa maison de Liverpool, une maison solide, du genre pour commerçants, située dans une partie respectable de la ville. Je ne sais même pas comment ils atterrirent dans cet endroit. Il y avait bien la famille de son mari à Hunslet, mais c'était à environ deux miles, deux miles et demi ; c'était loin et il fallait une bonne raison pour se payer le trajet en tram (six ou neuf pence à nous tous). Et, en dépit de toute leur bonne volonté, il aurait été peu probable qu'elle trouve chez les Hoggart le genre de baume dont elle avait besoin. Sa propre famille semble avoir fait une croix sur elle ; dans les deux occasions où je me rappelle les avoir rencontrés, après sa mort, ils semblaient assez imposants et quelque peu lointains. Quel qu'ait pu être son caractère avant son mariage, il n'est pas surprenant qu'elle n'ait pas été une femme bien gaie lorsque ses enfants la connurent. Elle avait un souci illimité de faire tout ce qu'elle pouvait faire pour nous, que nous acceptions simplement; mais elle avait aussi l'air de quelqu'un qui est constamment surmené, presque au-delà du supportable, et montrait parfois une sorte de dureté et d'âpreté, un manque de patience envers les colères et les petites comédies des enfants.

Je n'ai aucune idée du genre de couple que formaient nos parents. Étaient-ils avant tout menés par une passion physique ? Notre père avait-il un esprit agréable et spirituel, ou des manières engageantes comme celles de l'Oncle Walter ? Ma mère était mince, avec des cheveux bruns aux ondulations soyeuses et des traits finement dessinés, dont Molly a hérité. Ses photographies, sur lesquelles elle est invariablement habillée de noir avec des robes qui descendent jusqu'aux pieds, montrent toujours un visage délicat, à l'ossature fine, avec de très grands yeux et une bouche fermée à la ligne pensive, et une certaine élégance dans le maintien : une jeune femme mariée, svelte, comme il faut, absolument pas grossière ou lourde. En général, les Hoggart n'ont pas non plus l'air grossiers ni lourds, mais ils ont tendance à être carrés et à avoir un embonpoint assez précoce. Cette jeune femme ressemble à quelqu'un qui trouve naturel d'être réservé ; même vis-à-vis de nous, elle gardait en un sens cette réserve. Sans doute pouvait-elle difficilement se confier à de jeunes enfants ; mais, même lorsqu'elle était aux abois, elle ne nous laissait guère voir ce qu'elle ressentait. Sous peine d'être submergée par la charge émotionnelle, il lui fallait tenir bon et se contenir.

À la fin des années 1970, à la mort de Tante Ethel, ceux qui rangèrent ses affaires m'envoyèrent un livre de prières et de cantiques[54]. Sur la page de garde, on lit, d'une écriture en pattes de mouches mais qui ne manque pas d'habileté : « À Tom Hoggart, sa femme qui l'aime, Addie, 17/9/15. » Ils se sont probablement mariés durant l'année 1915. Elle était enceinte de Tom de deux mois quand elle écrivit cette dédicace. En dessous, elle avait écrit : « Que Dieu veille sur toi et te garde sain et sauf. » Puis, comme dans une nouvelle impulsion, elle avait casé en haut de la petite page : « Dieu te bénisse. » Quand je lus ceci pour la première fois, je fus – et je suis encore – très ému. C'était comme si je rencontrais notre père et notre mère, ensemble, pour la première fois ; c'était à la fois une confirmation et une bénédiction.

On peut dire que ces lignes sont purement formelles, que ce sont des formules pieuses, comme c'était l'usage en ce temps. Je sens que je résiste à cette interprétation. « Que Dieu veille sur toi et te garde sain et sauf » vient directement d'une formation chrétienne et, quels qu'aient été à cette époque-là les rapports de ma mère avec la religion, cela me semble avoir été écrit sur le moment avec ferveur. Il y a de l'amour dans ces trois lignes, écrites dans le style de ce temps et de cette guerre, des styles qui, pour nous, ont perdu leur naturel. Je me donne du mal, c'est évident, pour expliquer et pour justifier les sentiments puissants que cette page a éveillés en moi. Ce livre de prières, une montre rouillée sans aiguilles, une médaille de service de 1914-1915 en métal cuivré, une sorte de médaille commémorative avec l'inscription : « La grande guerre pour la civilisation, 1914-1919 », la plaque d'identité de mon père, marquée CE[55]

54 Le *Book of Common Prayer and Hymns Ancient and Modern*, le livre liturgique couramment utilisé dans les églises anglicanes.

55 *Church of England.*

(ce qui est assez surprenant puisque la famille était méthodiste primitive ; mais, de mon temps encore, les vieux routiers nous conseillaient de nous enregistrer comme « CE » pour éviter toute discrimination et nous fondre dans la majorité), plus deux ou trois photographies de l'un ou de l'autre : voilà tout le bagage matériel appartenant à nos parents ou les concernant qui a été transmis de leur génération à la nôtre.

La mort de son mari l'avait donc abandonnée là, à Potternewton. En admettant même qu'il y ait eu du travail et que l'idée qu'elle travaille ait été acceptable pour elle et pour les autres, elle n'aurait pas pu laisser trois petits enfants pour aller travailler, à moins de pouvoir compter sur la famille étendue. Dans une telle situation, à Hunslet comme ailleurs, les traditions des classes populaires auraient dû normalement mettre cette solidarité en œuvre ; mais elle jouait, d'habitude, parce que les familles n'étaient séparées que par une ou deux rues. Il y avait aussi la coupure de notre mère d'avec les traditions des familles populaires. Aussi continua-t-elle comme avant. Elle n'était pas en bonne santé ; elle était congénitalement « fragile de la poitrine », ce qui était extrêmement fréquent dans ce temps-là et qui voulait dire au moins bronchite chronique et peut-être début de phtisie.

Nous étions à la charge de la paroisse, du comité des gardiens et de l'Assistance publique de la commune. Notre mère touchait une livre par semaine en tout ; j'imagine qu'ils payaient aussi le loyer qui devait être de trois ou quatre shillings seulement par semaine. Ils faisaient très attention à ce qu'on ne gaspille pas les fonds publics en bière, en paris ou en sorties au cinéma. Ils avaient sans doute eu des problèmes, si bien que l'allocation hebdomadaire était donnée en grande partie sous forme de bons échangeables seulement dans certaines épiceries ; la nôtre était une succursale de Maypole, là-bas, vers Meanwood. Cette allocation procurait, et était censée procurer, tout juste de quoi vivre, juste de quoi se maintenir au-dessus du niveau de la sous-nutrition – pour autant que la mère de famille sache bien acheter, avec beaucoup de prudence et de bon sens. Récemment encore, une vieille femme des classes populaires se rappelait combien ce savoir-faire était nécessaire « Disons que ces femmes avaient peu d'instruction. Mais elles étaient intelligentes, elles étaient intelligentes de bien des façons ; rien n'est bon marché si vous n'avez pas l'argent pour l'acheter. » Encore maintenant, lorsque je vois de jeunes mères de famille remplir leur chariot au supermarché avec des plats tout préparés qui sont toujours plus chers que des aliments bruts, je sens monter en moi une légère indignation morale. Notre mère devait littéralement compter chaque centime. Lorsque vous avez vu des larmes couler lentement sur les joues d'une femme transie par le froid de la misère parce qu'une pièce de six pence a été perdue, et qu'il faut faire des réajustements difficiles, vous ne l'oubliez pas facilement. Nous avions droit aussi à une allocation d'habillement, pas élevée elle non plus, et utilisable seulement dans certaines boutiques. D'après des expériences que je fis par la suite dans des boutiques spécialisées dans ce qu'on appelait les chèques d'habillement (les gens qui ne pouvaient payer comptant achetaient un « chèque » pour, disons, dix livres plus une prime, ce qui leur permettait d'avoir des vêtements immédiatement en remboursant le tout sur environ vingt semaines), je suis à peu près sûr que les clients ne faisaient pas de bonnes affaires dans ces boutiques, que les prix y étaient souvent plus élevés que la concurrence honnête ne l'aurait permis, et la qualité pas aussi bonne qu'elle aurait dû l'être, je me souviens d'avoir été, tout jeune adolescent, dirigé seulement vers certaines rangées de costumes. Mais nous, les enfants, devions être « bien mis », même si cela voulait dire qu'il fallait prendre le prix des vêtements sur la part non spécifiée de l'allocation hebdomadaire ; c'était le cas tout particulièrement à la Pentecôte, époque où les enfants, dans les classes populaires du Nord, reçoivent traditionnellement de nouveaux habits. Le dimanche de la Pentecôte, on faisait le tour de la famille et des proches voisins pour exhiber sa tenue.

Bien que notre mère ne soit pas tout à fait des classes populaires, il devait lui paraître impensable que nous ne soyons pas équipés de neuf alors que les autres enfants l'étaient ; ç'aurait été admettre qu'elle était, pour finir, vaincue. Un de ces dimanches de Pentecôte se détache des autres ; nous avions environ quatre, six et huit ans. Notre mère s'était arrangée pour habiller Molly d'une jolie petite robe à fleurs et nous faire porter, à Tom et à moi, le même costume marin bleu et blanc, qui fait sans doute penser à une représentation scolaire de *H. M. S. Pinafore*[56], mais qui en ce temps-là était très à la mode et vaguement patriotique. Un sifflet pendait au bout d'un cordon attaché à la poche de poitrine gauche et nous étions resplendissants. Ces détails ont une exactitude inhabituelle parce que Tante Annie m'a raconté cet épisode il y a seulement une trentaine d'années. Elle avait été profondément émue en voyant « Addie amenant ses trois gosses avec tant de fierté » à Hunslet pour que la grand-mère paternelle, les tantes et l'oncle les voient.

56 Opérette de Gilbert (livret) et Sullivan (musique) créée en 1878. Elle fait partie de la série des *Gilbert* de *Sullivan Operas*, opéras-comiques ou opérettes contenant une satire sociale qui furent créés dans le dernier quart du XIXe siècle. Ces opéras eurent tellement de succès qu'un théâtre fut construit à Londres exprès pour leur représentation. Les plus connus sont *Patience*, satire du mouvement esthétique de Oscar Wilde, et *Princess Ida*, charge contre le féminisme.

En plus des calculs qu'elle avait dû faire pour nous équiper de la sorte, notre mère avait dû s'échiner la semaine précédente pour être sûre d'avoir l'argent du tram. Il faut revenir sur cette difficulté particulière, continuelle, et largement sous-estimée, qui pèse sur la vie des pauvres gens, surtout s'ils ont de l'amour-propre : ils n'ont aucune marge de manœuvre et doivent calculer sans fin. Tout est tellement plus facile lorsqu'il y a un peu de jeu. S'ils veulent survivre et ne pas couler, les pauvres doivent, fardeau supplémentaire, ironique et pervers, gérer leur argent comme le feraient des comptables. Rien n'a le droit de déborder, d'être desserré, d'être relâché même sur les bords, il n'y a pas de possibilité pour des mouvements déplacés, pas le moindre jeu dans la trame de la vie quotidienne. Dix centimes de perdus, un léger écart pour une petite folie, et l'addition, tout simplement, ne tombe plus juste, le puzzle ne s'assemble plus.

Une des premières raisons qui me poussèrent à respecter E.M. Forster, cet ancien *fellow* de King's College à Cambridge si manifestement originaire des classes supérieures, est sa pénétration et sa compassion pour ce genre de choses. À propos de la susceptibilité et de l'inquiétude des gens « à la limite », il a eu la perspicacité et la générosité de faire dire à Margaret Schlegel[57] qu'il est plus facile d'être détendu et aimable lorsqu'on est un peu « large » : « L'argent adoucit le tranchant des choses, que Dieu aide ceux qui n'en ont pas. » Plus loin, dans le même dialogue, qui fut pour moi, à seize ans, comme une illumination, il fait dire à son personnage : « Les pauvres ne peuvent pas toujours atteindre ceux qu'ils veulent aimer et ils peuvent rarement échapper à ceux qu'ils n'aiment

57 Personnage de *Howard's End* [1910], Edward Morgan Forster, Le Bruit du temps, 2015.

plus. » Mais cette dernière phrase renvoie à un autre ensemble de tristesses possibles.

En me rappelant tout cela, je me demande encore comment ma mère arrivait à joindre les deux bouts. Des gens de sa famille lui envoyaient peut-être, après tout, un peu d'argent de temps en temps, la petite somme qui pouvait faire toute la différence dans sa situation difficile ; ce frère qu'elle aimait particulièrement, disait-on, l'a peut-être aidée, surtout si ses affaires marchaient normalement. À moins qu'éperonnée par sa fierté intense, elle n'ait voulu compter que sur ses propres calculs, à l'intérieur des limites étroites fixées par le Comité des gardiens. C'était, j'en suis sûr, le genre de fierté qui interdit les plaintes continuelles, l'apitoiement sur soi, le laisser-aller ou les lettres de sollicitation. Bien que rien ne lui laissât raisonnablement espérer qu'elle rétablirait sa situation ou qu'elle retrouverait une santé florissante, elle était déterminée à ce que ses enfants, non seulement ne souffrent pas, mais fassent mieux qu'elle, fassent des choses qu'elle aurait pu faire, si seulement… Il n'est pas étonnant que l'annonce de mes succès – l'examen d'entrée au lycée, mes notes au baccalauréat, mon admission à l'université – ait constamment été accueillie à Newport Street par le refrain : « Ah, si seulement ta mère pouvait te voir. » Lorsque ma prononciation devint « cultivée » et que je pris mes intonations d'adulte, on me dit souvent qu'on croyait entendre ma mère.

Notre mère ne voulait pas que nous soyons des classes populaires de Leeds, ni que nous en ayons l'air. Des gens de l'extérieur, au jugement rapide, pouvaient penser que cette détermination était avant tout un effort pour maintenir le niveau de respectabilité familiale dans lequel elle avait elle-même été élevée ; sans doute y avait-il de cela, pour une part.

Des observateurs sociaux modernes verraient sans doute là une manifestation supplémentaire des attitudes d'aspiration et de déférence qu'ils attribuent aux classes populaires ou petites-bourgeoises. Dans une certaine mesure peut-être ; mais, si on ne les spécifie pas, ces catégorisations sont trop simples. Lorsqu'elle devait aller dans les bureaux pour faire des démarches concernant la santé de ses enfants, pour obtenir des bons d'habillement ou tout autre avantage pour lequel il fallait déposer une demande écrite et signée, ma mère voyait avec raison qu'il y avait des choses, dans la vie des gens placés dans la même position qu'elle, qui étaient sans doute explicables et compréhensibles, mais qu'on ne pouvait pas accepter si l'on voulait conserver le respect de soi-même, si l'on ne voulait pas se réfugier dans la chope de bière ou dans un laisser-aller bavard et paresseux. Nous ne pouvions pas, sur le moment, être conscients de toute cette lutte besogneuse et épuisante ; du moins pas au point de pouvoir le formuler. Mais nous en avions le sentiment, un sentiment confirmé plus tard par ce qui nous fut dit à Hunslet de l'attitude de notre mère durant ces années.

N'acceptant pas le laisser-aller pour elle-même et ne le justifiant pas par les circonstances où elle se trouvait, elle n'approuvait pas ceux qui, placés dans les mêmes circonstances, s'y abandonnaient et elle n'expliquait pas leur faiblesse en accusant les pressions auxquelles elle avait elle-même résisté ; d'où sa rudesse occasionnelle. Je ne pense pas qu'elle jugeait les autres ouvertement ; peut-être même ne portait-elle pas ce genre de jugement consciemment, ou à demi consciemment. Mais elle avait fait ce choix pour elle-même. Elle n'aurait pas accepté une explication de sa condition qui évacue, en même temps que sa propre responsabilité dans le fait d'être là où elle était, son devoir de faire tout ce qu'elle pouvait pour ne pas être entraînée à un point où elle perdrait le respect de soi-même.

Elle prenait l'argent de l'Assistance publique ; comment aurait-elle pu faire autrement ? Sans être obséquieuse envers les donateurs, elle ne considérait pas pour autant ces versements comme un « droit ». D'autres ont pu le faire en son nom, pas elle. Je ne peux pas l'imaginer disant une phrase telle que : « Ils doivent faire ceci, ou nous donner cela… » Elle ne semblait pas penser que le monde lui devait ou nous devait de quoi vivre ; son point de vue était sans illusion et plutôt froid. Si on lui avait jamais demandé de réfléchir au socialisme et à ses aspirations, j'imagine qu'elle aurait eu une réaction immédiate de totale incrédulité. Ce qui ne veut pas dire qu'elle aurait continué à rejeter ce genre d'aspirations si elle avait été placée dans des circonstances différentes ; elles l'auraient vraisemblablement touchée, par son côté le plus doux. Mais l'idée d'une solidarité plus large lui aurait semblé irréelle dans le monde où elle devait se battre ; et, bien qu'elle ait rencontré parfois la gentillesse aussi bien que la froideur bureaucratique, ses rencontres avec l'autorité n'étaient pas de nature à lui donner la sensation de la chaleur humaine, ni le sentiment que nous appartenons les uns aux autres et que nous sommes, à un degré ou à un autre, responsables de chacun et pour chacun – cette attitude qui, dit-on, conduisit George Orwell et sa première femme à se priver délibérément de leurs propres rations durant la dernière guerre pour que des inconnus puissent en profiter. Ce sens de l'« Autre », de ceux dont on se soucie sans qu'il soit besoin de les connaître, suffit à créer une communauté, une fraternité. Mais cela commence par le voisinage et là-dessus, en tout cas, notre mère en savait un bout.

Certains observateurs soutiennent qu'une grande partie des classes populaires urbaines a été longtemps politiquement radicale ; suggérer qu'il en va autrement serait presque, à leurs yeux, une sorte de trahison, spécialement de la part de quelqu'un qui est originaire des classes populaires. Mais la grande majorité des membres des classes populaires n'attendaient rien, pas plus politiquement que socialement ou financièrement. Cette absence d'attentes a été l'histoire de leurs vies et de leurs croyances ; le reconnaître ne les rabaisse nullement, et ne sous-estime pas davantage l'importance et le courage de ceux qui, durant un siècle et demi, furent des radicaux actifs. S'agissant des trois grands principes démocratiques européens, les membres des classes populaires n'ont en général pas beaucoup parlé de la liberté : mais ils ont toujours combattu pour elle lorsque cela était nécessaire. Ils ont, dans l'égalité, une croyance fermement ancrée, dans la mesure où cela signifie que chacun de nous vaut au fond, dans son humanité de base, autant que les autres ; ce qui est bien différent d'un nivellement populiste. De même pour la fraternité : ils l'ont vécue jour après jour durant des siècles. C'est là le principe par excellence pour les classes populaires et son expression va des gestes simples et habituels de bon voisinage aux devises qu'on lit sur les bannières des syndicats, en passant par une foule d'institutions de secours mutuel, de coopération et de soutiens amicaux – spécialement en temps de crise. La fraternité n'est plus considérée, en cette fin de siècle, comme une valeur importante ; depuis que Tawney[58] l'a remarqué il y a des décennies, cette tendance s'est encore accentuée. Il est étrange, surtout dans la mesure où

58 R. H. Tawney (1880-1962) est un historien et théoricien britannique. Ouvrage le plus connu : *Religion and the Rise of Capitalism*, 1926.

le conservatisme d'aujourd'hui dévalue ce principe, que les socialistes de la fin du XXe siècle aient si peu reconnu et si peu exploité cette sensibilité à la fraternité, qui a été pendant très longtemps d'une importance cruciale, tant pour les gens des classes populaires que pour l'émergence du socialisme démocratique britannique de la meilleure espèce, et qui est encore bien vivante.

Notre mère devait survivre, dans ces années 1920 pas très accommodantes, et s'assurer du mieux qu'elle pouvait que ses enfants survivaient aussi. Son manque de déférence envers les autorités publiques n'était fondé ni sur l'idéologie, ni sur la théorie, et pas davantage, à ce que je crois, sur la religion ; il avait sa source dans le respect de soi. À supposer qu'elle se soit reconnu le droit de revendiquer auprès des pouvoirs publics, cela reposait sur le fait que son mari avait servi comme soldat d'active à la fois durant la guerre des Boers et durant la Première Guerre mondiale. Sur mon certificat de naissance, la profession de mon père est « peintre en bâtiment » ; mais il semble avoir passé autant de temps à entrer et à sortir de l'armée que dans la vie civile.

J'ai toujours pensé que c'était elle et non lui le principe organisateur du ménage. Notre manière de nous nourrir supposait elle aussi une gestion habile, assurée habituellement par la femme, que le mari soit vivant ou non. Je ne me souviens pas avoir jamais vu un rôti de viande sur notre table ; mais c'était aussi le cas pour la plupart de nos proches voisins. Même les familles qui bénéficiaient d'un soutien régulier n'avaient en général du rôti qu'au dîner du dimanche soir et c'était vraisemblablement du bœuf argentin bon marché. Après avoir visité la Société des moteurs de Hunslet et appris qu'elle exportait ses moteurs en Amérique du Sud et, en vérité, presque partout, j'avais conclu qu'on pouvait avoir du bœuf, ainsi que du corned-beef en boîte, grâce au produit de la vente des moteurs – ce qui n'était pas faux, même si c'était un peu plus compliqué que ça. Le poulet était encore cher, on en parlait encore comme de quelque chose de spécial, de même que d'un repas au café-restaurant, pour ceux qui pouvaient se le payer, ou d'un déjeuner organisé lors d'une excursion pour ouvriers. La seule portion de viande entière dont je me souvienne était, de temps en temps, un morceau de lapin.

En dehors de ça, des ragoûts, des hachis, des flocons d'avoine, des tartines de margarine, de la graisse de bœuf; j'ai goûté mes premiers biscuits à l'âge de cinq ou six ans, grâce à la gentillesse de quelqu'un. Mais nous avions du cacao et de la confiture bon marché (la confiture de mûres et de pommes était la plus courante, comme l'est aujourd'hui la confiture d'abricots dans les petits déjeuners d'hôtel de toute l'Europe). Le lait condensé sucré bon marché tartiné sur du pain était un plaisir très spécial; sa douceur écœurante, gluante avait un certain succès auprès des enfants. Le lait condensé le meilleur marché était vraiment très sucré, d'un sucre grumeleux; c'était également un produit courant dans beaucoup de ménages. Plus tard, à Hunslet, j'ai connu une crème glacée particulièrement crémeuse et jaune, que les enfants adoraient; je découvris un beau jour par hasard l'endroit où elle était fabriquée: un appentis démoli que l'inspecteur de la Santé publique aurait dû fermer depuis longtemps. Avant qu'il ne nous chasse, nous eûmes le temps de voir le propriétaire, un Italien, verser boîte sur boîte de lait concentré au rabais dans sa machine.

La combinaison de la pénurie et du bon sens de notre mère faisait que notre régime était probablement plus sain que celui de beaucoup d'enfants alentour. Les «cochonneries» qui pouvaient exister alors n'étaient pas pour nous, et avec un penny par semaine à se partager, on ne pouvait pas acheter grand-chose dans le genre bonbons, même en ce temps-là ; les bonbons à un demi-penny étaient d'une provenance particulièrement douteuse. Aussi nous portions-nous bien ; nous étions, à tout prendre, des enfants heureux, comme sont heureux de jeunes animaux en bonne santé. Il est certain que mes propres souvenirs de ces jours-là sont en majorité gais. Ce que j'ai dit à propos des rigueurs de la pauvreté est vrai, mais se fonde naturellement sur une réflexion ultérieure et sur les commentaires des autres à propos de ce que cela avait dû être pour notre mère ; pour nous, la pauvreté ne pesait pas continuellement.

Si beaucoup de nos souvenirs les plus frappants sont tristes, c'est parce qu'ils sont liés à des moments marquants. Je constate à nouveau que le bonheur est plus difficile à localiser que le malheur ; mais on parvient parfois à saisir les moments de bonheur, ou du moins de contentement, ces derniers étant plus faciles peut-être à repérer. Je peux me souvenir d'un de ces moments-là, qui fut aussi un des premiers moments où je pris conscience de moi-même. J'avais probablement un peu plus de cinq ans, je revenais de l'école. Comme je tournais le coin de la cour, je vis la vieille dame à la porte de sa boulangerie et je lui dis bonjour ; elle me sourit en retour et me dit : « Bonjour, Jean-qui-rit. Toujours gai. » Peut-être disait-elle cela à tous les enfants du quartier. Mais c'était la première fois que je l'entendais, ou que je le remarquais, et je pris cela comme un compliment personnel, comme un jugement porté par un adulte étranger à la famille. C'était la première fois que je voyais ma propre personne de l'extérieur, comme quelque chose qui était remarqué par les autres et qui les affectait, qu'ils pouvaient aimer, détester ou simplement ignorer, ce qu'ils ne se privaient pas de faire. Je suppose que je commençai alors à réaliser aussi que nous avons la possibilité de modifier l'impression que nous faisons sur les autres, que nous ne traversons pas le monde enfermés dans notre cocon individuel, sans autres résonances que celles que nous émettons instinctivement, qui sont notre affaire et ne concernent pas autrui ; tout cela évidemment dans la mesure où il est possible de voir aussi loin à cet âge. Ainsi s'élaborent nos antennes, les techniques d'approche, de réponse, de retrait, d'ajustement, qui nous permettent d'honorer les chèques émotionnels ou simplement amicaux que nous tirons. Sur le moment, je retirai surtout de ce menu incident l'idée que j'étais un garçon joyeux et, dans l'ensemble, heureux, comme l'étaient sans doute mes frère et sœur, la plupart du temps ; ce qui devait être une consolation pour notre mère.

L'école était un univers amical et intéressant, sans problème. Il n'y avait pas de brutalités dans des rues hostiles. La nourriture était savoureuse et donnée en quantité suffisante, dans une salle de séjour si petite qu'elle pouvait être chauffée même par une veuve presque sans le sou. Ce que nous éprouvions de temps en temps, c'était la gêne, plutôt que le malheur : des rougeurs et des gerçures au-dessus des genoux, provoquées par le frottement des pantalons courts par temps humide et froid, ou des engelures en hiver.

Mes souvenirs de cette période, qui va jusqu'à mes huit ans, sont, après tout, peu nombreux, et il est difficile de savoir pourquoi certains restent et d'autres pas. Nous ne disposons guère que de cette règle grossière selon laquelle les souvenirs malheureux sont ceux qu'on garde le mieux et qui remontent le plus facilement à la surface, peut-être parce qu'ils sont gravés plus nettement, par un événement particulier, alors que le bonheur, telle la bonne santé dont on se souvient sur un lit d'hôpital, est un état continu dont on ne se rend pas vraiment compte tant que quelque événement malheureux n'est pas venu le briser. Mes efforts pour capturer mes souvenirs et pour leur donner un sens m'ont fait expliciter unc autre règle : les moments embarrassants, les actes honteux, sans commune mesure avec le confort du contentement de soi ou de l'indignation vertueuse, collent si obstinément à la surface de la mémoire que leur souvenir revient, et avec quelle fraîcheur, toutes les deux ou trois semaines pendant des décennies ; en particulier « La conscience/De choses mal faites et qui ont fait du mal à quelqu'un/Et que l'on a pris jadis pour l'exercice même de la vertu[59]. » Quelques-uns, peut-être les pires, sont complètement effacés au point que si l'on vous les rappelle plusieurs années après, vous pouvez affirmer avec la plus grande conviction que ça n'est jamais arrivé ; et puis, graduellement, dans les mois qui suivent, comme un morceau de détritus débloqué du fond d'une mare profonde par quelqu'un qui remue l'eau avec un bâton, ils apparaissent en pleine lumière à la mémoire et affirment leur authenticité de telle manière que vous rougissez littéralement de honte ; dès lors, ils rejoignent les autres sur le devant de la mémoire. Mais il s'agit vraisemblablement de souvenirs qui remontent à des périodes de la vie postérieures à celles que je décris maintenant.

Les moments les plus dramatiques et les plus parlants de l'enfance restent fixés, comme de vieilles photos d'amateur qui ont à peine commencé à jaunir. Les détails environnants qui permettraient de les replacer dans leur contexte leur ont donné en pâlissant un relief inattendu après un temps aussi long ;

59 « The awarness/Of things ill done and done to others'harm/Which once you look for exercice virtue. » T. S. Eliot, « Little Gidding », *Four Quartets*, 1943.

sont-ils déformés par ce processus, s'ajustent-ils alors à notre désir de produire une image et une histoire qui conviennent à nos besoins, à la fois en tant que conteur et en tant qu'individu souterrainement poussé à se construire une personnalité avec laquelle il puisse vivre ?

En voici un, enraciné comme un sureau ; il est aussi vivace qu'il y a trente ans, quand j'en ai donné pour la première fois la description. Un jour, au retour d'une excursion à l'épicerie Maypole, notre mère préparait le souper. C'était le simple repas habituel, si ce n'est que ce jour-là, il y avait une tranche ou deux de jambon cuit et quelques crevettes sur une petite assiette. Qu'est-ce qui l'avait poussée à acheter ça ? Le souvenir d'anciens dîners, dans des temps meilleurs ? Celui d'un souper particulier avec son mari ? Le tout n'avait pas dû coûter plus de deux ou trois pence, mais c'était une de ces « folies » dont j'ai déjà parlé. Tels de jeunes étourneaux querelleurs et pressants, nous l'assiégions, nous l'assaillions pour en avoir. Elle aurait vraiment voulu garder ce petit extra pour elle et elle nous le laissa voir en nous en donnant à contrecœur. Elle devait « en avoir jusque-là » d'être toujours obligée de tout partager, de ne jamais pouvoir s'accorder le moindre plaisir personnel. Mais elle savait qu'elle devait nous en donner, juste pour goûter ; on ne pouvait d'ailleurs pas faire plus pour quatre avec ce qu'il y avait. Je ne me souviens pas que son envie de tout garder pour elle se soit traduite chez moi par du ressentiment ; d'une manière fruste, les enfants comprennent bien ces choses, et, au plus profond de nous-mêmes, nous avons peut-être senti que nous devrions tout lui laisser. Mais les papilles des enfants n'ont pas de conscience ; nous eûmes notre part.

Un autre jour, elle revint d'une petite expédition dont nous ne connaissions pas le but. Nous nous assîmes à la vieille table carrée en bois blanc lessivé. Elle sortit une paire de lunettes bon marché cerclées de fer dont le style et le matériau disaient «modèle de l'Assistance publique» et les mit sur le nez de Molly, qui devait à l'époque avoir environ cinq ans. Tom et moi restâmes interdits et avons sans doute dit quelque chose comme: «oh! notre Molly»; peut-être même avons-nous ricané nerveusement. Nous avons regardé notre mère et nous avons vu que ses yeux s'étaient remplis de larmes, qu'elle retenait comme elle pouvait, comme d'habitude. C'était comme si sa jolie petite fille avait été mutilée. La scène me revint lorsqu'on découvrit que l'aîné de mes enfants avait lui aussi besoin de lunettes. Douleur serait un mot trop fort, mais ce fut une vague de chagrin qui faisait écho à celui de notre mère trente ans plus tôt. À coup sûr, au premier repas où les lunettes furent portées, nos yeux à leur tour s'emplirent de larmes.

Cela ne doit pas être bien longtemps après l'incident des lunettes que je revins de l'école pour déjeuner (où étaient les autres, je ne m'en souviens pas, peut-être me suivaient-ils, peut-être les ai-je gommés de ma mémoire) et trouvai ma mère étendue sur la carpette devant le fourneau, pas étendue gracieusement du tout, mais toute tassée, courbée comme si elle était tombée, mise au rebut pour finir, par la vie et par l'époque. Elle avait été secouée par une quinte de toux jusqu'à ce qu'elle tombe, épuisée. Son visage était gris, gravé finement par les rides d'une longue maladie, comme si les lavages répétés à l'eau froide et au grossier savon jaune y avaient laissé de fins grains de saleté. Je pense que nous avons alors appelé une voisine et qu'elle s'est arrangée pour la faire emmener à l'hôpital; je ne suis pas sûr que nous l'y ayons vue avant sa mort. Les Hoggart prirent la relève et nous allâmes en tram chez notre grand-mère, temporairement; il se peut que Molly ait été logée chez une demi-tante, dans la rue à côté. Tout cela jusqu'à l'enterrement et jusqu'à ce qu'on prenne une décision au sujet de notre avenir.

J'ai un dernier souvenir distinct de notre mère et c'est le seul souvenir que j'ai d'elle en train de parler. À un moment, soit avant qu'elle parte à l'hôpital, soit à l'hôpital, si nous avons été l'y voir, elle dit à Tom et moi : « Prenez soin de votre sœur », et nous fîmes oui de la tête, solennellement. L'enterrement est un souvenir flou de parents, pour la plupart des femmes fagotées de noir, entassés dans la petite maison avant de partir au cimetière, une poignée de voisins au coin de la rue « présentant leurs respects » et le repas réglementaire des funérailles chez Grand-Mère Hoggart.

Ce repas comprenait du pain et des sandwiches de viande en conserve. Le fournisseur attitré était Dawes, le bon boulanger traiteur qui se trouvait plus bas dans la rue où passait le tram ; on faisait appel à lui pour les enterrements et pour les mariages même chez les gens qui en temps ordinaire n'avaient pas les moyens de sa clientèle. Beaucoup plus tard, je découvris que la famille Dawes était apparentée de très loin aux Hoggart par le mariage. Des années plus tard encore, une petite-fille ou une arrière-petite-fille Dawes vint faire ses études d'anglais à l'université de Birmingham où j'avais une chaire. Je ne savais pas qu'elle avait fait une demande d'inscription et qu'elle avait été admise jusqu'à ce qu'on me le dise à Leeds et qu'elle me téléphone ensuite à mon bureau. Les Dawes faisaient toujours du bon pain et de la bonne viande en conserve, ma mémoire ne m'avait pas trompé en cette occasion ; elle m'en apporta un jour, après ses premières vacances de Noël.

Je ne sais pas exactement de quoi sont morts notre mère et notre père ; je pense qu'on a dit qu'elle était morte de « consomption », maladie qui était considérée comme la conséquence habituelle d'une faiblesse de la poitrine et dont on s'attendait à ce qu'elle vous emporte assez vite. Les Hoggart disaient que mon père était mort de la « fièvre de Malte », parce qu'il avait séjourné sur cette île pendant un certain temps. Ils ajoutaient sombrement, comme on pouvait s'y attendre, que si chacun avait ce à quoi il a droit, nous aurions reçu une grosse pension du ministère de la Guerre. La fièvre de Malte est une brucellose qu'on peut contracter à peu près partout, y compris en Grande-Bretagne, mais l'idée qu'il l'avait attrapée dans un avant-poste exotique de l'Empire les empoignait. Je sais très peu d'autres choses sur mon père. De temps en temps, nos parents les plus âgés faisaient une allusion à quelque chose dans son passé qu'il valait mieux ne pas regarder de trop près ; je n'ai aucune idée de ce qui a pu se passer, s'il s'est vraiment passé quelque chose… Quelque incartade durant son premier temps de service à l'armée comme engagé ? Une faute plus ancienne, alors qu'il était civil, qui l'aurait conduit à s'engager la première fois ? Je doute que quelqu'un puisse nous le dire maintenant ou le démentir.

Immédiatement après l'enterrement, la famille tint un conclave à Newport Street. Pour autant que je le sache, personne parmi le petit groupe de la famille de ma mère qui était venu de Liverpool n'offrit de prendre soin de nous (on les avait sans doute prévenus par télégramme ; à cette époque où les téléphones étaient rares, les télégrammes étaient presque toujours porteurs de mauvaises nouvelles). Nous aurions été un véritable fardeau. J'entendis l'un d'eux faire la remarque que les institutions pour enfants, les orphelinats, étaient « très bien de nos jours » ; on m'a dit que Tante Ethel était au moins en partie d'accord. Il y eut une demi-seconde d'angoisse avant que Grand-Mère dise qu'elle ne voulait pas penser à ça ; le sens de la solidarité familiale des classes populaires s'était affirmé et les Hoggart nous entouraient solidement. Les gens de Liverpool se retirèrent et je me rappelle les avoir vus ensuite une seule fois, lorsque Tom et moi passâmes quelques jours là-bas. Peut-être pensaient-ils que trois, c'était trop, même pour une courte visite, puisque Molly n'était pas avec nous.

Restait pour les Hoggart le problème de savoir ce qu'ils allaient faire de nous. On ne pouvait demander à personne dans la famille de prendre plus d'un enfant. Aussi Tom alla-t-il chez Tante Madge à Sheffield, où il resta jusqu'à sa mobilisation pour la dernière guerre. Je pense qu'il fut envoyé le plus loin parce qu'il était le plus âgé. Molly alla chez la demi-tante qui habitait la rue voisine ; elle était âgée, veuve et une de ses filles non mariées, peut-être deux, était encore à la maison. Ainsi Molly pourrait être au moins à côté d'un de ses frères. Je fus sans aucun doute le plus chanceux en restant avec Grand-Mère. Je ne sais pas ce qui détermina le partage entre Molly et moi, et je voudrais encore, pour son bien mais pas pour le mien, que nous ayons pu échanger nos places.

Ainsi se termina la période Potternewton qui, pendant des années, me parut presque idyllique ; en un sens, c'est encore le cas maintenant. Comme je l'ai déjà dit, c'était un monde clos. Même si notre mère avait vécu, notre petit groupe plus ou moins coupé du monde n'aurait pas pu conserver son intimité ; comme l'innocence de la première enfance, cette période était temporaire. Son côté idyllique venait du caractère caché et retiré du petit groupe au milieu duquel nous vivions, comme dans un hameau perdu de Mrs. Gaskell[60]. À moins que cela ne paraisse ainsi

60 Les thèmes majeurs d'Elizabeth Gaskell sont l'opposition entre la campagne idyllique et le paysage urbain d'après la révolution industrielle, et la nécessité de la concorde sociale et de la réconciliation entre patrons et ouvriers.

vu de Hunslet, qui était largement ouvert, brutalement bruyant, durement populaire; et l'école primaire de Jack Lane était un abrégé du style de Hunslet.

Ce récit est le peu que je parviens à tirer du fin fond de ma mémoire, où il est resté enfoui si longtemps. Il est encore plus difficile d'inventorier les habitudes, les attitudes et les formes typiques de comportement que ces années ont encouragées. Pour ce genre d'inventaire, il est impossible de séparer la période de Potternewton de celle de Hunslet, du moins de la période de Hunslet la plus ancienne. Je pense pourtant que je peux détecter quelques qualités que j'ai acquises ou qui se sont renforcées chez moi pendant ces années.

Premièrement, une sorte de fierté obstinée qui devient vite dogmatique, un mélange de hardiesse, de motivation et de ténacité: « tiens bon la rampe, Coco »; « je vais leur montrer »; « je ne vous ai rien demandé »; la riposte prompte de quelqu'un qui a l'épiderme sensible et la tête près du bonnet si on le bouscule brusquement ou malpoliment (un substitut utile au courage moral).

Deuxièmement, cette suspicion envers tous les groupes dont j'ai déjà parlé, qui à son tour tourne vite à l'individualisme maladroit et même revêche, qui fait qu'on préfère se débrouiller tout seul même si le coût en est évident, élevé et tout simplement hors de prix pour qui l'évalue raisonnablement. Avec cela, pourtant, le ressentiment d'être laissé de côté, une rapidité incroyable à se vexer; le désir d'être aimé, une tendance à « s'accrocher aux chandeliers » des fêtes du monde, tout en étant décidé à s'en moquer si cela n'arrive pas: chez eux, mais pas des leurs. Cette attitude va jusqu'à ne pas se sentir vraiment chez soi en Angleterre, ce qui n'est pas dépourvu d'ironie, dans la mesure où on me considère parfois comme quelqu'un qui écrit principalement sur les aspects de l'anglicité provinciale. À certains égards, je n'aime vraiment pas du tout les Anglais. Il y a des manières et des styles anglais caractéristiques que je déteste intensément, et cela inclut à la fois les airs de ceux qui se sentent supérieurs et le genre miteux invétéré que nombre de gens des classes populaires acceptent comme quelque chose de normal. Il y a aussi de vieilles traditions anglaises que j'aime profondément et que je n'ai rencontrées dans aucune autre culture. Mais l'Angleterre se connaît peu et connaît encore moins ce qu'elle a de meilleur ; elle reste attachée à ses stéréotypes autocomplaisants.

Troisièmement, la crainte d'être sans travail et à court d'argent. Je n'aurais pas facilement pu être travailleur indépendant. Non par timidité, opportunisme, égoïsme ou mesquinerie, encore que j'en aie sans doute ma dose, comme tout le monde, mais plutôt à cause du sentiment indéracinable qu'on doit être sûr qu'on pourra faire tourner la maison et garder un toit au-dessus des siens : « Veille sur ta sœur » venait tout droit de ce livre de commandements culturels, de même que le « Prends soin de Mary » de Tante Ethel, le jour de notre mariage. Lorsque notre fils aîné était âgé de quatre mois, je fis un cauchemar dans lequel il était perdu, et je fus submergé par un sentiment de culpabilité diffus mais écrasant, qui indiquait clairement que c'était ma faute. Je m'assis dans mon lit et, encore endorrni, dis à voix haute : « Maintenant, je vois ce que Bacon veut dire : celui qui a femme et enfants a donné des otages au Destin[61]. » Voilà à quoi avaient conduit toutes ces années de privation. Pas des années de « mais oui, mon chéri, achète une glace », « voilà l'argent pour le cinéma », « dis au professeur

61 Francis Bacon, « Essai sur le mariage et le célibat », *Essais*, 1625.

que tu vas à la sortie scolaire/que tu auras cette boîte de peintures spéciales/que tu achèteras ce magazine éducatif toutes les semaines», mais des années de variations sur le thème: «tu sais que nous ne pouvons pas nous le permettre», «nous n'avons pas l'argent pour ça», etc. C'est pourquoi je ne suis jamais triste au supermarché; j'aime les endroits d'abondance comme les Woolworth ou le rayon d'alimentation au sous-sol de Lewis un samedi après-midi (jambon à l'os, poulets cuits à la broche, énormes gâteaux à la crème). Et pourtant, dès que je cède à mon goût pour ce genre d'endroit, j'entends une voix derrière ma tête me dire «tu vas payer pour tout ça».

La quatrième caractéristique est liée à la troisième; c'est le besoin d'obtenir le respect et de l'obtenir par mes propres efforts, en écrivant, plutôt qu'en cherchant à atteindre une position élevée ou à gagner de l'argent. Par la plume, pour le respect: pas seulement pour gagner le respect des autres, encore plus par respect pour moi-même. Et pour plus encore – j'ai la conviction que c'est par là qu'on peut commencer à avoir prise sur sa propre vie, à lui donner plus de sens, à la commander peut-être ou, au moins, à mieux la comprendre; aussi n'est-il pas d'activité plus exigeante, mais aucune en définitive n'est plus agréable.

Cinquièmement, la conviction que nous avons besoin d'amour, d'un amour qui ne s'extériorise pas nécessairement dans des paroles ou dans des attitudes, et qui n'est pas uniquement personnel (bien que l'amour personnel en soit la base). Dans les notes que j'ai rédigées au cours des années reviennent régulièrement des moments qui évoquent celui où Cordélia dissipe en un instant et complètement le sentiment de culpabilité de son père à son égard[62]. Encore plus

62 Shakespeare, *Le Roi Lear*, acte IV, scène 7.

puissant est l'amour purement charitable, qui parvient à élargir son sens très au-delà des limites individuelles : durant son procès, le Mitia de Dostoïevski[63] s'endort sur un coffre et fait « un rêve étrange » ; la vue de paysans mourant de faim et d'un nourrisson transi de froid éveille en lui une « passion de pitié » pour les autres. Il se lève et fait à la cour une déclaration tranquille, joyeuse et convaincue, qui dépasse et transforme sa situation personnelle épouvantable : « Messieurs, j'ai fait un beau rêve. »

63 Dans *Les Frères Karamazov*.

CHAPITRE 3
CHEZ GRAND-MÈRE

Nous revenons à Hunslet à la fin des années 1920 et dans les années 1930, à la maison de Newport Street, à Grand-Mère, Tante Ethel, Oncle Walter, Cousine Winnie et Tante Annie, dont la mort a mis cette histoire en route. Je vois plus clairement maintenant que les deux sœurs exécutaient de continuelles arabesques dans mon esprit. Il aurait été facile de camper une opposition entre la gentille et la méchante et c'est sans doute ce que j'ai été sur le point de faire ; mais c'eût été une simplification excessive. Annie était certainement complètement dépourvue de malveillance et étonnamment tolérante. Si quelqu'un avait raconté qu'un homme dans la rue d'à côté avait un âne dans son arrière-cuisine et le faisait coucher avec lui dans la salle de séjour, elle aurait ri et dit quelque chose comme : « Ça par exemple ! » ou « Et puis quoi encore ! ». Tante Ethel, elle, aurait probablement dit que c'était dégoûtant, que cela ne devrait pas être permis et que ça n'avait rien de drôle. Grâce à elle, nous sentions la présence continuelle d'un vague corps de gardiens de la moralité qui permettaient ceci et tout aussi sûrement interdisaient cela.

En vieillissant, Annie devint de plus en plus indécise et soucieuse ; Ethel restait solide comme un roc dans son appréciation instantanée de toute nouvelle expérience : c'était « oui » ou c'était « non ». La vie avait apporté à Annie une pénétration et une capacité de jugement qui perçaient occasionnellement et soudainement au milieu de sa douceur et de son indécision habituelles comme un rayon de soleil à travers le brouillard. Elle était capable de formulations qui saisissaient et résumaient beaucoup de choses, comme : « Tu sais, c'est un de ces hommes qui ne peuvent pas dire non à leur femme. Elle est réellement comme un enfant pour lui. Forcément, il est tellement plus âgé. Enfin, il a cueilli des verges pour se faire battre. »

Ethel avait presque toujours en train un roman de quatre sous plein de grands sentiments, mais je ne me souviens pas qu'elle ait émis des jugements comme ceux qu'Annie portait à l'occasion et qui semblaient émerger lentement d'une rumination à peine consciente de l'expérience journalière. Ethel était impressionnante par ses certitudes et ses jugements absolus, mais les incertitudes et les vicissitudes de la réalité trompaient constamment ses attentes, et il ne pouvait guère en être autrement. Elle possédait une force canalisée et canalisante exceptionnelle ; dans une autre vie, elle aurait pu être la prêtresse efficace d'un culte particulièrement rigide. Quant à Annie, les traits de son caractère, qui n'avaient jamais été très affirmés, devinrent graduellement de plus en plus flous ; les mouvements de son esprit firent de plus en plus penser à quelque corset démodé craquant de toutes parts ou aux placards de son buffet. Elle vous demandait d'ouvrir la porte de droite et de prendre quelque chose pour les enfants ; on trouvait là tout un fouillis d'oeufs de Pâques, de Smarties, de boules de noix de coco, de sachets de chocolats assortis, de petites bouteilles de soda et de confiseries de toutes sortes.

Elle paraissait vieille, ils paraissaient tous vieux quand j'arrivai de Potternewton. Annie devait avoir atteint le milieu de la trentaine, Ethel avait quelques bonnes années en plus et Walter était un peu plus jeune. Les premières semaines, les premiers mois furent solitaires, mais au moins pouvions-nous nous voir, Molly et moi. De nous tous, c'est sans doute Tom qui a eu les moments les plus difficiles, mais il n'en dit rien et n'en a jamais rien dit jusqu'à ce jour. Il ne s'est jamais apitoyé sur lui-même et n'a jamais dramatisé sa situation. La maisonnée était nombreuse à Sheffield et l'oncle unijambiste tenait un peu de l'adjudant. À onze ans, Tom fut le premier de toute la famille connue à obtenir une bourse pour aller au lycée. On lui permit de la prendre mais, il me le dit une fois d'un air amusé et sans donner l'impression de blâmer qui que ce soit, les devoirs devaient être faits dans le tram en revenant de l'école le soir et en y allant le matin. À seize ans, après le brevet[64], il ne fut pas question qu'il aille en première, on attendait de lui qu'il travaille, mais dans un bureau, conformément à son haut niveau d'instruction.

Revenons à mon arrivée à Newport Street. À cette époque, le peu d'allure dont Annie avait pu être dotée avait déjà disparu. Comme la plupart des hommes et des femmes de son âge, elle avait de fausses dents. C'était quelque chose dont les enfants se rendaient tout à fait compte. Les adultes qui se penchaient vers nous nous montraient des rangées de dents bon marché étonnamment régulières; ils les mettaient dans un verre à côté de leur lit. Une fois, dans le noir, je bus une gorgée de ce que je crus être simplement un verre d'eau et je sentis les dents de l'Oncle Walter cogner contre les miennes. Nous n'ignorions rien non plus des cors aux pieds, de la mauvaise vue, corrigée par des lunettes bon marché (habituellement de chez Woolworth), de la mauvaise digestion, des flatulences et de la constipation, tous ennuis de santé qui provenaient sans doute d'une alimentation pauvre, du manque d'exercice et de chaussures mal adaptées.

64 Le *School Certificate Examination*, remplacé plus tard par le *Ordinary Level*, se passait à la fin de la *Fifth Form*, équivalent de la classe de seconde de nos lycées: dans la mesure où il sanctionne la fin d'un premier cycle d'études secondaires, on peut à la rigueur le considérer comme l'homologue du brevet ou du BEPC français.

De fait, la plupart des gens se nourrissaient mal et ne prenaient pas d'exercice (les excursions et les randonnées ne faisaient pas partie des occupations des membres des classes populaires sauf pour une petite élite de jeunes gens plus éclairés), si bien que beaucoup avaient le teint brouillé. Mais c'était un teint moins cireux que celui qu'on voit, par exemple, à ces femmes des classes populaires aux États-Unis qui, les bigoudis sur la tête, poussent bruyamment leur chariot rempli de nourriture industrielle à travers le supermarché jusqu'à leur voiture. Passé environ vingt-cinq ans, les corps des femmes de Hunslet n'étaient pas en bonne forme. Être assise huit heures par jour à la machine à coudre ne facilite pas les choses. Les hommes qui faisaient un travail de force avaient d'une certaine façon une musculature bien développée, encore qu'ils aient souvent pris de la brioche vers la trentaine. Bizarrement, pourtant, il y avait une autre silhouette masculine caractéristique de cette région, mince, avec des airs de petit lévrier.

Notre puritanisme nous empêchait d'admirer le corps, excepté certaines parties autorisées. Les jeunes gens ou des adultes grossiers pouvaient dire d'une fille qu'elle avait « une bonne paire de nénés » ou « des jambes terribles », mais pas beaucoup plus. Les hommages plus acceptables comprenaient un choix tout aussi étroit. On entendait communément : « il est bien baraqué » et « elle (ou il) a de beaux cheveux ». À tout prendre, le corps retenait peu l'attention verbale directe des adultes. Les réactions les plus développées concernaient les expressions du visage, les intonations comme dans : « Elle m'a lancé un regard qui en disait long » ou : « Ne me parle pas sur ce ton. » En ce qui concerne les questions physiques, la plupart des filles s'instruisaient auprès de leur mère par simple imitation puis, en général après le mariage et, surtout, après la naissance de leur premier enfant; ainsi se transmettaient beaucoup d'habitudes peu favorables à la santé.

J'ai toujours connu Annie avec de grosses lunettes et avec une maladie de peau qui lui enflammait les lobes des oreilles, dont la peau se fendillait. On disait que c'était la « neurasthénie » ; j'ai connu ce mot bien avant celui de « névrose ». Pour les ennuis de santé, on préférait les mots les plus longs et qui sonnaient le plus étrangement. La neurasthénie était considérée comme une maladie nerveuse interne qui faisait fendiller la peau et l'on appelait ça érésipèle. L'érésipèle est aussi connu sous le nom de « feu de Saint-Antoine » et de « la Rose », deux noms merveilleusement évocateurs ; mais ce sont des noms campagnards ou villageois, qui n'étaient pas en usage à Hunslet. Pendant des années, on considéra qu'on ne pouvait rien y faire et l'on s'habitua à voir Tante Annie se gratter aux endroits atteints lorsqu'ils étaient irrités. Je suppose que chez un étranger, cela aurait semblé rebutant (et pour un étranger aussi), mais je grandis en m'étant habitué à cela comme à un nævus sur le menton. Je suppose qu'Annie était allée voir le médecin sur la liste duquel elle était inscrite, que rien d'efficace n'avait résulté de la visite et que, du coup, elle avait accepté la situation. Nous aussi, nous acceptions tout simplement que Tante Annie souffre de neurasthénie (et non pas « soit neurasthénique ») et qu'elle ait de l'érésipèle, de même que nous acceptions le fait qu'elle soit petite et myope ; on ne pouvait rien y faire.

À Hunslet et dans les quartiers populaires environnants, notamment à Holbeck, la majorité des femmes de la classe ouvrière respectable aboutissaient dans les grandes usines de prêt-à-porter comme celles où travaillaient Ethel, Annie et Winnie – Montagne Burton, Sumries, Weaver to Wearer, pour ne citer que les premières qui me viennent à l'esprit. Ces usines produisaient pour presque tous les marchés, depuis le quasi sur mesure jusqu'à la camelote : aussi y avait-il de la place pour tout le monde, mais avec une hiérarchie entre les usines et entre les emplois. Les enfants des classes populaires grandissaient dans l'idée que toute la gent féminine autour d'eux cousait habilement et rapidement. Au-dessous des « couturières » de Leeds, il y avait les femmes qui nettoyaient les bureaux, celles qui travaillaient à la cantine, les serveuses, d'autres encore qui exerçaient tout un éventail de travaux manuels non qualifiés et mal payés. Au-dessus d'elles, inaccessibles, étaient les secrétaires, les vendeuses du centre-ville, les réceptionnistes, celles dont le travail exigeait d'être « bien mises » et de s'exprimer à peu près comme il faut. Nous n'avions pas l'idée qu'il puisse exister des tâches féminines au-dessus de celles-ci. Ainsi les couturières formaient-elles la couche moyenne et nombreuse des travailleuses respectables, mariées ou célibataires, les célibataires de tous âges constituant un contingent particulièrement important.

La plupart d'entre elles revenaient de l'usine le soir, comme le faisaient les trois nôtres, pour quelque chose qui ressemblait à un *high tea*, bien que le nôtre ait été de la plus basse catégorie : quelques tripes, un morceau de jambon cuit, un morceau de poisson, toujours accompagnés de la supposition tacite que le pain et la margarine caleraient l'estomac. Elles parlaient du nouveau chef d'équipe, qui s'était révélé être un homme intraitable ou qui était au contraire gentil et obligeant, ou des dernières saillies de la comique de leur chaîne, une femme à l'esprit vif, sur laquelle on pouvait compter pour envoyer aux hommes des reparties salées, ou pour faire sur eux des remarques qui ne l'étaient pas moins. Considérablement sous-représentés, les hommes étaient alternativement harcelés et courtisés, le tout avec des sous-entendus sexuels mais sans promesse de réalisation ; c'était un jeu interne, limité au lieu de travail et dont les règles étaient bien connues des deux côtés. Quand on découvrait qu'un homme et une femme de l'usine étaient vraiment allés plus loin, les autres étaient tout à fait choqués. Elles parlaient aussi des lubies de « cette dame », la contrôleuse, sur leur chaîne ; j'étais sûr que Tante Ethel jouait un rôle dans beaucoup de ces histoires. Les femmes riaient aussi de la visite officielle de quelques-uns des dirigeants de la firme, qui parlaient avec affectation et vivaient à Alwoodley ou à Adel, ou même à Harrogate ou à Ilkley.

Jusqu'à ce que nous ayons la TSF, aux environs de 1930, les bavardages décousus de ce genre duraient bien après le dîner, par intermittence entre le raccommodage, le repassage ou un petit savonnage. Lorsque Grand-Mère devint plus fragile, les travaux ménagers remplirent le temps jusqu'au coucher, qui venait tôt. Les voisins passaient rarement nous voir pendant la soirée ; c'était davantage une habitude matinale – la vie des classes populaires pouvait cultiver à la fois la privauté et le voisinage. Grand-Maman relatait toutes les nouvelles du voisinage immédiat, une chute sur la glace, la naissance d'un bébé, la visite « d'un homme de la mairie » à propos de quelque chose qu'elle ne parvenait pas à comprendre, elle tissait ainsi des liens lâches entre les gens du voisinage.

Comme le prouvait sa ténacité dans les querelles de famille, Tante Ethel avait beaucoup d'énergie et beaucoup de caractère. Elle était déterminée à en finir avec la routine sempiternelle de la vie de couturière et montra beaucoup de décision et de courage dans la poursuite de ce but. Elle et son amie Ida, de Huddersfield, abandonnèrent à la fin de 1937 leur travail ennuyeux mais sûr. Elles mobilisèrent tout l'argent qu'elles pouvaient; Tante Ethel liquida ce qui restait de ses polices d'assurance; je pense qu'Ida vendit également les siennes. Elles se mirent à leur compte dans la confection féminine. Leur boutique, qui comportait un logement annexe, se trouvait à l'angle d'une rue, au bout d'un alignement de maisons accolées dos à dos, qui faisait elle-même partie de tout un ensemble de rangées qui grimpaient la colline vers la prison d'Armley. L'aventure réussit, en partie et peut-être principalement parce qu'elles commencèrent tout juste avant le début de la guerre. Lorsque celle-ci éclata, les boutiques reçurent des allocations pour acheter des stocks et ceux-ci se vendaient à coup sûr; pour un temps, les grands magasins à succursales multiples furent handicapés et les petites boutiques sauvées. Ces allocations étaient suffisantes pour permettre à Ethel et à Ida de vivre correctement. Ces dernières, en outre, étaient prêtes à travailler à toute heure et « tous les jours que Dieu fait » pour retoucher une robe ou aller chercher n'importe quoi n'importe où pour un mariage ou un enterrement. Un peu à l'ouest en partant de City Square se trouvaient les grossistes qui traitaient avec les petits boutiquiers du genre de Tante Ethel et d'Ida, et pendant les neuf ou dix ans que dura leur commerce, elles bénéficièrent d'un service exceptionnellement bon qui correspondait à leurs demandes très précises. Tout cela aida à faire connaître leurs noms dans les rues avoisinantes. Elles étaient également des manipulatrices habiles, audacieuses et cyniques de leur marge bénéficiaire, qu'elles fixaient selon leur estimation de la bourse du client et de la gratitude qui leur était due pour les efforts qu'elles avaient faits afin de le satisfaire dans la mesure du possible et à temps. J'appréciais ces conversations chuchotées dans l'arrière-boutique où elles supputaient ce qu'elles pourraient extirper de chaque cliente : « Bien sûr qu'elle peut se payer ça. Ils gagnent très bien leur vie tous les deux ; tout ce travail de nuit. De toute manière, avec tout le mal qu'on a eu à l'avoir et à le mettre à sa taille… » Les clientes, le plus souvent de grosses dames des classes populaires, leur étaient reconnaissantes.

Ainsi Tante Ethel et Ida ne se sont pas contentées de survivre : elles ont prospéré. Peu de temps après la guerre, à nouveau au bon moment, elles vendirent et s'installèrent, comme on pouvait le prévoir, à Morecambe. Morecambe n'est, ou n'était, ni bruyant ni vulgaire ; c'était un endroit comme il faut, modérément distingué, très apprécié comme lieu de retraite par les classes populaires respectables du West Riding et la petite bourgeoisie. L'air de l'Atlantique qui balaie cette grande baie est toujours qualifié de tonifiant, bien que les visiteurs moins hardis le trouvent glacial. Morecambe en hiver ressemble à un Marienbad pour petits-bourgeois, échoué sur une plage nordique désolée. Mais la région des Lacs est toute proche et on peut très facilement y faire une excursion en car. D'une manière plus adéquate, Tante Ethel et Ida s'installèrent non à Morecambe même, mais à sa limite, un endroit rempli de pavillons semi individuels soignés. Avec leur œil exercé à saisir les gradations sociales, elles avaient décidé que Bare était l'endroit où allaient les « gens bien ». Elles prirent racine rapidement, se firent des amis parmi les retraités des alentours, trouvèrent pour les grandes occasions un café en ville qui faisait du très bon carrelet aux frites pour le dîner, et firent de calmes promenades le long du front de mer vivifiant. Tante Ethel avait enfin, et pour ce qui aurait pu être ses dernières années si elle n'avait pas vécu si longtemps, victorieusement emménagé dans le lieu de ses rêves, un endroit qui évoquait sinon *le luxe*, *le calme et la volupté*[65], du moins le mode de vie anglais le plus « comme il faut ». Ses accessoires étaient parfaitement répertoriés et portaient des noms précis : les brosses à cheveux Mason et Pearson, les chaises Parker Knoll, la compagnie d'opéra Cari Rosa, Clara Butt, Gilbert et Sullivan, le *Daily Express*, les *Boots's Library*[66] ; un monde d'objets « de qualité », « pas de la camelote », la « qualité » étant définie conformément aux standards du monde comme il faut auquel elle aspirait.

Mais elle continua, à Morecambe et plus tard, à manquer de sagesse, de l'imagination que l'expérience peut enseigner si elle est nourrie par la patience et par la tolérance, de la capacité à faire confiance à long terme ou à s'accommoder des manières irritantes des autres gens parce qu'on se rend compte qu'en dessous, leurs instincts sont bons. Ce n'est pas elle qui aurait fait écho au mot charitable de Keats : « Les hommes doivent se supporter les uns les autres », ou au rejet du rôle de policier moral qu'on trouve chez Virginia Woolf : « Mais, après tout, nous ne sommes pas responsables des autres » – ce sont pourtant là des idées qui peuvent venir même à ceux qui n'ont pas lu le moindre livre de toute leur vie.

Ces aptitudes lui faisaient défaut (je ne suis pas sûr que certaines personnes puissent les apprendre), et Tante Ethel pouvait passer pour une illustration exacte des mots « inhumain » et « sans remords ». Après la

65 En français dans le texte.

66 Énumération d'objets et de biens de consommation culturelle qui ont en commun d'être accessibles aux membres de la petite bourgeoisie. La *Cari Rosa Opera Company* donnait des représentations en tournées d'opérettes ou d'opéras-comiques tels que ceux de Gilbert et Sullivan (cf. chapitre 2, note 53, p. 130) ; dame Clara Butt était une cantatrice extrêmement populaire spécialisée dans le genre « classico-religieux » ; le *Daily Express* était et est toujours un quotidien national pour petits-bourgeois ; les *Boots's Library* (même maison que les pharmacies Boots) offraient un éventail d'ouvrages de fiction s'adressant à un public très large, comme les romans à l'eau de rose lus par Tante Ethel.

mort d'Ida, elle resta à Morecambe quelque temps, mais avec des difficultés croissantes. Pour finir, elle demanda à l'une de mes cousines du West Riding, très gentille, si elle pouvait loger chez elle. Elle y resta assez longtemps, jusqu'à ce que le mari, très aimable lui aussi, se rende compte que sa femme était au bord de la dépression nerveuse ; telle était encore la force d'Ethel, à quatre-vingt-dix ans passés. Ils s'arrangèrent pour la faire entrer dans un « pavillon gardienné » confortable et proche et continuèrent à prendre bien soin d'elle. Cet effort dévoué et héroïque s'étendit sur une grande partie de leur propre âge mûr. De temps en temps, elle leur exprimait directement sa gratitude ; mais, bien souvent, elle le faisait auprès d'autres personnes proches, qui pouvaient ainsi se sentir critiquées par la bande et, par comparaison, pour leur propre manque d'attention à son égard ; ou auprès d'étrangers, comme preuve de l'affection qu'elle suscitait et de la chaude reconnaissance qu'elle pouvait offrir en retour. Le plus souvent, elle se montrait exigeante et se plaignait, de sa nièce ou à sa nièce.

Par la suite, sa maladie de cœur s'aggrava, et il fallut la mettre à l'hôpital. Au bout de quelques jours, l'interne la décrivait comme quelqu'un qui exerçait, à quatre-vingt-treize ans, une influence très perturbatrice, et dont il aurait bien aimé être débarrassé. Elle n'avait pas arrêté de réprimander les infirmières d'une façon que nous, dans la famille, ne connaissions que trop bien. Pour elles, l'expérience avait dû être inouïe et effrayante, elles avaient dû avoir l'impression qu'on les écorchait vives avec des mots. Sa dernière conversation avec ma cousine, quelques heures seulement avant l'attaque qui devait l'emporter, était un plaidoyer forcené pour sortir de l'hôpital et être ramenée chez ladite cousine, à qui cette seule pensée dut être intolérable. Et c'était formulé dans les termes que nous connaissions depuis un demi-siècle, calculé pour pénétrer sous votre peau et s'y enfoncer comme des dards et des aiguillons, pour faire en sorte que vous vous sentiez coupable, ingrat, insensible et indigne à un point presque insupportable.

Longtemps avant, alors que je gravissais lentement les degrés de l'échelle académique, Tante Ethel s'était mise à se vanter de plus en plus de mes succès auprès de ses collègues de travail. Sur la chaîne de fabrication de l'usine de confection où elle travaillait comme contrôleuse (c'était entre l'époque où elle était vendeuse à Huddersfield et son installation à son compte avec Ida), il y avait une veuve dont le fils allait lui aussi au lycée. Nous nous étions rencontrés une fois ou deux à l'instigation des adultes et nous nous étions conduits l'un envers l'autre de cette manière aimable qui veut dire que vous n'avez pas d'antipathie l'un pour l'autre, mais que vous savez bien que vous ne deviendrez jamais amis. Entre la mère de ce garçon et Tante Ethel, la compétition était intense et énervée. Une fois, la collègue laissa tomber que son fils avait neuf pence d'argent de poche par semaine. « Bert aussi », s'était empressée de répondre Tante Ethel (c'est ainsi qu'on m'appelait en ce temps-là). Je ne les avais pas, j'avais trois pence. Je sympathisai avec le mensonge d'Ethel, mais j'aurais souhaité, au fond de moi-même, qu'elle ressente le besoin de l'honorer pratiquement.

C'est lorsqu'elle me faisait des cadeaux que la torture était à son comble. Elle m'en offrait parce qu'elle sentait qu'il fallait s'occuper convenablement du cheval de course, parce qu'elle appréciait assez de pouvoir faire un peu plus que les autres en la matière, et aussi par générosité et par affection. Lorsque je préparais l'examen de fin d'études de premier cycle, elle me dit que si je passais en première, elle m'achèterait une bicyclette. C'était une proposition grisante, un phare qui éclairait la perspective d'une nouvelle vie ; c'était aussi une carotte au bout d'un bâton, méthode qu'on désapprouve aujourd'hui, mais qui est encore répandue, et pas seulement parmi les classes populaires ou la petite bourgeoisie en ascension sociale. On aurait tort de retenir cette offre-là contre Tante Ethel. J'avais quinze ans et avoir un vélo était pour moi une libération ; c'était pratiquement l'équivalent de ce que seraient de nos jours le cadeau d'une voiture de sport ou même de leçons d'aviation. Circuler dans Leeds ou à l'extérieur, dans la région, de son propre chef, ne pas être limité par la distance qu'on peut parcourir à pied, aller en ville et en revenir, ou se rendre dans le quartier voisin, ne pas se faire de souci pour savoir si on a assez d'argent pour le tramway ou le bus ; par-dessus tout, être libre de décider soi-même où aller et quand y aller, aussi bien que profiter du plaisir clair et simple de pédaler, du mouvement régulier, du vent sur le corps, des odeurs renouvelées, du léger sifflement, du sens de l'équilibre réussi… toutes ces choses étaient presque des gains spirituels.

Bien sûr, dès le moment où elle fit mention de la bicyclette, je sus, au creux de l'estomac, qu'elle me la ferait payer. Mais je ne pouvais pas davantage refuser que Faust n'aurait pu rompre son pacte avec le Diable. Une partie de moi-même savait, même à quinze ans, que j'aurais dû être capable de trouver les mots pour refuser ce qui serait obligatoirement un cadeau préoccupant et difficile. Le vélo était un New Hudson et coûtait presque cinq livres ; c'était beaucoup pour une contrôleuse, son salaire de deux semaines peut-être. Cela aussi, je le savais tout au fond de moi et je l'appréciais autant que j'en étais capable. Je savais aussi que je serais quotidiennement appelé à la gratitude ; Tante Ethel avait l'art d'aigrir ses bonnes actions, ses meilleures actions. Elle surveillait la bicyclette à chaque départ et à chaque retour. Si elle était mouillée et si je ne la séchais pas suffisamment à son gré, elle m'accusait de jeter son argent par les fenêtres. Pendant des mois, elle me « jeta ma bicyclette à la figure » (ce genre de métaphore violente, comme beaucoup de celles qui étaient en usage à cette époque et que nous affectionnions, faisait ressembler notre vie à un combat). Mais j'aimais cette machine et je ne pouvais pas supporter l'idée de dire « puisque c'est comme ça, reprends-la et vends-la ». Attachement pour la bicyclette mis à part, il était pratiquement impossible d'agir de la sorte avec Tante Ethel. Cela aurait été pris et reconnu d'emblée pour une déclaration de guerre civile ; elle se serait précipitée dans une contre-attaque avec l'agressivité d'un dictateur qui répond à une première tentative de renversement. Tante Annie ne l'aurait pas fait non plus, ni Grand-Mère, ni Oncle Walter. Dans un livre, un garçon de quinze ans très volontaire ou aux principes élevés aurait pu s'y résoudre ; mais pas moi.

À la longue, les choses se tassèrent, le tir se déplaça vers d'autres cibles et le vélo devint un objet de l'arrière-cuisine comme les autres. Je m'étais inscrit au club cycliste de Salem. Salem Chapel, la chapelle méthodiste la plus connue de Hunslet, était un énorme machin qui employait deux pasteurs à plein temps, et avec lequel le club cycliste entretenait des relations lâches mais amicales ; il n'était pas nécessaire de la fréquenter pour devenir membre du club, et les aînés de la chapelle nous donnaient un coup de main à l'occasion.

Je n'ai jamais été membre d'un club de golf, de cricket, de squash ou de voile, mais je doute que ce soit mieux que d'adhérer à un club de cyclisme à la bonne période de la vie ; du moins était-ce vrai pour un club comme Salem à cette époque-là. Il recrutait depuis les couches inférieures des classes moyennes jusqu'aux couches les plus basses des classes populaires, ce qui est assez large; mais le club n'avait pas de style socialement marqué et l'ambiance était amicale. Nous faisions ensemble une bonne chose toute simple, nous propulser dans la campagne alentour en plein air et en liberté. Un bon club a une mémoire collective qui se transmet à mesure que des membres s'en vont et que de nouveaux arrivent. Le nôtre connaissait tous les petits chemins et tous les sentiers dans les collines, ainsi que les endroits où le thé était bon et copieux (quatre pence par personne pour la théière avec nos propres sandwiches). Nous n'étions ni botanistes, ni ornithologues, ni archéologues amateurs, ni historiens, mais nous aimions les vallées du Yorkshire et, tout en allant volontiers jeter un coup d'œil à l'intérieur des vieilles églises, nous aimions surtout profiter du paysage, en glissant le long des chemins, avec l'air qui nous fouettait les joues. Nous affectionnions particulièrement les murs de pierres sèches qui quadrillaient les champs et les pentes, et qui sembleront bientôt aussi pittoresques que les *trulli* des Pouilles.

C'était un amour tout simple. Chacun était seul sur sa propre machine, mais nous faisions aussi partie d'un groupe. Quelles que soient les difficultés du parcours, on ne laissait personne en arrière; nous rentrions tous ensemble, l'éventuel éclopé du groupe escorté par deux autres cyclistes. Pour cela, c'était comme l'armée ou les scouts, mais sans mystique proclamée ni « philosophie ». Nous suivions plutôt les règles pratiques non écrites de la communauté. Il n'y avait pas vraiment de « leader ». La tradition était confiée aux bons soins du secrétaire; celui-ci me donna une leçon précoce sur l'art de conseiller et d'obliger discrètement, sans autoritarisme. Rentrer à la fin de la soirée, glisser doucement dans Leeds en roulant deux par deux, avec comme seul bruit le vent, le léger sifflement du phare au carbure à l'avant et notre propre conversation, reste un des plus heureux souvenirs de mon adolescence. De tous les groupes que j'ai connus en dehors de la maison, aucun autre ne m'a semblé plus ouvert, plus roboratif, plus honnête et plus fidèle à ses propres principes, modestes peut-être, mais bons.

Il est possible que j'idéalise un peu. J'avais adhéré au club avec Musgrave, mon ami de lycée. Musgrave vivait avec sa mère et sa sœur. Il n'y avait pas de père dans le paysage ; peut-être était-il mort, peut-être vivait-il ailleurs, je l'ignore. Mme Musgrave était obligée de travailler pour avoir juste de quoi vivre. Musgrave lui-même était un garçon très solide qui montrait un grand *savoir faire* et un grand *savoir-vivre*[67] en comparaison de son âge ; il était déterminé à partir de Hunslet et à vivre avec brio. C'était lui l'initiateur, toujours le premier à passer par-dessus le mur, alors que j'étais encore en train d'y réfléchir. Un soir, il roulait à côté d'une des rares filles du club, alors que nous approchions de la ville. C'était une fille calme, bien mise, bien disante, avec des cheveux courts et bouclés. Je n'avais pas remarqué que nous les avions perdus alors que nous traversions un bois aux abords de la ville. Le lendemain matin, Musgrave passa chez moi pour me dire qu'ils avaient été dans le bois et qu'elle lui avait permis non seulement de l'embrasser, mais de mettre la main à son short et qu'elle « l'avait laissé toucher » – à ce stade de l'adolescence, c'était la limite de l'exploration sexuelle, même pour Musgrave, et je fus stupéfait, mais intéressé.

67 En français dans le texte.

Décidément, je devais beaucoup au cadeau typiquement empoisonné de Tante Ethel. La torture que celle-ci s'infligeait continua, de même que sa tristesse et son dégoût, son aigreur et ses éruptions intermittentes. Ida et elle vécurent ensemble jusqu'à la mort de cette dernière, depuis le moment où elle prit une boutique jusqu'à sa retraite à Morecambe. Elles avaient travaillé, économisé et vécu avec parcimonie pour cela pendant des années et l'espèce particulière de fidélité qu'elles avaient l'une pour l'autre n'avait pas faibli. Je ne pense pas qu'elles étaient lesbiennes, même par inclination ; et certainement pas en acte. Elles étaient unies par leur amertume, une amertume qui n'embrassait pas l'univers car elles semblaient n'avoir aucun penchant métaphysique ou philosophique. Leurs généralisations, pour autant qu'elles se soient jamais essayées à en faire, étaient du type : « C'est le genre de femme à dire telle chose ou à faire telle chose. » Elles trouvaient la plupart des gens qu'elles rencontraient pas très intéressants, moralement insuffisants ou paresseux. Si elles avaient en tant que couple des moments de bonheur, c'était, j'imagine, lorsqu'elles tombaient d'accord pour critiquer quelqu'un. Je suppose que leur solitude à deux était aussi remplie de longs silences renfrognés et pleins de ressentiment et d'assauts calculés avec élégance, auxquels elles excellaient l'une et l'autre. En présence de tiers, elles poursuivaient souvent une joute à demi souterraine. Leur vie était un calcul vigilant et sans fin. Par exemple, Ida allait la première faire la vaisselle, après que les visiteurs avaient terminé de déjeuner, de telle manière qu'Ethel, prise au piège, soit obligée par politesse de rester assise ; Ethel savait alors qu'elle aurait plus tard à supporter des soupirs et des plaintes relatifs à une attaque de mal de dos héroïquement passée sous silence (spécialement si les invités étaient « du côté » d'Ethel, c'est-à-dire de sa famille). Quand, après un long moment, Ida revenait au salon avec des airs de martyre, Ethel lançait un raid préventif, sur un ton de miel mélangé d'arsenic : « Je suis surprise que cela t'ait pris aussi longtemps, Ida. Aurais-tu décidé de nettoyer la cuisinière en entier ? Nos invités commençaient à se demander si tu n'étais pas partie faire un tour. » Ida clignait des yeux et mettait ça de côté. Ça se paierait plus tard. Et vice-versa, si Tante Ethel allait la première à l'évier.

Ça continuait ainsi, une relation déchirante mais indestructible, une sorte d'amour, une sorte de haine. C'était la haine ou, du moins, le manque d'amour qui les unissait, le mépris pour la plus grande partie du monde extérieur ; le tout alimenté par une sexualité ardente, déniée et rentrée, par un pharisaïsme puritain, par le sentiment intense d'avoir perdu quelque chose, d'être passées à côté de l'essentiel. C'est ainsi qu'elles broyèrent du noir et se chamaillèrent constamment et partout, tant qu'elles vécurent ensemble, jusqu'à la mort d'Ida.

À Morecambe, elles se firent très vite une collection d'amis successifs remarquablement intimes, le plus souvent des couples mariés de leur génération et retraités comme elles, avec qui elles allaient en excursion ou à des dîners de veille de Noël dans des hôtels du bord de mer ; l'autre couple, en général, avait une voiture. Aussi rapidement, elles les prenaient en grippe, les trouvaient décevants et, pour tout dire, grossiers. À chaque fois, ceux qui étaient éliminés perdaient toute valeur et devaient être précipités dans les ténèbres extérieures. Il n'y avait pas de demi-mesure dans leur monde et pas de demi-teintes ; tout était d'un blanc éblouissant ou d'un noir profond. « Bon, ça n'a pas très bien marché, c'est dommage mais c'est comme ça », n'était pas leur genre de phrase.

Par-dessus tout, elles étaient « distinguées », de cette « distinction » douloureusement forcée des vendeurs dans les « meilleures » boutiques, avec une certaine manière de déformer les voyelles, du sous-Burberry's, et des locutions de pavillon de banlieue. Leur « distinction » ne torturait pas seulement leurs voyelles ; elle les torturait elles-mêmes. Tout était aspiration à la distinction et recherche du ton sans faute. Par exemple, elles allaient à la vente aux enchères des biens d'une grande maison et en revenaient avec un magnifique seau à charbon en chêne couvert d'ornements et d'entrelacs, fait pour le vaste salon chèrement meublé de la demeure en pierre d'un filateur. Il trônait à côté de la cheminée de leur pavillon comme un chien de chasse déplacé et mal à l'aise. Il y avait de la poésie frustrée dans leur distinction, un rêve d'Angleterre et de vie anglaise comme il faut : une carte de Noël avec un cottage à colombage et toit de chaume, le cottage d'Anne Hathaway[68], tout emberlificoté de choses grimpantes et colorées sur la façade – c'est exactement ça. Encore maintenant, je ne peux pas dire le mot *doilies*, qui désigne des napperons en papier imitant la dentelle, sans entendre derechef la manière collet monté dont Tante Ethel disait « sortons les *doilies* » quand on attendait de la visite. À la naissance de notre premier enfant, Tante Ethel nous demanda s'il était nourri au sein. « Oui, pourquoi ? – C'est que, voyez-vous, il y a des gens qui pensent que, de nos jours, ce n'est pas très comme il faut. » Reste que, lorsqu'elle vit le bébé téter, elle dit qu'elle pensait qu'un enfant au sein était ce qu'il y avait de plus beau au monde.

Le pouvoir magique des mots fit également des siennes chez Ida et Tante Ethel. Elles avaient mis

68 Le cottage de la femme de Shakespeare, situé près de Strafford-Upon-Avon, est un des stéréotypes de la vie rurale anglaise.

des « pots » ou des « vases » sous les lits. Cela pouvait paraître étrange dans la mesure où leur pavillon avait des toilettes à l'étage, mais il est probable que le bon sens avait joué ; passé un certain âge, peu de gens peuvent passer la nuit sans faire pipi, et le palier était sombre et glacé. « Pot » ne paraissait pas convenable et « jules » était encore pire, très vulgaire ; « vase de nuit » semblait plus approprié. Mais, après un certain temps, ce mot devint lui aussi inutilisable, trop brutalement évident. Pendant un temps, « objet » fut le mot préféré : « Vous trouverez un objet sous votre lit. » Un cadeau d'anniversaire, peut-être ? Ce mot devint vite impur sur la langue et laissa la place au menaçant « chose » : « Il y a une chose sous le lit. » De cette leçon sur la manière dont la culture grève le langage, il ressortait que les mots ne sont jamais en soi purs ou impurs, neutres, objectifs ou biaisés, et qu'on les remplace parce qu'ils sont contaminés à la longue par ce qu'ils désignent.

Je suppose qu'Ethel et Ida étaient honteuses de leurs fonctions corporelles, ou tout au moins très mal à l'aise ; pisser et chier était inéluctable, mais on n'avait pas pour autant à en parler, à faire des plaisanteries à ce sujet, ni même, autant que faire se peut, à l'admettre. Les toilettes de leurs maisons empestaient les « désodorisants de W.-C. » les plus lourdement parfumés. Le mélange de ce parfum avec l'odeur d'une défécation était plus déplaisant que l'odeur de merde elle-même ; il évoquait une végétation fétide et puante concoctée dans un laboratoire louche, ou une plante exotique vénéneuse et artificielle. Et ce mélange lui aussi, comme les mots qui disent les choses, et quelle que soit la quantité de désodorisant utilisée, leur disait en définitive : « Quelqu'un vient de chier ici. » Alors, afin de réduire l'odeur malséante, elles se mirent à laisser un paquet de cigarettes dans les toilettes et à suggérer à leurs invités qu'ils pouvaient avoir envie de fumer. Il y eut alors trois odeurs : celle de la merde, celle des désodorisants puissants et celle des cigarettes. Tante Annie, qui avait un côté légèrement scatologique, me raconta qu'elle s'asseyait là en tirant des bouffées de cigarette comme une enragée et que l'odeur était quelque chose d'abominable.

Retour aux premières années de mon séjour à Newport Street, dans la seconde moitié des années 1920. Winnie semblait passer la plupart de son temps à écrire à sa famille. Elle m'offrit par mégarde ma première vision d'une poitrine féminine. Je devais avoir autour de dix ou onze ans ; j'entrai par hasard dans l'arrière-cuisine pour y chercher quelque chose. Winnie était devant l'évier, déshabillée jusqu'à la taille, en train de se laver à grande eau (c'était le seul lavabo de la maison, mais il y avait de l'eau chaude, fournie par la chaudière derrière la cheminée). Son dos était solide, robuste, bien tourné. Elle se retourna pour voir qui entrait, ne se doutant évidemment pas que ce pouvait être moi, et fut remplie de confusion en me voyant, car c'était une fille très réservée. Je vis deux gros seins qui roulaient doucement comme deux très grosses poires William et je les trouvai beaux d'une manière qui me troubla. Je me rendis compte plus tard, en voyageant à l'étranger, que s'il existe une poitrine type des femmes des classes populaires anglaises, elle ressemble à celle de Winnie. Lorsqu'on se promène sur les plages européennes ou quand on voit ces images de seins nus que les réalisateurs d'émissions de télévision sur les voyages semblent priser si fort, on se demande pourquoi tant de femmes là-bas ont des seins comme des pommes de reinette.

Winnie épousa Albert quand le moment fut venu. Il était alors coiffeur dans un des grands hôpitaux de Leeds, peut-être à St. James. Il rasait les malades avant les opérations et après leur mort, et coupait les cheveux entre-temps. Cela semblait lui rapporter juste de quoi vivre et Winnie continua à travailler. J'aimais beaucoup Albert. Tout ce qu'il voulait, c'était une vie tranquille avec Winnie, pas d'arrivisme, pas de commérages, pas d'agitation ; il acceptait le monde tel qu'il était, semblait ne vouloir de mal à personne et restait gentiment épanoui. Ils allèrent s'installer loin de chez nous, à peu près à deux miles et demi au nord-ouest, dans de nouvelles rangées de maisons qu'on avait réussi à caser sur un bout de terrain encore disponible, dans un endroit pour classes populaires respectables, très légèrement au-dessus de Newport Street d'après les fins calculs de statut social qu'on fit dans notre quartier. On voyait immédiatement que ces boîtes à deux chambres à coucher étaient des constructions tape-à-l'œil ; ce qu'on appelle maintenant des « maisons de début », à ceci près que cette formule s'applique à un segment du marché du logement plus cher que celui auquel Winnie et Albert avaient accès. Je ne pense pas qu'ils aient acheté la maison. C'eût été pousser le bouchon un peu loin et d'une manière spectaculaire ; on ne roule pas les mécaniques comme ça, ou alors il faut avoir plus d'énergie que Winnie et Albert.

Même pour notre famille, ils avaient peu d'exigences et peu de perspectives. Winnie attendait avec impatience de ramener Albert à Sheffield et c'était une raison de plus pour ne pas acheter la maison ; en attendant, elle veillait à ce qu'ils fassent des visites régulières au grand nid surpeuplé mais fermement contrôlé, avec un Albert toujours complaisant. Ils n'avaient pas un sens de l'humour très développé ni très varié, ils n'étaient pas bien vifs, mais ils avaient un bon fond. Pour tout cela et pour bien d'autres choses, ils étaient exceptionnellement bien assortis. Ils étaient, pour ainsi dire, modestes et modérés en chaque chose ; la malveillance était au-delà de leur éventail de dispositions ; ils se conduisaient bien, sans jamais être contrariés par le succès des autres. Leur horizon était étroit : ils n'en avaient cure.

Quelques années plus tard, il devint évident que j'étais en train de quitter leur monde. Ils ne savaient pas grand-chose sur ce que cela impliquait, mais ils ne me questionnèrent ni beaucoup, ni souvent sur ce que je faisais ; ils acceptaient cela simplement, sans faire de manières. Ils étaient gentils avec moi comme avec un jeune frère. Peu de temps après qu'ils eurent emménagé dans leur petite maison, ils m'invitèrent pour le week-end. Cela aussi était inhabituel ; j'avais sans doute aidé au déménagement, en amenant de Newport Street quelques-unes des petites affaires de Winnie. Le dimanche matin, Winnie nous proposa de nous servir le petit déjeuner au lit. Elle « jouait à la ménagère » et appréciait de faire la maîtresse de maison hospitalière, de déployer un style qu'elle ne pouvait pas avoir connu chez elle, où nous étions tassés les uns contre les autres. Elle me demanda de m'installer avec Albert, qui était encore dans le lit conjugal. Pendant que Winnie était en bas en train de préparer le petit déjeuner, il commença à me parler, comme un aîné à un cadet arrivé à un âge où il peut comprendre (je suppose que j'avais environ quinze ans), de la grande pression qui pèse sur un jeune couple, et particulièrement sur l'homme, lorsqu'il décide de ne pas avoir d'enfant pendant un certain temps, d'attendre « d'avoir mis quelque chose de côté ». Cette précaution était conforme à sa nature.

Je fus très impressionné par cette histoire, exemplaire et même presque archétypale dans la mesure où elle concernait un des choix les plus importants que nous ayons tous à faire. En fait, Albert et Winnie n'eurent jamais d'enfants. Peut-être essayèrent-ils sans succès lorsqu'ils eurent enfin réussi à mettre quelque chose de côté. Peut-être s'habituèrent-ils graduellement à être deux et finirent-ils par décider explicitement de ne pas en avoir ; ou peut-être le temps avait-il simplement passé, jusqu'à ce qu'ils réalisent un jour qu'il était trop tard. Qu'Albert se soit épanché avec un adolescent ignorant mais intrigué sur les difficultés de « se retenir » quand on est tout excité au lit avec sa jeune femme me paraît encore, quand j'y songe, étrange. C'était environ trente ans avant la pilule. Mais les préservatifs ? S'il est quelqu'un qui est censé connaître ces choses-là, c'est bien un coiffeur. Il est peu vraisemblable qu'ils aient eu une objection morale, ou esthétique, à leur utilisation. C'est une énigme. La sexualité de Winnie n'était peut-être pas très forte ; peut-être était-elle compensée par le désir puissant d'être en famille. On nous dit que beaucoup de femmes, dans cette sorte de société, au début des années 1930, ne recherchaient pas l'orgasme et n'en avaient pas, ne savaient même pas toujours ce que c'était. Il ne faut pas voir là propos salace, mais interrogation sincère et sympathique, suscitée par cette conversation au lit d'un dimanche matin, sur un style de vie qui était fait de craintes et d'inhibitions, et qui maintenant semble dater d'il y a cent ans.

Pour finir, c'était inéluctable, Winnie ramena Albert à Sheffield, loin de la ville pécheresse, comme un pigeon voyageur qui ramène un mâle rencontré au cours d'un voyage. Après la mort de son père, elle devint la cheville ouvrière de sa grande famille, visitant chacun régulièrement tour à tour, maintenant des contacts et apportant une aide pratique ; et Albert tenait sa place. C'était peut-être leur meilleur rôle. Ensuite, la guerre a coupé à grandes fauchées dans ce genre de relations. Tom, qui les aimait beaucoup lui aussi, me tenait à peu près au courant. Je les revis par la suite à un enterrement. Winnie avait une silhouette noire, boulotte, avec un visage qui trahissait d'une manière croissante la lourdeur des Hoggart et les traits encore plus joufflus de son côté paternel. Mais elle était toujours aussi naturelle. « Bonjour Ritchard », disait-elle encore, avec le « t » intrusif très marqué, « comment ça va ? ». Si je lui avais annoncé que j'étais devenu ministre des Affaires étrangères, elle aurait dit quelque chose comme : « Oh, je vois. Très *bien* », exactement de la même manière que si je lui avais dit que ma petite entreprise de plomberie ne marchait pas mal.

Mes derniers souvenirs sont ceux de l'enterrement d'Albert, puis de celui de Winnie, pas très longtemps après. Les images se confondent : un cimetière au-dessus de Sheffield, balayé par les vents, les silhouettes lourdes, trapues, des femmes tout en noir, les hommes maladroitement habillés de noir eux aussi, ce noir si accentué et presque toujours si peu seyant ; puis, au moins à l'une de ces deux occasions, le retour pour l'habituel repas de funérailles et la remise à jour des nouvelles ; le sentiment d'être emporté par la marée. Dans de telles circonstances, les phrases obligées sont toujours rituelles. D. H. Lawrence les a bien saisies au début d'*Amants et fils* dans la scène de l'enterrement de l'aîné des Morel, William : « Vous n'imaginez pas comme il est grand ! » et « Ma parole, ce qu'il est lourd ! ». La première phrase est dite par le père, la seconde par un des mineurs qui portent le cercueil. Toutes les deux sont des couronnes verbales, des tributs versés à la beauté et à la puissance du jeune homme qui s'en est allé. Pour les décès plus communs des gens âgés, les formulations sont plus conventionnelles : « Elle avait air apaisé », ou bien « Elle avait l'air si jeune ». Quand le défunt est très vieux et que l'on vient de plusieurs décennies dans le passé pour lui rendre hommage, c'est plus terre à terre ; on peut entendre de petits chuchotements parmi les femmes qui se tiennent derrière, tandis que leurs yeux balaient l'assemblée : « Mon Dieu, est-ce que ce n'est pas Un tel ? Je n'aurais jamais cru, qu'est-ce qu'il a vieilli ! »

L'histoire de Winnie m'a amené jusqu'aux années 1960, plus d'un quart de siècle après que la maisonnée de Newport Street se fut dispersée. Lorsque le bail arriva à sa fin, Grand-Mère était morte, Annie mariée et belle-mère d'une famille nombreuse et Walter marié lui aussi, avec un fils. Les événements qui conduisirent à son mariage déclenchèrent une autre succession de conversations chuchotées, expressément destinées à garder Grand-Mère à l'écart : « Elle ne doit pas savoir, cela la tuerait si elle savait. » J'en doute ; elle était plus solide qu'ils ne le croyaient ou aimaient le croire, spécialement dans ses attitudes envers la sexualité. Quelque temps après avoir quitté le magasin de meubles, Walter avait rencontré dans un pub deux sœurs qui vivaient ensemble, sans aucune famille, et qui n'étaient pas en très bonne santé. L'une d'elles fut engrossée par Walter et ils se marièrent ; on m'avait caché cette décision jusqu'à ce que le mariage ait lieu et on l'avait, je crois, cachée également à Grand-Mère. La nouvelle belle-sœur était en général désignée comme « une pauvre chose » ; ce n'était pas un jugement moral, mais une allusion à sa santé. Je ne me souviens pas l'avoir jamais vue à Newport Street, mais Tante Annie resta en contact avec elle, envers qui elle avait un respect considérable ainsi qu'envers la manière dont elle se débrouillait, respect assez semblable à celui que lui avait inspiré la manière dont se débrouillait notre mère. Leur fils a très bien réussi et ses parents doivent avoir été fiers de lui ; une sorte de rattrapage.

En replongeant une fois de plus dans cette époque, je suis avant tout impressionné par l'intimité et par la privauté de ce genre de maisonnées. J'évite délibérément le terme foyer, mais je dis «*ce genre* de maisonnées» parce que, en dépit de tout ce qui nous distinguait des familles qui nous entouraient, nous vivions dans un repliement sur nous-mêmes qui était typique de beaucoup d'entre elles, probablement de la plupart. Le foyer matériel était le feu de charbon qui brûlait toute la journée et presque tous les jours, sauf lorsque le temps était vraiment chaud; comme les rues n'étaient pas très ensoleillées, la pièce aurait été glacée presque en toute saison s'il n'y avait pas eu de feu; on en avait également besoin pour faire chauffer l'eau de la chaudière derrière la cheminée. En outre, les gens semblaient avoir le sentiment que la maisonnée ne pouvait pas se rassembler s'il n'y avait pas des flammes en train de danser derrière la grille du foyer; une grille sans feu paraissait «triste», peu accueillante, comme si on se préparait à déménager.

Le feu de charbon était un pivot de la vie des classes populaires, une pièce constitutive du modèle de base, du cela-va-de-soi, un des trois ou quatre éléments qui aidaient à élever la vie de tous, à l'exception des plus misérables, au niveau du supportable; les autres étaient le gaz de ville pour la cuisine, la viande importée à bon marché, le poisson et les fruits en boîte pas chers, spécialement le saumon et l'ananas, aubaines pour les pauvres des villes – la viande et le blé importés étaient au contraire la ruine pour beaucoup d'exploitants et d'ouvriers agricoles. J'ignore jusqu'à quel point les pauvres des campagnes pouvaient se procurer du charbon à bon marché avant d'émigrer en grand nombre dans les villes; je pense qu'ils en manquaient presque complètement et qu'ils se débrouillaient avec le bois. Pour les pauvres des villes, la formule «Du moment que vous avez chaud, vous pouvez supporter beaucoup de choses» était une vérité d'évidence. La fumée sombre qui s'échappait de toutes ces rangées de cheminées alignées était le produit et le symbole spécifiques de la révolution industrielle et de l'urbanisation des classes populaires. En Europe continentale, le charbon pas cher ne semble pas avoir été un avantage courant pour les pauvres gens, sauf dans la périphérie des puits.

En Grande-Bretagne, les familles des mineurs étaient favorisées car on leur donnait une allocation de charbon plus que suffisante ; on la leur donne toujours et elle est toujours exempte de taxes. On ne les enviait pas pour autant ; on avait le sentiment qu'on leur devait bien ça, et ceux qui vivaient près de l'une de ces familles pouvaient trouver des arrangements. L'importance capitale du charbon bon marché, qui provenait souvent des puits proches des grandes villes mais était facilement transporté à travers le pays par le réseau dense du chemin de fer, s'explique par le fait qu'il était accessible à la grande masse des classes populaires urbaines. Si vous en arriviez à votre dernière pelletée ou à la poussière résiduelle qu'on trouve toujours sur le sol de la réserve à charbon, alors vous étiez vraiment dans une sale situation. C'est ainsi qu'on vit des chômeurs toucher le fond, dans les années 1930, et fouiller les crassiers autour des puits pour y chercher de minuscules morceaux de charbon ; ou, dans le Nord-Est, gratter le rivage pour recueillir les débris autour des puits des mines sous-marines – c'est le genre d'images qui sont restées gravées dans l'esprit d'Orwell. Si les classes populaires urbaines n'avaient pas pu bénéficier d'un charbon bon marché, nombre de choses auraient été pires pour elles, et l'équilibre de leur mode de vie en aurait été compromis.

Bref, une intimité générale dans toutes ces maisons, autour du feu de charbon ; et des visiteurs ou des gens « qui passaient » (distincts des voisins qui pouvaient passer de temps en temps), souvent pour des raisons fonctionnelles, dont la liste était facile à faire, et dont les visites faisaient partie de la trame de notre vie, spécialement en ce qui concerne les coutumes et les routines liées à l'argent. Pour nous, il y eut aussi, bien sûr, et cela pendant des années et des années, les visites d'Ida, l'amie de Tante Ethel. Ses manières étaient à la fois légèrement chaleureuses et légèrement gênées, comme celles de quelqu'un qui s'abaisse pour un moment d'un cran social, un écart difficilement perceptible par quelqu'un d'extérieur, mais important et réel pour elle. Je pense qu'elle n'en était pas complètement consciente ; si elle s'en était rendu compte, elle aurait éte choquée. Comme la plupart des gens, elle aurait nié toute trace de snobisme ou de sentiment de classe, alors qu'elle pratiquait « naturellement » quelques-unes de leurs formes. Nous non plus ne faisions guère allusion entre nous à cet aspect de ses attitudes. Mais nous le savions et nous savions que nous ne pourrions jamais avoir avec elle des relations cordiales. Nous étions séparés par une frontière qui ne pouvait être franchie que par un acte de *lèse-majesté*[69]. Elle parlait avec une autorité sèche et désinvolte qui véhiculait une confiance totale dans le caractère inattaquable de ses opinions, et cette manière de parler faisait ressortir des différences entre son style et le nôtre, avec plus de force sans doute qu'elles n'en avaient en réalité. Pour quelqu'un d'extérieur, elle aurait été pratiquement impossible à distinguer de nous, spécialement dans sa manière de parler : une vieille fille du West Riding dotée de la voix qui va

69 En français dans le texte.

avec ; mais cette voix avait le vernis à demi distingué des vendeuses de nouveautés, ce qui, pour elle et pour nous, faisait toute la différence.

Il y avait aussi les visites d'Albert qui venait chercher Winnie. Habituellement, il n'enlevait pas son imperméable et s'asseyait tout raide sur une chaise près de la porte, adoptant la position « Merci, je ne reste pas », tournant doucement son chapeau entre les mains, enjoué, avec la gaieté populaire dépourvue d'affectation d'un coiffeur qui a affaire aux membres des classes populaires, très différent, dans ses attitudes, du coiffeur qui sert les membres de la bourgeoisie et des professions libérales et termine chaque demi-phrase par un « monsieur » flatteur. Annie amenait rarement ses amies à la maison, en particulier parce que leur distraction habituelle consistait à siroter une bière ou deux dans un pub, en ville ou au moins à l'écart de notre coin de Hunslet, et que cela aurait attiré directement le mépris de Tante Ethel (c'était le cas, indirectement, lorsque Annie partait pour une soirée au-dehors) ; une rafale de sa mitrailleuse verbale aurait mis en déroute les amies, qui vraisemblablement n'avaient jamais eu auparavant à affronter un tel engin de combat. Quant à Oncle Walter, il n'amena personne à la maison après avoir rompu avec Jeanne ; n'importe lequel de ses copains de cette époque aurait provoqué une tempête et les tempêtes auraient augmenté de violence au fur et à mesure que ses amis seraient devenus socialement de plus en plus indésirables, ce qui était inexorablement et douloureusement le cas.

Les visites de mes propres amis étaient rares, surtout après mon entrée au lycée, mais elles étaient régulières et constantes, en particulier celles de Musgrave, ce joyeux et robuste fils de femme de ménage. Il n'eut jamais honte de l'admettre ; on savait qu'il cassait la figure à quiconque essayait de s'en moquer d'une manière méprisante, et c'était un grand gaillard. Je l'admirais par-dessus tout pour sa franchise. Il avait décidé qu'il irait à l'université et il y arriva un an après moi, grâce à l'une des premières bourses industrielles. Il changea rapidement son nom pour Hardy-Musgrave, en lui ajoutant le nom de jeune fille de sa mère. Il était pragmatique avant tout : « Ça passe mieux », disait-il. Quant à moi, j'avais déjà laissé tomber « Bert » en faveur de « Richard ».

Nous avions rarement l'occasion de voir l'intérieur des maisons des autres ; ça ne se faisait pas. On frappait à la porte en se tenant sur le trottoir, à distance, et on demandait : « Est-ce que Joe est là ? Est-ce qu'il peut sortir ? » Mais on ne s'attendait pas à franchir la porte, pour reprendre une expression plutôt grandiloquente que j'hésiterais maintenant à utiliser. À cette époque, elle faisait partie du langage courant : « Ne t'avise pas de passer le seuil », « Ne franchis plus jamais ma porte », « Je lui ai dit que je ne le laisserais pas mettre les pieds chez moi ». De telles excommunications étaient monnaie courante envers un voisin ou une relation qui avait montré qu'il n'était « pas meilleur qu'il (ou elle) devrait être » (une expression étrange, qui atténue ce qu'elle dit réellement) ; « Nous aurions dû le savoir dès le début », « Nous nous en voulons de ne pas l'avoir vu dès le début ». Les expressions théâtrales faisaient partie de l'ordinaire de la vie ; c'était comme si l'on donnait une forme et une couleur plus dramatiques à une existence douloureusement terne, en l'insérant dans des mots et surtout dans des images, dans des métaphores.

Les visites des voisins étaient généralement courtes, motivées par un but précis, pratique et toujours euphémisé, en général un emprunt – « une *pincée* de sel ou de sucre », « une *goutte* de lait », « une *noisette* de margarine » ; ce pouvait être aussi pour demander qu'on regarde s'il venait des visiteurs inattendus et qu'on les prévienne de l'absence momentanée de l'intéressé. Il y avait également, dans un genre tout différent, les visites qu'on se rendait aux moments critiques de la maladie, de la naissance et de la mort. On distinguait nettement entre ceux avec qui on entretenait de bonnes relations de voisinage et ceux qui étaient admis à passer à l'improviste. C'était là une liberté que nous ne prenions pas nous-mêmes et que nous n'approuvions pas chez les autres. Il y en avait certains qui, s'ils avaient franchi une fois votre seuil, l'auraient fait continuellement.

Cette habitude allait de pair avec les commérages, que nous n'aimions pas ; nous avions un sentiment ferme des limites qu'il fallait leur imposer. Certains commérages étaient acceptables, en particulier s'ils avaient trait aux grands sujets comme la naissance, le mariage et la mort, ou s'ils étaient tout simplement drôles. Mais le commérage méchant, le commérage désagréable, le commérage pour le plaisir, le commérage comme drogue quotidienne à bon marché, le commérage qui se nourrit de l'abaissement des voisins était désapprouvé par beaucoup. Les termes de la vie étaient si délicatement équilibrés, le maintien du respect de soi si crucial, que tout ce qui pouvait les menacer devait être stigmatisé. D'où le mot *to cal*, qui signifie la disposition à commérer sans fin et avec mauvais esprit, et qui rime avec *pal* (copain) : mieux valait ne pas copiner avec les femmes qui potinaient. Les commérages suscitaient l'animosité, alors qu'il était déjà bien difficile de maintenir le calme et l'équilibre précaire des relations. À l'origine de cette attitude, on trouvait, là encore, la religion, et plus particulièrement les principes de l'Église méthodiste primitive. Tels qu'ils nous ont été transmis, ces principes ne semblent pas avoir été conçus pour servir d'opium du peuple, mais plutôt comme un ensemble de maximes sensées permettant de régler la vie quotidienne dans des circonstances difficiles et misérables, en invoquant le nom de Jésus à la rescousse. Nous savions que « Aime ton prochain » ne devait pas être pris dans son sens littéral, cela aurait mené trop loin ; et, à la vérité, cela aurait été bien embarrassant. Mais, une fois adapté, digéré, absorbé, cela signifiait : « Reste en bons termes avec ton voisin, aide-le quand tu peux, tout en gardant tes distances. Tout ira mieux ainsi. » Nous n'avions pas besoin qu'on nous dise que « les bonnes barrières font les bons voisins », même si les barrières étaient seulement, matériellement et moralement, des murs mitoyens plutôt minces.

Il y avait deux sortes de visiteurs professionnels. À la première catégorie, celle que l'on reconnaissait comme pas trop éloignée sur l'échelle sociale, comme faisant partie des classes populaires respectables ou peut-être de la quasi petite bourgeoisie, appartenaient des gens qui avaient au moins, pour la plupart, un travail sûr ; c'était les petits fonctionnaires qui sillonnaient les quartiers populaires, tissant semaine après semaine la toile d'un travail routinier qu'ils parvenaient pourtant à rendre humainement intéressant, ou en tout cas à faire paraître humain et amical, comme le releveur des compteurs électriques, le releveur des compteurs à gaz (plus exactement le « videur », puisque nous avions un système de compteur à pièces, cher mais souple, avec des ristournes utiles) et l'homme des assurances.

Que ce dernier ait survécu si longtemps, et qu'il survive encore dans une certaine mesure, est pour le moins curieux. Lorsque j'avais deux ans, notre mère prit une assurance à un penny par semaine à la Royal Liver Insurance Company de Liverpool, destinée à couvrir sinon la totalité, du moins la plus grande partie des frais de mon enterrement ; neuf ans plus tard, une police similaire fut ajoutée par Grand-Mère. Je possède encore l'une et l'autre et elles sont à jour ; il y aura à peu près trente livres pour m'enterrer. Ce n'est pas d'un bon rapport mais, dans les premières années, le coût de la collecte doit avoir mangé une part substantielle des primes. Maintenant, j'envoie tous les ans ou à peu près, dans une ville à dix miles de chez moi, un très petit chèque qui couvre à peine les frais de gestion. Mais c'est un petit geste symbolique auquel je tiens.

Avant la dernière guerre, les démarcheurs d'assurances venaient collecter les primes chaque semaine ; ils erraient dans les rues en marquant maison par maison les pennies qu'ils récoltaient, croisant en chemin les « agents » des autres compagnies, avec un mot plaisant pour chacun, cherchant de nouveaux clients, usant leurs chaussures de cuir à tel point qu'on se demandait, même à cette époque, si leur « commission » couvrait le coût d'un ressemelage. C'est un exemple frappant du caractère lent, pénible et peu rentable de nombre de pratiques dans les quartiers populaires à cette époque, et aujourd'hui encore jusqu'à un certain point.

Les commissions au pourcentage du démarcheur d'assurances étaient tentantes, mais son travail et son salaire n'étaient pas aussi sûrs que ceux des employés du gaz et de l'électricité, et la sécurité était hautement prisée. Ces derniers avaient des uniformes qui économisaient leurs propres costumes et leur donnaient un air officiel ; les costumes des agents d'assurances étaient bon marché et lustrés, l'uniforme typique du petit employé. Je connais un jeune agent d'assurances qui travaille dans l'équivalent actuel d'un quartier légèrement supérieur socialement à Hunslet, un mélange d'habitations privées et de logements sociaux. Il a une voiture et gagne souvent le prix annuel qui récompense le démarcheur obtenant le plus de nouvelles souscriptions dans son groupe : des vacances à Majorque pour lui et sa femme, par exemple. On imagine facilement les hommes au visage dur de la direction poussant jusqu'à leurs limites des jeunes gens anxieux comme lui, et les clients étourdis par leur bagout achetant encore plus de polices d'assurances, plus qu'ils ne peuvent se le permettre. Celles qui vendaient les chèques d'habillement dont j'ai parlé plus haut étaient en général des femmes du voisinage, qui gagnaient ainsi leur argent de poche. C'étaient les demi-sœurs de celles qui frappaient à votre porte pour vous persuader d'acheter par correspondance en plusieurs versements. Elles prospèrent aujourd'hui bien qu'elles aient été rattrapées par des systèmes plus sophistiqués qui sont l'équivalent dans les classes populaires des réunions Tupperware de la petite bourgeoisie en mal d'ascension sociale. La plus gaie des visiteuses hebdomadaires – elle était après tout sur un créneau heureux – était la femme qui venait le vendredi soir, jour de la paie, pendant les vingt semaines précédant Noël pour ramasser l'argent des paiements anticipés du Club de Noël. Ces versements étaient destinés à payer à l'avance des jouets, des corbeilles, des décorations choisies sur une brochure brillamment colorée. La marchandise arrivait avec notre dernier paiement, juste avant Noël. La maison de vente par correspondance qui bénéficiait ainsi de rentrées semaine après semaine, en avance, sans avoir à payer d'intérêts et avec un marché assuré et prévisible à la fin de l'opération, y trouvait évidemment son compte.

De tous ces visiteurs de bas niveau, le plus anonyme était l'homme des loyers (pas celui des impôts locaux qui étaient payés par le propriétaire sur le montant des loyers). L'homme des loyers était un employé du propriétaire ou de son gérant ; ce n'était pas une brute, mais il avait tendance à parler peu et à bon escient. Ces rues représentaient pour quelques personnes une somme substantielle de revenus hebdomadaires et il fallait qu'il les fasse rentrer aussi régulièrement que possible, un point c'est tout. Il n'avait aucune des raisons de l'agent d'assurances, de la vendeuse de chèques d'habillement ou de la vendeuse par correspondance d'être amical. Ces systèmes de paiement se sont trouvés réactivés par la nouvelle montée du chômage (certains prédateurs hibernent à l'envers et se réveillent quand le froid revient). On aurait pu penser qu'ils dépériraient, sous nombre d'aspects, avec l'augmentation de la prospérité et de la sécurité ; mais beaucoup marchaient encore très fort dans la période heureuse des années 1960 – les années « on n'a jamais été aussi bien » –, voire jusque dans la seconde moitié des années 1970 et même plus tard. Ce genre d'arrangements est essentiellement un produit de l'ancienne économie domestique à la petite semaine où on arrivait tout juste à se débrouiller ; ils procuraient un coussin pour amortir les chocs imprévisibles, en particulier la nécessité d'acheter un vêtement (pour un enterrement, notamment). L'obligation d'habiller les enfants pour la Pentecôte revenait chaque année et on pouvait s'y préparer en conséquence ; mais l'étourderie et des ponctions intermittentes, ou même non autorisées, dans le pot à économies posé sur le manteau de la cheminée pouvaient réduire à néant la prévoyance. Les paiements par versements hebdomadaires n'étaient pas sans avantages.

Ils avaient aussi leur coût, ce dont beaucoup de clients ne se rendaient pas compte. C'était une manière coûteuse d'emprunter de l'argent, même s'ils pouvaient paraître bon marché quand on ne considérait que le paiement hebdomadaire sans calculer le véritable taux d'intérêt annuel. On pouvait devenir désespérément anxieux si on prenait du retard dans les paiements ; quand les choses étaient au plus mal apparaissait l'escroc au prêt qui « rachetait la dette » et n'était pas très délicat dans sa manière de récupérer ce que maintenant on lui devait à lui, et non plus à la maison qui avait consenti le prêt. Il n'est pas étonnant que le four de la cuisinière, avant l'époque du gaz non toxique de la mer du Nord, ait pu apparaître à plus d'un comme une sortie facile quand les dettes rendaient la situation inextricable. Pour les suicidés qui vivaient seuls, la plaisanterie courante était que, de toute façon, la Compagnie du gaz n'obtiendrait aucun paiement pour le gaz qu'ils avaient utilisé pour en finir.

J'ai déjà dit deux mots des chèques d'habillement et de leurs inconvénients ; mes expériences personnelles d'avant-guerre me donnent notamment à penser que les magasins de vêtements autorisés dirigeaient systématiquement ceux qui en étaient porteurs vers des marchandises particulièrement peu avantageuses. Autrement, pour quelle raison le vendeur, vous jaugeant dès l'entrée, vous aurait-il immédiatement demandé si vous veniez avec un chèque ? Ces vendeurs rappellent une fois de plus ce que j'ai dit du costume bon marché lustré, symbole de cette respectabilité à laquelle on s'accroche avec les ongles. Les gens pris à ce piège sont souvent les plus zélés quand il s'agit de maintenir les différences les plus ténues ; ce sont les chiens renifleurs de la distinction entre les classes, qui est devenue leur raison d'être parce qu'ils passent leur vie sur l'une de ses arêtes, là où « conserver les apparences » est une règle fondamentale. Un de ces hommes, visiblement très soucieux du maintien des apparences, me vendit, en me considérant *de haut en bas*[70], mon premier costume à pantalons longs à trente

70 En français dans le texte.

shillings. J'ai haï immédiatement cette chose terne et grisâtre, le type même du vêtement bon marché, raide au début et condamné à se lustrer en quelques semaines, que n'importe quel ouvrier des filatures ou des usines de confection du West Riding aurait instantanément reconnu pour ce qu'il était, en utilisant une connaissance de la qualité dont il ne pouvait guère se servir pour ses propres achats. Même à trente shillings, ce n'était pas une bonne affaire.

Des années plus tard, lorsque les examinateurs extérieurs des universités eurent le droit de voyager en première classe, je rencontrai le plus entraîné de tous ces chiens renifleurs dans un pullman entre Londres et Brighton. Il ne s'était pas écoulé cinq minutes que l'employé affecté à mon wagon vint à moi le cul pincé, tout serré dans son uniforme marron et fauve, et me dit : « Excusez-moi, monsieur, mais savez-vous que vous êtes dans un wagon de première classe ? » Je résistai à la tentation de m'esquiver comme Lucky Jim[71], et me contentai de répondre : « Oui, et j'ai un ticket de première classe. » Mais quelle intervention remarquable ! Par quelle délégation de snobisme ce serviteur congénital avait-il décidé que je n'avais pas « l'air première classe » ? D'où avait-il tiré le culot de décider, au nom de tous les clients authentiques de la première classe, qu'il y avait dans le compartiment un intrus dont ils devaient être protégés ? Qu'est-ce qui donnait à ce petit fanatique en uniforme le sentiment qu'il fallait défendre le Graal des places de première contre l'irruption de la populace ? En même temps, prisonnier de ses habitudes de déférence et de ses manières habituelles d'agent d'assurances, il ne pouvait s'empêcher de m'appeler « monsieur »,

71 Personnage principal d'un roman du même nom de Kingsley Amis, publié en 1954, Lucky Jim est l'épitomé des inhibitions sociales du monde académique.

de commencer par s'excuser et d'utiliser la forme rhétorique du questionnement pour ce qui était une flagornerie à l'envers. Je suis sûr que l'excès de zèle se piège lui-même à peu près de la même façon dans beaucoup d'autres pays ; mais le ton et la formulation employés ici étaient conformes à la quintessence du style du petit fonctionnaire anglais.

Ces représentants du monde extérieur (« Eux » par opposition à « Nous ») faisaient eux-mêmes partie des classes populaires ou en étaient très proches ; c'était parfois nos voisins ; ils s'affairaient continuellement dans les rues des quartiers populaires où ils tissaient une toile d'araignée qui, d'une certaine façon, tenait et soutenait la trame de la vie. Semblable à celui des parasites, bénins ou non, du monde animal, le rôle dont ils s'acquittaient était fondé sur l'absence de perspective, de sécurité et, en conséquence, d'éléments permettant la prévision à long terme qui caractérisait leurs clients. Si leurs fonctions se sont affaiblies dans les quelque quarante dernières années, cet affaiblissement a été très lent et très partiel. Les amarres ne se rompent pas si facilement.

Il y avait par ailleurs les visites, très espacées, des membres des professions libérales qui, à part le médecin et le pasteur, vivaient dans d'autres parties de Leeds et prenaient le tram 25 pour aller du centre-ville au centre de Hunslet. Leur visite induisait une légère nervosité, mais ils y étaient sans doute habitués ; et si quelques-uns parmi eux pouvaient laisser paraître une nuance de supériorité, en général, ils avaient appris à se comporter poliment, tout en gardant leurs distances ; leur style et leur discours étaient déterminés davantage par leur profession que par leur classe.

Le docteur venait avec un empressement qui semble surprenant de nos jours. C'était le médecin conventionné, qui prenait très peu cher. Pour nous, c'était un cabinet double tenu par un Irlandais et sa sœur, qui avaient probablement fait tous les deux leurs études à Dublin. Il y avait dans notre quartier une enclave de familles catholiques irlandaises attirées là longtemps auparavant par la possibilité de trouver un emploi, ce qui encourageait peut-être les médecins irlandais à apposer leur plaque dans le quartier ; il y avait aussi le fait que ce n'était pas un quartier hautement désirable, on n'avait guère de chances d'y devenir riche, de sorte que la compétition pour s'y établir n'était pas aiguë.

Durant le temps que je passai là, aucun des deux Dr Cooke ne se maria. Leur cabinet se trouvait quelques centaines de mètres plus bas que chez nous, sur Hunslet Road, l'artère principale où passait le tram ; ils avaient une bonne à tout faire irlandaise qui louchait, aussi fidèle qu'un fox-terrier et qui, si j'en crois mes souvenirs, ne se maria pas non plus. Je l'avais rencontrée une ou deux fois lorsque j'avais dû aller sonner à leur porte en dehors des heures de consultation, et je la voyais en plus, de temps en temps, chez les bouchers des alentours. Elle demandait des côtelettes ou du bifteck au beau milieu de la semaine, ce qui témoignait de l'abîme qui nous séparait des Cooke. Je pense pourtant que ceux-ci n'avaient pas un train de vie élevé, et je crois qu'ils ne buvaient pas (à la différence du médecin anglais grassouillet dont la vieille maison de briques s'étalait en face de l'école primaire Jack Lane : de la cour de récréation, nous voyions le camion de vins et spiritueux le livrer régulièrement). Les Cooke étaient calmes, parlaient doucement, absolument sans pause. Leur voix avait cette rondeur irlandaise, douce, socialement non marquée, que la radio britannique, soucieuse d'échapper à la tyrannie des stigmates de classe, a appris à valoriser durant les dernières décennies ; elle ne les rangeait pas dans le camp des «Autres», comme le faisait la voix du médecin anglais local, et cela nous touchait. Nous respections aussi le médecin anglais. Il y avait fort à parier que beaucoup des médecins qui venaient dans ce genre de quartier n'étaient pas simplement soucieux de trouver à s'installer, mais qu'ils avaient une conscience sociale ou qu'ils en avaient développé une. Reste que le médecin anglais acceptait la hiérarchie, frayait avec ceux de son espèce, l'avocat de la rue principale, le pasteur de l'Église anglicane et ses congénères du club de golf à un mile ou deux en dehors de la ville. Les Cooke paraissaient n'avoir rien de tout cela. Il semblait qu'une sorte de beauté se dégageait de la simplicité de leurs vies. Ni grégaires ni chaleureux, ils étaient tout simplement calmes et consciencieux.

Lorsque j'ai attrapé une pneumonie, vers onze ou douze ans, la famille se dit que je risquais d'y passer; c'était souvent le cas à cette époque. La maladie évoluait régulièrement vers ce qu'on appelait la «crise»; si vous surmontiez celle-ci, vous étiez sur la voie de la guérison, sinon, vous mouriez. Le Dr James, le frère, calcula que ma crise viendrait au petit matin d'une certaine nuit. On avait installé mon lit dans la salle de séjour. C'était *de rigueur*[72] lorsqu'on était sérieusement malade, même pour un enfant, à la fois parce que c'était plus pratique et pour marquer l'opposition entre être juste malade et aller vraiment très mal. Cette nuit-là, le médecin vint tard et s'assit à côté de moi jusqu'au petit jour, écoutant ma respiration, la contrôlant de temps en temps. Un peu avant l'aube, il l'écouta à nouveau et dit à qui se trouvait avec moi cette nuit-là, Ethel ou Annie: «La crise est passée. Il respire bien. Ça va aller très bien maintenant.» L'après-midi du jour où j'étais tombé malade,

72 En français dans le texte.

quelqu'un à l'école m'avait donné trois ou quatre de ces bonbons très parfumés qui ressemblaient à de petits roulements à bille chromés (de ceux qu'on appelait, je crois, « cachous d'argent »). Alors que j'étais en train de les manger, des vagues de nausées me soulevèrent le cœur ; elles reviennent instantanément pour peu que je sente l'odeur de ce genre de bonbon, même encore maintenant.

La sœur du médecin, le Dr Jessie, une femme très douce, se prit d'intérêt pour Molly. La tante au deuxième degré qui avait eu la gentillesse de prendre Molly avec elle n'était pas très intelligente. La famille était respectable, mais ses perspectives étaient très étroites et, nous le ressentions à Newport Street, elle était socialement légèrement en dessous de nous ; personne chez eux n'exerçait de métier d'employé ou de surveillance comme le faisaient certains des nôtres. Ils appartenaient aux classes populaires manuelles, de base, de celles qui vont à la chapelle, des gens repliés sur eux-mêmes, sans imagination, le terreau même de Hunslet. C'est seulement une vingtaine d'années après que je sois parti qu'un garçon de cette branche des Hoggart réussit pour la première fois à aller au lycée de Cockburn.

Pourquoi avaient-ils pris Molly ? Ils recevaient une allocation hebdomadaire de la municipalité pour elle, mais la tante était veuve, tous ses enfants étaient élevés (même si l'un d'entre eux était resté à la maison), Molly était bien petite, et ç'avait dû être pour eux un fardeau. Je pense qu'ils l'avaient prise avant tout par sens de la famille : on ne laisse pas les siens aller à l'orphelinat. Il peut y avoir eu également, dans leur décision, une touche de méfiance envers les voisins : « Nous ne laisserons jamais l'un des nôtres aller dans une institution, même si on dit qu'elles sont très bien. » Je suppose que les deux sentiments ont joué quand ils ont pris Molly avec eux. Une fois là, on ne lui manifesta pas l'amour que Grand-Maman me montra. Ce genre d'amour demande un certain degré d'imagination ; que le possesseur de ce don en soit ou non conscient n'a pas d'importance. Je ne pense pas qu'ils aient été positivement méchants, ils étaient plutôt insensibles. Il allait simplement de soi que, lorsque Molly aurait quatorze ans, elle quitterait l'école pour aller travailler dans une usine de confection. À ce moment-là, ils avaient déménagé à Pudsey, un faubourg manufacturier juste à la limite de Leeds, maintenant absorbé par la ville. Molly alla effectivement à l'usine. Elle était brillante et imaginative, avec une inclination romanesque pour les livres et l'idée d'écrire. Une maladie intermittente la tint en dehors de la course à l'obstacle qu'était l'examen d'entrée en sixième. Elle fut soignée par le Dr Jessie Cooke, qui se prit d'affection pour elle, tant et si bien qu'en fin de compte, elle demanda à Tante Emma de la laisser adopter Molly, lui donner une bonne éducation et la traiter comme sa propre fille. La réponse fut un non, formulé sans doute avec quelque hésitation, mais j'ignore à quel degré. C'était une occasion merveilleuse ; je persiste à penser que Molly aurait dû en profiter et qu'elle se serait épanouie.

Mais on ne pouvait pas forcer la décision. Ils durent se dire qu'« ils tenaient trop à Molly pour la laisser à une étrangère » ; jusqu'à un certain point, c'était vrai, sans doute plus vrai encore qu'ils ne le croyaient en le disant. Je pense encore après toutes ces années, même en faisant tout mon possible pour être charitable, que l'amour-propre et la crainte du qu'en-dira-t-on ont opéré comme habitude et sont entrés tout aussi puissamment en jeu. S'ils avaient laissé partir Molly, aucune explication intelligente, à supposer qu'ils aient été capables d'en trouver une, n'aurait convaincu des voisins mal disposés que ce n'était pas au moins en partie parce qu'ils ne l'aimaient pas assez, parce qu'ils manquaient du juste sens de la famille. Face à de telles attitudes, trop prévisibles, il est difficile de blâmer les gens qui agissent comme l'a fait cette tante. Le trop grand poids de leur milieu social, combiné avec leur propre manque de perspicacité, rendait leur réponse presque inévitable. Mais c'était bien dommage ; dans ce cas, c'était vraiment très dommage.

Le directeur de l'école primaire venait lui aussi à Newport Street, mais moins fréquemment. Comme il convient à un membre des professions intellectuelles et libérales, et bien que la sienne soit un peu plus basse que les autres, il vivait dans une partie légèrement meilleure de la ville et portait un costume trois pièces comme les hommes de chez nous n'en portent que dans les occasions très spéciales, et alors avec maladresse, en faisant sonner leurs pièces de monnaie dans les poches de leur pantalon. Quelques années plus tard, j'aurais vu que ses costumes étaient de confection (du Montagne Burton, pas du Weaver to Wearer[73]), mais à cet endroit et à cette époque, ils étaient impressionnants. Il s'encadra, sans prévenir, dans la porte, alors que j'étais au lit avec ma pneumonie, pour demander comment j'allais et indiquer à Grand-Mère qu'il avait de grands espoirs pour moi. Je ne le savais pas, il n'avait rien manifesté jusqu'ici qui pût m'indiquer cette sorte d'attente et d'intérêt ; et il avait raison, car être désigné comme le chouchou du directeur m'aurait attiré quantité d'ennuis dans la cour de récréation.

Cette visite de Mr. Harrison fut ma première rencontre – j'en fis d'autres par la suite, à Cockburn, et à

73 Montagne Burton s'adresse à une clientèle légèrement plus élevée socialement que celle de Weaver to Wearer.

l'université de Leeds, surtout Bonamy Dobrée – avec quelqu'un de vigilant, de légèrement raide et gardant ses distances, mais attentionné, qui considérait qu'il était de son devoir de s'occuper des garçons prometteurs (et des filles aussi, je suppose) dont la situation était difficile ; c'était quelqu'un qui acceptait de se détourner de son chemin, à la fois métaphoriquement et matériellement, par exemple pour nous rendre visite chez nous. « Il faut que tu réussisses, mon gars » était une des injonctions favorites de Mr. Harrison.

Quel effet eut sur moi la visite du directeur, une fois que je fus de nouveau sur pied ? Je ne me souviens pas d'avoir éprouvé la moindre fierté ni le moindre sentiment de privilège, plutôt un doux émerveillement à la pensée que lui, un homme si important, puisse faire une chose pareille. Je me souviens aussi de quelque chose de plus important, un respect naissant à l'égard du fait que quelqu'un d'extérieur à la famille puisse agir non dans son propre intérêt, mais au minimum par conscience professionnelle et, mieux encore, probablement aussi par sympathie humaine. C'était une leçon précoce qui me fut donnée maintes et maintes fois et que je trouve encore légèrement surprenante et certainement admirable.

Il y avait aussi le pasteur de l'Église méthodiste primitive qui passait très rarement voir Grand-Mère. Comme les diplomates, les pasteurs étaient mutés régulièrement. Celui dont je me souviens le mieux était originaire du Sud ; il avait la voix haute, légère et polie. Sa bonne nature rayonnait de sa personne. Nous savions que, comme il était un pasteur non conformiste, pas un pasteur anglican, il ne pouvait pas être du dessus du panier : sa position l'excluait, mais nous étions très intrigués par ses origines bourgeoises du Sud ; nous aimions sa gentillesse évidente et, au fond de nous-mêmes, nous nous rendions compte que, pour que cet homme ait pris ce travail-là dans cet endroit-là, il fallait qu'il y ait en lui une sorte d'impulsion missionnaire.

La maison du pasteur, à côté de la chapelle, était dans un état qui nécessitait constamment des réparations urgentes. Je ne parviens pas à me rappeler si elle était en pierres de Leeds noircies par la suie ou en briques rouges ordinaires, très sales elles aussi et tout aussi caractéristiques ; peut-être était-elle construite avec ce mélange de pierres fantaisie qui, dans ce genre de quartiers, est un indicateur de statut aussi sûr qu'une plaque de médecin ou de dentiste. Elle semblait vaste, pleine de l'agitation bruyante d'un tas d'enfants, des enfants très différents de ceux du voisinage. C'est là que les origines sociales parlaient; ces enfants faisaient plus ou moins bande à part; à supposer qu'ils aient eu des amis, je ne les ai jamais vus les recevoir chez eux. À un âge donné, ils partaient, sans doute en pension dans une école méthodiste. Le pasteur se conduisait d'une manière décente qui prouvait, de mille manières, qu'il n'était pas un snob. Mais je suppose que lui et sa femme ne se sentaient pas le droit de laisser leurs enfants grandir dans la vie et dans les rues de ce quartier simplement parce que leur père se sentait la vocation de travailler là. Le pasteur était un homme aimable, plutôt inefficace, qui adorait Shakespeare – beaucoup plus, à mon avis, que les oratorios annuels de la chapelle – et qui se donnait toujours un rôle, modeste il est vrai, dans les pièces qu'il montait. Ses bêlements de douleur dans *Le Marchand de Venise* – « ma fille, oh, ma fille ! » – donnaient aux garçons forcés d'aller à l'école du dimanche[74], et qui avaient aussi été contraints d'assister à la représentation, le sentiment qu'un tel régal valait bien leur enrôlement.

74 Équivalent du catéchisme chez les catholiques.

Ainsi une trinité de chenilles religieuses faisaient régulièrement le tour du quartier : notre pasteur, le pasteur de l'Église anglicane (je ne me souviens pas de celui de mon époque ; mais, beaucoup plus tard, je rencontrai un de ses successeurs, un homme réfléchi et vigoureux qui avait à la fois une vision forte de ce qui devait être fait dans ce que nous avions alors appris à appeler une zone urbaine défavorisée, et la volonté de le faire) ; et une succession de prêtres catholiques dont on disait qu'ils dirigeaient les Irlandais avec ce que les protestants ne manquaient pas d'appeler une main de fer.

La visiteuse professionnelle la plus régulière était aussi celle qui nous intriguait le plus, socialement et culturellement. Miss Jubb : le nom lui-même a une justesse à la Dickens. De mon arrivée à Hunslet jusqu'à mes dix-huit ans, elle passa tous les mois. Elle était visiteuse du Comité des gardiens (cela aussi sonne à la Dickens) et une de ses tâches était de s'assurer que les enfants confiés à l'Assistance publique et vivant au-dehors étaient convenablement soignés. On donnait sept shillings et six pence par semaine à ma grand-mère pour tout, ma nourriture, mon logement, mon habillement. C'était juste assez, à condition de faire attention. Il pouvait y avoir parfois des suppléments sous forme de coupons d'habillement ; ils ne permettaient pas d'aller chez Chilprufe ou chez Wolsey mais, bien employés, d'acheter des vêtements frustes et rugueux tout en étant presque inusables, des pantalons et des chandails plutôt que des costumes.

Miss Jubb avait une silhouette forte et trapue, des cheveux tirant sur le gris fer impeccablement lissés et fermement attachés sur la nuque ; elle portait des tailleurs deux pièces en tweed, en général dans les bruns, et des chaussures raisonnables. D'après son apparence extérieure, elle aurait pu être directrice d'un lycée de filles ou professeur pour des élèves stagiaires d'une profession « sociale ». Elle s'asseyait les chevilles croisées et les mains pliées sur son sac à main posé tout droit sur ses genoux. Sa posture entière disait, aimablement mais fermement et avec une assurance totale : « Intérêt convenable au nom de l'Autorité. » Elle posait des questions directes du type : « Qu'est-ce que cet enfant a mangé au petit déjeuner ces jours-ci ? A-t-il été enrhumé le mois dernier ? Comment se débrouille-t-il à l'école ? Prend-il assez d'exercice ? » Elle ne s'attendait pas à ce qu'on lui réponde « un œuf et deux tranches de lard tous les jours » à sa question sur le petit déjeuner. Du porridge peut-être, des tartines de graisse sûrement ; elle savait que c'étaient là des dispositions pratiques convenables. Elle semblait respecter Grand-Mère, qui la redoutait un peu. Lorsque je passai et réussis l'examen d'entrée dans le second cycle[75], à quinze ans et demi, le proviseur du lycée de Cockburn écrivit au bas de mon bulletin annuel : « Devrait envisager une carrière libérale. » Ma grand-mère demanda à Miss Jubb ce que cela signifiait. Avec une justesse infaillible, celle-ci répondit : « Cela veut dire qu'il pourrait être médecin ou pasteur. » Elle tombait en plein sur les deux professions qu'elle savait être reconnues à Hunslet. Grand-Mère saisit l'essentiel du message et j'entrai en première cet automne-là. Le Comité des gardiens s'était lui aussi montré sensible et avait facilité la décision en portant l'allocation à quinze shillings. Ce n'était toujours pas la richesse, mais ce doublement diminuait la propension à dire à mon sujet, comme on le disait pour

75 *Matriculation*, ou *Matric* : examen d'« inscription » ou d'entrée à différents niveaux du cursus – entrée en sixième, entrée en première (deuxième cycle), entrée à l'université –, et, en même temps, concours pour l'obtention de la bourse correspondante.

n'importe qui après quatorze ans, que j'étais désormais « en âge d'apporter un peu d'argent à la maison ».

Nous connaissons tous ce sentiment qui nous envahit sans prévenir d'avoir déjà éprouvé telle sensation, éventuellement plusieurs années auparavant. Plus inhabituel et plus intéressant est son contraire : la sensation, au premier abord encore plus déconcertante, d'avoir fait longtemps auparavant une expérience entièrement contradictoire. Miss Jubb me revint à l'esprit à la fin des années 1970, alors que j'assistais à une journée d'étude durant laquelle des travailleurs sociaux londoniens venaient conseiller des auxiliaires bénévoles. Ils parlaient en particulier de la manière de guider les gens dans le besoin au cours de leurs démarches auprès de la Sécurité sociale. C'était une réunion bien préparée et dans un sens très « professionnelle ». Mais il y avait quelque chose d'étrange dans la tonalité de toute l'opération, quelque chose que je mis du temps à identifier. Puis je me souvins de Miss Jubb et je pus définir mon malaise. Miss Jubb représentait consciemment et consciencieusement « le pouvoir établi », l'intérêt public pour un orphelin, la dépense « correcte » du denier public, un code de moralité tenu pour juste et inattaquable. Elle remplissait son rôle en s'assurant que ce code et ces responsabilités étaient respectés et honorés par les deux parties. Ses limites et sa force étaient tout à fait claires, ses lumières étaient brillantes bien qu'étroitement concentrées.

Ce que j'entendais des travailleurs sociaux quelque quarante ans plus tard était l'image inverse de cette attitude. Ces conférenciers s'identifiaient à leurs clients, à leurs pratiques, à leurs cas sociaux, en se mettant *contre les* « Autres », les autorités publiques, les pourvoyeurs de fonds. Les gardes-chasse étaient devenus braconniers. Ils ne s'efforçaient pas seulement d'inculquer un scepticisme salubre envers la bureaucratie et la petite administration tracassière. Leur attitude sous-entendait l'existence d'une conspiration, tenait pour établi un état de guerre dans lequel des pratiques visant à obtenir plus de deniers publics, pratiques qui, dans d'autres temps et avec d'autres gens, seraient passées pour des combines douteuses, étaient encouragées comme des tactiques essentielles, qui ne posaient aucune question morale et n'avaient besoin d'aucune justification ; un état de guerre dans lequel on présupposait qu'aucun de ceux qui étaient dans le camp des « Autres » n'agissait jamais par honnêteté ou par charité.

Les conférenciers semblaient ne pas vouloir reconnaître qu'eux aussi, qu'ils le veuillent ou non, étaient impliqués dans des questions de valeur, indépendamment de la façon dont ils pensaient eux-mêmes aborder les prises de décisions et les conseils qu'ils donnaient. Il était évident que leur rejet même de toute relation morale à leur travail et à leurs clients était en soi un acte moral ; ils étaient impliqués sans échappatoire possible dans des questions concernant la signification de leur profession et son but. Dans quelle mesure l'intervention publique ou sociale dans la vie de l'individu est-elle justifiable et salutaire ? Dans quelles limites cette intervention doit-elle commencer et finir ? Les orateurs semblaient avoir à peine réfléchi à ce genre de problèmes, et avoir mis à leur place un modèle contestataire à deux dimensions, compliqué mais pas complexe, gendarmes contre voleurs, braconniers contre gardes-chasse, émanation d'une idéologie qui manquait du ballast imaginatif indispensable dans leur travail.

Tels étaient donc nos visiteurs ; rares, mais formant à leur manière un riche mélange, comme une tapisserie sociale minuscule mais serrée. La plupart du temps, nous étions chacun occupé de notre côté ; chacun de nous étendait ses tentacules horizontalement hors de la maison, vers un ami sympathique ou deux, de manière à résister au malaise intérieur grandissant engendré par Ethel et ses colères et par Walter et son déclin, source de malheurs. Winnie attendait son mariage et son envol rapide, aussitôt que possible, vers le Paradis terrestre ; Tante Annie, plutôt soumise, vaincue mais non sans résistance, avait plus que les autres le sens de la plaisanterie et des mots qui lui sont associés ; quant à moi, je fus saisi après onze ans par la vie du lycée, un monde en soi et, dans l'ensemble, un monde accueillant et encourageant ; et, chaque soir, je revenais pour bavarder sur les événements de la journée avec Grand-Mère. Je pense qu'elle en comprenait le sens général, sinon le détail. Mes succès progressifs, et l'amabilité d'Annie qui se maintenait en dépit de tout, rendirent probablement ses dernières années plus supportables face à la tristesse au mieux fade, au pire volcanique, de la maison. Elle aimait dire aux gens que « le fils d'Addie » réussissait bien ; c'est drôle qu'elle n'ait pas dit « le fils de Tom ». C'était comme si notre mère avait été une dame en visite.

CHAPITRE 4
DU CÔTÉ DE HUNSLET

Dès qu'on sortait de cette salle de séjour « yorkshiro-ibsenite », il y avait la rue. Elle devint moins intéressante à mesure que le lycée la remplaçait. Les garçons du voisinage n'étaient pas très hostiles, en tout cas pas ceux des rues les plus proches ; ils vous connaissaient trop bien. Ils pensaient que vous passiez à côté de tout, comme un séminariste boutonneux, spécialement en ce qui concerne les filles et le sexe. Ils avaient raison ; vous restiez chez vous tous les soirs, sauf quand un garçon de votre école, vivant dans une zone étrangère, à environ un demi-mile de chez vous, venait de temps en temps vous chercher quand les devoirs étaient finis. Les garçons des zones frontalières pouvaient être hostiles si l'humeur leur en prenait ; d'ordinaire, cela voulait dire qu'ils vous arrachaient cette absurde casquette de lycéen à visière (la nôtre avait une calotte brun foncé avec une croix jaune dessus, comme deux bananes soigneusement posées sur un gâteau au chocolat) et la jetaient au loin.

La trame de la vie quotidienne était comme le tricotage perpétuel de deux couleurs, l'une imposée par l'école, l'autre traditionnelle dans ces rues, les deux naturellement entrelacées. Noël était un temps fort ; le repas de Noël était un bon indicateur de la situation en matière de travail et d'argent (le licenciement, généralement sans préavis, pouvait être brutal). Jamais de dinde, souvent un beau morceau de rôti de porc ; dans les meilleures occasions, un poulet ; au pire, en ce qui nous concerne, un lapin rôti (je ne me souviens pas que cela se soit produit plus d'une fois). Grand-Mère, qui était de la campagne, savait cuisiner le lapin et je me souviens l'avoir beaucoup apprécié.

À Pâques, nous ne faisions pas grand-chose ; et le lundi de la Pencôte comptait plus que le lundi de Pâques, peut-être parce que les excursions que l'église organisait pour les enfants avaient lieu ce jour-là. Le dimanche de la Pentecôte était, en général, beaucoup plus important ; c'était à la fois l'époque des nouveaux vêtements pour les enfants et le premier week-end de vacances officielles où l'on pouvait raisonnablement espérer du beau temps. C'était aussi la première occasion reconnue de l'année où les adolescents avaient l'occasion de faire un tour à la campagne et d'aller en couple dans les bois.

Les vacances d'été étaient réservées aux rares familles qui comportaient un homme ayant un bon travail régulier, peut-être des congés payés et, certainement, une femme capable d'épargner et d'encourager son mari à épargner. Il faudrait encore attendre un bon quart de siècle pour que les femmes aillent travailler à l'extérieur, même dans les ménages où il y avait déjà suffisamment d'argent pour pouvoir s'offrir des vacances en famille vraiment bonnes ou pour acheter une voiture plus belle. Dans les années 1930, les femmes qui allaient travailler régulièrement à l'extérieur le faisaient en général sous la contrainte, pour des motifs plus ou moins respectables : c'étaient soit des veuves ou des femmes dont le mari était malade ou au chômage, soit des femmes mariées à un pochard qui ne leur remettait pas assez d'argent sur son salaire ; il se pouvait encore que le mari et la femme désirent tous deux avoir davantage d'argent pour acheter de la bière. Ces femmes-là se voyaient en général donner le travail de l'espèce la plus basse (les « corvées », le ménage des bureaux, ou le gros nettoyage dans des maisons plus riches à un mile de chez elles). Il était largement admis, mais pas par nous, qu'un homme devait avoir « de l'argent pour sa bière » ; cela nous semblait infantile : autant parler de l'argent de poche d'un petit garçon, d'une faveur qu'on leur concédait. À moins d'avoir une raison patente pour le faire, une femme qui travaillait à l'extérieur était considérée comme cupide ; cet argent supplémentaire était gagné au détriment du soin qu'elle aurait dû donner à son foyer et à ses enfants. On supposait en général que le mari était d'accord pour que sa femme travaille, et même qu'il lui en avait donné l'autorisation.

En été, on pouvait aller en car chez des parents pour quelques jours. Même Sheffield ou Stockport avaient l'air différents de Leeds et étaient ressentis comme tels. On m'envoyait à Sheffield de temps en temps pour voir Tom. Je ne me souviens pas que Molly y soit allée, peut-être parce que c'était une fille et qu'elle était plus jeune, mais aussi parce que la famille chez qui elle était, juste une rue plus loin pourtant, n'était pas en relation directe avec nous, de sorte que nous n'avions pas de contacts suffisamment réguliers pour arranger ce genre de choses.

Les seules vacances au bord de la mer dont je me souvienne sont une semaine inattendue à Bridlington, lorsque j'avais treize ou quatorze ans. Nous étions dans une maison où l'on pratiquait l'arrangement traditionnel dans le Nord : on fournissait sa nourriture, la propriétaire la cuisinait et offrait probablement dans ce qu'on appelle maintenant le forfait un dessert de sa propre fabrication, bon en général, souvent excellent. C'était un arrangement compliqué quand trois ou quatre familles séjournaient en même temps dans la même maison ; il donnait maintes occasions de scruter sans être vu ce que les autres apportaient pour eux et de déterminer ainsi s'ils vivaient mieux ou plus mal que vous. Le système avait ses rituels : même si elle n'avait presque jamais de locataires catholiques romains, la propriétaire s'attendait à ce qu'on lui demande de faire cuire du poisson le vendredi, et elle n'envisageait pas qu'on lui demande de faire cuire à la fois du poisson et de la viande le même jour; c'était l'un ou l'autre, et pour toute la journée. Aussi valait-il mieux passer en premier, de manière à ce que la propriétaire dise au suivant: « Mrs. Ackroyd a dit qu'elle voulait du poisson aujourd'hui. Est-ce que ça vous irait ? » Toutes ces choses vous étaient expliquées dès votre arrivée, après que vos bagages avaient été trimballés depuis la gare pour quelques sous par un homme avec une brouette.

Une sœur d'Ida, l'amie d'Ethel, avait suggéré qu'Ida et Ethel viennent en vacances avec elle, son mari et ses deux enfants. Pour nous autres, c'était une idée du grand monde, qui nous dépassait. Je ne sais qui suggéra que j'y aille aussi, mais j'ai la quasi-certitude que Tante Ethel a aidé à couvrir les frais de mon séjour là-bas, qui devaient se monter à environ trente shillings ou deux livres. C'était généreux de sa part; en outre, m'avoir dans les jambes durant sa semaine de vacances, en dehors du travail et de la maison, était forcément une responsabilité, bien que j'aie passé tout mon temps avec les deux autres garçons. Les parents de ceux-ci en eurent sûrement plus qu'assez d'être la cible des questions rhétoriques d'Ethel, qui étaient autant de glorieux bulletins d'information, du genre: « Quelle place as-tu dit que tu avais eue en latin, Bert ? » Cette famille était plus riche que nous, avec un père petit, fringant dans son costume ou, à Bridlington, dans son blazer croisé bleu marine et ses pantalons de flanelle bien repassés; un employé. Tante Ethel craignait que je ne lui fasse honte, à elle et à notre famille, aussi mettait-elle l'accent sur les convenances. Les deux garçons étaient aimables et malins: ils savaient comment se comporter à la maison et avec les invités. À l'extérieur, ils me firent dès le premier jour une démonstration de la manière de voler des fruits à l'étalage, simplement en détournant l'attention du marchand ; ils ne furent pas pris sur le fait, du moins pas à Bridlington. Je n'eus jamais le culot de les imiter.

C'est à l'occasion d'une invitation faite à Tom et à moi par des membres de la famille de notre mère à Liverpool que je fis mon voyage le plus marquant en dehors de Newport Street. Nous arrivâmes dans un quartier petit-bourgeois très impressionnant ; la maison avait une porte d'entrée à vitraux et un vestibule, sur la gauche duquel donnaient plusieurs pièces en enfilade. La seule personne que je me souvienne avoir rencontrée dans cette maison, bien qu'il ait dû y en avoir d'autres, est un oncle qui paraissait avoir la cinquantaine. Était-ce le frère que ma mère avait, disait-on, particulièrement aimé et à qui on prétendait qu'elle avait prêté de l'argent ? Il nous traita tout du long avec une gentillesse grave et douce qui renforçait le sentiment qu'il y avait eu une relation spéciale entre lui et sa sœur Addie.

Plus loin, peut-être de l'autre côté du fleuve, vivait la fille d'un autre des frères et sœurs de ma mère, beaucoup plus vieille que nous et dont le mari, pensait-on, avait une très bonne situation ; il était officier en second ou quelque chose comme ça sur un des bananiers qui faisaient la navette entre les Canaries et Liverpool. Le terme « bananiers » évoque un vieux rafiot, mais c'étaient de beaux bateaux qui transportaient une poignée de passagers confortablement installés et bien nourris. On passa nous prendre, Tom et moi, pour un dîner dans cette maison. Le mari était entre deux voyages. Il y avait deux enfants qui, pour toutes sortes de choses, à commencer par la taille et la quantité de leurs jouets, semblaient très privilégiés.

Pour le dîner, on apporta sur la table joliment mise une très grande assiette contenant un poisson grillé, probablement une sole, entourée de pommes de terre frites. Il y avait une nappe blanche, chose que nous n'avions pas l'habitude de voir en dehors des dimanches et des jours de fête. On servit au père le poisson et des frites et les quatre enfants eurent chacun quelques frites. C'était très troublant. Il m'était déjà arrivé de temps en temps de dîner dans des familles des classes populaires de Hunslet où la viande, ou du moins le plus gros morceau de viande, était réservé au père, le soutien de famille. Ses forces devaient être entretenues et il n'y avait pas assez d'argent pour donner de la viande à tout le monde à chaque repas ; selon sa faim et son humeur, il pouvait donner, ou ne pas donner, des petites bouchées aux enfants. À moins que le père ne soit un goinfre, personne ne réprouvait cette pratique ; mais on regrettait profondément de devoir agir ainsi et les familles étaient plus heureuses quand elles pouvaient partager la nourriture, et la partager équitablement. Je ne me souviens pas que le père de Liverpool ait donné des morceaux de son poisson aux enfants ; peut-être le faisait-il habituellement et en fut-il empêché par notre présence.

Le souvenir de ce dîner me revint à l'occasion d'une expérience un peu semblable que je fis lorsque j'étais en terminale, à ceci près que ce genre de situation ne se répète jamais tout à fait. Je travaillais alors, durant le week-end et quelques jours par semaine après l'école, comme garçon de courses pour les épiceries Sunshine, avec lesquelles nos relations prenaient la plupart du temps la forme d'une dette péniblement remboursée ou maintenue au même niveau. Comme je n'avais jamais livré de journaux, ce travail était pour moi une façon de connaître des maisons et des gens divers ; il y a de la variété même dans la clientèle des épiceries Sunshine, depuis les gens amicaux qui vous donnent un pourboire jusqu'aux grognons et aux brutes. Le gérant était un salarié, archétypal pour ce genre de magasin, mais de l'espèce la plus respectable, un non-conformiste pieux. Je crois qu'il était d'une honnêteté absolue en ce qu'il ne puisait pas dans la caisse et n'avait pas de combines pour rapporter de la nourriture chez lui. Il me montra pourtant comment racler les asticots sur le bacon dans la cave de la boutique et présenter celui-ci sous un certain éclairage, qui le faisait paraître plus maigre. Avec les clients congénitalement endettés, il était poli et compréhensif. Lui-même était exploité par les propriétaires, car il n'était visiblement pas très bien payé. Déployant mon socialisme d'adolescent, je lui dis un jour qu'il était vraiment exploité. Il ne le prit pas de travers, mais me regarda avec ce que Forster appelle le calme des paupières à demi baissées ; puis, puisant comme on pouvait s'y attendre dans sa mémoire biblique, il me répondit pieusement : « Vous oubliez que toute peine mérite salaire. » J'avais cru jusque-là que cette phrase avait un sens opposé à celui que le gérant lui prêtait, mais il aurait été inconvenant de poursuivre la discussion.

Le gérant était marié, avait deux enfants et était en train d'acheter un pavillon serai-individuel du côté de Seacroft, endroit où, à l'époque, les pavillons à bas prix poussaient comme des champignons. Les traites à payer étaient une saignée, lui et sa femme voulaient que leurs enfants soient bien ou, au moins, « gentiment » habillés ; aussi était-ce un foyer affectueux, mais légèrement soucieux. Sa gentillesse l'incita à m'inviter à dîner ; je pense qu'il m'aimait bien et qu'il me trouvait assez différent de la plupart des garçons de courses qui étaient passés entre ses mains.

De même que les maisons bourgeoises sont inévitablement décorées de chintz à fleurs, de même pouvait-on prévoir que cette maison de gens des classes populaires s'efforçant de s'élever serait jolie, confortable et douillette. À sa façon, la femme du gérant savait comment rendre une pièce accueillante et chaude, avec un fouillis de poteries dépareillées, des vases en particulier, et des gravures. Elle savait aussi cuisiner d'une manière appétissante. Elle apporta une assiette de taille moyenne et le père annonça que nous allions tous les cinq avoir un *mixed-grill*. L'assiette contenait deux tranches de bacon, une tranche de foie, une petite côtelette, un œuf, une saucisse et une tranche de tomate. Soit un *mixed-grill* de taille moyenne pour une personne. Il n'avait certainement pas dévalisé son magasin.

Il se mit à la besogne et réussit, nouveau miracle de la multiplication des pains, à combiner cinq assiettes de nourriture. Je me sentais gêné pour lui, mais il parvint à faire le service avec un certain style – ma gêne provenait de ce que je me rendais compte que c'était pour eux, peut-être par nécessité, une économie typique, et qu'en même temps ce *mixed-grill* au nom grandiose, si fantomatique qu'il soit, avait été préparé en l'honneur de l'invité, quand bien même il s'agissait d'un simple lycéen sans le sou. Ils avaient fait un geste pour moi, et les grillades en étaient la pièce centrale, même si ce geste se contentait *d'évoquer* les grillades. Dissipez-vous, laissez-vous aller un peu trop souvent à dépenser et les remboursements de l'emprunt prendront du retard, la nouvelle robe de la petite fille sera encore plus difficile à acheter. Finalement, ils réussirent l'opération avec dignité et sans donner l'impression d'une avarice congénitale.

L'épisode du dîner de Liverpool était différent. Un officier de la marine marchande était raisonnablement bien payé ; la maison en était un indicateur ; ils n'étaient certainement pas fauchés. Qu'est-ce donc qui les rendait si économes de nourriture ? Était-ce, dans leur cas aussi, les emprunts pour la maison, plus importants peut-être que ce qu'ils pouvaient raisonnablement se permettre ? Ou bien payaient-ils pour que les garçons aillent dans un externat privé ? Quelle qu'en soit la cause, je pensais alors – et je pense toujours – que, quelles que soient leurs habitudes lorsqu'ils étaient seuls en famille, il y avait de l'insensibilité à se comporter de cette façon avec des invités – de jeunes orphelins parents de la femme qu'ils savaient, elle et son mari, vivre sans le moindre superflu. Je ne crois pas que Tom ou moi ayons goûté de sole auparavant et nous avons sans aucun doute dû attendre encore un peu pour le faire.

C'étaient des gens qui manquaient particulièrement de sensibilité. J'ai parlé plus haut du froid qui vous glace lorsque, enfant, vous entendez des adultes qui parlent de vous comme si vous n'étiez pas là et d'une manière qui ne révèle aucun signe de chaleur – les enfants sont exceptionnellement sensibles aux significations du ton et de la voix. Ressentie fortement pour la première fois le jour de l'enterrement de notre mère, cette impression se répéta à Liverpool.

Je me souviens de ces parents parlant de Tom et moi, pas tellement « dans notre dos » – ce qui aurait encore témoigné d'un minimum de tact –, mais sans précaution, si bien que nous pouvions sinon comprendre chaque mot, du moins savoir que c'était de nous qu'on parlait, et d'une manière qui suggérait que nous étions tenus à l'écart, en dehors du cercle enchanté : des gosses envers qui il fallait faire un geste « pour l'amour d'Addie » (mais ne pas en faire trop, disait le ton). Pauvre Addie. Elle aurait d'abord été blessée, puis furieuse que ses enfants soient traités comme ça, sans cruauté déclarée, mais avec une désinvolture froide qui peut tout aussi sûrement faire mal et émousser la sensibilité.

Ces incidents étaient autant de leçons précoces sur l'appartenance et la non-appartenance, sur le fait d'avoir ou de ne pas avoir un ticket d'entrée valable pour quantité d'événements importants de la vie ; des leçons dont la force ne semble pas s'affaiblir avec les années. Ils ont leurs équivalents quand on est adulte, moins perturbants sans doute que l'expérience enfantine ; par exemple, on entre dans une pièce, on entend les conversations changer de sujet soudainement et on remarque que les gens ont l'air à la fois honteux et légèrement idiots – parce qu'ils étaient en train de parler de vous d'une manière hautaine et malveillante. L'absence de sens de la camaraderie, le rejet d'un être humain hors de la chaleur d'un groupe est une des formes les plus bouleversantes d'insensibilité. La force de mon propre sentiment ici n'est pas affaire de vertu ou de raisonnement ; c'est une réponse viscérale à des expériences d'enfant dont je ne me suis pas encore débarrassé. Nous sommes repartis à la maison, Tom à Sheffield, moi chez Grand-Mère, où je retrouvai l'amour désintéressé, qui était tout ce qu'elle pouvait donner ; mais c'était suffisant.

Ces interruptions étaient rares ; je passais la plupart des étés à la maison ou dans les rues qui devenaient parfois si chaudes que le goudron, entre les pavés ronds, fondait en dégageant une odeur piquante semblable à celle des tablettes de Victory-V[76], ce qui déclenchait des remarques habituelles et répétitives sur la « canicule ». De temps en temps, on évoquait l'image des rares garçons qui étaient au bord de la mer ; on supputait qu'ils étaient en train de nager, de

76 L'équivalent français pourrait être le Zan ou les pastilles Pulmoll.

faire du bateau avec leur papa ou de rôder autour de la chaise longue de leur mère en demandant une autre crème glacée. Ils nous inspiraient une sorte d'envie, mais modérée ; pour avoir ce genre de vacances, il fallait prendre toute la famille qui allait avec et peu de familles avoisinantes semblaient assez attrayantes pour un échange, même si elles étaient souvent plus riches que nous et ne se disputaient pas aussi souvent. Leur intérêt me sembla très tôt limité.

Alors, où aller ? Il y avait le trajet en tram, peu coûteux, vers le nord, jusqu'à Roundhay Park, qui était alors propriété publique de Leeds depuis un demi-siècle ; c'était le plus important et le plus prisé des nombreux espaces verts de la ville, surtout après qu'on eut institué les allers et retours à un penny pour les enfants d'âge scolaire durant les vacances en dehors des heures d'affluence. Si l'on était plus aventureux et moins conformiste, on pouvait aller vers l'est, à Temple Newsam, un domaine avec un grand parc. Roundhay Park et Temple Newsam étaient de bons exemples de l'action conjointe de la philanthropie et de la prévoyance municipale du XIXe siècle et du début du XXe.

Évidemment, personne, dans ma génération, n'allait aux concerts de l'hôtel de ville ; pas plus qu'au musée des Beaux-Arts, ou au poulailler du Théâtre royal, ou du Grand Théâtre, sauf lorsqu'on nous y incita, après notre entrée au lycée – seulement si on jouait quelque chose d'instructif comme *Sainte Jeanne*, avec Sybil Thorndike[77] toujours solide au poste. Mais les grands jardins publics n'étaient pas socialement marqués, pas plus que la bibliothèque municipale. Ils nous appartenaient aussi bien qu'à n'importe

77 De George Bernard Shaw. Sybil Thorndike est à peu près l'homologue anglais de Sarah Bernhardt.

quel autre habitant de Leeds, que ceux-ci viennent de Roundhay même, d'Ariel ou d'Aldwoodley tout proches, voire de Headingley ou de Burmantofts. Ces parcs et les Dales étaient notre bol d'air, pour nous comme pour n'importe qui, et nous ne nous sentions ni classés, ni hiérarchisés quand nous y étions. Les grandes villes auxquelles manquent des équipements publics à cette échelle et de cette qualité, ou qui n'ont pas ce genre d'arrière-pays, sont doublement défavorisées.

Quand on ne pouvait pas partir en week-end, et cela arrivait plus souvent qu'à son tour, on pouvait toujours s'asseoir sur le seuil de la maison, la porte ouverte autant que le permettait la décence, afin que l'air, s'il y en avait, puisse circuler dans la salle de séjour, avec un coussin pour adoucir la pierre ou la brique, un livre, et un œil sur ce qui pouvait advenir dans la rue. D'ordinaire, une brise plus fraîche se levait vers la fin de l'après-midi, si bien que vous étiez désolé d'être appelé pour le dîner. De temps en temps, vous demandiez la permission de prendre celui-ci sur le pas de la porte. Par un jour comme ceux-là, Grand-Mère avait fait cuire du pain et, pour finir, avait fait des « gâteaux de four » avec ce qui restait de la pâte à pain ; ces « gâteaux de four », qui ressemblaient à des brioches pour le thé mais avaient la consistance du pain ordinaire non sucré, étaient meilleurs lorsqu'ils étaient frais, principalement à cause de la croûte, si croustillante, qui les enveloppait et de leur mie souple, chaude et si moelleuse lorsque la margarine ou le beurre l'imprégnaient en fondant. Cette fois-là, un lundi durant les vacances scolaires, il restait un peu de saumon en boîte du dîner du dimanche précédent, pour lequel nous avions invité quelques personnes de la famille ; Grand-Mère me le donna sur un grand morceau de « gâteau de four ». Il n'y en avait pas tant que ça, mais le saumon a beaucoup de goût, de sorte qu'un tout petit peu, soigneusement étalé, peut faire beaucoup d'usage ; le poivre, le sel et le vinaigre se mélangent avec le jus huileux de la boîte et le mélange assaisonné s'infiltre dans les cellules de la mie de pain chaude.

J'eus alors, pendant quelques instants, la sensation d'un bonheur inattendu et sans mélange. C'est une phrase difficile et dangereuse à utiliser en anglais, mais qui convient ici. J'admire Tchekhov, entre autres raisons, pour son acharnement à décrire de tels moments, comme dans la nouvelle « Après le théâtre[78] », où il parvient à rendre le sentiment du contentement à l'état pur, dépourvu d'affectation, chez une jeune fille. Je suppose que ce n'est pas par hasard, mais par une émanation de l'esprit anglais que nous nous rabattons sur des tournures négatives lorsque nous essayons de décrire ce genre de sensation – comme je viens moi-même de le faire trois fois dans ce paragraphe. Il nous est difficile d'aller tout droit, de nommer carrément la sensation ; aussi tournons-nous autour du pot, disant « pas ceci, pas cela », « sans ceci, sans cela », en laissant au lecteur le soin de faire lui-même la mise au point et de tomber juste.

Ce que j'ai expérimenté ce jour-là sur le seuil de la maison était davantage que le plaisir élémentaire qu'éprouve un garçon à manger un en-cas succulent, bien que ç'ait été certainement aussi cela. C'était la sensation fugitive d'être complètement en accord avec le monde, d'être en paix. La température plus douce, la maison à ce moment-là pas trop menacée, l'école marchant sans doute bien et n'ayant pas pour le moment d'exigences, le geste éclatant d'affection de Grand-Mère m'offrant le sandwich, le corps probablement en

78 Anton Tchekhov, 1892.

bonne forme : prétendre que « le sang, l'imagination et l'intellect » marchaient ensemble serait sans doute excessif, mais, d'une façon réduite et immature, il se passait quelque chose de ce genre. C'était la sensation d'être simplement une parcelle apaisée de l'univers ; pour un temps, le sentiment anxieux et sans fin de l'inachevé était suspendu. Jusqu'à ce que je rencontre ma femme, je n'ai connu que trois de ces instants, qui tous sont restés aussi vifs dans ma mémoire qu'ils l'étaient en leur temps. La dernière fois, c'était, j'en ai déjà parlé, au chevet de Tante Annie.

L'automne apportait dans ce cycle ses propres petits temps forts. La nuit du Feu de joie[79], bien sûr, bien qu'elle n'ait jamais beaucoup compté pour moi : c'était un machin bruyant et froid plein de chamailleries de gosses, avec une clique de ménagères bavardes tout autour. La version bourgeoise d'aujourd'hui, pour professions libérales et intellectuelles, dans un jardin avec des camarades de classe et des voisins, des feux d'artifice contrôlés, des lumières extérieures de sûreté, du gâteau au gingembre, des pommes de terre cuites au four et des boissons pour enfants et pour adultes, fait avec ce que j'ai connu un bon petit contraste bien aigu, bien net.

L'automne, notamment, était rythmé, en particulier par les grandes foires, les fêtes, comme nous les appelions, qui se déplaçaient à travers le Nord et le Centre du pays. Quand les nuits rallongeaient, humides, un léger brouillard flottant sur l'odeur des ordures qu'on brûlait dans des jardins deux ou trois cents mètres derrière, nous savions que la fête atteindrait bientôt notre coin à nous. Deux des plus grandes

79 *Bonfire Night*, le 5 novembre, commémore l'échec de la conspiration des poudres, fomentée par les catholiques contre le Parlement et le roi Jacques Ier en 1605.

fêtes, dont nous avions entendu parler mais que nous n'avions pas vues, étaient la Lande de Newcastle et la Foire aux oies de Nottingham ; des noms qui gardent des traces d'une origine médiévale, une allusion, une référence indirecte, sans plus, comme aujourd'hui le mariage à l'église des couples de non-pratiquants. Il y avait aussi la foire de Hull, que nous avons fini par bien connaître dans les années 1950, encore grande et tapageuse. La plus grande des foires de Leeds était celle de Holbeck ; celle de Hunslet venait en second, elle se tenait sur la lande de Hunslet, un terrain vague couvert de mâchefer près de la frontière avec Holbeck. Plus tard, en marchant sur les grandes landes du Yorkshire, je me suis demandé si c'était la nostalgie qui avait poussé les gens de la campagne à appeler « lande » n'importe quel morceau de terrain vague un peu grand quand ils étaient arrivés dans les villes au XIXe siècle. C'étaient des endroits peu plaisants, pour lesquels le conseil municipal ne dépensait pas d'argent, mais qui étaient probablement protégés contre la construction par les règlements. Sur la lande de Hunslet, un soir de mon adolescence, j'entendis Oswald Mosley[80] haranguer des travailleurs, pour la plupart au chômage ; une voix aristocratique prêchant la haine et l'envie aux dépossédés ou à ceux qui n'avaient jamais rien possédé. Nous fûmes bousculés par ses chemises noires – des videurs, des brutes, d'ex-sous-officiers déracinés – parce que nous chahutions.

Notre loyalisme envers Hunslet ne nous empêchait pas de préférer la fête de Holbeck, la plus grande, qui se tenait sur un plus grand terrain vague ; de plus, elle se trouvait sur le chemin de retour du travail de Tante Annie, qui eut l'excellente idée, lors

80 Fondateur de la British Union of Fascists (1982).

de ma première année à Newport Street, de suggérer que je la retrouve à la sortie de son usine le premier jour de la fête et que j'y fasse un tour avec elle pendant une heure. Le moment était bien choisi : à cinq heures et demie, ça n'avait pas encore commencé à chauffer et les tours de manège étaient meilleur marché. Une célibataire qui se respectait, accompagnée qui plus est d'un jeune garçon, ne se serait jamais jetée dans cette mêlée au cœur de la soirée ou plus tard.

À toute heure, la plus grosse source de tracas pour un jeune était la tendance des vendeurs de tickets à mal rendre la monnaie et à rester sourds à toute protestation ; surtout lorsque l'argent des tickets était ramassé à toute vitesse sur les manèges par des jeunes gens brutaux qui faisaient des prouesses exceptionnelles en matière de jeu de jambes, dignes des *sparring partners* ou des videurs débutants. Mais de cinq heures et demie jusqu'à environ sept heures, il y avait beaucoup de place dans les allées de mâchefer, on avait le temps de choisir soigneusement ce à quoi on dépenserait son shilling et demi, et d'obtenir la monnaie exacte auprès de Tante Annie afin d'être moins facilement filouté ; le temps aussi de s'arrêter et de savourer l'odeur si reconnaissable de la fête foraine : une odeur d'huile de moteur chaud, de mâchefer, de pommes caramélisées, de gaufrettes au gingembre, de purée de pois, de coques et de bigorneaux au vinaigre. À tout prendre, un cocktail épouvantable et qui pourtant évoque, plus que tout autre mélange, la vie des classes populaires anglaises, un bouquet aussi puissant pour nous que l'odeur de certaines herbes doit l'être pour un paysan italien.

Les odeurs viennent toujours en premier, suivies par les sons ; viennent ensuite, dans l'ordre, la vue, le goût et le toucher. À la foire, les tourbillons sonores prédominaient et prédominent encore, avec le rythme donné par les grands manèges qui tournoyaient dans toutes les directions, d'une manière chaque année plus compliquée. Ils étaient révisés le matin par les mêmes jeunes gens débraillés qui, la veille, avaient ramassé le prix des billets. Il est surprenant qu'il n'y ait pas eu davantage d'accidents, étant donné les ravages qu'un écrou mal serré peut provoquer sur des machines aussi complexes. Y avait-il plusieurs équipements de sûreté intégrée ? Les inspecteurs étaient-ils anormalement efficaces ? Les jeunes gens étaient-ils étroitement surveillés par ces hommes massifs et grisonnants qu'on pouvait voir de temps en temps circuler entre les camions garés par-derrière, et qui avaient l'air d'être capables de réparer n'importe quoi, aussi bien une batteuse qu'un rouleau compresseur à vapeur ? Ou bien ces jeunes gens négligés et rudes, ces dénicheurs de filles de la veille, changeaient-ils de caractère lorsque le moment était venu de réviser des machines qu'ils respectaient ?

Tous ces bruits assourdissants qui se bousculaient cherchaient clairement à faire perdre la boule aux clients ; décider de la meilleure manière de dépenser son argent et d'en tirer le maximum de plaisir devenait de plus en plus difficile à mesure qu'on était aspiré par le maelström. Aussi arrivait-on avec les phrases de précautions habituelles, « fais gaffe, maintenant ; tout ce qu'ils veulent, c'est que ton fric aille dans leur poche ». La clameur et le fracas métallique du grand et bel orgue baroque à vapeur, l'éléphant mâle du troupeau tout entier, étaient le principal indicateur de la tension et du degré atteints par ce processus implacable. Par beaucoup de côtés, c'était vraiment très agréable. On voulait vous séparer de votre argent d'une manière si flagrante, si vulgaire, si insistante et si dépourvue de charme qu'on vous traitait sans la moindre condescendance ; on ne vous accordait aucune fausse importance, aucun statut, vous étiez juste un gogo. La fête avait un pied, un pied assez boueux, dans une Angleterre plus ancienne, en dehors du monde de la persuasion douce du consommateur.

La disposition de la fête sur le terrain avait ses règles. Il y avait trois cercles irréguliers mais concentriques. Les choses importantes, les grands manèges se tenaient au centre ; sur leur pourtour (et parfois sur deux cercles) s'abritaient les stands plus petits – tels que les jeux d'anneaux, les baraques de tir, les jeux de fléchettes. Venaient enfin, dans le cercle extérieur, des stands plus grands offrant de plus gros prix, qui avaient besoin de plus d'espace afin que les gens puissent prendre du recul et tirer de toutes leurs forces sur des noix de coco ou taper dans des ballons de foot avec l'espoir de gagner une énorme et voyante poupée de peluche synthétique qui devait davantage à du sous-Disney qu'à une tradition plus ancienne. Évidemment inflammables, rembourrés de matières non mentionnées et probablement non mentionnables, les lots annonçaient leur origine en toutes petites lettres, dans des endroits aussi cachés que possible : Allemagne, Japon, ou peut-être un atelier britannique douteux, fabricant de camelote. Les lots d'aujourd'hui viennent de Taïwan, de Corée, de Hong Kong : même les lots les plus inaccessibles, les gros transistors ou les carry-compos[81], n'ont plus beaucoup de chance de venir du Japon ou d'Allemagne ; ce serait trop bon et trop cher.

La tension nerveuse liée à la crainte d'être roulé sévissait plus particulièrement dans ce dernier cercle. Pour peu qu'il pense pouvoir s'en tirer à bon compte, le propriétaire du stand, c'était bien connu, donnait aux enfants un lot bon marché et vilain, bien au-dessous de

81 Gros postes de radio.

ce qu'ils avaient gagné; on pouvait à la limite appeler le couple d'agents de police, qui marchaient le long des allées comme deux pions jumeaux. Ce cercle comprenait aussi les bohémiennes diseuses de bonne aventure, le plus gros rat du monde (habituellement un castor du Chili) et la fille en soutien-gorge et culotte de satin, étendue sur un lit articulé de telle manière qu'elle tombait dans un bain d'eau tiède si quelqu'un mettait dans le mille; sans oublier le clou, les motards du Mur de la mort. Plus que toute autre chose, ils avaient du style, de la dignité, du courage, du sang-froid qui les distinguaient de tout le reste sur le champ de foire; malgré les harnachements ridicules dont ils étaient affublés, cela se voyait dans chacun de leurs gestes. Quels que soient les trucs auxquels ils recouraient pour faire durer le numéro, il était réellement dangereux de bolider sur les parois verticales de ce cylindre de bois, où l'on tenait par la seule force de la vitesse, pendant que les spectateurs regardaient en sécurité depuis le bord supérieur. Une glissade, et vous pouviez être sûr de vous casser au moins un membre ou deux, en tombant sur le plancher avec la machine sur vous.

Il y avait un peu du monde de Hemingway dans le Mur de la mort, un monde propre comparé au ring de boxe truqué voisin où de jeunes ouvriers qui ne se prenaient pas pour rien étaient invités à affronter des professionnels. Ces attractions étaient la plupart du temps des arnaques stupides, inoffensives, mais trompeuses d'une manière infantile. Le Mur de la mort, lui, faisait le lien entre les champs des foires populaires et le monde des cascadeurs, des matadors, et de toutes les vocations pour lesquelles des hommes et des femmes risquent réellement leurs membres et leurs vies par amour du jeu et du frisson qu'il procure, afin d'entrer dans un univers de style qu'une vie plus conventionnelle serait incapable de leur offrir. Ainsi, tandis que les boxeurs qui se battaient contre les jeunes gens du cru se pavanaient, faisaient des feintes et s'ébrouaient sur l'estrade à côté, les motards du Mur de la mort, assis sur leur machine, faisaient de temps en temps ronfler leur moteur, le regard perdu vers un horizon vague, comme s'ils étaient entièrement absorbés par une expérience qui les avaient empoignés plus que tout au point de les arracher de leur foyer, de leur travail, de leur ville pour les conduire vers cette succession de plates-formes nues, cette caravane surpeuplée et ce Mur, nuit après nuit.

Il y avait un quatrième cercle, formé par le logement des forains : on y trouvait de tout, depuis des caravanes énormes et superbement aménagées, avec des vitraux aux fenêtres, des lampes, des miroirs, des rideaux à franges, habituellement rouge et or ou de couleurs aussi osées, jusqu'aux remorques toutes petites qui pouvaient venir d'un campement de Romanichels. À côté d'elles se trouvaient les camions de transport qui devaient être dégagés de la place durant la fête alors que les camions qui faisaient tourner les groupes électrogènes étaient juste au milieu du premier cercle.

Autour de ce campement avait pris corps une de ces histoires qui fournissent un peu d'excitation aux adolescents des deux sexes. On croyait que ces rudes jeunes gens qui ramassaient l'argent des tours de manège d'une manière si acrobatique dormaient sous les bâches des grands camions vides, et qu'ils étaient toujours à l'affût de filles qui accepteraient de s'allonger sur leur matelas. C'est une idée du folklore populaire qui fait appel à des éléments mythologiques semblables à ceux qu'utilise Lawrence dans « La Vierge et le Bohémien[82] » – à ceci près que Lawrence

82 Cette nouvelle écrite en 1926 est une sorte d'ébauche de *L'Amant de Lady Chatterley*.

a raffiné son histoire, tirée d'un mythe populaire, en la transposant dans son propre symbolisme. Les filles de Hunslet étaient vraisemblablement différentes de celles de Lawrence. À Hunslet ou à Holbeck, une fille timide, par définition comme il faut autant que timide si elle était encore vierge à seize ans, ne se serait pas permis de se laisser conduire dans les contre-allées les plus sombres du quatrième cercle. Celles qui y allaient étaient plus vraisemblablement des filles qui « connaissaient déjà une chose ou deux », excitées par le remue-ménage incandescent et l'éclat éblouissant de la fête foraine qui reléguaient à l'arrière-plan le plus terne les jours monotones qu'elles passaient à l'usine de prêt-à-porter, de sorte que ces jeunes gens miteux leur paraissaient fringants. Les histoires de ce genre intriguaient les adolescents, parce qu'elles étaient ressenties comme de rares exemples d'escapade hors des sentiers battus ; les couturières de Leeds n'avaient pas la réputation des filles qui travaillaient à l'usine des tabacs de Nottingham (« les Anges de Players », les Carmen des Midlands), qui s'abattaient comme des grues éhontées sur les stations balnéaires en vogue.

Les odeurs, les bruits, les lumières : ils formaient et ont dû former durant des siècles la triade principale des fêtes foraines, qui n'ont jamais cessé d'attraper toutes les innovations susceptibles de les aider dans l'assaut qu'elles livrent aux sens, spécialement celles qui accroissent le bruit et la lumière. Ce dernier siècle en a vu le plus rapide et le plus grand développement, depuis les baffles qui semblent déjà démodés jusqu'aux sonos et aux synthétiseurs les plus sophistiqués, depuis la rangée d'ampoules électriques nues jusqu'aux disques multicolores qui tournent devant de puissants spots lumineux comme dans un bal de plein air, en passant par les rubans en plastique de couleurs vives qui dessinent les contours des stands. Lorsque vous rentriez chez vous, l'odeur vous accompagnait durant quelques rues, les martèlements et les crépitements duraient d'un demi-mile à un mile, suivant la force et la direction du vent, et la lumière rougeoyait encore lorsque vous regardiez par la fenêtre du grenier avant de vous glisser dans vos draps de pilou glacés. Tante Annie et moi ne restions guère plus d'une heure à la foire ; ensuite elle se sentait fatiguée, après une journée entière de travail. J'aimais m'imaginer revenant avec un copain ou deux, mais je ne l'ai jamais fait, du moins pas avant la terminale.

Ces événements clefs couraient le long de l'année comme autant de perles bigarrées mais écaillées le long d'un cordon. Un cordon gris : Walter descendait la pente, l'humeur d'Ethel s'aggravait, particulièrement lorsque ses calculs biliaires se faisaient sentir, les quatre autres s'abritaient comme ils pouvaient sous leurs différents refuges – Grand-Maman dans ses souvenirs, qu'elle se récitait près du feu en remuant les lèvres sans bruit, Winnie avec Albert, Annie avec sa poignée de copines de travail célibataires, et moi avec l'école.

À mesure que je gravissais la route qui menait de l'entrée en sixième au baccalauréat[83] et à l'obtention d'une bourse pour l'université locale, Annie, de même que Grand-Maman et Ethel, devenaient de plus en plus fières de moi. Bien qu'elles m'aient surveillé avec plus ou moins de sévérité, et avec une promptitude inégale à me faire des reproches et à me remettre à ma place, elles avaient toutes tendance à guetter le moindre signe qui indiquerait que je commettais l'un

83 *High School Examination*, plus tard *Advanced Level* ; il termine la scolarité secondaire et est indispensable pour entrer à l'université.

des pires péchés qui soit, « se prendre pour plus qu'on est ». Les nombreuses phrases populaires dont le prototype est « je ne peux pas supporter les gens prétentieux » n'expriment pas, me semble-t-il, de l'envie. Elles n'empêchent pas de reconnaître les différences et d'être heureux que quelqu'un « arrive », surtout si c'est par le mérite et en travaillant dur. Elles plongent leurs racines dans le sentiment de l'égalité de la valeur humaine de base, sentiment qui doit être reconnu par chacun, celui qui réussit comme celui qui ne réussit pas : « L'homme le plus humble d'Angleterre a une vie à vivre comme le plus grand[84]. »

Autour de moi, on ne comprenait pas complètement ce qui m'arrivait et le vocabulaire reflétait cette difficulté. « Il est si intelligent, vous savez, si capable, il a l'air capable de tout réussir. Remarquez, il travaille dur, très dur. Et il ne sort presque jamais. » C'était à peu près tout ce qu'ils pouvaient dire, mais ça suffisait. Après la guerre, ma femme et moi, accompagnés des enfants, nous rendions visite à Tante Annie deux ou trois fois par an dans la chaude petite maison de Hunslet Carr, la partie la plus au sud de Hunslet. Il fallait plaisanter au début de chaque visite pour effacer une légère touche de déférence à notre égard ; habituellement une blague idiote la faisait disparaître.

Il n'y avait qu'une demi-douzaine de maisons accolées dos à dos dans sa rangée et elles se partageaient, insérés au milieu, deux cabinets extérieurs et un local à poubelles. Décrocher la clef pendue près de la porte et le rouleau de papier de toilette – qui avait à ce moment-là détrôné le papier journal – était aussi évocateur que l'odeur des cigarettes Woodbine. Tante Annie aimait faire venir quelques-uns de ses voisins pour qu'ils nous entendent parler. À l'instar de

84 Phrase prononcée par un compagnon d'armes de Cromwell.

Miss Jubb, elle savait comment se mettre à la portée de son public : « Il parle exactement comme un docteur, pas vrai ? » Nos trois enfants s'exprimaient d'une manière à laquelle Tante Annie n'était pas habituée, n'étaient pas « gentiment habillés » dans le meilleur goût des classes populaires et elle pouvait reconnaître, à leur coupe de cheveux ainsi qu'au style décontracté, dépourvu d'élégance, et à la bonne qualité de leurs vêtements, qu'ils avaient intériorisé des habitudes différentes ; mais ils répondaient tous chaudement à son évidente affection et étaient naturels avec elle.

Pour sa part, elle ne cachait presque jamais ses propres émotions, sans pour autant en observer du coin de l'œil les effets probables. Elle « n'était pas une grande lectrice », ce qui voulait dire qu'elle ne lisait jamais un livre. Quand elle regardait une pièce à la télévision et que celle-ci la prenait, elle y entrait et, comme on le raconte de cette vieille dame assistant à une représentation de *Macbeth*, elle criait littéralement pour prévenir le héros que le méchant était en train de ramper vers lui, ou bien elle disait au jeune marié que sa femme apparemment gentille était une garce qui s'amusait avec cet autre type et dont on devait se méfier. Comme presque tous les membres de sa génération et de sa classe, elle était déconcertée par l'auto-analyse et par l'analyse des relations familiales ; elle trouvait que ce n'était pas le genre de choses à faire, que ça pouvait vous amener à « vous rendre ridicule ». Lorsqu'elle me vit à la télévision à la fin des années 1970, en train de parler de ce que sa mère avait signifié pour moi, ce fut pour elle une révélation.

Elle avait manqué la première diffusion de l'émission et écrivit :

> Je sais que j'ai mis longtemps à répondre à la lettre au sujet de l'émission de télévision car je

> ne savais pas comment vous dire que je ne l'ai pas vue. J'ai attendu tous les jours de la semaine et le moment venu ça m'est sorti de l'esprit et quand ça m'est revenu ça venait juste de finir. J'étais tellement contrariée que je ne savais pas quoi faire. Je ne pouvais pas vous écrire pour vous dire un mensonge. Mais, chers Mary et Richard, j'espère que vous n'êtes pas fâchés. Parce que la vraie raison est que je perds la mémoire. Et je ne peux pas me souvenir de quelque chose pendant longtemps. Je suis encore contrariée à cause de ça parce que je ne sais pas de quoi ça parlait et que je pense que c'était quelque chose que tu voulais que je regarde. La prochaine fois que tu m'écriras dis-moi de quoi ça parlait. J'aimerais pouvoir me rappeler les choses...
>
> Sur ce, j'envoie mes amitiés à tout le monde et j'espère que vous passez de bonnes vacances et j'espère que tu n'es pas trop contrarié parce que j'ai manqué ton émission.
>
> Affectueusement à tous deux, Tante Annie.

De même que la dédicace de notre mère sur la Bible de notre père, une lettre comme celle-ci fait voir la différence qui sépare la vertu de la virtuosité dans l'expression. Tante Annie vit une rediffusion de l'émission quelques semaines plus tard. Un discours autobiographique de son propre neveu, au sujet de sa propre mère, vu sur un écran de télévision à travers tout le pays et, ce qui était encore plus inquiétant, vu dans les maisons voisines, était pour elle aussi difficile à comprendre que quelqu'un criant tout nu, perché sur le toit de l'hôtel de ville de Leeds, ses secrets de famille à la foule. Mais elle se rendit compte rapidement que c'était une expression d'amour envers sa mère. À notre première visite après qu'elle eut vu l'émission, elle dut nous dire dès le pas de la porte qu'elle l'avait trouvée profondément émouvante et presque bouleversante. Ce qu'elle dit fut à la fois précis, économique et vivant: «J'ai dû m'asseoir – c'était tellement saisissant.»

Durant mes premières années à Newport Street, Tante Annie a sans doute été, au fond, solitaire, en dépit de l'affection et de la sympathie réciproques qui l'unissaient à sa mère, deux victimes blotties l'une contre l'autre. Il y avait aussi ses quelques amies. Elle aimait «boire un coup», expression qui couvre tout un éventail de significations, depuis la plus simple – la personne dont on parle aime prendre un petit verre ou deux de temps en temps – jusqu'à l'imputation d'ivrognerie, lorsqu'on dit d'une manière sarcastique: «Oh, il aime bien boire un coup.» Annie se situait nettement dans la partie la plus modeste du spectre. Elle pouvait faire durer un demi de bière brune (pas de la Guinness, on trouvait la Mackeson plus laiteuse et donc plus nourrissante) avec toute l'aisance et toute l'assurance de quelqu'un qui a l'habitude de faire durer les choses longtemps lorsque c'est du temps qu'on paie: une tasse de thé au buffet de la gare en attendant au chaud, deux séances au cinéma si l'ouvreuse ne vous voit pas et même sûrement, pour certains, du thé et des gâteaux qu'ils faisaient durer un long moment au Queen's Hotel.

Il y avait des occasions rituelles, exceptionnelles, où l'atmosphère pouvait devenir frivole; s'il y avait de l'alcool dans l'air, c'était le moment de se souvenir de l'existence de Tante Ethel. L'occasion la plus marquante était la visite au pub du coin, la veille de Noël, juste après le travail. Il est vraiment dommage que Tante Annie n'ait jamais été autorisée à rentrer à la maison légèrement éméchée et très chaleureuse, attendant Noël avec impatience et pleine d'affection pour tous. Mais l'atmosphère de la maison, entre deux explosions de colère, était paralysante ; on savait qu'elle s'était secouée énergiquement juste avant d'arriver à la porte d'entrée, comme un chien qui se débarrasse de la neige dont il est couvert, pour ne pas être immédiatement accusée de rentrer en empestant l'alcool. En d'autres occasions, des filles qui partaient pour se marier ou un pot d'adieu à quelqu'un qui quittait la région, on buvait dans l'usine même, après l'arrêt des machines ; les produits de base étaient le sherry doux et poisseux et le porto bon marché, encore plus poisseux.

Annie continua ainsi jusque vers ses quarante ans. À ce moment, poussée, je pense, par quelqu'un de sa connaissance, et sans doute par des pulsions plus profondes – un club pouvait offrir des relations plus durables que celles qu'on noue dans un pub –, elle commença à fréquenter un club d'ouvriers, pas dans notre voisinage le plus proche (par délicatesse) mais à une distance facile à parcourir à pied, disons trois quarts de mile. Il appartenait à la Fédération des clubs et des instituts de travailleurs[85] ; créée en 1862 sous l'inspiration du révérend Henry Solly, c'était une tentative de procurer aux ouvriers un endroit honnête et sobre pour se réunir ailleurs qu'au pub, si lourd de menaces pour les finances familiales.

J'ai écrit quelque chose sur ces clubs il y a trente ans, mais ils ont beaucoup changé depuis. À l'époque, ils avaient trois qualités principales, dont deux n'avaient pas été voulues par leurs fondateurs. C'étaient des endroits où l'on pouvait boire pour environ un penny un verre meilleur marché que dans les pubs, sans avoir le sentiment de devoir se dépêcher pour commander le suivant. Deuxièmement, beaucoup d'entre eux, à

85 Working Men's Club and Instituts Union.

en juger par leur nom, avaient en apparence des affiliations politiques. Celui que je connaissais le mieux s'appelait le Club libéral, sans doute par déférence envers Lloyd George ; mais, comme tous les autres clubs que je connaissais ou dont j'avais entendu parler, ses activités politiques étaient inexistantes. Enfin, la plupart des clubs étaient des coopératives gérées par des comités qui, pour la plupart, les dirigeaient très fermement. Conformément à l'intention de leur fondateur, mais pas toujours de la manière qu'il avait escomptée, ils formaient une sorte de communauté et, par certains aspects, une communauté très sophistiquée dans ses règles et dans ses mœurs.

Leurs règles d'admission, d'exclusion et de conduite étaient minutieuses et mûrement pensées, tout autant que celles qui sont en usage, à ce qu'on dit, dans les clubs londoniens. Ils ne pratiquaient pas le blackboulage, mais avaient des règles non écrites, délicates mais fermes pour, disons, trouver qu'il était impossible d'admettre certaines personnes et pour se débarrasser d'un membre qui était en train de devenir une gêne pour les autres. Ils avaient aussi des règles pour prendre soin des veuves et donner aux enfants une fête annuelle ou une à Noël et une autre l'été ; ils s'occupaient de ceux à qui il arrivait un coup dur, la souscription auprès des autres membres étant l'instrument immédiat pour donner les premiers secours. Les clubs étaient à dominante masculine et souvent misogynes, et ils faisaient preuve de la galanterie facile et autogratifiante qui accompagne bien souvent la misogynie, en achetant des boissons pour les épouses, les petites amies et les parentes âgées. À leur grande époque, les clubs étaient comme des familles étendues possédant une culture cohérente et une autorité interne que le cadre plus lâche du voisinage ordinaire et quotidien, toujours subordonné aux tensions à l'intérieur des familles individuelles, ne procurait pas. Cela a dû beaucoup changer. Durant les années 1960 et une bonne partie des années 1970 ils devinrent souvent très prospères et, à mesure que les spectacles du week-end qu'ils dispensaient devenaient plus importants, s'adjoignirent constamment de nouvelles salles et de nouveaux équipements. Les comiques de café-concert et les chanteurs du dimanche relevaient d'une longue tradition, mais ces nouvelles salles et ces nouveaux spectacles faisaient plutôt penser à Las Vegas qu'aux représentations traditionnelles des clubs d'ouvriers anglais.

Durant les années 1960, le plus jeune fils de la tante de Sheffield, Madge, celle qui avait pris Tom avec elle, faisait la tournée des clubs avec un numéro de magicien dans lequel il sciait en deux sa femme, une fille bien roulée. Un soir, ils emmenèrent au spectacle la Tante Madge, devenue alors une énorme matrone. Il y avait un numéro de strip-tease qu'elle trouva remarquable. « Il ne lui restait plus rien sauf trois pompons », dit-elle avant de marquer un temps. On aurait pu s'attendre à une dénonciation morale du style « c'est un spectacle de pécheurs », qui aurait corroboré son jugement sur Leeds. Mais elle ajouta seulement : « Et vous ne croiriez jamais ce qu'elle a fait avec ces pompons. »

La distinction que fait E. M. Forster entre les personnages plats et les personnages en relief est utile : nous avons tendance à percevoir les gens comme plats jusqu'à ce qu'ils nous surprennent en faisant quelque chose de totalement inattendu, quelque chose qui n'est pas conforme à leur caractère. Pour nous-mêmes, nous ne sommes jamais plats, nous sommes toujours changeants et inachevés. C'est à l'occasion de sa fréquentation des clubs ouvriers que Tante Annie surprit tout le monde ; c'est là qu'elle rencontra Jack Birtle, un mineur veuf, avec sept enfants dont l'âge s'étendait à l'époque de dix jusqu'à presque trente ans. Le plus âgé des quatre garçons était dans la police aux Indes, une des ramifications de l'Empire, et était marié à une Eurasienne ; deux autres, dont un était également marié, étaient mineurs ; le reste – un autre garçon et trois filles – allait encore à l'école. Ils vivaient à New Holme, un village de mineurs sans trait bien saillant, situé à quelques miles de Leeds, juste à côté de Selby Road. On sut d'abord indirectement chez nous qu'Annie avait un petit ami, ce qui provoqua un léger frisson et quelques sourires empreints d'une certaine pitié. Lorsqu'on apprit que le soupirant était un mineur, le sourire disparut et fit place au souci. Nous avions été légèrement déférents envers la Jeanne de l'Oncle Walter et sa maison à bow-window avec un bout de grille en fer forgé. Mais un mineur, habitant un logement social dans un village de mineurs, était proche du bas de l'échelle que nous connaissions.

Jack était de toute évidence « un gaillard mal dégrossi », mais un de ceux qui auraient pu avec le temps être élevés au statut non breveté de « brave garçon sous des dehors frustes ». Ce ne fut pas le cas, bien qu'il ne se soit jamais mal conduit. Tante Ethel n'aimait pas cette histoire et le fit savoir. Mais telle Charlotte Lucas[86], Tante Annie fit preuve de cette résistance obstinée que des gens habituellement timides peuvent mobiliser lorsqu'ils sentent que quelque chose d'important pour leur avenir est en jeu et risque de leur être arraché. Elle persista ; Jack ne vint presque jamais à la maison mais, en fin de compte, ils annoncèrent qu'ils allaient se marier. On s'y résigna après s'être longtemps tâté, en présumant que leur

86 Personnage d'*Orgueil et Préjugés* [1813], Jane Austen, Le Livre de poche, 2011.

mariage serait célébré dans l'intimité, ce qui fut effectivement le cas. J'imagine que sa famille ne serait pas parvenue à arrêter Tante Annie si elle s'y était essayée. Annie s'en alla donc, pour devenir en un instant la mère de sept enfants. Elle nous manqua beaucoup, spécialement à Grand-Mère et à moi, et nous nous inquiétions de savoir ce qu'elle deviendrait dans ces conditions de vie si dures, celles des mineurs. Elle prit en charge sa famille toute prête avec un mélange de nervosité et de flegme qui fit merveille. Nous connaissions bien sa propension à se faire du souci, mais son côté flegmatique, cette façon d'affronter les choses patiemment, comme elles viennent, n'avait pas souvent été sollicitée ; Annie puisa dans des réserves biologiques ou culturelles insoupçonnées.

Après la mort de Grand-Mère, aux alentours de Noël 1936, j'allais assez régulièrement à New Holme, particulièrement durant les premiers mois, pour échapper à l'atmosphère de cour d'assises qui régnait dans la boutique de confection d'Armley. Le logement social de Jack et d'Annie sentait le renfermé, mais il me fournissait un soulagement temporaire. Il n'y avait pas de livres et la conversation ne s'élevait pas au-dessus du niveau local ; mais on y vivait sans trop d'exigences. Les querelles, les chamailleries et les explosions ne manquaient pas ; mais la maison ignorait cette espèce de tristesse et parfois même de malheur que nous ne connaissions que trop. C'est ce qui avait conduit Annie à placer là son avenir.

Jack avait mené la famille d'une manière expéditive et assez rudimentaire ; il n'avait pas le choix dans la mesure où il travaillait au front de taille, en travail posté, et rentrait à la maison complètement éreinté. Il avait eu le bon sens de développer un ensemble de routines et de règles qui lui assuraient des bases solides. Le déjeuner du dimanche était toujours le même, très savoureux, et se prenait toujours à la même heure. Après l'avoir « mis en route », il sortait pour boire un demi au club mais était systématiquement de retour peu après une heure pour le servir à table. Ceux de ses camarades qui avaient encore leur femme restaient plus longtemps, sachant que tout serait prêt lorsqu'ils finiraient par se montrer à la maison. À moins d'avoir des femmes vraiment soumises, les vrais retardataires en prenaient pour leur grade lorsqu'ils titubaient enfin jusque chez eux.

La pièce maîtresse du repas du dimanche était toujours un bon morceau de ce bœuf argentin avec à peine une once de graisse qu'on trouvait partout ; ce devait être de la tranche. Il ne coûtait pas plus d'un shilling ou deux sur le marché de Castleford, spécialement vers la fin du samedi après-midi lorsque Jack, qui savait que les prix baissaient à ce moment-là, faisait ses courses pour le week-end. Cette pièce de bœuf, avec de la purée de pommes de terre, des carottes, des petits pois et une épaisse sauce brun foncé au jus de viande par-dessus, était aussi nourrissante que savoureuse ; et il y en avait toujours beaucoup. Jack faisait régner l'ordre tout au long du repas, et même le garçon qui travaillait déjà et avait tendance à la ramener avait intérêt à ne pas faire l'imbécile à table.

Le samedi soir et le dimanche soir, Jack enfilait son meilleur, et peut-être son seul costume, coiffait un chapeau melon d'une façon légèrement cavalière et partait pour le club en tanguant sur ses pieds très plats. De même que sa rangée de fausses dents à la perfection artificielle, cette tenue l'intégrait, non moins parfaitement, à son milieu ; mais il n'était pas ridicule : il était plus près de Lowry que d'Andy Capp[87].

87 Lowry (1887-1976), peintre britannique de paysages industriels et de scènes de la vie des classes populaires urbaines du Nord de l'Angleterre. Personnage

Combinaison de travail acharné, de soin à sa famille et d'insistance sur le fait qu'il avait mérité de s'amuser et prendrait son temps pour le faire, ce modèle d'équilibre était une des meilleures leçons qu'il avait à offrir.

Tante Annie abandonna son travail et se glissa dans tout ça, dirigeant l'économie de la maison à peu près comme Jack l'avait fait jusque-là. C'était une machine au fonctionnement simple, et elle aurait été malavisée de la perturber en s'efforçant, disons à plus d'élégance et à plus de distinction. Elle eut le bon sens de voir que ce n'était pas là une mauvaise manière de conduire les choses dans un ménage de cette taille et avec ce revenu – deux salaires seulement rentraient au début, et je ne pense pas qu'on demandait au garçon qui travaillait de participer beaucoup aux dépenses du ménage. Le fait que Tante Annie se soit rendu compte qu'elle n'arriverait même pas à atteindre le niveau « sous-chintz », sa méfiance envers toute prétention à la distinction, une pointe de nonchalance qui ne la quittait jamais, tout cela, combiné avec l'intuition que Jack avait fait les choses à peu près au mieux, fit qu'elle s'adapta à son entourage avec plus de succès que personne n'aurait pu le prédire.

Elle eut aussi le bon instinct de s'occuper spécialement des trois filles qui devaient avoir environ sept, neuf et treize ans lorsqu'elle prit la famille en charge. Durant les premières années, il y en avait toujours une qui atteignait l'âge de la puberté ; Annie se faisait du souci à ce sujet, avec maladresse mais efficacité, se rendant compte que Jack ne pouvait pas leur procurer l'attention particulière dont elles avaient alors besoin pour se débrouiller aussi bien avec leurs règles qu'avec leurs désirs sexuels.

de bande dessinée des années 1950, Andy Capp personnifie (d'après Eric Hobsbawm) l'ouvrier traditionnel, fainéant, pilier de bistrot et tyran conjugal.

Elle se glissa facilement aussi dans les réunions du club du week-end et dans le rôle de l'épouse participant à un groupe mixte, composé de camarades de travail ou de club de son mari et de leurs femmes, et qui prend part à des conversations longues mais décousues qui, en général, et souvent plus tôt que plus tard, se confinaient chacune à un seul sexe, comme deux métiers à tisser compliqués allant et venant sans arrêt côte à côte. Elle se glissa dans les habitudes qui gouvernent, en fonction du sexe, le choix des boissons et les intervalles auxquels les boissons peuvent être renouvelées (au sujet de certaines femmes, buveuses plus hardies, trop grandes buveuses, l'expression de stupéfaction favorite était : « elle est vraiment hommasse ») ; bref, elle se glissa dans tous les rythmes que la sous-culture de son milieu d'arrivée imposait.

Jack et elle étaient de retour à la maison environ une demi-heure après l'heure de fermeture du club, car il y avait toujours des conversations à l'extérieur, sur le trottoir. Ces bavardages étaient plus urgents et plus pressants que ceux qui s'étaient tenus dans le club lui-même, comme si chacun sentait qu'il avait oublié de dire quelque chose d'important ou n'avait pas suffisamment insisté dessus, ou craignait que sa bonne histoire refroidisse, puisqu'ils ne pourraient vraisemblablement pas se parler jusqu'au week-end prochain.

Je ne me souviens pas avoir jamais vu aucun des deux ivre, bien que Jack ait été souvent un peu parti. En me voyant travailler sur la table de la salle à manger lorsqu'il rentrait, il se transformait en Polonius, disant combien il était heureux de me voir persister et me demandant vivement « de leur apprendre une chose ou deux » pour qu'ils puissent s'échapper de tout ça. Si, comme cela arrivait parfois, il avait bu un peu trop pour le baromètre de Tante Annie et s'il insistait trop longtemps, elle disait doucement : « Laisse tomber, Jack. Il sait, il n'a pas besoin que tu lui dises. Viens te coucher. » C'était, là encore, faire preuve de tact ; elle ne comparait pas l'assurance de vieux hibou avec laquelle Jack me donnait des conseils pour réussir pleinement mon avenir avec ce que lui-même avait réussi à faire. Elle ne portait pas atteinte à son amour-propre. D'une certaine espèce d'épouse admirable, le jugement populaire dit volontiers qu'elle « ne fait jamais perdre sa virilité » à son mari. C'est une forme plus colorée de la formule d'Ibsen : « Enlevez le mensonge salutaire de l'homme moyen et vous lui enlevez son bonheur. »

J'ignore si Annie se glissa aussi facilement dans la pratique du lit conjugal ; elle ne donna en tout cas aucun signe de choc ou de dégoût. S'il y avait eu des problèmes, elle ne m'en aurait peut-être pas parlé, mais je pense que j'aurais été amené à le savoir. Si j'avais jamais pensé à la fois au sexe et à Tante Annie avant son mariage, j'aurais affirmé qu'elle n'avait eu aucune expérience sexuelle. Ce qui semblera à un observateur moderne ingénu de ma part et peu probable de la sienne ; et pourtant, j'aurais eu raison. En matière de sexualité, les règles morales de Jack étaient fortes, directes et peu distinguées. Peu de temps après leur mariage, il me dit, avec des points d'exclamation sur toute sa face bossuée : « Eh, Bert, tu sais pas (un silence pour souligner), ta Tante Annie, elle était vierge quand nous nous sommes mariés ! » Je me sentis tout d'abord légèrement piqué, comme s'il avait insinué que la famille pouvait lui avoir vendu une voiture d'occasion en prétendant qu'elle était neuve. Bien sûr que Tante Annie était vierge ; c'est ce qu'on était avant de se marier, du moins en ce qui concerne les femmes de la famille Hoggart. L'idée qu'il en serait ainsi ne lui était pas venue, c'était tout aussi clair. Notre propre position n'était pas fondée sur un manque de sensibilité sexuelle ni sur un code de vertu abstrait; elle devait quelque chose à la religion, mais pas aux injonctions sur la chasteté prénuptiale de type catholique romain; elle appartenait plutôt à cet aspect du méthodisme primitif qui transmue une grande partie de la moralité en respectabilité, pour en faire l'arbitre en ces matières comme dans beaucoup d'autres.

Un dimanche ensoleillé, Jack vit ma petite amie, qui devait devenir ma femme, en train de lire dans le petit jardin derrière sa maison, les genoux relevés. Il entra par la porte de derrière et annonça: « Eh, elle a une belle paire de guibolles, ta copine. » Cette admiration exprimée sans embarras et sans détour, qui indiquait clairement qu'il avait bien regardé, aurait choqué Newport Street au plus profond de ses sentiments collet monté.

Un samedi soir, rentrant de son tour au club avec Tante Annie, il trouva la maison vide. Un des garçons de la famille avait été laissé à la maison avec une fille. Quand Jack rentra chez lui, le jeune couple était en route vers la maison de la fille, juste en bas du lotissement. Jack repéra une tache, comme de la colle à papier ou de l'amidon, sur la moleskine brillante de sa banquette. « Les saligauds, dit-il, on ne me la fait pas ! » Ni Tante Annie ni moi ne savions ce que c'était. Il savait aussi très bien ce qui se passait dans les haies, les fossés et les allées de derrière et cela lui était égal. Mais, à cet instant, il y avait chez lui un brin de l'hypocrisie de Lady Macbeth : « Hélas ! comment, dans notre maison ? » Il n'aimait pas que sa banquette soit tachée et pensait que son garçon et la fille auraient dû être plus raisonnables.

Leur mariage dura, au prix sans doute d'ajustements difficiles, spécialement pour Tante Annie; c'est elle qui avait dû changer un ensemble d'habitudes pour un autre, changement dont sa nouvelle famille était à peine consciente. Les cinq enfants qui étaient encore à la maison l'adoptèrent facilement comme leur mère. Pour ma part, cela me parut toujours un peu étrange de les entendre l'appeler « notre maman ». Je n'étais pas jaloux pour moi-même, mais j'avais un léger sentiment de propriété pour la famille, la famille Hoggart. Étant donné ce qu'était la famille de Newport Street, avec toutes ses étrangetés et ses malheurs, la force, la force primitive de mon sentiment familial me semble encore aujourd'hui surprenante.

Tante Annie prit le tout à sa manière, en douceur et discrètement, et je doute qu'elle ait jamais désiré sérieusement ou pendant longtemps que les choses aillent autrement. Elle ne se cachait pas les insuffisances de sa nouvelle famille et ne fermait pas les yeux sur ce qu'elle pensait être des habitudes incorrectes. Mais elle avait fait quelque chose que ni Ethel ni Walter n'avaient trouvé en eux la ressource de faire : on lui avait offert un avenir qui ne correspondait pas du tout aux attentes et aux normes de sa propre famille, et elle avait, sans autre obligation que ses propres penchants, « choisi la vie ». Elle avait choisi une condition et un rôle dans lesquels, quels qu'en soient les défauts, elle comptait et où l'on comptait sur elle. Les Birtle ne faisaient pas partie de la classe ouvrière respectable comme les Hoggart ; ils ne faisaient pas non plus partie des ivrognes, des propres à rien ou des bagarreurs. Ils avaient leur propre sorte de respectabilité, qui signifiait, comme c'était le cas la plupart du temps, respect de soi ; elle était un peu plus rude que la nôtre dans son expression, mais elle sortait du même moule.

Les Birtle avaient l'agressivité et la prudence durement acquise des gens qui n'ont pas tiré le bon numéro ; ils ne se laissaient pas facilement marcher sur les pieds. Les filles n'étaient pas du genre à ouvrir les cuisses avant d'avoir des promesses raisonnables de mariage ; les hommes n'étaient pas prêts à se laisser faire par les porions, les employés du bureau de chômage ou tout autre petit fonctionnaire. De nos jours, les mots pour décrire des valeurs positives viennent difficilement, plus difficilement que les mots de rejet ou de désillusion. Mais, quand je pense aux Birtle en essayant de m'assurer que je ne les ai pas desservis, j'aboutis à des expressions comme « objectivement ». « Dans la logique qui leur est propre » passerait sans doute mieux, mais ce relativisme est inacceptable étant donné la force de leur position.

Il est des vérités – et en premier lieu le respect de soi – qui devraient avoir autant d'importance pour les mineurs que pour les ducs. Les Birtle avaient eu peu d'occasions de s'en sortir : une fois qu'on était mineur, c'était pour toujours ; il n'était pas facile de s'évader de cette ceinture minière et c'était un endroit dur. Mais ils avaient leur amour-propre et ils y tenaient.

Ils faisaient tous bloc, formaient un cercle contre toute menace extérieure, le vieux Jack en avant, faisant face comme un taureau meurtri mais encore batailleur. Les enfants éprouvaient les jalousies habituelles entre frères et sœurs mais ils sentaient aussi, et d'autant plus peut-être qu'ils avaient été sans mère pendant presque dix ans, qu'ils faisaient partie d'un tout ; pour employer un mot à la mode, ils se sentaient « solidaires ». Cette forme possessive que les classes populaires du Nord de l'Angleterre utilisent pour désigner les membres de la famille et dont je me suis servi dans la première phrase de ce livre – notre Alfred, notre Nellie, notre maman, notre papa, etc, – traduisait leur sens des liens familiaux, leur sentiment de faire partie d'un ensemble plus vaste et de lui appartenir, de n'être pas seulement des individus isolés.

J'ai vu plus d'une fois les enfants Birtle se bagarrer et certains d'entre eux pouvaient être méchants si on les y poussait ; mais je ne me souviens pas qu'ils aient été sarcastiques ou malveillants. Il m'était difficile de travailler à New Holme durant mes visites du week-end : nous étions les uns sur les autres et les trois chambres à coucher étaient surpeuplées. Mais l'atmosphère générale de la maison, l'absence d'un certain type de tension nerveuse, en particulier de celle que provoquait la crainte de la prochaine explosion, l'absence de la sensation d'accablement liée à la présence d'individus âgés ou d'âge mûr n'ayant plus guère d'attentes, si tant est qu'ils en aient jamais eu, tout cela faisait de ces week-ends d'agréables moments de détente.

La campagne y aidait. La région environnante, bien qu'à seulement sept ou huit miles de Leeds, était encore la campagne, pas la banlieue. Bien qu'un peu vallonnée, ce n'était pas une campagne excitante ni luxuriante : le vent qui venait tout droit de l'Oural comme on disait toujours, y veillait. Les fermes avaient tendance à être délabrées, les parcelles de communs et de forêt à être un peu miteuses ; à mi-distance se trouvaient quelques carreaux de mines, et une ou deux parcelles de terre avaient été prises par des gens qui avaient réussi à Leeds, pour y construire de grandes boîtes en brique rouge avec chauffage central, complètement étrangères à la culture locale, d'où ils partaient en Rover, Wolseley ou Riley pour aller travailler en ville. Les rangées et les cercles de maisons de briques des mineurs ressortaient comme des zébrures sur la campagne déjà ravagée, sans en faire partie ni se confondre avec elle.

Malgré tout, le mineur percevait cela comme de la campagne et, dans une certaine mesure, pratiquait encore cette double vie que décrit Lawrence : c'étaient des travailleurs manuels dans la grande industrie lourde ; ils ne vivaient pas dans des villages, mais dans des blocs spéciaux de logements sociaux modernes, posés sur le morceau de terrain libre bon marché le plus proche ; leurs loisirs d'intérieur, au club, ressemblaient en gros à ceux de centaines de clubs semblables, au coeur des grandes villes. Et pourtant, ils se sentaient encore comme des campagnards le dimanche matin, quand ils partaient pour de grandes promenades matinales. Il y avait des lapins par-ci par-là, quelques faisans, quelques perdrix ; leurs relations avec les propriétaires locaux étaient, au mieux, circonspectes. Quelques-uns avaient des furets, des furets « opérationnels ». Durant leurs longues promenades, ils pouvaient espérer braconner un lapin ou deux, voire un oiseau. Mais, en même temps, ils appréciaient manifestement la promenade pour elle-même et avaient leurs chemins favoris à travers les champs et les bosquets ; huit heures et quelque par jour sous terre cinq jours par semaine, parfois sur les genoux, font apprécier l'occasion de marcher à grandes enjambées en se tenant droit, avec le vent qui souffle – du moment qu'on arrive au club ou à la porte du pub juste au moment de l'ouverture.

Wilf, le fils qui était déjà mineur, devait avoir autour de vingt ans dans cette seconde moitié des années 1930. Il avait le sens de l'observation et de l'écoute qui fait les bonnes histoires et se rendit vite compte qu'il trouverait en moi un auditoire attentif ; aussi en mettait-il de côté à mon intention. Parfois, elles portaient sur la manière de rouler la police (la région avait besoin de gros policiers, allant par deux, pour embarquer les mineurs ivres ou récalcitrants) ou la direction des houillères ; mais la plupart d'entre elles avaient pour sujet ses exploits sexuels et ceux de ses copains du voisinage. Parfois, c'étaient de simples histoires de conquêtes ; la plupart d'entre elles étaient mieux que cela et avaient une qualité dramatique ou picaresque qu'il était capable de reconnaître, et qu'il savait que j'apprécierais, sans que nous soyons conscients de ce à quoi nous étions sensibles. Une des histoires du premier type mettait en scène une partie de rami un soir de week-end chez un copain qui n'était pas marié. Il s'aperçut que la sœur de son copain frottait sa jambe contre la sienne, sous la table. Plus tard, elle annonça qu'elle devait sortir pour aller au hangar à charbon derrière la maison pour remplir le seau, en regardant Wilf qui lui proposa, comme de juste, de l'aider (ce qui aurait éveillé les soupçons de quiconque connaissait l'indolence de Wilf quand il était chez lui). Une fois dans le hangar à charbon, ils tirèrent un coup en vitesse et furent de retour à leur place avant que les autres – en particulier le père et la mère – ne remarquent un retard. Le monde dramatique de Wilf était rempli de filles faciles ; je soupçonnais quand même que c'était une armée de théâtre, avec un petit monde de figurants revenant sans cesse et agissant à la place d'une troupe prétendument innombrable.

À l'en croire, les week-ends de Wilf étaient parsemés d'exploits de ce genre. L'un des plus bizarres concernait l'aide qu'il avait apportée à un copain (c'était une vie de « copains » qui ne vous abandonnaient jamais, même dans les escapades les plus stupides et spécialement face à la police à laquelle ils mentaient par habitude et dont ils n'avaient à attendre qu'un passage à tabac s'ils causaient des ennuis). Ce copain demanda un soir à Wilf de l'accompagner dans un bois des environs ; il soupçonnait sa petite amie ou sa fiancée de le tromper, et il avait besoin de l'aide de Wilf au cas où il y aurait une bagarre. Ils surprirent le couple juste au bon moment. L'homme s'enfuit après s'être fait frotter les oreilles, sans plus ; ils n'étaient guère en colère contre lui car il avait simplement saisi sa chance. La fille demanda pardon à son petit ami et promit de ne plus le trahir. «Tu n'as pas intérêt, lui répondit-il, mais d'abord tu peux laisser mon copain Wilf tirer un coup. Il m'a donné un bon coup de main ce soir et il vaut mieux que ce soit lui plutôt que cet espèce d'idiot qui vient de filer.» La fille y consentit.

Peu de temps après la mort de Jack, lors d'une visite chez Tante Annie, nous nous mîmes à parler avec une des femmes de la famille Birtle des changements considérables survenus depuis vingt ans dans les comportements sexuels. Nous avions, je suppose, évoqué le cas d'une fille que nous connaissions tous et qui vivait avec un homme (ou d'un homme qui vivait avec une fille) sans qu'aucun des deux semble disposé à se marier par la suite (l'expression « mariage à l'essai » sonne maintenant d'une manière démodée et même inutile). « Oh ! » dit Tante Annie, plutôt choquée mais pas au point de se précipiter dans un jugement moral. La femme plus jeune fit alors une de ces remarques qui donnent du relief aux personnages les plus plats ; si nous avions été enclins à sous-estimer sa lucidité, nous aurions été obligés de réviser notre opinion : «Je leur souhaite bonne chance, dit-elle, je pense qu'ils ont raison. Si je pouvais recommencer, c'est ce que je ferais. Si j'avais vécu avec mon homme pendant un an ou deux, je ne me serais jamais mariée avec lui. Mais, de notre temps, on ne pouvait pas faire autrement.»

Même lorsque je profitais de ces week-ends occasionnels à New Holme, je savais qu'ils ne pouvaient être qu'une pause ; mais c'était une pause salutaire durant cette période difficile. Chaque fois que je m'arrachais de Leeds sur ma bicyclette New Hudson, je me sentais heureux de voir la ligne irrégulière des carreaux des mines, avec leurs grandes roues haut perchées par-dessus les puits et les crassiers sur les côtés, aussi nus alors que le derrière d'un babouin. Avec quelques interruptions, cette ligne s'étendait tout droit vers le Sud du Yorkshire et le bassin houiller de Doncaster puis, encore plus bas, vers Nottingham et, enfin, vers les mines du Leicestershire. C'est la fin de ces affleurements, plutôt qu'une ligne imaginaire passant par Watford, qui marque la limite réelle du Nord et des Midlands et l'entrée dans le Sud plus doux, le Sud des propriétaires, le Sud des cadres, le Sud propre, le Sud résidentiel, le Sud en faux Tudor et colombage qui, dans les rares occasions où nous en traversions une bande étroite en allant à Londres, exerçait sur nous l'attraction troublante d'un film d'Ealing[88] et faisait que l'habitant du Nord se sentait plus que jamais exclu, coupé de cette Angleterre tellement plus douce, tellement plus enveloppante, aux arêtes tellement moins dures.

Lorsque Jack Birtle devint trop vieux pour travailler au fond, il décida de ne pas prendre un travail en surface ; il voulait changer et gagner plus d'argent que cet emploi ne lui en aurait rapporté. Aussi chercha-t-il à tenir l'économat d'un club d'ouvriers. Tout d'abord, un peu comme un médecin débutant des années 1930, il dut se contenter d'une succession de postes de suppléant, en remplacement des économes malades ou en congé annuel. À partir de là, et plutôt, cette fois, comme un candidat à la députation, il fut admis à ce que son nom figure sur la liste des économes possibles pour la région qu'il avait choisie. Chacun d'eux étant autonome, les clubs faisaient leur propre choix ; mais ils mettaient

88 Studios de cinéma qui produisirent après la guerre des films d'humour anglais tels que *Passeport pour Pimlico*, *Noblesse oblige*, ou *Whisky à gogo* (1949 pour ces trois films).

en commun les informations sur les candidats et, ce qui était plus important encore, sur les indésirables.

Finalement Jack obtint sa niche, un petit club, minable à cette époque, tout au bout de Hunslet; mais, comme il dit inévitablement, il faut bien commencer quelque part. Il prit goût à ce travail comme s'il s'était préparé toute sa vie à maintenir l'ordre, se mettre dans les petits papiers du comité de direction, pratiquer les combines admises et quasi réglementaires. Quelque temps après, l'un des membres du comité de direction d'un club me dit qu'ils tablaient sur un détournement d'environ dix pour cent quel que soit l'économe. Étant donné le chiffre d'affaires de certains clubs et le fait que, à moins que le percepteur ne trouve le joint, ces bénéfices n'étaient pas imposés, un économe pouvait mettre pas mal d'argent de côté. D'après mon informateur, les dirigeants faisaient appel aux commissaires aux comptes et éventuellement à la police quand les relevés hebdomadaires des recettes leur faisaient soupçonner que leur homme devenait trop gourmand; mais on ne recourait à la police qu'en dernier ressort. Il valait mieux régler ça en famille, passer des arrangements pour se faire rembourser, flanquer le coupable à la porte et veiller à ce qu'il soit inscrit sur la liste noire.

Loin d'être des repaires de criminels, les clubs que je connaissais étaient par beaucoup de côtés extrêmement respectables. Mais ils avaient l'esprit large en ce qui concerne la propriété des menus biens mobiliers. Ils étaient fermement convaincus que les patrons s'accommodaient très bien de la gratte sur le travail, et admettaient en conséquence, sans problème, qu'il fallait carotter ce qu'on pouvait et que le troc était une forme honorable de commerce – je peux t'avoir un sac de charbon ou une coupe de drap si tu peux m'avoir un appareil de chauffage électrique ou une douzaine de boîtes de ragoût de bœuf. D'après mon expérience, seule Birmingham surpasse Leeds dans le troc des marchandises fauchées. La guerre donna à ce commerce une grande impulsion. On avait vite fait de vous faire remarquer, quand on essayait de vous refiler une boîte de quelque chose que le service de restauration de la Compagnie des chemins de fer du Nord ignorait avoir perdue, que les patrons pouvaient dîner au restaurant tous les soirs s'ils le voulaient et, par dessus le marché, conserver leurs tickets de rationnement. C'était un commerce compliqué qui supposait un jugement assez subtil pour savoir combien de boîtes de ceci ou de cela équivalaient à la réparation de votre poste de radio ou à un travail de plomberie.

À l'époque où Jack s'installa dans ce premier club, j'avais presque fini mes études de l'autre côté de la ville et j'étais depuis quelque temps bien installé à la résidence universitaire grâce à la bourse de la Légion britannique ; parfois ils me donnaient aussi une bourse pour m'habiller. Je me souviens d'un major avunculaire et fumeur de pipe qui distribuait volontiers tout ce qu'il pouvait comme allocations. Le poisson et les frites pouvaient valoir trois pence, cinq cigarettes Woodbines deux pence, et la bière quelques pence le demi ; mais on n'allait quand même pas loin avec un shilling et quelque par semaine. Aussi, lorsque les Birtle vinrent vivre au club dans le sud de Leeds, j'apportais ma lessive d'un bout à l'autre de la ville à Tante Annie, comme elle me l'avait suggéré ; cela en cachette de Tante Ethel, qui l'aurait fait si on le lui avait demandé, mais à un prix émotionnel élevé, et qui aurait été furieuse qu'Annie me l'ait offert et que j'aie accepté. Le lundi ou le mardi, je descendais à bicyclette jusqu'à Hunslet Carr, un mile et demi vers le sud après le pont sur l'Aire, qui était à Leeds la principale ligne de démarcation entre les classes sociales ; je donnais mes chemises, mes serviettes de toilette et mes sous-vêtements de la semaine et je reprenais ceux de la semaine précédente ; puis, avant de rentrer, je prenais une tasse de thé et un sandwich de « quelque chose dans le placard » – peut-être du jambon provenant d'un troc ou du saumon en boîte.

Lors d'une de mes visites, ne voyant pas Jack, je demandai où il était. « Dans la cave, dit Tante Annie, mais je ne descendrais pas si j'étais toi. Il rouspète comme un fou dès que je passe la tête en haut des escaliers. Il passe des heures en bas chaque semaine après qu'ils lui ont livré sa bière et je ne veux pas risquer ma peau à lui demander ce qu'il est en train de faire. » Jack émergea de la cave environ un quart d'heure plus tard avec une petite bouteille à pharmacie contenant des traces d'un liquide brun foncé qui ressemblait à du jus de viande rôtie. « Les salauds, répétait-il, les salauds de tricheurs. » Il demanda si nous avions des chimistes à l'université. Est-ce qu'ils pourraient et voudraient bien lui dire ce qu'il y avait dans cette bouteille ? « C'est pour quoi faire ? » lui demandé-je. Il me dit sans se troubler qu'il mélangeait le contenu de la bouteille – dix centilitres tout au plus – avec plusieurs litres d'eau et qu'il l'ajoutait à la bière livrée par la brasserie, réalisant ainsi un joli profit à son entier bénéfice. Il jurait parce que les « salauds » qui lui vendaient la mixture la comptaient un shilling et demi alors qu'il était sûr que ça valait seulement quelques pence. Un shilling et demi pour faire plusieurs litres de plus de ce qui ressemblait à de la bière n'était pas une mauvaise affaire, y compris en ce temps-là, et même si ceux qui vendaient le liquide anonyme faisaient un gros bénéfice sur le shilling et demi qu'ils demandaient. Mais Jack semblait tout à fait incapable de faire la relation entre les deux arnaques ou de se rendre compte que les autres se croyaient autorisés à profiter d'une partie de sa gratte en prélevant une marge bénéficiaire particulièrement importante sur la valeur brute du sombre liquide. Je lui demandai si les consommateurs avaient remarqué que leur bière était frelatée. « Frelatée ! » Il se cabra en arrière comme si je l'avais accusé d'empoisonner ses camarades. Puis il joua sa carte d'atout. En réalité, il rendait service aux membres du club : « Ils aiment ça. Ils préfèrent ça. Ils ronchonnent contre moi si j'en manque une semaine parce que ces salauds ne m'ont pas apporté la bouteille. »

Dans un de ses morceaux de fanfaronnade intellectuelle favoris, Auden aimait rappeler que les classes supérieures par leur côté canaille et les classes populaires par leur côté le plus gaspilleur ont depuis longtemps beaucoup en commun, particulièrement leur manière de doubler et d'escroquer les classes moyennes et les professions intellectuelles laborieuses et respectables dont Auden était fier de faire partie. Belloc fait une remarque similaire :

> Les Riches arrivent par deux
> et aussi en Rolls-Royce ;
> ils parlent de leurs affaires
> avec des voix hautes et stridentes.
>
> Les Pauvres arrivent en Ford,
> avec lesquelles ils ont des points communs ;
> ils rient de voir autant de Messieurs
> et de Dames tous réunis.
>
> Les Gens entre les deux
> ont l'air incertains et harassés
> déplacés et mesquins,
> et horriblement embarrassés[89].

89 « The Rich arrived in pairs/And also in Rolls-Royces ;/They talked of their affairs/In loud and strident voices.

Jack avait un rôle de figurant dans cette vieille scène. Il n'avait pas eu la liberté ou la possibilité d'assister aux courses lorsqu'il travaillait dans la mine ; mais la relative prospérité que lui apportait l'économat du club le libéra et il commença à fréquenter, très occasionnellement, les champs de courses (jamais les matchs de football ou de rugby). Juste après la guerre, lorsque nous vivions sur la côte du Nord-Est, il annonça qu'il aimerait passer quelques jours de vacances avec nous ; nous ne nous étions pas rendu compte que c'était le moment des courses de Redcar[90]. Il vint et y assista tous les jours avec l'assurance d'un propriétaire terrien ou d'un gros bookmaker. Le soir, après le dîner, il se rendait au club ouvrier local où il jouissait d'un droit de réciprocité, exactement comme les membres de Harvard et de Yale ou de « clubs » du même genre ont des droits au Savile[91] ou dans des établissements comparables.

Nous savions qu'il approchait de la maison en entendant à plusieurs mètres de distance à travers la fenêtre de la pièce de devant la démarche chaloupée de ses pieds plats, qui était alors animée par l'alcool ; il se déplaçait comme quelqu'un qui s'est déchaussé pour marcher au milieu des décorations du sapin de Noël. On entendait aussi, presque tous les soirs, le son d'une autre voix ; il s'était fait un nouveau camarade qui avait décidé de l'accompagner jusqu'à notre porte. Jack avait une faculté bien rodée de lier connaissance

The Poor arrived in Fords,/Whose features they resembled,/They laughed to see so many Lords/And Ladies all assembled.
The People in Between/Looked underdone and harassed/And out of place and mean,/And horribly embarrassed. » Hilaire Belloc, « The Garden Party », *Ladies and Gentlemen: For Adults Only and Mature at That* [1932].

90 Ville du Nord-Est de l'Angleterre connue pour ses courses de chevaux.

91 Fondé en 1868, le Savile Club est un club traditionnel de gentlemen du quartier chic de Mayfair, à Londres, réunissant des hommes issus de la haute bourgeoisie.

et n'était jamais seul. Il avait trop de tact pour inviter l'autre à entrer, ce à quoi celui-ci ne s'attendait pas non plus. Ils bavardaient tout le long du chemin comme des pies ; les femmes des classes populaires anglaises peuvent être d'infatigables commères mais, après quelques bières, beaucoup d'hommes parviennent à les égaler ou à les battre. Ils s'arrêtaient de longues minutes devant notre fenêtre pour en finir avec l'écheveau d'un discours répétitif, composé en grande partie de phrases rituelles. Un de ces soirs-là, lorsque Jack finit par rentrer, il était tout plein d'un sujet particulier. Son nouvel ami s'était vanté de gagner beaucoup d'argent. Jack s'était montré à la fois curieux et sceptique, si bien que, pour finir, l'ami avait offert de révéler exactement combien il avait gagné l'année précédente. À ce moment-là, Jack fut submergé d'une étrange délicatesse. « Non, non, dit-il comme si l'autre homme lui avait offert d'exhiber sa femme en chemise de nuit, je ne demande jamais à un ami combien il gagne. » Mais la curiosité était trop forte et la délicatesse fut finalement étouffée par une manière sophistiquée de ruser avec soi-même. « Tu sais pas, dit Jack, dis-moi combien d'impôt sur le revenu tu as payé l'année dernière, ça suffira. »

Pendant ce temps, le petit club prospérait et grandissait. En plus de beaucoup d'autres choses, il se dota au début des années 1970 d'une énorme salle de concert pourvue d'une installation sophistiquée pour le son et les éclairages. À cette époque, Jack était mort et nous avions assisté à un autre de ces enterrements qui sont maintenant devenus une telle habitude que je pourrais dessiner une carte des crématoires et des cimetières de Leeds et du sud du Yorkshire, pour la plupart balayés par le vent et tous d'aussi triste apparence que les événements qui s'y déroulent. Constamment fidèle à sa propre et considérable sagacité, Jack avait mis ses gains de côté et, d'une manière non moins prévisible, les avait placés « dans des maisons, car il n'y a rien de plus sûr ». En réalité, elles n'étaient pas si sûres que ça : c'était, en face du club, de l'autre côté d'une rue sans issue pavée de cailloux, deux, peut-être bien trois maisons dans le vieux style des alignements de maisons accolées dos à dos, dont chacune ne rapportait qu'une livre de loyer par semaine. C'était quand même une propriété, dont Tante Annie hérita, et c'est dans l'une d'elles qu'elle vécut jusqu'à ce que la mairie, qui les avait condamnées quelque temps avant, finisse par décider qu'elles devaient être démolies pour le réaménagement du quartier. Elle n'obtint pas grand-chose en échange, sans doute quelques centaines de livres ; mais, à ce moment-là, le « pavillon gardienné » était disponible, il était chaud et confortable, et les Birtle des environs l'aidèrent à emménager. C'est de là qu'on l'emmena à St. James pour ce qui devait être les derniers mois de sa vie. Dans sa nouvelle maison, elle pouvait conserver la plupart de ses habitudes les plus chères, en particulier ses visites régulières au club, à un demi-mile de chez elle ; un enfant Birtle ou un beau-fils les y conduisait, elle et une voisine. Elle ne savait pas, comme Jack, se faire des amis de rencontre ; mais, partout où elle vivait, elle se faisait rapidement une ou deux amies que l'on avait de grandes chances de trouver chez elle en lui rendant visite. En dépit de son tempérament soucieux, elle avait de toute évidence bon caractère ; elle n'exigeait rien et écoutait les histoires de malchances les plus longues en émettant de petits bruits compatissants. Ce devait être une sorte de consolation, de sorte que c'étaient les voisins qui avaient tendance à dépendre d'elle plutôt que l'inverse, pour le pouvoir apaisant des confidences. Son absence de malice, la bonne volonté avec laquelle elle prêtait une oreille sympathique allaient de pair avec un sens des situations comiques et une capacité à les décrire ; cela aussi doit l'avoir rendue chère aux quasi-épaves que furent si souvent ses derniers amis.

Sa famille résolvait la plupart de ses problèmes – plombs sautés, portes qui coincent, W.-C. bouchés ; et il y avait habituellement un formulaire à remplir ou une ou deux lettres compliquées qui attendaient sur le buffet mon prochain passage. Elle avait alors l'apparence typique d'une Anglaise des classes populaires entre soixante-quinze et quatre-vingts ans, encore plus informe que lorsqu'elle en avait trente, mais cependant pas grosse ; elle était toujours en contact avec ses beaux-enfants et leurs familles, et habitait en face du seul fils survivant et de sa femme. Ils la traitaient comme si elle était leur mère naturelle, ce qui incluait à la fois qu'ils la rassuraient et qu'ils la grondaient, particulièrement lorsqu'elle s'étendait trop longuement sur ses maux et ses douleurs.

Elle adorait le langage et spécialement les métaphores ; je ne crois pas qu'elle ait oublié une seule des images colorées qu'elle ait entendues. Grand-Mère et moi appréciions beaucoup sa manière de parler, les autres ne semblaient pas y être sensibles. C'est à elle plus qu'à n'importe qui que je dois les métaphores populaires que j'ai rapportées dans *La Culture du pauvre*[92]. L'image qui me revient toujours à l'esprit en premier concerne une femme pharisienne, facilement scandalisée ; elle donne le ton de la plupart des autres : « Et tu sais, disait Annie, décrivant une réaction typique de cette personne, les yeux lui sortaient de la tête comme des patères d'église. » Cette image superbe évoque plus qu'une attitude moralisante individuelle ; elle suggère aussi combien cette

92 Richard Hoggart, *La Culture…*, *op. cit.*

attitude se nourrit du puritanisme étroit que la culture de l'Église non conformiste encourage. Il y en avait quantité d'autres : « J'ai remarqué qu'elle aurait aimé pendre son chapeau avec le sien » (c'est-à-dire se marier avec lui – décidément, Tante Annie aimait les portemanteaux) ; ou encore, à propos d'un homme qui parcourt la vie à grandes enjambées en s'applaudissant lui-même et en étant son propre chef de claque : « Il ne se prend pas pour rien ; *il ne sort qu'avec lui-même, tu sais.* » Je n'imagine pas que Tante Annie ait inventé aucune de ces images, mais elle savait les utiliser, comme elle savait se servir des expressions de la région, toujours dramatiques mais plus évidentes et archi-usées, telles que : « aussi vrai que je suis assise ici, même si je devais ne jamais me relever ».

Dans la seconde moitié des années 1970, un veuf âgé commença à lui faire la cour. Nous le rencontrâmes une fois, assis de l'autre côté de la cheminée, dans son meilleur costume, silencieux, timide. Tante Annie nous jetait sans cesse des coups d'œil, légèrement inquiète de ce que nous pensions, anxieuse à l'idée qu'il soit de quelque manière rejeté devant pareil parterre de gens venus d'un autre monde, désireuse de partager plus tard avec nous la petite comédie, mais pas à ses dépens. Ses commentaires après qu'il fut parti montraient à la fois son sens de la drôlerie de la situation et son attachement personnel, encore puissant, à la manière dont elle avait été élevée.

Il l'avait surprise en lui demandant de passer avec lui une semaine de vacances à Bridlington. Cela sonne vrai. Scarborough ou Blackpool auraient chacun été un mauvais choix, auraient sonné faux, l'un un peu trop petit-bourgeois, l'autre légèrement trop vulgaire. Elle ne repoussa pas l'idée sur-le-champ ; elle se rendit compte que c'était un vieil homme solitaire, complètement perdu maintenant que sa femme était partie. « Il retient la mort comme on retient un crachat quand on est en compagnie, en roulant la langue[93]. » « Ça n'aurait rien de drôle, tu sais », dit-elle, signifiant par là qu'il n'y avait pas lieu de penser à un guet-apens sexuel ; elle était très inquiète de ne pas être bien comprise. Puis elle eut un sourire fugitif et dit qu'elle avait senti qu'elle devait le dire à Ethel qui avait alors quatre-vingts ans sonnés. Tante Ethel n'avait pas beaucoup aimé l'idée, mais ne s'était pas mise en colère. Elle avait dit solennellement que depuis que « notre mère » (son expression favorite) était morte, c'était elle, Ethel, qui devait conseiller sa jeune sœur. C'était bien là ce qui portait sur les nerfs d'Annie. Combien de temps Ethel, la célibataire, continuerait-elle à se sentir la tutrice d'une sœur qui avait été mariée durant plusieurs dizaines d'années et avait enterré son mari ainsi que plusieurs de ses beaux-enfants ?

Elle n'alla pas à Bridlington, et je pense qu'elle prit sa décision toute seule. Elle était fatiguée, se sentait vieille et, à ce moment-là, ne pouvait probablement pas retrouver la vigueur d'esprit qui, tant d'années auparavant, lui avait permis de lever l'ancre pour faire sa vie avec Jack et sa famille. Mais elle était contente d'avoir été demandée, et respectueuse de l'amour-propre du vieil homme. Elle réfléchit à ce qu'elle pourrait dire de convenable, de digne et de respectueux à son sujet et proposa finalement : « C'est un vieil homme vraiment *très* propre. » Comme si nous étions rassurés de savoir que ce n'était pas un de ces vieux qui sont sans cesse en train de graillonner quelque part dans la maison et d'avoir des

93 « He keeps back death the way he keeps back phlegm/In Company, curled on his tongue. » « Cremation », *The School of Eloquence*, 1978, de Tony Harrison, poète anglais né à Leeds en 1937, originaire des classes populaires ; ses souvenirs d'enfance sont la matière de la plupart de ses poèmes.

haut-le-cœur. Assis à côté du feu, il avait sans aucun doute l'air d'un vieillard bien propre et de bonne tenue ; il faisait penser à l'oncle de Stan Laurel.

Tante Annie réapparaîtra sans doute dans ce livre, mais ici s'arrête son histoire. Reste l'incinération. Ils ramenèrent son corps de St. James pour qu'il repose un jour ou deux dans sa propre maison et, de là, les voitures nous emmenèrent, elle et nous, au crématorium de Cottingley, du côté le plus minable de la rocade sud de Leeds – on dirait une portion de la vieille grand-route de l'Ouest. Cottingley ne donne pas dans les rideaux qui se ferment électroniquement, ni dans les cercueils qu'on dissimule au regard et qui glissent ou descendent pendant que la musique enregistrée va crescendo. Le cercueil reste là où on l'a mis jusqu'à la fin du service ; puis les parents se dirigent vers lui, le touchent ou l'embrassent et s'en vont.

Exactement comme il se doit, des parents qui ne s'étaient pas vus depuis des années vinrent d'aussi loin que Harrogate ou que Sheffield ; il y avait aussi des visages de New Holme que je reconnus vaguement. Le plus émouvant de tout était le petit groupe d'hommes et de femmes âgés des classes populaires, la plupart d'entre eux des habitués du club, qui étaient venus pour lui rendre hommage et se tenaient en ligne irrégulière, un peu sur le côté, n'étant pas « de la famille ». « C'est très bien », aurait dit Tante Annie. Ils étaient comme un choeur nous rappelant quelques vérités éternelles : l'amitié, la mémoire et, par-dessus tout, la mort. Nos propres enfants vinrent aussi, spontanément, et cela lui aurait fait énormément plaisir. Je ne crois pas qu'elle ait jamais su combien ils l'aimaient. Nous vivions tous maintenant dans le Sud, et aucun d'entre nous ne put rester pour le repas de funérailles.

INTERLUDE
LEEDS, VUE GÉNÉRALE

Quand je reviens à Leeds pour voir Molly, je sais combien la ville doit paraître humide, triste, grise, mal soignée, mastoc et informe à l'étranger assis en face de moi, dans la chaleur d'un wagon de chemin de fer un jour de novembre ; et pourtant, cette combinaison de lumière, de sons et d'odeurs m'attire encore comme un sein maternel. Dans les années 1950, nous vécûmes pendant dix ans à Hull, dans l'Est du Yorkshire. Là, la voûte immense du ciel a l'air de s'étendre du milieu de l'Atlantique jusqu'à la limite orientale de la Russie ; il n'y a pas de collines, mais c'est sans importance, tant le ciel et ses humeurs changeantes dominent. Les arbres énormes, trapus, noueux, feuillus et courbés par le vent abritent des églises aussi grandes que de petites cathédrales[94] ; et les pommes de terre sont si grosses qu'on en fait en général des chips. J'ai aussi une certaine nostalgie pour ce paysage et pour Hull, en particulier pour les soirs d'hiver, lorsque la nuit tombait entre quatre et cinq heures. C'était à tout prendre une époque heureuse ; nos enfants avaient tous trois moins de dix ans, ils étaient blottis autour de nous. Il suffit qu'on dise « le *high tea* du samedi chez Jackson » pour que tout me submerge à nouveau. Ces souvenirs agréables et familiaux sont plus satisfaisants que ceux de Leeds. Mais ils ne sont pas Leeds. Les souvenirs de Leeds sont plus fondamentaux ; il est aussi difficile de s'en défaire que de se débarrasser d'un chien miteux qui vous suit à la trace le long de la route.

94 Les *wool-churches*, églises construites par de riches marchands, sur les bénéfices de l'industrie lainière.

C'est la raison pour laquelle un tour au Woolworth de n'importe quelle ville, à quelque distance que ce soit de chez moi, me fait le même effet que si je m'injectais une drogue à laquelle je me serais adonné très tôt. À leur apogée, les Woolworth furent le type même du magasin populaire, avec leurs étalages prodigues, leur profusion de bazar qui évoquait un peu les nuits d'Arabie, leur sens exact de ce que désirait la clientèle, en particulier pour la maison, leur connaissance du fait que les gens comme nous ne résistent pas à « une affaire », les filles au style populaire incontestable derrière les comptoirs et toute cette ambiance tape-à-l'œil, mais abordable et accueillante. Récemment, dans un Woolies pas encore rénové, je passai devant le comptoir des sucreries en libre service qu'on place habituellement près de la sortie, pour qu'il vous attrape juste au moment où vous allez partir et où vous êtes un peu abruti. Il y avait là un vieil homme qui se mit à choisir avec soin parmi la variété colorée des bonbons au caramel, au chocolat, au réglisse, à la noix de coco, aux noisettes etc., sans compter les nougats, les pâtes de guimauve, les loukoums et les poudres acidulées. J'abaissai mon regard et j'aperçus un petit corniaud tenu en laisse, un corniaud typique mais aimant et obéissant; comme le chien minuscule et attentif que Carpaccio donne à saint Jérôme dans le tableau qui représente le saint homme à sa table de travail. Je ne fus pas transporté à Venise, mais dans le Leeds des années 1930, dans ces rues sillonnées surtout par des vieillards, aux heures où les hommes valides étaient au travail et la plupart des femmes chez elles, à faire le ménage. Bien que les femmes vécussent en général plus longtemps que leurs maris, il y avait beaucoup de vieux veufs, pour qui les chiens étaient souvent quelque chose d'important, pour deux raisons apparemment mais pas nécessairement contradictoires : c'était quelque chose dont on pouvait être le « maître » lorsqu'il n'y avait rien d'autre à « maîtriser », et aussi quelque chose à aimer, lorsqu'il n'y avait plus d'être humain proche à aimer. Les vieux aiment tous les sucreries, c'est bien connu, et cela fait partie des mille et un petits faits de la vie. Les clients du Woolworth, en particulier les hommes âgés, ont adopté sans difficulté les mélanges exotiques du comptoir en libre service parce qu'ils descendent en ligne directe des bonbons glacés à la menthe à l'ancienne mode que les vieux consommaient déjà régulièrement au temps de ma propre jeunesse.

Un vieux célibataire était un personnage plus triste qu'un veuf car il ne pouvait même pas se replier sur les souvenirs d'une vie de couple. S'il ne s'était pas marié c'était, sans aucun doute, pour plusieurs raisons. Avec une touche de délicatesse sentimentale, comme pour leur conférer une aura romanesque qu'on n'aurait jamais soupçonnée et qui les mettait en valeur, les gens avaient tendance à dire des vieux garçons que ça avait très bien marché avec une fille charmante mais qu'elle avait été emportée par la consomption. De la même manière, les vieilles filles les plus douces et les plus jolies, celles dont on aurait pu attendre qu'elles se marient, étaient gratifiées de fiancés qui avaient été tués à la guerre et qu'elles avaient tellement aimés qu'elles n'auraient pas supporté de fréquenter un autre homme. Il y a là, dans les deux cas, un romantisme touchant, à la Tennyson.

Les hommes célibataires vivaient parfois seuls, mais plus souvent se réfugiaient chez un frère et une belle-sœur ou une sœur et un beau-frère. En gros, ils n'avaient pas d'obligations et, d'ordinaire, aimaient aller faire quelques courses, à la mairie pour payer le loyer de la semaine, chez le boucher ou l'épicier avec une liste, ou chez le pharmacien avec une ordonnance ;

ce genre d'activités était apprécié des deux côtés. Je vis une fois un petit vieux qui marchait main dans la main avec un jeune garçon le long d'une rue bordée d'une rangée de maisons contiguës. Il avait lui-même un sourire de jeune homme et faisait de temps en temps une gambade ; il reniflait comme si son nez coulait un peu. Ils frappèrent ensemble à une porte, cette fois en souriant largement tous les deux. Peut-être était-ce la maison de sa fille ; de toute manière, ils savaient qu'ils seraient les bienvenus. C'était l'image d'une vie paisible, sur trois générations.

Les veuves âgées vivaient souvent au sein de la famille d'un de leurs enfants ; lorsque ce n'était pas le cas, elles restaient dans leur propre maison longtemps après que leur mari fut mort, le plus longtemps possible. Elles étaient tout en noir, souvent avec un châle noir sur la tête ; j'en ai vu jusqu'au milieu des années 1960, à Belfast. Ces paquets noirs, d'où émergeaient des visages qui laissaient deviner des articulations fragiles à travers la peau amincie, étaient comme une photo en sépia du Leeds des années 1930. Je vois clairement maintenant pourquoi les gens auxquels je suis le plus sensible sont les grands-mères et les grands-pères, les vieux célibataires et les vieilles filles solitaires, les charmants garçons noceurs et déchus et les filles au tempérament doux. Nous apprenons quelques-unes de nos sympathies très tôt et pour de bon, comme les canetons qui reçoivent leur imprégnation primitive.

Plus loin du centre que nos rues, au-delà des parcs publics, mais avant que la « vraie campagne » ne commence, s'étendait une lanière de champs d'environ un mile de large ; cela aussi faisait tellement partie de notre vision composite de Leeds que, quelle que soit la manière dont nous établissions ses frontières, nous les aurions inclus dans la ville. Ils étaient interrompus par des lotissements de logements spéculatifs, habituellement bon marché, qui voisinaient avec les champs d'épandage, quelques petites exploitations agricoles et un peu de bétail qui procurait à la ville son lait frais le plus proche. La différence la plus immédiatement remarquable entre cette bande de terrain et la vraie campagne était que l'herbe y était rabougrie et sale comme si la fumée d'usine était passée dessus pendant si longtemps qu'elle ne devenait pas simplement plus sale au cours de l'été, mais poussait réellement grise. Les rares vaches avaient l'air sale elles aussi, plusieurs tons plus crasseuses que les frisonnes des fermes situées quelques miles plus loin.

L'hôte dominant et le plus caractéristique de cet espace intermédiaire était la rhubarbe. Sur les armes de Leeds, on voit un bélier qui symbolise la dépendance historique de la ville envers la laine pour ses industries de l'habillement ; on aurait pu tout aussi bien y figurer une branche ou deux de rhubarbe. Champ après champ, la rhubarbe entourait les limites extérieures de la ville, au sud, comme une barrière drue, épaisse, défensive ; et il y avait là une sorte de justice. La saleté et la fumée semblaient lui profiter, comme elles profitent aux garnements. Cette rhubarbe-là n'était pas la chose fine, petite et rose pâle qu'on vend de nos jours dans les supermarchés. Elle avait autant de rapport avec cette garniture pour gâteau bien propre qu'un mineur de fond avec un courtisan efféminé. Elle était énorme, avec des feuilles qui auraient pu couvrir en même temps Adam et Ève, et mieux que deux feuilles de vigne. Comparée à la rhubarbe sous cellophane d'aujourd'hui, c'était une plante à la Heathcliff[95] par opposition aux Earnshaw.

95 Allusion aux *Hauts de Hurlevent* [1847], Emily Brontë, Le Livre de poche, 2020.

Elle était robuste, vivace, avec des tiges allant du vert foncé au rouge vif, épaisses comme l'avant-bras d'un travailleur de force. Nous avions l'habitude d'aller à la lisière des champs pour trouver les jeunes tiges les plus tendres, puis de nous enfuir rapidement et de rentrer à la maison en mâchant.

Revenons une fois encore à la maison et aux rues du quartier. Les principaux points de repère matériels étaient les pubs, les églises et la bibliothèque municipale (les boutiques du coin étaient des points de repère plus petits mais qui avaient leur importance, comme des boîtes de dérivation secondaires dans un circuit). « La Rose et la Couronne », près de chez nous, était un nom aussi familier que celui de la coopé. Faire partie de la coopé impliquait un train de vie plus sûr que le nôtre ; nous les ressentions, elle et ses adhérents, comme légèrement supérieurs. Pour une raison différente, nous ne fréquentions pas les pubs, nous ne posions pas même le pied sur leur seuil.

Plus obsédantes par leur présence et plus grosses encore que les pubs, sur lesquels planait en permanence leur jugement, étaient les chapelles ; dans notre cas, la chapelle méthodiste primitive sur Jack Lane. Comme les autres chapelles de Leeds, la nôtre s'efforçait d'être un centre social et récréatif pour le quartier ; et, par certains côtés, elle y réussissait. Jusqu'au milieu de mon adolescence, je suis allé d'abord à l'école du dimanche, et ensuite au service de la fin de l'après-midi. Pendant les soirées d'hiver, il y avait des représentations théâtrales, comme les pièces de Shakespeare que notre pasteur chérissait tant et, plus brillantes encore, les pantomimes de Noël[96] ; des

96 Les pantomimes de Noël mettent en scène des contes de fées ou des légendes. Le rôle du jeune premier est tenu traditionnellement par une grande et belle

pantomimes expurgées où l'on ne se permettait pas de dire de vraies grossièretés ni de montrer beaucoup de chair nue. Il se devait d'y avoir une *chorus line*, mais les tenues des filles, en toile très résistante, ressemblaient plus à une cuirasse qu'à un costume érotique. Il arriva une fois, à l'occasion d'une pantomime jouée dans une autre chapelle, plus bas dans la rue, qu'une fille ait la malchance de casser une de ses bretelles en chantant avec les autres dans son maillot blindé, de sorte qu'un de ses seins jaillit hors du bustier. On lui en fit voir de dures pendant un bon bout de temps après ça. D'une manière ou d'une autre, ce devait être sa faute ; les choses comme ça n'arrivent pas par hasard ; elle avait probablement trop serré ses bretelles au départ pour se mettre en valeur. Il fallait bien que ces pratiquants, réguliers et puritains entre tous, trouvent quelqu'un à blâmer pour la gêne horrible qu'elle leur avait causée à tous. Il y avait facilement de la gêne dans un monde entouré de tant d'inhibitions concernant la sexualité (et l'argent, et la boisson). Dans les familles moins pratiquantes et parmi les garçons alentour, ce fut un énorme éclat de rire, pas tant un rire graveleux, de voyeur, qu'un rire légèrement libéré sous le choc que venaient de subir les inhibitions régulatrices.

L'hiver était aussi l'époque des grands oratorios, ceux auxquels l'Oncle Walter était invité à participer comme soliste avant son déclin. Le succès du *Messie* dépendait beaucoup de la qualité du trompettiste (leur hiérarchie était bien connue). Pour soutenir le tout, il y avait les choristes dont les rangées de devant paraissaient, à l'œil d'un jeune garçon, maternellement remplies de grosses dames à la poitrine

jeune femme et celui de la Dame, par un acteur comique grassouillet. Les pantomimes étaient jouées surtout à Londres et dans le Yorkshire.

disproportionnée ; poitrine est le mot juste, on pouvait difficilement penser qu'elles avaient chacune deux seins séparés. En comparaison, les hommes semblaient petits. Beaucoup d'entre eux étaient vieux ; ils avaient chanté dans les chœurs pendant toute leur vie d'adulte et connaissaient les partitions des grands oratorios par cœur.

La troisième institution publique importante, commune, à l'intérieur de Hunslet même, était la Bibliothèque municipale. Une nouvelle bibliothèque fut ouverte en février 1931 et devint immédiatement un foyer d'attraction pour au moins deux groupes de lecteurs. Je ne veux pas parler des femmes qui, dans les quartiers plus instruits, attendent des étagères bien fournies en romans d'amour, ni des hommes qui veulent des romans policiers et des livres d'aventures. Je suppose que des lecteurs de ce genre fréquentaient aussi la bibliothèque de Hunslet, mais ils ne semblaient pas aussi nombreux que dans les quartiers bourgeois. Les deux catégories de clients réguliers étaient les vieillards et les lycéens et lycéennes. Les vieillards hantaient la salle de lecture, principalement parce qu'il y faisait chaud et qu'on pouvait y passer beaucoup de temps à feuilleter au hasard les journaux quotidiens. Vous n'aviez pas le droit de vous endormir sur le journal ; si cela vous arrivait, un employé en uniforme venait vous réveiller et vous faisait comprendre, même s'il ne le disait pas vraiment, que vous deviez partir. Il y avait un ou deux excentriques à la poursuite d'obsessions personnelles, mais la plupart étaient simplement ces vieux hommes solitaires et perdus que nous avons déjà rencontrés. Ils habitaient si fort ma mémoire qu'un des deux premiers textes que j'ai publiés – ce devait être aux environs de 1947 – était une description de vieillards dans une salle de lecture.

La vie de ces rues donnait alors lieu à des

classifications multiples et subtiles. Tout enfant âgé de plus de quatre ou cinq ans connaissait son propre quartier, un quartier qui, d'ordinaire, ne comportait pas plus de cinq ou six rues. On décidait des frontières par l'aspect des rues et par les gens qui y habitaient. Tel ensemble de rues appartenait aux Irlandais, tel autre se trouvait légèrement supérieur à ceux qui l'entouraient, tel autre encore était considéré comme un peu moins respectable. La frontière pouvait être aussi la route principale ou chaque côté d'une rue de taille moyenne perpendiculaire à celle-ci ; ou bien encore, c'étaient les murs d'une petite usine qui marquaient les limites. Les divisions correspondant aux clientèles régulières des chapelles et des pubs disséminés à travers la ville se superposaient à ces classifications et, dans une certaine mesure, les traversaient ; cette chapelle ou ce pub étaient « les nôtres », les autres étaient « les leurs ». Ce quadrillage subtil, par identification possessive, s'étendait à tous les commerces locaux : il y avait « notre » boucher, « notre » épicier, « notre » marchand de bonbons ; et nous étions absolument sûrs que nos boutiques étaient meilleures que « les leurs ».

Tout essai de description d'un groupe d'individus devrait commencer par les manières de parler, le modèle sur lequel sont formées les images qu'ils utilisent de manière récurrente, la fréquence avec laquelle ils les utilisent, les accentuations et les tons de voix. Pourquoi, par exemple, la haine de l'avarice était-elle si forte parmi les gens que je décris, comme en témoigne l'éventail de mots dont ils se servaient pour exprimer leur antipathie ? Avare était renforcé par radin, âpre, regardant, serré, mesquin, économiseur de bouts de chandelle, rapiat et pingre. Ces mots font sans doute l'objet d'usages individuels dans d'autres groupes ; mais la différence est qu'en l'occurrence, ils sont utilisés très fréquemment et avec beaucoup de force, par des gens qui sont pauvres et dont on aurait pu attendre qu'ils ressentent de la sympathie pour le besoin de faire des économies de bouts de chandelle. C'est l'inverse qui semble se produire. Si vous êtes si pauvres, puisque vous êtes si pauvres, vous ne devez pas vous permettre de vous laisser aller à une attitude mesquine et sans joie ; vous devez rester capables de générosité. C'est cela qui est capté également dans certaines épigrammes comme ce pied de nez vaillant à la gêne congénitale : « Oh, ça va très bien. Il ne nous manque rien de ce que nous avons. » La grande générosité dont on fait preuve envers les enfants appartient à la même aire émotionnelle : laissez-les profiter d'une impression d'abondance quand ils le peuvent, ça finira bien assez tôt.

Le langage du bon voisinage fait apparaître des contrastes similaires. J'ai plus d'une fois fait référence au langage du voisinage immédiat, celui qui est conscient en permanence des limites qu'il faut respecter, de la nécessité du chacun-chez-soi, de l'obligation de définir sans équivoque qui peut et qui ne peut pas franchir votre seuil, passer cette porte d'entrée qui est la dernière et aussi la seule barrière qui vous sépare de la rue. L'élégance des phrases offertes aux visiteurs qui étaient les bienvenus formait avec lui un contraste aigu. Dans une petite description du langage des habitudes sexuelles de la bourgeoisie ou des professions intellectuelles, je suis tombé sur la phrase : « Je pense que je vais passer (*slip into*) quelque chose de plus confortable », utilisée par une jeune fille à l'adresse d'un jeune homme qu'elle a invité chez elle, pour indiquer qu'elle est disposée à se tenir prête pour des jeux sexuels. Le même mot (*slip*) apparaît également dans une séquence typique du langage populaire de l'hospitalité qui commence par : « Pourquoi n'enlevez-vous pas (*slip off*) votre manteau ? » – ce qui n'est pas une question, mais une invitation polie (« Mais asseyez-vous donc ! » est plus jovial, moins formel et moins courtois). La réponse est : « Non, merci. C'est vraiment très gentil de votre part, mais je ne peux pas rester » (son dîner est en route) ; ou « j'attends notre Elsie ». Ce qui appelle : « Mais si, je vous en prie, faites donc. Vous vous sentirez mieux » (signifiant : vous vous sentirez mieux quand vous partirez). Et cela peut continuer ainsi, tel un menuet.

Deux autres attitudes fondamentales reviennent toujours ; ce sont toutes les deux des formes de suspicion. La première va de soi ; c'est l'aversion envers les petits fonctionnaires, cette couche ou cette bande d'employés avec qui les classes populaires doivent traiter pour toute une série d'affaires quand ils s'efforcent de contacter les puissances obscures qui dirigent réellement la société, d'en obtenir justice, de les comprendre. L'autre, un peu plus surprenante, est un dédain presque aristocratique pour le « commerce ». Les petits fonctionnaires, souvent en uniforme, ce qui les rend encore plus repoussants, ont toutes les chances de passer, au pire, pour des traîtres à leur classe, au mieux pour des nigauds plus royalistes que le roi ; des « monsieur non-non », congénitalement soupçonneux envers le petit peuple auquel ils ont affaire, qu'on décrit très bien maintenant comme des « compétences » (« Oh non, je ne peux pas vous laisser faire ça. Ça ne relève pas de ma compétence », quand « ça » est une demande simple et facile à satisfaire) ; des bureaucrates rigides (« Ah, mais si je vous en donne un, tout le monde voudra en avoir », une des grandes formules britanniques, mesquines et restrictives) ; « Comment est-ce que je peux savoir si vous dites la vérité sur ce que notre M. X a dit à votre fils au téléphone ? » ; « Non ce n'est pas mon rayon » (« mon boulot, mon truc, mon affaire »); « Vous n'êtes pas à la bonne porte. Les gens qui ont ce papier doivent s'adresser à la porte B » (de préférence s'il pleut, si la porte B est de l'autre côté du bâtiment et s'il existe un couloir intérieur qui mène au bon service).

On pourrait penser que les policiers étaient perçus comme les pires de tous les petits fonctionnaires, et c'était le cas, d'une certaine manière. Mais ils étaient aussi différents ; c'était un groupe à part, un fait de l'existence aussi inévitable que la pluie. Ils avaient opéré un choix plus tranché et plus dramatique que l'ensemble des petits fonctionnaires, et derrière eux se tenait la vraie panoplie de la loi. On ne pensait pas non plus, à part quelques exceptions, que c'étaient des gens particulièrement gentils ; ils étaient capables de vous en faire voir de dures, de vous fiche une raclée si vous les embêtiez ou si vous leur résistiez, et la plupart d'entre eux étaient de droite et racistes. Non pas que le racisme envers les gens « de couleur » ait été un vrai problème durant mon enfance à Leeds ; maintenant, la ville compte d'assez grandes communautés asiatiques et d'Afrique de l'Ouest.

À ce propos, je me souviens d'une émission de la télévision régionale de Leeds, dans les années 1970, qui est une bonne illustration de la manière dont certaines séquences télévisées, souvent regardées par hasard, se gravent dans la mémoire. Un policier, invité pour discuter des attitudes racistes au sein de la police de Leeds, fit preuve, dans un débat avec un porte-parole antillais, réfléchi et à la voix douce, d'un racisme tellement méprisant et tellement haineux qu'on pouvait se demander s'il serait autorisé à rester dans la police ; sa hargne s'exprimait principalement par le ton de la voix, à travers des phrases insidieuses et par un usage subtil de l'ambiguïté, de sorte qu'une transcription de l'émission aurait difficilement rendu une telle malveillance. Le présentateur arrondissait les angles à la manière émolliente de la télévision, si bien que la saloperie de l'exposé a pu échapper à pas mal de gens. Pour ma part, je fus bouleversé par ce que ce témoignage révélait des attitudes apparemment acceptables chez ces policiers, car rien ne pouvait laisser penser que cet homme ne parlait pas pour ses pareils. Mais je n'étais pas vraiment surpris. Chaque fois que la police se comportait de façon peu honorable, on se contentait de dire : « Les flics ne chient pas des roses. » C'était la phrase populaire type.

Je suis toujours extrêmement, et sans doute excessivement sensible aux abus de pouvoir, même dans les petites choses et aux niveaux où la plupart des gens ne peuvent pas rendre coup pour coup. C'est une colère individuelle fondée autant sur le souvenir des petites injustices dont j'ai continuellement entendu parler que sur un principe.

Notre famille respectait et recherchait les emplois en col blanc, y compris vendeur dans un magasin et même boutiquier à son propre compte – à condition que les magasins soient du genre convenable (le magasin de meubles de Walter était à la limite extérieure de cette bienséance). Mais, dans l'ensemble, nous partagions l'aversion générale qu'inspiraient les gens « dans le commerce » ; pas seulement l'épicier tricheur, mais quiconque accumulait de l'argent en se contentant d'acheter et de revendre. Nous pensions qu'il y avait quelque chose de salissant dans ce genre d'activités animées par un esprit d'entreprise à petite échelle, autodéterminé, indépendant sans doute et qui impliquait qu'on ne comptait que sur soi, mais peu scrupuleux. D'où venait cette attitude ? De ce que beaucoup, parmi les femmes les plus âgées, avaient, comme Grand-Mère, commencé leur vie active dans les maisons des classes dominantes et avaient gagné à ce contact au moins un léger mépris pour les gens du négoce ? Plus vraisemblablement, elle véhiculait un sentiment campagnard et communautaire qui nous rendait immédiatement soupçonneux envers ces gens qui tenaient boutique à la ville, que pour la plupart nous connaissions à peine en tant que personnes et qui voulaient sans doute avant tout faire de l'argent, au besoin par la combine et le frelatage. Il y avait quelque chose d'aristocratique dans cette attitude, qui n'était pas sans rapport avec celle de Jack Birtle passant ses jours de vacances aux courses. Lorsque je me demandais ce que je ferais après avoir quitté l'école, il ne m'arrivait jamais de penser aux affaires ou au commerce (pas plus qu'à une profession libérale : elles étaient socialement et financièrement hors d'atteinte). Pasteur non conformiste, peut-être ; la politique, non – dans ce cas, mon attitude s'expliquait peut-être principalement par la méfiance de ma famille, qui soupçonnait tous les hommes politiques, sauf les aristocrates, de ne rechercher que leur propre intérêt.

La plupart des gens, dans les quartiers comme celui que nous habitions à cette époque, avaient tendance à ne s'occuper que du train-train quotidien, à être non politisés ou légèrement soupçonneux envers la politique, à accepter la division entre les gradés et la troupe comme si cela faisait partie de l'ordre naturel – un ordre naturel dont un exemple éminent dans le Yorkshire, si fier de son cricket, était la division entre gentlemen et joueurs, une distinction qui semble maintenant appartenir au moins au XVIIIe siècle. Beaucoup qui n'auraient jamais songé à voter conservateur n'en devenaient pas pour autant des membres actifs du parti travailliste. Quelques-uns avaient tendance à s'installer dans un immobilisme enragé, bien décidés à ce que les choses ne changent pas, à devenir au pire de petits Orlick[97]. Tout cela allait de pair avec la certitude implicite et partout répandue que nous étions vraiment supérieurs en tant que nation, supérieurs à tous les autres, et avec l'acceptation de la monarchie, une acceptation de fait, pratiquement sans la moindre remise en question. La plupart des gens dans notre coin étaient nationalistes, monarchistes, sans programme et apolitiques.

Vers l'âge de quinze ans, les jeunes gens comme moi avaient appris à se moquer de la monarchie et penchaient pour le socialisme. En terminale, la moitié de la classe était socialiste; la plupart des autres élèves étaient politiquement ignorants, quelques-uns étaient des *Tories*[98] en herbe qui avaient déjà conclu égoïstement que le conservatisme était le meilleur choix possible si l'on voulait avoir sa tartine beurrée. Des amis me parlent parfois de tel de leurs professeurs qui a enflammé leur intérêt pour la politique. Je n'eus pas un tel mentor. Mon socialisme émergea du regard que je portais autour de moi et de la conclusion que cette sorte de vie, ces sortes de divisions n'étaient tout simplement pas assez bonnes, et encore moins dans une société qui avait les prétentions de la Grande-Bretagne. C'était un socialisme démocratique à la Tawney qui mettait l'accent sur la fraternité comme fondement de l'égalité et de l'aspiration à la liberté; ce n'était pas un socialisme théorique, et le qualifier d'idéologique aurait été un abus de langage.

Il me fallut des années et la rencontre de quelques conservateurs intelligents, imaginatifs et humains – dont le conservatisme était fondé non sur l'intérêt personnel, mais sur le sentiment

97 Personnage des *Grandes espérances* [1861] de Charles Dickens (Folio, 1999), type de sous-prolétaire qui étale sa misère avec complaisance.

98 Ce terme désigne le Parti conservateur ou ses membres.

de l'importance de l'histoire, de la tradition et du devoir – pour apprendre à être ouvert à l'idée qu'il pouvait y avoir un bon conservatisme. Encore maintenant, j'ai tendance à supposer, lorsque je fais la connaissance de quelqu'un qui me semble intelligent, imaginatif et humain, qu'il doit – ou devrait – se situer quelque part à gauche.

S'agissant des attitudes des classes populaires envers l'intelligence et l'imagination, la plupart des écrivains et des hommes politiques partent du principe que celles-ci sont à la fois d'un anti-intellectualisme absolu et d'un mépris complet pour les arts. Cela ne cadre pas du tout avec mon expérience. Beaucoup de gens des classes populaires étaient et sont non intellectuels, mais pas anti-intellectuels ; le non-intellectualisme découlait de leur condition, mais l'anti-intellectualisme ne faisait pas partie de leur culture. Il faut déjà être un peu au-dessus des derniers degrés de l'échelle sociale pour être à la fois averti et coupé de l'intellectualisme, pour se sentir menacé et jugé par lui, et être ainsi poussé à l'attaquer. Les gens des classes populaires réagissaient habituellement contre toute affectation de supériorité en matière d'esprit ou de goût, quelque forme qu'elle prenne, que ce soit dans l'habillement, le maintien ou le discours ; mais ils ne s'élevaient pas contre l'intérêt porté aux choses intellectuelles, du moment qu'il était sérieux ; ainsi l'homme du coin qui était « calé » pouvait avoir droit à une forme de respect, tout comme un enfant que son intelligence pouvait par la suite faire sortir de son milieu.

Les classes populaires n'avaient pas non plus d'hostilité pour l'art, bien que les arts, dans leur définition usuelle, ne fassent pas partie de leurs préoccupations effectives ; comment pourrait-il en être autrement ? Durant les quarante et quelque dernières années, le sentiment populaire est allé vers une sous-estimation de l'art et de l'intelligence, et l'on avance souvent que cela reflète un changement de goût chez la majorité des gens. Mais, quand on parle à des membres des classes populaires, même de nos jours, on rencontre rarement chez eux un philistinisme actif. Les attitudes philistines peuvent faire partie de la sensibilité à d'autres niveaux sociaux, mais elles sont encore relativement peu assimilées parmi les classes populaires, qui ne les trouvent pas non plus pertinentes.

La vie des classes populaires britanniques est encore dominée par cette immobilité écrasante, par cette absence d'attentes et de perspectives et par cette résignation triste – que justifient pleinement la base de classe et le biais de classe du système d'enseignement, à tous les niveaux, de même que l'appareil des communications de masse, qui semble ouvert et parfois même radical, mais qui critique rarement les moteurs et les processus qui conservent les choses dans l'état inacceptable où elles apparaissent à quiconque essaie de prendre du recul et de faire le point.

Ce qui suit est l'histoire vraie de deux frères originaires du Lancashire. Tous les deux furent formés juste avant la guerre comme ouvriers électriciens et tous les deux firent la guerre. L'un d'eux est toujours électricien, électricien d'entretien dans une entreprise publique assez petite. Il est raisonnablement, mais pas grassement payé ; un de ses enfants a réussi à aller à l'université, puis à entrer dans l'enseignement. C'est une espèce d'avancée, mais pas une percée importante. L'amélioration matérielle de la fin des années 1980 mise à part, ses père et mère auraient trouvé son style de vie et, qui plus est, son horizon et son estimation de la probabilité d'un changement majeur, plutôt semblables aux leurs ; pas de grande modification, pas de différence qualitative, pas de changement exponentiel.

L'autre frère servit pendant un moment en Australie durant la guerre et commença à courtiser une Australienne. Après la guerre, il revint chez lui, elle le rejoignit, ils se marièrent et retournèrent s'installer en Australie. Ils eurent trois enfants. Maintenant, presque quarante ans après, le père a pris sa retraite de son poste de directeur des travaux dans une entreprise d'électricité à Sydney, un poste qu'il aurait eu peu de chances d'obtenir dans le Lancashire. Le fils aîné est avocat et a travaillé dans l'équipe d'un sénateur, la fille est avoué, l'autre garçon est athlète, sportif de haut niveau. Les trois enfants ont pu faire toutes les études supérieures dont ils avaient besoin pour accéder aux professions de leur choix ; et il allait de soi que ces professions leur étaient ouvertes comme à presque n'importe qui d'autre, quelle que soit leur origine sociale. Ce n'étaient pas des imbéciles, mais ils n'étaient pas non plus, je suppose, plus, intelligents que leurs cousins restés dans le Lancashire. Le climat social dans lequel ils se trouvaient était plus ouvert et plus encourageant, de sorte qu'ils poussèrent et grandirent comme des plantes sur un sol nourricier et qu'ils réalisèrent leurs aspirations.

Par contraste, le climat auquel sont soumis la plupart des membres des classes populaires en Grande-Bretagne est encore trop fermé, peu bénéfique, replié sur lui-même. La résignation que cela encourage est pour une part admirable, faite de persévérance et de stoïcisme. On n'y est pas progressiste à la légère ; mais de telles attitudes peuvent aussi résister au changement, susciter de la rancœur vis-à-vis du changement chez les autres ; on fait la moue à la perspective d'une amélioration. Parmi beaucoup de mauvais résultats, il y a – redisons une fois de plus ce mot incontournable – un énorme *gaspillage de talents*, des talents qui pourraient nous aider tous si l'occasion de se réaliser leur était donnée.

Il est typique de la société britannique, sous nombre de ses aspects, que les deux manières de s'en sortir reconnues et applaudies à tous les niveaux soient le succès dans le monde du spectacle et le succès dans le commerce à grande échelle, la vedette pop et le magnat des affaires. Cette société, à la fois commercialement arriviste et socialement bloquée sur une base de classe quant aux chances qu'elle offre à la plupart de ses membres, a découvert les deux opiums les plus vraisemblablement capables de conserver un maximum de choses et un maximum de gens tels qu'ils sont depuis longtemps ; ce à quoi elle parvient par une adaptation à moitié consciente de ses organes de persuasion, mis au service de cette combinaison de possibilités et de dynamisme pour quelques-uns et de stagnation pour la plupart des autres. Le sens de la « fraternité », qui est une extension et un élargissement publics du « bon voisinage », en a été régulièrement affaibli.

Pourtant, d'une manière presque paradoxale, la caractéristique la plus commune de l'atmosphère et de l'humeur des classes populaires à Leeds était le goût pour le mélodrame, local plutôt que national. Le mélodrame devait être trouvé dans la vie de tous les jours ou, plus précisément, il devait en émaner, parce qu'il était ce qui donnait de la saveur à nos vies et rendait les rues, le voisinage, la ville et ses environs plus grands que la vie que nous menions réellement, plus vivants et plus époustouflants. Nous avions besoin de trouver des *dramatis personae* exotiques et parfois menaçantes pour habiter ces endroits-là.

En l'espèce, les Irlandais avaient un rôle

permanent de figurants. Ils étaient venus tantôt par petits paquets, tantôt par vagues, à partir de la fin du XVIIIe siècle, pour construire les canaux et les chemins de fer et, plus tard, pour ramasser tout ce qui se présentait comme travail, en général un travail de force, jusqu'à la construction des autoroutes dans la seconde moitié de ce siècle. À Hunslet, ils étaient rassemblés dans une ou deux rues contiguës et ils avaient leurs propres pubs. Ils nous semblaient menaçants, dans la mesure où ils étaient catholiques romains, avec des familles trop nombreuses et sous la coupe de leurs prêtres, eux-mêmes souvent fraîchement amenés d'Irlande. Nous croyions que les Irlandais buvaient trop et se chamaillaient congénitalement tous les week-ends. Notre propre puritanisme nous donnait le sentiment furtif que, en dépit de notre désapprobation guindée, ils connaissaient quelque chose dans la manière de profiter de l'existence que nous ignorions. Mais nous n'aurions pas voulu vivre comme eux, et l'idée que l'un des nôtres se marie dans une telle famille était effrayante ; ils formaient une sorte de caste.

Ils avaient leur propre école élémentaire qui touchait à notre cour et c'était un endroit dur. Pourtant, au moins deux hommes, bien connus (il est probable qu'il y en ait d'autres) sont sortis de ces rues et de cette école. L'un est professeur d'université, avec la carrure de ses ancêtres terrassiers ; l'autre, un acteur, possède l'allure aisée et le sourire en biais qui évoquent des générations d'Irlandais charmeurs. Tous deux aiment raconter des histoires exagérées sur la vie qu'ils menaient de leur côté de la piste, combien sauvage à côté de l'allure mesurée que nous avions de notre côté ; plus ils s'en éloignent dans le temps et par le style de vie et plus leurs histoires deviennent picaresques.

Mais les Irlandais étaient trop peu nombreux et

trop enfermés dans leurs métiers manuels de base pour être capables d'accaparer nos pensées aussi richement et aussi mélodramatiquement que les Juifs. À cette époque, dans les années 1920 et 1930, Leeds avait, disait-on, la proportion la plus élevée de Juifs de toutes les villes britanniques. Nous étions certainement tout à fait conscients de leur présence, et d'une manière complexe et contradictoire.

Lorsqu'ils arrivèrent d'Europe de l'Est, Leeds commençait à construire son industrie du prêt-à-porter. Montague Burton (« la confection chic »), la marque la plus connue, possédait le plus grand complexe d'usines ; il existait d'autres grandes usines, des usines moyennes et une multitude de petites entreprises produisant des vêtements pour hommes, femmes et enfants depuis les plus beaux jusqu'aux moins chers, aux plus tocards et aux plus camelotés. Toutes ces entreprises n'étaient pas possédées ou dirigées par des Juifs, mais ils y jouaient un grand rôle, à tous les niveaux. Ils jouaient aussi un rôle dans le commerce de détail et dans les professions libérales car leurs fils, et parfois leurs filles, parvenaient à entrer dans les professions médicales, juridiques et universitaires.

Nous avions tendance à nous offenser de cette prospérité, à prétendre qu'elle était due principalement à l'avarice, à l'esprit de clan ou de tribu et à toutes sortes de petits carottages. « Ils n'aiment pas se fatiguer », disaient habituellement les gens, qui se rappelaient peut-être s'être fait rouler une fois au marché, mais qui ne se rappelaient pas du tout ou même ignoraient le grand nombre de Juifs pauvres qui travaillaient très dur pour des salaires très bas et ne s'échappaient jamais de Sheepscar. Le soupçon était profondément enraciné et on l'absorbait dès les premières années de jeu dans la rue. Comme les

Irlandais, mais bien plus encore, les Juifs étaient une race à part. Il y avait peut-être une famille juive ou deux dans notre coin, mais je ne m'en souviens pas. Nous savions où vivait la grande masse d'entre eux et nous pensions que tout cela était bien comme cela devait être.

Par-dessus tout, il y avait le ressentiment, la crainte, la suspicion envers leur capacité à aller de l'avant, leur mouvement incessant, leur refus de faire ce qui était central dans notre perspective – prendre les choses comme elles sont –, leur énergie étrange, étrangère, d'intrus. C'était un élément important dans ce qu'il faut bien appeler, je suppose, de l'antisémitisme. Ça se répandait à faibles doses, mais d'une manière désagréable, comme une mauvaise odeur persistante qui s'infiltre partout. Une fois, très tôt dans mes années d'école élémentaire à Hunslet, un garçon plus grand me frappa férocement sans motif dans la cour de récréation, en prétendant que c'était parce j'étais un « youpin », un « youdi ». C'était l'étiquette la plus commode pour justifier à ses yeux le fait que je prenne un gnon. Dans les écoles où ils étaient minoritaires, les garçons juifs doivent avoir eu la vie dure avec de jeunes brutes comme lui. On disait aussi que les Juifs étaient poltrons et ne se battaient pas pour se défendre.

Mais l'adjectif « antisémite » décrit seulement un aspect de nos attitudes complexes envers les Juifs. Une autre partie de nous-mêmes avait du respect, accordé à contrecœur, pour leur volonté de travailler dur, leur dévouement envers leur famille et leur loyauté envers leur groupe – à peu près comme ce qui se dit aujourd'hui de quelques groupes d'immigrés asiatiques. Un aveu de ce type commençait habituellement par la proposition : « Vous direz ce que vous voudrez sur (c'est-à-dire "contre") les Juifs, mais ils… »

(ici suivait l'énoncé d'une vertu). Nous connaissions, et tout au fond de nous-mêmes nous admirions le principe qui leur faisait un devoir d'aider en pratique leurs congénères, les fidèles de la même synagogue, ou ceux qui exerçaient le même métier lorsque ceux-ci se trouvaient sans ressources ; toujours au plus profond de nous-mêmes, nous savions aussi que notre propre sens de la solidarité communautaire n'était pas aussi fort et aussi efficace que celui des Juifs, bien que beaucoup de nos propres grands-parents soient partis de communautés villageoises pour venir dans les rues dures et inhospitalières de Leeds. Nous avions un vrai sens du bon voisinage et nous le pratiquions sous de nombreuses formes ; mais, à moins d'être aveuglément xénophobe, force était de reconnaître que les Juifs pouvaient nous en remontrer.

Il n'est pas surprenant que nous trouvions également les Juifs sexuellement intrigants. Pour commencer, ils étaient circoncis. On pratiquait bien la circoncision chez les Gentils[99], mais c'était rare, en général pour des raisons médicales. Les garçons juifs, à ce qu'on disait – la plupart d'entre nous n'avaient jamais vu leur pénis – avaient un grand gland pourpre, nu, sans prépuce. Les garçons les plus âgés disaient que ça faisait une impression différente aux filles, que ça les excitait plus quand elles se faisaient enfiler (d'autres contre-attaquaient en affirmant qu'un prépuce qui se rebrousse à l'entrée produisait un frisson encore plus grand). Ainsi, il y avait là une autre cause de ressentiment et d'envie. Les filles juives, nous disait-on, comme on nous le disait à propos de n'importe quel groupe étranger, avaient un goût curieux pour la fornication et étaient

99 Terme désignant les personnes étrangères à la religion juive ou, dans les premiers temps du christianisme, les personnes païennes.

même physiquement différentes des filles anglaises par « en bas » ; et la différence augmentait le plaisir. Bien sûr, nous n'aurions pas songé à épouser l'une d'entre elles. Encore que…

Sur tous ces terrains-là, les Juifs constituaient un élément puissant du folklore de la ville, et les Gentils des classes populaires trouvaient un plaisir sans cesse renouvelé à pourvoir par leurs inventions aux détails qui soutenaient cet intérêt. Les représentants locaux de la royauté étaient également un élément puissant de notre folklore. Nous étions fascinés par les faits et gestes de Harewood House, une vaste demeure remplie de trésors et entourée de grandes terres où vivaient la princesse royale et le comte de Harewood avec leurs deux fils. Ce n'était pas de la petite royauté : c'était une grosse affaire, un peu comme si on avait eu *La Tosca* produite par Covent Garden en représentation permanente dans notre théâtre local.

Les classes populaires de Leeds (et, à sa manière, je suppose, la bourgeoisie aussi) gobaient l'ancien folklore et en inventaient sans cesse sur la maison de Harewood, en particulier sur le vieux comte et sa réputation d'ivrognerie et de brutalité envers la pauvre princesse royale, qui devait, bien sûr, étant si maltraitée, être douce et pleine de patience ; aussi, tout le monde, du moins la grande majorité des ménagères, avait pitié d'elle. La présence même de la famille royale en ligne directe si près de la ville – on disait de certaines boutiques du centre de la ville qu'elles servaient la grande raison – donnait à notre Leeds un éclat que Sheffield, son pendant, ne pouvait égaler ; la cité pécheresse avait au moins des aristocrates de meilleur rang.

Ces éléments principaux du folklore de la ville – les Juifs et la royauté locale – entrèrent tous les deux en résonance, juste avant la dernière guerre ou un peu plus tard, dans les années 1940. Une histoire stupéfiante, selon laquelle l'aîné des fils du vieux comte aurait eu une affaire de cœur avec une jeune Juive de la ville, se propagea de bouche à oreille à la vitesse habituelle et fut généralement tenue pour véridique. La jeune fille était des quartiers chic, les plus au nord de la ville, naturellement pas de Sheepscar. Une fois que la maison supposée fut connue, on fit de fermes efforts du côté du comte pour y mettre un terme. Mais il s'avéra difficile de dissuader tant le jeune homme que la jeune fille; aussi une rencontre fut-elle arrangée entre les émissaires du comte et les parents de la fille. Elle eut lieu dans le salon du Queen's Hotel, une construction toute en hauteur qui surplombe la gare principale.

Dans ces années-là, le salon de l'hôtel était presque constamment animé dans la journée, on y servait du thé ou du café accompagnés de biscuits, de gâteaux et de sandwiches à des bourgeoises d'âge mûr. Pour les envoyés du comte, accepter une rencontre en cet endroit aurait été comme conclure un marché au beau milieu de l'affluence de la gare, sous les projecteurs et avec un claquoir de cinéma, car les clients auraient noté les moindres faits et gestes et auraient fait de leur mieux pour écouter. Ce n'était donc guère le genre d'endroit que le comte aurait choisi s'il avait eu affaire en ville. Mais, pour les besoins du mythe, la rencontre devait avoir lieu dans le salon du Queen's, endroit théâtral pour la conscience publique et qui convenait ainsi parfaitement à une rencontre aussi mélodramatique.

Le choix de cet endroit et de ce décor particuliers souligne une règle essentielle de l'art de raconter des histoires, spécialement dans les classes populaires : *si non è vero, è bene trovato*[100] ; la vérité qui parle à l'imagination est plus importante que l'attention pédante à la vraisemblance des détails. Le folklore doit être entretenu et les inventions dramatiques, une fois que quelque génie inconnu les a créées, trouvent leur propre chemin jusqu'à ce qu'elles atteignent une maturité baroque, parce qu'elles correspondent à ce que le besoin de mythes locaux demande, à ce dont il se nourrit. De sorte que nous crûmes que ça s'était passé comme ça, qu'un marché avait été conclu et que la jeune fille s'était effacée de la vie de la jeune altesse royale. Beaucoup plus tard, j'ai rencontré l'aîné des garçons Harewood, devenu comte à ce moment-là ; peut-être s'est-il demandé ce qui me faisait sourire, de l'autre côté de la table de réunion, ne sachant pas quel personnage puissant il avait été dans les contes merveilleux de nos vies.

Cet ensemble complexe d'attitudes envers les Juifs, que les enfants se voyaient proposer très tôt et avec beaucoup de force dans les classes populaires de Leeds avant la guerre, me vient à l'esprit assez souvent parce que, comme je m'en suis complètement rendu compte il y a seulement quelques années, quelques-uns de mes amis les plus impressionnants, à l'université, à l'armée et par la suite, étaient juifs. Celui qui m'a le plus marqué était Andrew Shonfield et je compte écrire plus tard quelque chose sur lui. Ce qui m'attira vers de tels hommes fut tout d'abord, je pense, leur intelligence puissante et toujours en éveil, moins empêtrée que ne l'était la mienne dans les racines de l'origine de classe et de la culture anglo-saxonne locale. Ils avaient presque tous cessé dans leur adolescence d'être des Juifs orthodoxes et avaient du coup tendance à supporter difficilement les formes de piété

100 « Si ce n'est pas vrai, c'est bien trouvé. »

non intellectuelle. J'étais aussi attiré, en contraste avec ce que je viens de dire, par leur manière d'accéder sans honte à leurs émotions.

J'étais une fois à l'aéroport de Heathrow en compagnie d'un professeur juif d'âge mûr avec qui j'avais fait une tournée de conférences à l'étranger. Il trouva une lettre glissée à son intention dans l'un des panneaux destinés aux messages ; elle lui annonçait la mort de sa sœur. Son chagrin fut immédiat et manifeste. Il s'appuya contre un pilier et pleura sans réserve, indifférent à la foule qui tourbillonnait autour de lui ; c'était sans fard, biblique, de l'Ancien Testament. Pas de dents serrées, juste un chagrin sans contrainte pendant qu'il répétait sans cesse : « Ma chère petite sœur, ma chère petite sœur. » C'était tout à fait non anglais ; je fus tout d'abord interloqué, puis emporté par une sorte de respect et d'admiration.

La troisième de ces qualités puissantes et singulières, je la rencontrai plus tard dans l'expression joyeuse et non puritaine de l'amour dans le mariage. C'est une chose qui avait eu très peu de place dans la sombre furtivité des attitudes envers la sexualité, dans ou hors mariage, qui nous étaient transmises. La sexualité de la rue était crue, brutale et dominée par les hommes ; à la maison, on n'en parlait tout simplement pas, et, pour des adultes « décents », discuter des pratiques sexuelles dans le mariage était encore plus sévèrement prohibé. Nous aurions difficilement pu imaginer une épouse israélite décrivant doucement et joyeusement, en présence de son mari, pendant le souper qui suivait les pratiques juives orthodoxes, le rôle que joue l'amour physique dans le mariage pour ses coreligionnaires ; c'était à un million de miles du fameux « ferme les yeux et pense à l'Angleterre », bien qu'absolument pas égrillard. C'était un monde dans lequel la foi, la fidélité et l'ouverture d'esprit à l'égard de la sexualité se rejoignaient d'une façon que je n'avais jamais rencontrée auparavant et que je trouvais attirante et libératrice.

II. L'ÉCOLE

CHAPITRE 5
L'ÉCOLIER

Produit de la loi sur l'enseignement de 1870[101], l'école élémentaire de Jack Lane, à Hunslet, était un bâtiment en brique plutôt bon marché, en forme de L vu de la rue, mais avec des parties cachées derrière. À l'intérieur des branches du L se trouvait une cour de récréation cimentée avec, à l'extrémité gauche, des ateliers pour le travail du bois et du métal ; on longeait tout ça lorsqu'on allait aux toilettes extérieures avec leurs grands urinoirs d'ardoise. Les salles de classe étaient en petit nombre ; des portes coulissantes permettaient de réunir deux des plus grandes pour le rassemblement du matin. Les murs étaient carrelés, les fenêtres hautes. On chauffait avec des poêles, de sorte que les places de devant étaient les plus prisées ; mais on y plaçait les enfants les moins intelligents ou à problèmes, et les autres souffraient derrière en jurant que c'était là qu'ils attrapaient leurs engelures. L'accusation ne tenait guère debout, car il y avait, tout au long de la journée, bien d'autres endroits où l'on pouvait en attraper, à commencer par nos chambres à coucher. Les maîtres les moins prévenants se chauffaient les fesses contre le poêle pendant la classe, de sorte qu'il parvenait encore moins de chaleur aux élèves.

Ma dernière visite à Jack Lane remonte à la fin de 1986, et ce retour me rappela une fois de plus à quel point la mémoire est faillible. Ainsi la description des bâtiments que je viens de faire, qui me semblait tout à fait ferme et claire lorsque je l'écrivais, pourrait bien être un amalgame, fait de mes souvenirs

101 Cf. Présentation, note 5.

de Jack Lane et de mes souvenirs d'autres écoles semblables, eux-mêmes mélangés avec des descriptions lues dans des livres et avec des images de vieux films. Quand je revins à Jack Lane, beaucoup de choses étaient sans doute conformes à mon souvenir ; mais il y en avait d'autres – sans parler évidemment des bâtiments ajoutés plus tard – dont je ne me souvenais pas du tout et dont j'aurais nié l'existence si je ne les avais pas vues de mes yeux.

Jack Lane est maintenant le centre d'athlétisme de Leeds, et on y rencontre une population mobile d'haltérophiles (apparemment sa spécialité), de handicapés physiques qui peuvent se rééduquer en pratiquant certains types d'exercices, et quantité d'autres groupes. Les pièces sont bien chauffées, plus chaudes que dans mon souvenir ; l'atmosphère aussi est chaleureuse. Témoin, par exemple, cet ex-agent de police amical qui s'exerçait aussi vigoureusement que le lui permettaient ses membres endommagés, ainsi que son cerveau, légèrement endommagé lui aussi. Il était en service à moto quand un automobiliste avait brûlé un feu rouge et l'avait heurté juste devant les studios de la télévision du Yorkshire, à deux ou trois miles de là ; et à un demi-mile de la boutique de Tante Ethel. La compagnie d'assurances de l'automobiliste lui avait versé une indemnité importante et il aimait, entre autres choses, aller à Majorque de temps en temps. C'était une histoire de la fin des années 1980 racontée dans un bâtiment datant de 1880 à quelqu'un que sa mémoire ramenait constamment en arrière, à la période intermédiaire entre ces deux dates, et qui s'efforçait de dépasser l'aspect purement anecdotique de ce siècle, de ce paysage, de ces détails et de ces personnages.

Pas très loin de là, l'autoroute Ml, qui ne se termine qu'à quelques centaines de mètres du centre même de Leeds, a fait une large coupe à travers

Hunslet, et le bruit de la circulation retentit tout près des bâtiments de Jack Lane. L'histoire de toute cette zone, qui inclut notre Newport Street, est un abrégé typique de la politique par « essais et erreurs » dont le logement social a fait l'objet dans les trente dernières années. Les rues ont été dégagées en 1971 pour faire de la place au lotissement de Hunslet Grange, l'un des ensembles de logements sociaux les plus grossiers et les plus inhumains que j'aie jamais vus dans aucun pays développé : ces bâtiments de construction industrielle, en blocs de béton de plusieurs étages, beaucoup moins humains que les vieilles rues de maisons accolées dos à dos, en disaient long sur la vision que ceux qui les avaient conçus avaient de ceux qui devaient y vivre, et suggéraient de leur part une attitude identique à celle du fermier qui utilise les méthodes mécanisées les moins chères pour élever du bétail dans des unités de production uniformes.

Les blocs d'habitations étaient carrés ou rectangulaires, avec comme seule concession importante au fait que des êtres humains devaient y vivre un espace vert, une sorte de cour, ménagée dans l'espace laissé vide au milieu de chaque bloc. Mais qui aurait voulu se détendre là, dans ce carré presque sans soleil, assombri par les immeubles sur les quatre côtés ? Qui aurait voulu laisser ses enfants jouer dans ces cours à l'herbe immédiatement pelée qui étaient les endroits les plus pratiques pour que les chiens et les chats aillent faire leurs ordures ? Ces espaces verts devinrent de lugubres terrains vagues, dont Hunslet avait toujours eu sa part, de sorte qu'il n'y avait pas besoin d'architectes pour en construire exprès en supplément. Les cages d'escalier des blocs étaient sales et sentaient mauvais, et les résidents se plaignaient de l'humidité et de la mauvaise qualité générale de la construction.

Il est sans doute facile d'être mieux avisé maintenant et de tonner après coup contre les erreurs du logement social des années 1950 et 1960 ; mais il faut dire et redire encore ces choses au cas où les architectes et les planificateurs les oublieraient et retomberaient dans de telles erreurs. Personne ne voudrait revenir aux maisons accolées dos à dos. Mais ces vieilles rues, presque par hasard ou par refus de l'anonymat, encourageaient un mode de vie qui se greffait sur elles alors qu'aucun style de vie décent ne peut être greffé sur des ensembles en béton ; s'il avait pu être compris par les planificateurs, ce mode de vie leur aurait dit : pas d'allure générale sans âme comme celle-ci, pas d'entassement d'étages comme ça, pas de cages d'escalier comme celles-ci et, surtout, pas de ces cours dénudées et fermées. Ils ne l'ont pas compris et l'inévitable arriva : les grands ensembles devinrent les repaires de la petite délinquance, des endroits où les filles doivent être prudentes dans le noir ; et ceux qui essayaient d'y mener des vies respectables trouvèrent que c'était une bataille de plus en plus difficile. En fin de compte, les gens en eurent tellement assez qu'une association de locataires commença à exercer de fortes pressions pour être relogés dans de nouvelles habitations, et pour l'abandon des ensembles en béton. Ceux-ci furent démolis en 1985, si bien qu'au moment de ma visite, en 1986, l'endroit était, une fois encore, en grande partie un terrain vague jonché de gravats. Mais les nouveaux logements commençaient à apparaître par grappes : des pavillons semi-individuels et d'autres du même genre en groupes irréguliers, qui paraissaient vivables et vraisemblablement propres à encourager de bons rapports entre voisins. Nous apprenons, mais à quel prix ! et le coût n'est pas seulement financier.

À l'école de Jack Lane, nous rentrions presque tous à la maison pour déjeuner. Je ne me souviens pas qu'il y ait eu une cantine ; la plupart des mères restaient à la maison toute la journée et pouvaient fournir un repas pour un coût inférieur à celui du repas scolaire le moins cher. Je suppose que les rares élèves dont les mères travaillaient à l'extérieur apportaient des espèces de sandwiches. (Le sandwich proprement dit n'était pas très courant dans notre coin, sauf pour le dîner du dimanche, lorsqu'il y avait des invités. Une brioche plate nature, équivalent pour le Yorkshire du pain au lait, remplie par exemple de corned-beef, était ce qui, chez nous, s'en rapprochait le plus.) Quelques garçons allaient jusqu'au *fish and chips* le plus proche ou jusque chez le charcutier. Certains hantaient la cour de récréation pendant toute l'interruption de la mi-journée ; d'autres revenaient précipitamment de chez eux pour pouvoir taper dans une balle pendant quelques minutes avant que la cloche sonne.

La cour de récréation, comme l'école tout entière mais sous la forme plus intense d'une jungle à demi surveillée, fut au début un choc pour moi, d'autant que celle des classes enfantines de Chapeltown avait été douce et sans menaces. C'est le cas en général des classes enfantines, mais la différence ici était plus grande. Elle reflétait le fait que Potternewton, qui ne comportait pas une grande concentration de travailleurs manuels non qualifiés, était lui-même une enclave de douceur à l'intérieur de Chapeltown. Hunslet avait dans son centre un noyau d'ouvriers de l'industrie lourde, et ceux qui vivaient autour de Jack Lane et de ses dépendances étaient plus souvent non qualifiés que qualifiés ; la plupart des ouvriers qualifiés déménageaient ne serait-ce que pour s'éloigner de deux ou trois rues. En dépit des bonnes qualités dont les hommes de Jack Lane pouvaient faire preuve à l'occasion (et beaucoup d'entre eux, en particulier les hommes les plus âgés, se comportaient comme de doux géants), ils étaient le plus souvent destinés à être des durs. Les fils s'attendaient à aller à l'usine comme leurs pères – probablement dans les grandes usines de construction mécanique – et à entrer dans ce qu'ils percevaient comme une vie rude et virile, qu'ils avaient hâte de connaître.

J'ai parlé plus haut du garçon qui m'avait frappé sans provocation et qui n'avait trouvé dans son pauvre vocabulaire offensif que « youpin » comme insulte ; la pauvreté de ses attitudes mentales lui avait fait choisir une épithète raciste. L'important, cependant, était que tout nouveau venu qui n'était pas natif des rudes classes populaires de Hunslet était un intrus destiné à être étiqueté et maltraité, verbalement et physiquement. Je ne me souviens pas avoir rendu les coups en cette occasion. J'étais tout nouveau, il était plus vieux, plus grand et il avait sa bande avec lui. Je n'en ai pas parlé non plus à la maison ; ça ne se disait pas et je suppose que ça ne se dit toujours pas.

Sans en développer consciemment la pensée, je savais alors que je devais m'affirmer d'une manière ou d'une autre, de façon à m'entourer d'un cercle invisible à l'intérieur duquel je pourrais agir en sécurité dans la cour de récréation et dans la rue. Je finis par y parvenir, en partie grâce à mes performances en classe : l'intelligence pouvait être tournée en dérision mais, au bout d'un moment, elle était furtivement reconnue comme quelque chose que beaucoup n'avaient pas et qui pouvait être après tout plus valable que le suggérait l'ethos de la rue. Être le « chouchou du maître » (ce n'est qu'au lycée qu'on disait « bûcheur ») devenait vite sans effet. Il était plus important de faire la démonstration de sa compétence verbale ; peut-être à cause de quelque vestige de mémoire collective, cela vous valait plus de respect ou du moins de circonspection que l'intelligence en classe. Je n'ai pas de souvenir conscient d'avoir utilisé ma langue comme une arme, mais je pense l'avoir fait, toute « paresseuse » qu'elle ait été à cette époque ; je suppose que je l'ai aussi utilisée pour faire rire, comme un cycliste acrobate. Dans tous les cas, le bruit courut qu'« Oggy avait la langue bien pendue » ; j'obtins ainsi un début d'identité.

Dès mes premiers mois à l'école de Jack Lane, un exploit nocturne me valut un meilleur statut, ou du moins une place plus acceptable et davantage de crédit auprès des contestataires. Je m'étais fait alors quelques amis à l'école parmi les garçons des rues avoisinantes. Ce soir-là, bien que cela soit interdit, nous étions dans la cour de récréation. Nous avions l'intention de récupérer les balles que nous savions être allées sur le toit, très pentu, et qui au lieu de retomber sur le sol s'étaient logées à l'endroit où les deux gouttières horizontales du bâtiment en forme de L se rejoignaient à angle droit. Notre idée était que quelqu'un grimpe au tuyau de descente qui se trouvait à cet endroit ; comme j'étais le plus petit, c'est moi qui le fis et je jetai pas mal de balles à ceux qui étaient en dessous. Mais quelqu'un nous avait observés, probablement de derrière des rideaux de dentelle à mi-fenêtre, et le lendemain matin, lors du rassemblement, le directeur de l'école voulut savoir qui était le coupable – comme il devait le faire, car quelqu'un aurait pu se blesser, ou pire encore. Je reconnus les faits et fut dûment réprimandé et puni, bien que je ne me souvienne pas de quelle façon. Mais cela affermit ma position dans la cour de récréation. Les tuyaux de descente sont à l'heure actuelle abondamment entourés de fils de fer barbelés, ce qui me fait penser que je n'ai pas été le dernier à y grimper.

Je ne me souviens pas qu'il y ait eu des rencontres régulières entre les parents et les maîtres à Jack Lane, et nous ne nous sommes jamais perçus nous-mêmes comme faisant partie du dispositif éducatif déployé par la ville de Leeds. Nous n'avions pas davantage le sentiment d'une progression possible ; pour utiliser à nouveau une phrase appelée à revenir sans cesse, nous n'allions nulle part. L'école avait sa place, clairement et simplement définie, dans la vie des rues qui l'entouraient. Le directeur, qui se montra par la suite si bien disposé à mon égard, était tout à fait conscient de la présence du médecin généraliste anglais qui habitait de l'autre côté de la rue, dans une maison qui était à la fois son cabinet de consultation et sa résidence avec des dépendances. Les médecins occupaient certainement une position plus élevée dans la hiérarchie sociale que le directeur d'une école élémentaire et même nous, nous le sentions. Nous avions remarqué sa voiture, sa bonne, son homme à tout faire qui lui servait aussi de chauffeur, et sa femme à l'air supérieur. Un jour, le directeur nous parla à tous lors du rassemblement d'une distinction quelconque qui avait été décernée au médecin ; je suppose que cette distinction n'aurait pas impressionné grand monde en dehors de Leeds : peut-être l'avait-on nommé juge de paix. Mais le directeur nous dit qu'il avait traversé la rue pour féliciter le médecin en son nom propre et au nom de l'école. Un air de Mrs. Gaskell[102] dans le plus sombre Hunslet.

Les parents connaissaient l'école, mais étaient largement ignorants de ce qu'on appellerait aujourd'hui sa « philosophie », qui se bornait à un petit nombre d'objectifs et de points de vue pragmatiques, généralement conventionnels. Ils ne franchissaient ses portes

102 Cf. chapitre 2, note 39.

qu'en cas d'urgence et la plupart n'y avaient jamais mis les pieds. Parmi les rares occasions où les parents en tant que groupe montrèrent de l'intérêt pour l'école, ce dont je me rappelle le mieux est un épisode terrible qui donna lieu à bon nombre de commérages à courte vue. Un matin, pendant l'interclasse, un maître qui surveillait la récréation envoya un garçon de l'autre côté de la rue, à la boutique du coin, lui acheter une pomme. C'était une pratique très courante, que les élèves appréciaient. Sur le chemin du retour, le garçon fut tué par un camion. Naturellement, le personnel de l'école et les élèves furent tous terriblement frappés, à commencer par le maître en question. Mais de nombreuses mères du quartier firent de l'événement une occasion de bavardages et de malignité comme si l'instituteur concerné avait délibérément ou, tout au moins, imprudemment fait courir un risque à ce garçon : « Il aurait dû être plus prudent et ne pas... » Après cela, plus aucun maître n'envoya d'élève hors de l'école pour faire des courses. Que ce garçon ait pu être tué n'importe quel jour, en dehors des heures de classe, en jouant dans la rue ou sur les routes, ou en allant au cinéma, ne traversait pas l'esprit des commères ; telles des harpies, elles poursuivaient leur cruauté de groupe irréfléchie qui rendait pire encore une situation mauvaise. Je me rappelle tout cela aussi clairement parce que certaines femmes ne voulurent pas prendre part au commérage ; Grand-Mère, entre autres, pensait qu'il y avait de la méchanceté à agir de la sorte.

Mr. Harrison, le directeur, nous enseignait la géographie. C'était un homme à l'air assez distingué, à la moustache soignée, qui portait un costume trois pièces et une chaîne de montre ; il fallait s'approcher de plus près pour voir que son costume n'était pas le vêtement de pure laine peignée du médecin généraliste anglais. À trente pas, on l'aurait pris pour un avoué ou un directeur de banque ; si l'on y regardait de plus près, la ressemblance et l'illusion s'évanouissaient et il était, j'appris plus tard à le voir, un directeur d'école élémentaire pas très imposant.

C'était une leçon précoce sur les limites du simulacre ; une manière imagée de dire que l'on voit des sosies à tous les niveaux de la société, et que leur ressemblance cesse d'être parfaite dès qu'on se rapproche. Plus que toute autre influence, les fatigues et les joies personnelles de la vie – maladie, bonheur dans les relations, perte, amour – façonnent nos visages, que nous le voulions ou non. Nous modelons nous aussi notre visage en réponse aux contraintes de notre travail telles que nous les concevons. Des expressions similaires peuvent ainsi apparaître à des niveaux extrêmement différents de travail et de responsabilité ; toutes ont gravé sur les visages le même ensemble de rides, la même saillie de la mâchoire, la même inclinaison de la tête, la même expression des yeux. D'un niveau à l'autre, les visages se ressemblent – jusqu'à ce qu'on aille y voir de plus près. On peut en dire autant des voix et de leurs imitations, souvent seulement partiellement conscientes. Cela fait partie des thèmes sur lesquels je ne cesse de revenir, année après année, peut-être parce que, comme la plupart des idées qui me retiennent, il y est question de l'identité, du sens de l'identité, du besoin d'une identité sûre, de la fragilité de l'identité ; et du côté factice de beaucoup des identités qui nous sont offertes ou que nous nous offrons nous-mêmes et dans lesquelles nous nous efforçons de nous insérer.

J'ai vu une fois Winston Churchill sur le quai d'une petite gare. Ce n'était que le chef de gare, et je ne pense pas qu'il imitait consciemment Churchill bien que ça se soit beaucoup fait. Il avait une carrure semblable à la sienne et la direction de cette petite gare devait être pour lui une source de soucis aussi imposants et aussi prodigieux que la conduite du pays en temps de guerre ; peut-être était-ce réellement le cas à son échelle. Aussi les mêmes stigmates et le même style s'étaient-ils incrustés sur sa personne, mais bien au-delà de ce que nécessitait son poste. Les doyens de petites facultés donnent parfois la même impression, de même que les fonctionnaires qui ne parviendront même pas à être commis principal, mais qui ressemblent à des directeurs de ministères, non pas sur mesure, mais de confection. Il y a des centaines de petits fonctionnaires qui ressemblent à des membres du gouvernement : ils ont pris leur travail comme une charge aussi lourde que s'ils avaient réellement fait partie d'un cabinet ministériel. Avec tous ceux-là – et c'est là que ça devient dur –, lorsque vous regardez de près, vous vous rendez compte que la ressemblance du premier coup d'œil est décevante ; il y a peu de Hampden de village[103]. Le regard est plus faible, la mâchoire pas si sûre, la sensation d'une intelligence méditative et complexe, absente.

Sous peine de finir par ressembler à quelque mannequin de chez Madame Tussaud[104], nous ne devrions jamais prendre nos modèles de visage ou de voix dans la vie réelle ; et aucune panoplie vestimentaire, depuis le pardessus en poil de chameau jusqu'aux jeans, aux bottes en caoutchouc vert ou aux bijoux hippies, ne peut faire quoi que ce soit d'important pour nous. Eliot savait ce qu'il disait lorsqu'il affirmait qu'un poète devrait ressembler à un employé de banque.

103 Homme politique cousin de Cromwell qui s'opposa à la levée d'un impôt par Charles Ier et dont l'arrestation, entre autres, déclencha la guerre civile.

104 Musée de cire fondé en 1835 à Londres par Marie Tussaud.

C'est ce qu'il fit tout le temps et c'était un déguisement sûr, il était un employé de banque très méditatif et à l'aspect impressionnant, et ressemblait ainsi, d'une manière tout aussi impressionnante, à un poète grave. Alors que des visages privés dans des endroits publics semblent plus sages et plus sympathiques, ceux qui ont fini par s'identifier à des masques officiels de la mauvaise taille et de la mauvaise espèce peuvent difficilement s'en défaire, même dans les endroits les plus privés.

L'opposé exact de ces sosies, ce sont ces petits fonctionnaires (particulièrement nombreux en France) qui pensent et sentent tout le temps en petits fonctionnaires, qui se réjouissent d'être des petits fonctionnaires, qui ne désirent pas être autre chose, qui jouissent particulièrement des aspects négatifs de leur rôle et en viennent ainsi irrémédiablement à leur ressembler exactement ; des chiens hargneux, des rouages grinçants. Après ça, on est tout ému quand on voit un petit homme ou une petite femme, la quarantaine, le visage maigre et ridé, l'air doux et plutôt soucieux, qui n'escalade pas les échelons, mais qui est visiblement un bon travailleur et un père ou une mère de famille convenable, sans agressivité, qui promène ses enfants dans le parc le dimanche après-midi ; quelqu'un qui n'est pas encore assez vieux pour s'être installé fermement dans son identité et son destin, mais qui vit honnêtement le présent à l'intérieur d'une bonne personnalité.

Debout devant la classe, Mr. Harrison nous impressionnait. Du moins jusqu'à ce qu'il fasse le geste que nous attendions tous. Il se trouvait qu'il avait l'entre-jambes qui le démangeait de sorte que, sans s'en rendre compte, il passait de temps en temps le plat de sa main fermement tout du long. C'était déjà assez intéressant pour des gamins toujours à l'affût d'une occasion de ricaner salement ; mais, un jour, il fit ce geste alors qu'il nous montrait de l'autre main l'Afrique sur la carte qu'il avait pendue et déroulée au tableau noir, en disant : « Et là, c'est la brousse. » Dès lors, et jusqu'à sa retraite, il fut identifié à ce geste et à cette remarque par toutes les générations de garçons qui passèrent entre ses mains. Il ne l'a probablement jamais su, car personne parmi ses subordonnés ne le lui aurait dit.

Mr. Harrison était probablement originaire de la petite bourgeoisie ; il avait plus de style que l'instituteur habituel issu des classes populaires et moins d'assurance qu'un maître issu de la bourgeoisie. C'était un homme fondamentalement dévoué et gentil, qui fut bon envers moi durant tout mon passage à l'école.

Un instituteur que j'eus pendant un an me donna ma première leçon complète et répétée de cruauté gratuite, de cruauté pratiquée non dans la colère, mais comme une forme de jouissance tortueuse. C'était un homme grassouillet, qui pouvait avoir un peu plus de trente ans, ce qui nous paraissait assez vieux. Il était manifestement peu intelligent, et ce qu'il préférait, c'était se vanter auprès de garçons âgés de neuf ou dix ans de ses amitiés avec les membres du club de rugby de Hunslet. Nous le haïssions sans être capables de dire exactement pourquoi ; mais notre intuition était sûre. Nous aurions pu, si on nous l'avait demandé, donner plusieurs exemples frappants de ses méthodes ; par exemple, le jour où il avait accablé de sarcasmes un garçon plutôt lent, puis s'était déclaré complètement excédé et l'avait sorti par la fenêtre jusqu'à mi-corps et tenu suspendu au-dessus du vide en le menaçant de le laisser tomber sur le ciment de la cour de récréation ; il se retourna, attendant que nous riions de sa grosse farce, ce que firent peu d'entre nous. Je ne pense pas que nous ayons vu l'élément homosexuel de cette bouffonnerie, mais nous savions reconnaître le sadisme lorsque nous le rencontrions.

Je m'attendais à ce qu'il tente le coup avec moi car il avait tendance à choisir ses victimes parmi les garçons les plus petits et il en tenait là un, qui en plus avait un défaut de prononciation ; très tôt, je le vis me jauger du regard comme s'il se demandait où porter première estocade. Mais il s'aperçut rapidement que ce garçon assis au fond de la classe et qui avait tendance à regarder fixement sans ciller était plus intelligent que la plupart et pouvait, même sans le faire exprès, mettre en évidence son propre manque d'intelligence ; de sorte qu'il m'évita. Ce n'était pas très positif comme aide éducative, mais il n'y en avait aucune à attendre de lui. Son dernier coup fut le pire. Un après-midi, il commença à chanter *Mother of Mine*[105] d'une manière très larmoyante, allant d'un garçon à l'autre, regardant chacun au fond des yeux et lui demandant ce que ça lui ferait de perdre sa mère. Il en eut rapidement plusieurs en pleurs, ce qui était son but. Son objectif ultime était de me faire pleurer, car il savait que j'étais orphelin. Cela ne marcha pas ; je le fixai à nouveau de mon regard morne.

Puis, un jour, il ne fut plus là. D'après les commérages, la police était venue à l'école pour enquêter sur quelques malversations en rapport avec un club auquel il appartenait ; il était également question d'enquêtes sur ses pratiques avec les petits garçons. En un rien de temps, le voisinage annonça qu'il s'était enfui pour trouver refuge en Amérique du Sud. Si ç'avait été une institutrice, il ne fait aucun doute qu'elle se serait rendue au plus vite en Afrique du Nord ou au

105 Chanson triste et sentimentale dans laquelle un enfant exprime son admiration et sa gratitude envers sa mère qui vient de mourir. Un équivalent français pourrait être *Les Roses blanches*.

Moyen-Orient pour continuer son trafic de traite des Blanches ; comme toujours, nous aimions le ragot théâtral et coloré. Je ne sais pas ce qu'il y avait de vrai ; le seul fait avéré est qu'il avait levé le pied. Il n'aurait pas pu s'en tirer en passant par Calais, sans parler d'endroits plus exotiques ; aussi a-t-il probablement atterri à Belfast ou à Dublin et pris une nouvelle identité.

Comme tant de parties de la vie des classes populaires à l'époque, l'école était un monde clos ; le terme « ouverture » n'aurait jamais pu s'appliquer à elle, à ses pratiques, à ses buts, à ses aspirations. Ailleurs, dans d'autres secteurs de Leeds, on préparait les enfants à l'examen d'entrée en sixième, à aller au lycée et peut-être plus loin. Mr. Harrison savait fort bien qu'il ne fallait pas présenter plus de deux ou trois de ses élèves pour cela chaque année. On pourrait facilement en conclure qu'on nous préparait presque tous à être des recrues pour les grandes usines de Hunslet et qu'on nous dispensait en conséquence une éducation juste suffisante pour tenir ce rôle : être capable de lire des instructions élémentaires, sans plus. Il y a du vrai dans cette explication, mais elle est trop prête d'avance, c'est trop un mélange de théorie de la conspiration et d'idéologie, elle est insuffisamment spécifiée.

La loi sur l'enseignement de 1870 n'est pas née seulement de la prise en compte, plusieurs niveaux au-dessous de la formation assurée par les lycées, de la croissance des besoins techniques induite par la nécessité de maintenir le développement industriel et de soutenir la compétition internationale. La reconnaissance de cette nécessité y est sans doute pour quelque chose, mais l'éducation du peuple était aussi considérée, dans une certaine mesure, tant par les gouvernements que par les Églises, comme un moyen d'accroître le contrôle social. Et elle est aussi le produit d'un élan religieux et moral qui n'aurait pas accepté de servir simplement de manteau pour cacher la nudité de la poussée capitaliste ou la nécessité politique de pacifier les classes populaires. Il y a eu beaucoup plus d'éducation élémentaire avant 1870 qu'on ne le suppose généralement et elle fut en grande partie dispensée par l'Église et les chapelles.

Il en allait de même en ce qui concerne les motivations personnelles des instituteurs. Leur enseignement et l'attention qu'ils accordaient aux élèves allaient du mauvais absolu au raisonnable et au dévoué. Leur pédagogie pouvait difficilement être inspirée, dans la mesure où ils étaient presque tous sous-formés et sous-équipés ; mais, nous pouvions le reconnaître même à notre âge, il y en avait quelques-uns qui n'étaient pas seulement mus par le désir d'arriver à la fin de la journée et de prendre le tram pour quitter Hunslet et rejoindre un pavillon jumelé bon marché acheté à crédit. Aussi apprenions-nous quelque chose. La seule grande faiblesse de toute l'école, et elle concernait aussi bien l'instituteur dévoué que l'instituteur paresseux, était l'absence de curiosité intellectuelle ; on ne soupçonnait pas que les idées sont intéressantes, excitantes, qu'elles posent des défis et qu'on peut leur en poser. Ce qu'on nous apprenait, bien ou mal, était servi sur un plateau : voilà de l'arithmétique, voilà de la géographie, voilà de l'histoire ; tout était distribué comme des rations, jamais présenté comme des sujets de réflexion, comme quelque chose qui avait en son temps provoqué des conflits d'opinion, comme un élément d'un processus continu dans lequel, à bien y regarder, nous étions tous encore engagés. Je suppose que c'était également la manière dont nos maîtres avaient été instruits et dont on leur avait appris à enseigner dans leur école professionnelle. Ils ne semblaient pas non plus avoir l'idée des processus sociaux complexes qui amenaient maîtres et élèves à ces rencontres quotidiennes – si on peut les appeler ainsi – à Hunslet, dans ces salles institutionnelles à haut plafond. J'espère qu'ils n'entonnaient pas : « Bien, peine mérite salaire » en touchant leur chèque ; j'espère que quelques-uns d'entre eux n'étaient pas seulement excédés parce que le salaire, les vêtements et le style de vie auxquels ils étaient condamnés étaient minables, très en dessous de ceux des professions libérales, mais parce qu'ils reconnaissaient les contraintes sociales et les processus entrecroisés de l'éducation, du travail et de la croyance qui reproduisaient pour l'essentiel les divisions sociales. Mais je ne me souviens pas d'avoir entendu une seule critique de ce type.

L'ironie était que ces maîtres nous apprenaient à être d'irréfléchis petits impérialistes d'aujourd'hui. Notre histoire, lorsqu'elle était extérieure à la Grande-Bretagne, était une histoire impériale – en premier, Wolfe mourant dans la plaine d'Abraham[106], le paradigme du valeureux soldat et du gentleman anglais (un officier, naturellement) ; tout de suite après, Nelson à Trafalgar, sans aucune mention d'Emma[107] ; et peu de choses sur Napoléon sauf que c'était un bandit français. Nous entendions beaucoup parler des croisades, des bienfaits apportés ensuite un peu partout par l'autorité britannique aux indigènes plongés dans la nuit de l'ignorance, des hommes d'État guerriers ; et peu des missionnaires, exception faite pour Livingstone[108] qui était présenté principalement comme un explorateur. Quant à notre histoire intérieure, elle s'intéressait

106 Bataille qui vit la défaite de Montcalm et la fin de la domination française au Canada (1759).

107 Lady Hamilton, la maîtresse de Nelson.

108 David Livingstone (1813-1873) est un médecin, missionaire et explorateur britannique de la période victorienne, il est considéré comme un précuseur de l'impérialisme colonial.

plus à la guerre des Deux-Roses[109] qu'à la paysannerie. On ne nous donnait aucune conscience de nous-mêmes en tant qu'éléments participant au processus de l'histoire ; nous n'attendions pas de nos maîtres qu'ils nous fassent comprendre comment nos ancêtres étaient venus des villages dans les villes au moment où la révolution industrielle se mettait en route ; de même, n'en attendions et nous n'en recevions aucune compréhension de nous-mêmes en tant qu'héritiers de plusieurs générations d'ouvriers qui avaient toujours été au bas de la pyramide et dont on attendait qu'ils acceptent d'y rester : « Le peuple d'Angleterre qui n'a encore jamais parlé[110]. »

Quelqu'un, peut-être Miss Jubb, dut penser à cette époque que j'avais besoin de vacances, car une année, peu de temps après mon arrivée à Jack Lane, on m'envoya dans un camp de vacances près de Ripou. Ce camp, à ce que je crois, était organisé tous les ans par les membres du Rotary Club de Leeds pour les garçons pauvres de la ville. Les membres du club avaient sans nul doute les meilleures intentions du monde lorsqu'ils apportaient leur soutien à l'opération à l'issue de l'un de leurs déjeuners mensuels. Mais c'était un mauvais camp parce que c'était un camp sans amour. Certains enfants venaient de ce qu'on appelait autrefois des familles à problèmes et les gens payés pour diriger le camp nous traitaient à l'évidence comme des petits délinquants ou des délinquants potentiels. Ils étaient complètement dépourvus d'imagination et d'empathie pour comprendre nos besoins et nos problèmes ; ils faisaient partie du vieux, tenace et interminable défilé des petits fonctionnaires

109 Ensemble d'affrontements opposant la maison royale de Lancaster et la maison royale de York (1455-1485).

110 « The people of England that never have spoken yet. » Gilbert Keith Chesterton.

qui ne vont pas s'embarrasser d'un problème qu'ils ont de bonnes chances d'éviter en le décelant dès le début. Nous avions jugé d'emblée que c'était une bande de roublards et qu'ils mangeaient probablement bien mieux que nous en se servant sur le ravitaillement destiné à tous.

Le jour de notre arrivée, on nous distribua des chaussures montantes. Vous pouviez imaginer le responsable du Rotary exposer à la réunion suivante que le camp avait, comme toujours, été un succès et que, comme d'habitude également, tous les garçons avaient reçu de « solides chaussures » ! Les membres du Rotary avaient dû opiner de la tête avec satisfaction et autosatisfaction. Ce que les Rotariens ne savaient pas parce qu'ils n'étaient pas là – et ils ne l'auraient probablement pas remarqué s'ils nous avaient rendu visite, car les directeurs salariés du camp auraient sans doute alors organisé un meilleur spectacle – c'était la façon typique, sans soin et sans cœur dont les chaussures avaient été distribuées. On vous jaugeait d'un regard rapide, on décidait de ce que devait être votre pointure et on vous tendait une paire sans un mot. Les miennes n'allaient pas, aussi fis-je la queue à nouveau pour le leur dire ; ils me répondirent qu'ils n'avaient pas le temps de tout déranger pour faire des échanges et que je ferais mieux de me contenter de celles-là. Je n'étais pas le seul dans mon cas, de sorte que nous fîmes du troc et résolûmes le problème. Après un jour et demi, je commençai à apprécier mon séjour, excepté dans ses côtés les plus enrégimentés ; un garçon isolé, légèrement plus jeune, s'attacha à moi et la plus grande partie du régime du camp passa à l'arrière-plan.

Je ne veux pas trop insister sur les cicatrices que cette cruauté banale peut laisser aux enfants qui reçoivent la charité publique, quelle qu'elle soit. On a cent fois décrit la cruauté ordinaire que comporte la vie des *public schools* et de leurs classes préparatoires[111]. Mais les contextes sont différents et, du coup, l'impact et les conséquences le sont aussi. Un enfant pauvre a en général peu de chances de trouver dans son environnement le soutien et le réconfort dont il aurait besoin : une famille compréhensive, le refuge dans les livres, plusieurs garçons ou filles embarqués sur le même bateau avec qui faire cause commune. Les cruautés tendent à vous atteindre individuellement (le camp de Ripon était une exception) et, comme elles vous tombent dessus de toutes parts, vous commencez à les attendre.

Il ne serait pas raisonnable non plus de suggérer que tous les torts étaient ou sont du même côté. Libre à nous de préférer parler aujourd'hui de familles « désavantagées » plutôt que de familles « à problèmes » ; mais c'est parfois un cosmétique linguistique, une procédure pour éviter le moindre soupçon de jugement moral, une manière de suggérer que tout écart par rapport à ce que la société considère comme ses normes admises est toujours le résultat de déterminismes sociaux, et n'est jamais dû à des faiblesses ou à des manquements individuels. Il y a des foyers pauvres où la cruauté est pratiquée d'une manière régulière ; une cruauté qui ne peut pas être entièrement attribuée aux conditions sociales, pas plus que ne pourrait l'être la cruauté d'un grand seigneur qu'on aurait régulièrement battu à coups de ceinture durant son enfance.

Reste que certains secteurs de la vie publique institutionnalisée procurent des refuges faciles et des occasions de s'exercer à des gens qui allient le manque de talent à la paresse morale et à un brin de sadisme, comme cet instituteur de Jack Lane qui avait

111 Les *preparatory schools* sont des écoles privées qui préparent les élèves à l'entrée dans les *public schools*.

dû s'enfuir. Même de mon temps, l'administration de l'enseignement de Leeds avait un service de soins dentaires. Très bien : mais qui donc acceptait de travailler là ? À coup sûr, certaines personnes portées par des idéaux de bien public semblables à ceux des Dr Cooke ; mais on y rencontrait aussi des gens qui préféraient un emploi sûr et une retraite assurée aux incertitudes de la profession libérale ; et quelques brutes. Comme nous avions tous vite fait de le savoir, le dentiste qui couvrait la partie sud de Leeds passait la roulette sans nous soulager par une piqûre, pour gagner du temps dans les préparatifs de ce qui serait un plombage laid et grossier ; peu importait la façon dont on se reculait involontairement sur le siège. Je le détestais davantage que le médecin italo-américain de l'hôpital militaire de campagne américain de Pantelleria, où je restai couché pendant six semaines en 1943, très gravement brûlé. Ce dernier prenait un plaisir tout particulier à enlever mes pansements de la manière la plus douloureuse possible et si je criais, il disait : « Ça va, Rosbif, tu ferais mieux de chanter *Rule Britannia*[112]. » Il haïssait les Anglais, tout simplement, peut-être à cause de ses ancêtres et de l'effondrement récent de l'Italie, peut-être parce que certains Américains pensent avant même de nous avoir rencontrés que nous sommes insupportablement arrogants, je ne sais pas. Mais cette cruauté était manifestement à la fois si impulsive et si idiote qu'elle était finalement plus supportable que celle du dentiste de Leeds. Cruel par habitude, par paresse et par insensibilité, ce dernier était une figure plus représentative et plus sinistre ; c'était quelqu'un qui avait choisi une position où cette cruauté pourrait s'exercer. Le médecin américain, lui, était peut-être

112 Chant patriotique britannique tiré du poème de James Thomson et mis en musique par Thomas Arne le 1er août 1740.

doux avec les blessés américains – ou avec les prisonniers de guerre italiens.

Les brodequins et les chaussures jouent un rôle spécial dans la vie des enfants pauvres car ce sont des indicateurs particulièrement précis. Les chaussures montantes distribuées au camp du Rotary ressemblaient à ce qu'elles étaient, des soldes robustes mais laides, sans style et sans goût, à semelle épaisse, de vrais fers à chevaux. De la même manière, à l'école, on pouvait identifier les garçons vraiment pauvres au fait qu'ils continuaient à marcher lourdement dans de vilains brodequins noirs, évidemment achetés avec des coupons, de l'Assistance publique ou d'ailleurs, alors que tous les autres, après un certain âge, étaient passés aux chaussures.

Sur ce point aussi, les classes les plus basses et les plus hautes de la société se rejoignent d'une certaine manière, en court-circuitant celles du milieu. Il m'arriva dans les années 1960 de participer à un débat télévisé avec un écrivain et un homme politique, tous les deux produits des *public schools* et, en conséquence, tous les deux extrêmement sûrs d'eux-mêmes, mais de manière différente, l'un en tant que produit réussi, l'autre en tant que renégat. Lorsque l'homme politique entra dans la salle d'attente, deux choses me frappèrent : son chapeau melon et ses bottillons bien cirés. Pendant qu'il était aux toilettes, l'écrivain prit son chapeau et regarda le nom de la marque. « C'est bien ce que je pensais, dit-il, il ne vient pas de chez Lock. Le radin. » J'avais particulièrement remarqué les bottillons noirs brillants car je venais juste de lire que le personnel des clubs très fermés et des hôtels les plus chers peut reconnaître un vrai gentleman au fait que la cambrure de ses semelles a été noircie et cirée ; à quoi se remarque le travail d'un bon valet de chambre (quelle expression !). Nous nous arrangeâmes pour jeter un coup d'œil rapide à la cambrure du politicien quand il croisa les jambes : pas de cirage. « Encore une forme de snobisme de sa génération de garder des bottillons par n'importe quel temps, dit l'écrivain, un reste des habitudes de l'école, pour montrer qu'ils n'ont pas l'intention de devenir des gravures de mode. »

Un parent éloigné qui avait à peu près le même âge que moi fréquentait une petite *public school* du Yorkshire, du genre de celles qui éduquent les fils des hommes d'affaires et des membres des professions libérales locaux qui, pour une raison ou une autre, n'aspirent pas pour leur fils à une *public school* de réputation nationale (de première ou de seconde division). Ces écoles ont tendance à produire des gens dont l'intonation de base est encore celle du Yorkshire, mais recouverte désormais d'un vernis d'emprunt distingué ; cela fait l'effet d'une casquette de canotage à rayures sur la tête d'un fermier corpulent du Yorkshire. Une année, par l'intermédiaire d'une parente tout aussi éloignée, Grand-Mère reçut pour moi une paire de chaussures de cet élève de *public school*. Peut-être étaient-elles devenues trop petites pour lui. Elles étaient noires, brillantes et très pointues. Les avait-il portées à des bals chaperonnés, organisés avec la *public school* féminine la plus proche ? Ou à des thés dansants à Harrogate lorsque lui et ses amis étaient lâchés les samedis après-midi ? Grand-Mère et les tantes tombèrent d'accord sur le fait que mes chaussures actuelles « devenaient vraiment minables » et que les chaussures pointues, bien qu'assez inhabituelles, étaient de très bonne qualité. Elles étaient haïssables et si j'avais alors connu l'expression « ça fait tapette », je l'aurais utilisée instantanément. Non seulement elles me serraient les orteils, mais elles m'attirèrent comme de juste des railleries dans la cour de récréation. Au bout d'un moment, je me plaignis à Grand-Mère qui comprit tout de suite ; les autres comprirent également, à des degrés différents. Nous avions notre fierté et même la meilleure paire de chaussures ne valait pas d'en rabattre. Les chaussures s'esquintèrent très vite et furent ainsi mises au rebut plus tôt que je ne l'avais craint. Depuis lors, je n'ai acheté qu'une fois une paire de chaussures un peu pointues, et encore, sans exagération ; je me rendis compte le jour même que j'avais fait une erreur en me mettant aux pieds ce morceau de passé.

Certains mots à certaines époques de votre vie ont une force spéciale et, lorsqu'ils sont lus ou prononcés des années après et à des milliers de miles de là, ils ont le pouvoir étrange d'évoquer une série d'événements et leur contexte, le style et la pression de ces jours-là. L'usage approbateur que Tante Ethel faisait du mot « mâle » – qui évoquait un homme bien propre, pas sexué, se tenant bien, une sorte de Baden-Powell[113] de la vie morale simple, à la mâchoire bien carrée – me rend ce mot tout à fait inutilisable, bien que de temps en temps, j'aimerais pouvoir en disposer. Ces chaussures pointues qui furent acceptées parce que les miennes devenaient « minables » me font venir à l'esprit que minable était un mot qui avait pour nous tous une résonance profonde. Il véhiculait, dans ses différentes significations, beaucoup des craintes propres aux membres des classes populaires respectables. D'ordinaire, ceux-ci ne remarquaient pas, et n'étaient pas conscients du fait qu'ils étaient stigmatisés par leur langage (même s'ils reconnaissaient la manière de parler cultivée lorsqu'ils l'entendaient). Mais ce qu'ils craignaient, c'était de commencer à avoir l'air

113 Robert Baden-Powell (1857-1941) est un militaire britannique connu pour avoir fondé le scoutisme.

miteux. Aussi le « reprisage » (un autre mot qu'on entend rarement de nos jours), le raccommodage, le rapiéçage étaient-ils des activités régulières, des barrages contre l'apparence minable : les chaussettes, les vestes, les chemises, les sous-vêtements, tout y passait. « Reviens, et fais-moi voir un peu cette manche. Je ne peux pas te laisser sortir comme ça. » Les pièces de cuir pour les coudes et les manches de vestes de sport en Harris tweed de la bourgeoisie auraient été une bénédiction pour nous si nous avions pu nous résoudre à en chercher et à les acheter et, surtout, si nous avions eu la volonté de les porter, car elles nous auraient fait classer à part dans les rues alentour. J'en vis pour la première fois à l'université ; les boursiers de premier cycle connaissaient parfaitement la question.

La crainte de paraître minable était renforcée par un cercle vicieux dans lequel on se trouvait pris de deux façons – et dont le souvenir se réactive pour moi à mesure que j'écris. On craignait, par fierté et par respectabilité, de sombrer dans le genre minable ; mais le budget dont nous disposions ne permettait d'acheter que des vêtements bon marché qui se lustraient rapidement puis s'élimaient. Ces vestes de sport qui ont l'air d'avoir été construites comme un cuirassé par un tailleur à façon il y a trente ans et qu'on peut encore voir sur des gentlemen campagnards à Salisbury, à Newbury, à Winchester, à Chichester ou à Harrogate, à la couleur passée, plusieurs fois lavées et nettoyées, avec des pièces aux coudes et aux poignets et dont les pièces elles-mêmes montrent de l'usure, mais sans la moindre trace de lustrage parce que le vêtement était de trop bonne qualité pour ça, ce genre de veste était hors de notre portée, tout autant qu'un collier de perles, à la fois financièrement et socialement.

Pour nous, « minable » était un mot très réel, très présent et très matériel ; il désignait par-dessus tout les *choses* d'aspect minable, d'abord les vêtements et, secondairement, l'ameublement de la maison. Je ne me souviens pas qu'il ait été utilisé directement comme un terme de jugement moral, comme dans « un exploit minable », « un comportement particulièrement minable », « une perspective minable » ou « une conclusion minable ». Quand ce mot est utilisé de cette manière, sa force est pour moi d'autant plus grande que notre crainte et notre dégoût anciens pour les habits et pour les choses de la maison à l'aspect minable étaient au fond un jugement moral ; c'était l'indicateur que quelqu'un, vous peut-être, avait laissé les choses aller au lieu de se battre sans trêve pour ne pas succomber. Les vers d'Edwin Muir : « Il n'était pas fait pour des yeux humains/ce combat sur ce minable coin de terre », eurent pour moi, dès le moment où je les lus, une force exceptionnelle. Je ne m'étais pas rendu compte jusqu'à maintenant que *shabby patch* pouvait passer pour un jeu de mots grotesque[114].

Je ne passai à l'école élémentaire de Jack Lane que trois ou quatre ans, mais cela me sembla beaucoup plus long. On y allait au jour le jour, sans avoir vraiment le sentiment du changement, parce qu'on nous disait de le faire. Pour presque tous les élèves, la vie à l'extérieur, dans la rue, était plus réelle que l'école et plus en relation avec la vie qu'ils s'attendaient à mener jusqu'à la fin de leurs jours. Lorsque le quartier fut démoli, le mode de vie propre à ces rues aux maisons accolées dos à dos s'était étendu, à ce que je suppose, sur environ un siècle, ce qui fait pas mal de temps – plus longtemps par exemple que la

114 « It was not ruant for human eyes/That combat on the shabbypatch. » Edwin Muir, « The Combat », *The Labyrinth*, 1949. Le jeu de mots porte sur les deux sens de *patch*, qui signifie aussi bien « pièce de terre » que « pièce de tissu », destinée à rapiécer un vêtement.

domination britannique sur certains États africains aujourd'hui indépendants. Il n'est pas étonnant que les Africains, et de leur côté les Britanniques, se soient débarrassés si facilement d'une bonne partie du colonialisme. Sa domination était plus superficielle que celle de la culture de nos rues.

La rue accueillait nos jeux – les jeux de billes, les parties de chat dans les ruelles et autour des cabinets et du local à poubelles ; c'est là que nous faisions l'apprentissage précoce des relations sociales extérieures à la maison et à l'école. C'est évident, mais cela vaut la peine d'être dit dans la mesure où les garçons, et à un moindre degré les filles qui n'étaient pas à leur aise dans la rue – j'étais du nombre –, ont souvent conservé longtemps cette gêne, et ont dû apprendre par la suite à gérer les différents niveaux de relations dans un endroit différent, à un âge différent et dans une monnaie sociale différente. Pour certains d'entre nous, les filles n'existaient pas comme problème jusqu'à notre adolescence. Les plus hardies jouaient aux jeux des garçons et on disait que de temps en temps, précipitamment, à tâtons, et comme si c'était sans faire exprès, on pouvait les toucher dans l'obscurité des ruelles.

Parfois, des parents indulgents donnaient à leur enfant un penny pour acheter des frites au *fish and chips* (quelques bribes de pâte flottaient à la surface de la friture), et nous en partagions souvent un bout. Samedi pouvait signifier une séance de cinéma, pour un penny ou deux, habituellement en matinée au Parkfield Picture Palace, où le sol était en mâchefer.

Exception faite des bandes dessinées, la lecture était une terre étrangère dans laquelle la plupart des gens ne pénétraient pas. Sur toute la longueur de notre rue et de chaque côté, on n'aurait pas trouvé, je suppose, plus de cinquante livres en tout, et encore, pour la plupart des livres donnés en prime par *John Bull*[115] ou des promotions offertes par des journaux. Mais, dans l'espace de deux ou peut-être trois rues, il y avait probablement quelqu'un, presque toujours un célibataire d'un âge indéterminé, qui avait la réputation d'être un « savant » et qui possédait une paire de petites étagères de livres avec une encyclopédie en un volume bien en vue. Je n'ai jamais trouvé de texte faisant mention du rôle joué par ces hommes qui faisaient office d'écrivains publics pour les gens des rues avoisinantes et qui encourageaient aussi, en général avec un respect qui nous faisait honte, le gamin « intelligent » qui émergeait de temps en temps.

On me donna à entendre que j'étais le premier garçon de Jack Lane à réussir l'examen d'entrée en sixième. Il y a quelques années, j'ai vu dans les archives de l'école le tableau d'honneur. Il avait été pendu au mur de la salle utilisée pour le rassemblement et rappelait mon exploit et ceux de mes successeurs ; mais la liste était bien courte. Pour être exact, j'ai échoué à l'examen, mais je suis quand même allé au lycée, grâce à une intervention du directeur qui, je le vois maintenant, fut un de ceux qui m'ont fait la courte échelle au bon moment, bien au-delà de leur devoir.

Pour passer l'examen d'entrée en sixième, il fallait sortir de Hunslet, traverser la « lande » et se rendre jusqu'à la limite du quartier de Dewsbury Road où se tenait l'école secondaire locale datant de la loi de 1902, Cockbum High School, où l'on serait affecté d'office en cas de réussite. On devait répondre à des questions écrites en arithmétique ou en mathématiques et en anglais. Je me souviens d'un trajet glacial et d'une épreuve de maths qui me terrassa ; nous n'avions pas fait cette sorte de maths, ce qui montre

115 Hebdomadaire populiste à grand tirage.

que Jack Lane ne préparait pas vraiment ses élèves à ces examens. Étant donné le contexte, une préparation précise à l'examen des bourses n'aurait sans doute guère eu de sens, mais je suppose que quelques cours particuliers donnés aux meilleurs élèves n'auraient pas fait de mal. Après un bon enseignement, j'obtins une distinction en maths au niveau du brevet ; mais, à ce moment-là, à onze ans, je ne réussis pas à décrocher ma bourse.

Cet échec bouleversa Mr. Harrison, qui devait avoir compté sur moi pour briser la barrière. Il alla au bureau de l'administration de l'enseignement, qui était alors et est encore – du moins jusqu'à récemment – en face de l'hôtel de ville, et demanda qu'on lût au moins une de mes compositions, soit une de l'examen, soit une autre, je ne sais pas. Il revint avec une place pour moi à Cockburn. Je ne me souviens pas de l'endroit où l'on me raconta cette histoire. Il est possible que Mr. Harrison m'ait appelé dans son bureau et m'ait expliqué, de sa manière paternelle et avec quelque fierté, que j'irais quand même au lycée et comment c'était arrivé ; je crois que c'est ce qu'il a fait. Je ne sais pas non plus, et je ne saurai jamais, pourquoi le fonctionnaire concerné a accepté ; a-t-il regardé la rédaction et dit : « Tiens, voilà un gamin intelligent. D'accord, il faut qu'il ait une place ? » Ou bien a-t-il pensé en lui-même qu'il était temps que Jack Lane ait une bourse, que le directeur, à l'évidence, y tenait beaucoup et que le garçon qu'il encourageait pouvait avoir quelque chose en lui ?

Ce genre de spéculations m'intéresse moins que la pensée de ce que je serais devenu si la plaidoirie de Mr. Harrison avait échoué. Je connais plusieurs personnes qui ont maintenant réussi, qui avaient échoué à l'examen d'entrée en sixième de Cockbum ou d'un autre lycée, et qui ne furent pas repêchées.

Les enfants intelligents issus des quartiers populaires avaient toutes les chances d'échouer à montrer leurs possibilités sur un seul examen, une fois pour toutes. L'examen pouvait être, et était, facilement préparé par les familles de la petite bourgeoisie qui habitaient d'autres parties d'un énorme bassin scolaire – pour nous, ce grand arc de cercle autour du sud de Leeds. Ils pouvaient envoyer leurs enfants dans des écoles primaires spécialisées dans la course d'obstacles scolaires ; et leur faire donner des leçons particulières à la maison.

Une fois que vous étiez à Cockbum, bien sur les rails, les étapes suivantes, à condition de travailler dur, semblaient s'enchaîner les unes aux autres presque inévitablement ; vous n'aviez pas nécessairement à faire preuve d'initiative, à décider de faire telle ou telle chose au bon moment, à jouer tel ou tel coup, à couper les liens avec la maison et avec Leeds. Ceux qui auraient dû réussir l'examen d'entrée, mais qui ont échoué, ont dû par la suite s'accrocher pendant longtemps pour réaliser leurs potentialités ; ils ont eu, et de beaucoup, l'examen le plus difficile. J'ignore si j'aurais été capable d'une telle ténacité.

CHAPITRE 6
LE LYCÉEN

Je ne me souviens pas du moment où je me rendis compte pour la première fois que je voulais – je ne me suis jamais dit que je « devais » – sortir de Hunslet et de la vie qu'on y menait. Autant que je me souvienne, cette prise de conscience fut exempte de ressentiment et de rejet ; c'était la certitude aveugle que tel était le chemin qui m'attendait et que je devais prendre, comme si un pur instinct me poussait vers des manières de vivre et de voir la vie que Hunslet n'offrait pas ; je voyais, à mesure que les semaines et que les mois passaient, qu'on pouvait les trouver ailleurs et qu'elles étaient, par certains aspects importants, préférables à celles que je connaissais. Je franchis la première étape de ce voyage, au sens propre comme au sens figuré, lorsque je partis un matin pour me rendre au lycée de Cockburn, de l'autre côté de la « lande ».

Un petit nombre de garçons sélectionnés au compte-gouttes et un nombre encore plus réduit de filles, une trentaine de boursiers par an sur les 65 000 habitants du sud de Leeds, sortaient des rues surpeuplées, attifés de leur veste d'uniforme ridicule et de leur casquette plus ridicule encore, pour rejoindre une première petite aire de lancement, première étape d'un long voyage. Dès lors, leurs grandes amitiés se recruteraient dans la salle de classe, et non plus dans la rue ; ils danseraient sur des rythmes différents. Aucun parent ne les accompagnerait, ni ce premier jour, ni les autres. Durant les premiers mois, les garçons et les filles ne s'adresseraient pas la parole ; cela viendrait – peut-être – plus tard. Les supports de la mémoire, les gens connus, les endroits connus, tous ces repères se raréfiaient à mesure que le cercle s'élargissait vers l'extérieur et que vous vous propulsiez hors de l'aire d'attraction du quartier, par des rues que vous connaissiez de moins en moins bien. Des individus enfermés en eux-mêmes, regardant droit devant eux nerveusement mais obstinément, traversant ce qui aurait semblé à des étrangers des rues mornes et sans caractère pour aller vers un nouvel ordre de vie, de nouveaux mots, de nouvelles manières de se comporter, des stimulations inédites, un sentiment nouveau de développements possibles, de « perspectives ». Le premier jour à l'université, les premiers pas dans la chambrée où l'on dormira sont eux aussi des moments intenses, si c'est dans votre caractère ; mais aucun n'a autant de force que ce premier trajet vers le lycée, et l'entrée dans la première salle de cours avec tous ces visages nouveaux, à onze ans.

Le lycée de Cockbum était un grand bâtiment en forme de cube, avec des coupoles à chaque angle comme si les architectes avaient décidé de lui ajouter des volutes qui évoquaient vaguement les dômes et les flèches d'Oxbridge, pour donner du relief à sa fonctionnalité impersonnelle. Pour le reste, l'extérieur était d'une architecture peu engageante. Cela nous paraissait massif, solennel, émanant d'une dimension publique de l'existence dans laquelle nous n'avions jamais vécu auparavant ; cette impression était renforcée par le grand hall et son estrade, et par le cortège matinal des professeurs, hommes et femmes, en tralala académique.

À l'intérieur les grandes fenêtres, les ardoises des urinoirs hautes de plusieurs pieds, les larges corridors, les escaliers de pierre avec leurs rampes de fer, les odeurs d'institution, tout cela aurait dû perpétuer et augmenter l'impression d'impersonnalité fonctionnelle. Mais tel n'était pas le cas. D'une manière ou d'une autre, les architectes étaient tombés sur des dimensions humaines, comme c'est parfois le cas pour d'autres grands bâtiments publics construits en gros entre 1880 et le début de la Première Guerre mondiale notamment les écoles normales d'instituteurs (celle de Camberwell en était un bel exemple), les asiles de fous, comme on les appelait alors, certaines parties de quelques universités provinciales d'avant 1939, quelques bâtiments municipaux et même quelques maisons d'industriels. Aucun d'entre eux n'était ancien ou en faux ancien, recouvert de lierre ou surmonté de tourelles ; mais il en émanait une sensation, une atmosphère qui suggérait qu'ils étaient remplis de gens qui faisaient de leur mieux pour réussir auprès de ceux dont ils s'occupaient, pas à la façon d'un chef de claque mais fermement, d'une manière responsable et décente. J'ignore comment les architectes ont découvert ce mélange, mais la recette était bonne. Comparez ces bâtiments au grand édifice du Conseil de l'université de Londres, ce désastre inhumain dont la mine renfrognée donne sur Russel Square (si tant est qu'une chose morte puisse avoir une mine renfrognée), ce bâtiment fasciste ou totalitaire dont Orwell s'est inspiré dans *1984* ; la disproportion des salles, de la cafétéria en particulier, fait penser à un ministère d'Europe de l'Est, bourré de prétentions bureaucratiques mais dénué de sensibilité et sans grand souci de la vie des individus en dehors des décisions de l'État. Avec ses morceaux de beau bois sculpté et quelques volutes Art nouveau, le hall de Cockburn suggérait au contraire que vous entriez dans une assemblée sociable, accessible, disponible, ferme mais nullement effrayante.

Juste de l'autre côté de la route, dans une vieille villa isolée, assez grande, se tenait Burton House, le jardin d'enfants et le « petit lycée » de Cockburn, sa pépinière académique, relique du temps où davantage d'élèves payaient leur scolarité à l'école des grands. La fréquentation de la petite école rattachée à l'institution mère pouvait, à une certaine époque, garantir un accès presque automatique au lycée. De mon temps encore, c'était le cas pour nombre de ses élèves, bien que je suppose qu'à ce moment, la plupart d'entre eux se présentaient à l'examen d'entrée en sixième pour essayer d'obtenir une bourse et donc une place gratuite. Les droits de scolarité à Burton House doivent avoir été si faibles que même de tout petits épiciers à leur compte, des tailleurs ou des quincailliers pouvaient les payer; quant à Cockburn, il n'y avait guère plus de la moitié des élèves qui y payaient encore leur scolarité en 1930. Les médecins du coin envoyaient leurs enfants soit dans une des *public schools* du Yorkshire soit, sans doute après une formation préparatoire, au collège[116] de Leeds, une fondation privée située près du centre de la ville qui accueillait aussi les fils des avoués, des comptables et de l'ensemble des professions en mal de promotion sociale; l'école supérieure de jeunes filles de Leeds[117] en faisait autant pour leurs filles.

Il y avait des gens qui ne cherchaient pas à faire entrer leurs enfants au collège de Leeds ou à l'école supérieure de jeunes filles, ni même dans des endroits encore moins impressionnants, comme Cockburn, bien qu'ils aient au moins autant d'argent que la plupart de ceux qui s'y efforçaient: c'étaient les artisans à leur compte, comme les plombiers, les électriciens et les charpentiers. Ni travailleurs manuels non qualifiés, ni ouvriers qualifiés travaillant en usine, ils appartenaient néanmoins aux classes populaires par

116 Leeds Grammar School.

117 Girl's High School.

leurs goûts et par leurs habitudes. On pouvait attendre d'un garçon qu'il reprenne l'affaire de son père ; envoyer la fille dans une école payante alors que le garçon n'y était pas allé aurait semblé étrange. Ces gens étaient parmi les plus heureux : ils avaient une qualification dont ils étaient fiers et qui leur apportait du bon argent ; ils étaient plus riches que ceux qui les entouraient, tout en partageant en général leurs goûts. Rien d'étonnant, donc, à ce que la femme du plombier paraisse à sa porte d'un air confiant et satisfait, comme posée sur un sol ferme au-dessus de vos sables mouvants, lorsque vous passiez pour demander que son mari vienne chez vous le plus tôt possible ; les plus âgées et les plus fières de ces femmes pouvaient ressembler à de petites Mrs. Bulstrode[118].

Une fois, dans une note préparatoire à un entretien télévisé avec le poète Tony Harrison[119], j'écrivis que celui-ci avait obtenu une bourse pour aller au collège de Leeds, que je désignai comme « l'établissement secondaire le plus chic de Leeds ». La productrice de l'émission, une Australienne extrêmement sensible à ce qu'elle considérait, de façon compréhensible, comme la manifestation de l'habituelle conscience de classe propre aux Anglais, voulut substituer « meilleur » à « plus chic ». En l'occurrence, son oreille antipodiste la trahissait : le collège de Leeds n'était pas indiscutablement « le meilleur de la ville », comme les lycées subventionnés auraient eu vite fait de le faire remarquer, il y avait des moments où il l'était, des moments où il ne l'était pas ; de telles réputations, comme celles des facultés dans une université, ont des hauts et des bas, parfois avec un retard substantiel, selon le directeur et

118 Personnage secondaire de *Middlemarch, scènes de la vie de province*, de George Eilot, Folio, 2005 [1871].

119 Voir note 90, p. 255.

selon la qualité du personnel. Le collège de Leeds se considérait certainement à la fois comme le meilleur et le plus sélect. Les parents d'élèves étaient tout heureux de faire leurs ces qualificatifs, mais d'autres auraient pu l'appeler délibérément le « plus chic », l'épithète exprimant alors davantage la critique que l'acceptation de ses prétentions. « Le meilleur » est un tout autre indicateur.

Il faut insister une fois encore sur l'intense processus de sélection au terme duquel une petite élite d'enfants des environs accédait à Cockburn. Ensuite, il fallait faire preuve de persévérance : nombre de choses dans l'environnement devaient être tenues à distance et il y avait peu de prises faciles. La plupart de ces élèves disparaissaient après le brevet[120] ; leurs parents auraient eu l'impression de voler trop haut en les laissant à l'école après seize ans alors que tous les enfants dans leur entourage la quittaient à quatorze. La classe de première lettres dans laquelle j'entrai comportait environ sept ou huit élèves, dont deux ou trois filles ; la plupart avaient des parents un petit peu plus riches que la moyenne du coin, ou très ambitieux, ou les deux. Ils entrèrent en majorité dans des écoles normales. Notre année et les classes, tout aussi peu nombreuses, qui la précédèrent et qui la suivirent, produisirent trois professeurs d'université, un diplomate et un attaché commercial d'une grande ambassade. Il n'est pas impossible que cela ait incité les professeurs à viser plus haut. Après tous ces passages au crible successifs, il n'y avait pas là matière à être surpris ou à se féliciter.

Même parmi notre groupe de boursiers (et on ne distinguait guère les rares élèves payants), de petites différences de statut faisaient qu'un ou deux élèves se

120 *School Certificate Examination* ; cf. chapitre 3, note 61.

détachaient : par exemple ce fils unique, excessivement gâté par sa mère veuve qui l'adorait et qui lui donnait six pence par jour pour acheter des bonbons. Nous l'enviions un peu. Il pouvait aller au cinéma le samedi soir avec un autre garçon, privilégié comme lui, ce qui coûtait plus cher que d'y aller en matinée ; il pouvait aussi s'acheter un illustré. Il devint rondouillard et plein de boutons pendant un temps, mais il était plutôt généreux et aimable ; il est au nombre des cinq anciens élèves dont j'ai parlé qui réussirent très bien. Pas plus lui que l'un ou l'autre des deux garçons aussi riches que lui en argent de poche ne plastronnaient ou se montraient arrogants. Je ne peux me souvenir d'aucune affectation ni d'aucune brimade dans ce groupe d'une douzaine d'élèves qui montèrent ensemble jusqu'au premier grand examen officiel, vers quinze ou seize ans. Pour la première fois de notre vie, nous nous trouvions dans un environnement créé non par accident, mais par sélection, un environnement dont le but principal était d'exercer des enfants intelligents à faire un usage efficace de leur cerveau. Il y avait de la compétition, inévitablement ; mais, comme on nous aiguillonnait tous de l'extérieur, nous avions tendance, avec un bon sens dont nous n'étions pas conscients, à ne pas nous concurrencer ouvertement les uns les autres. L'école considérait qu'elle nous enseignait plus que l'usage de nos cerveaux ; elle proposait des versions atténuées de quelques-unes des valeurs des *public schools* – un esprit sain dans un corps sain, la responsabilité envers la communauté, etc. Mais ces valeurs-là n'étaient pas encouragées avec une grande conviction ; ce qui comptait le plus, c'était l'intelligence et la ténacité.

C'est une des raisons pour lesquelles mon ami Musgrave n'était pas gêné que sa mère soit seule et femme de ménage. Une autre raison était sa propre dureté, sa souplesse de caractère et son équilibre ; au meilleur de sa forme, il faisait passer sa situation pour une distinction plus grande que d'avoir six pence par jour pour s'acheter des bonbons. Ce qui était vrai, mais pas selon le point de vue de la plupart des adolescents. Musgrave était assez intelligent pour avoir tôt appris quelques règles essentielles sur la présentation de soi dans la vie de tous les jours, des règles beaucoup moins primitives et beaucoup plus subtiles que de proposer la bagarre à quiconque essayait de le traiter avec condescendance ; il avait très tôt dépassé ce stade.

Les filles de la classe étaient en général perçues comme légèrement plus riches et, en moyenne, plutôt plus intelligentes que les garçons. Cela reflétait sans doute pour une part l'habitude des parents des classes populaires, y compris les plus désireux de promotion sociale, qui encourageaient les garçons plus que les filles à poursuivre des études secondaires, si bien qu'il fallait regarder du côté des couches inférieures des classes moyennes pour trouver des attentes plus fortes pour les filles et plus de filles présentées aux examens des bourses. S'il en était ainsi, le crible auquel étaient passées les filles était encore plus fin que celui qui sélectionnait les garçons. Durant les premières années, les classes n'étaient pas mixtes ; peut-être pensait-on que les plus jeunes seraient trop embarrassés ou trop turbulents dans des classes mixtes. Au moment où ils atteignaient la première, même les garçons timides étaient sexuellement avertis, bien que très rarement actifs, et la plupart des filles, bien que tout aussi inhibées, avaient atteint leur maturité sexuelle. Aussi s'était-on arrangé pour séparer derechef les sexes à la puberté : les filles et les garçons étaient placés de chaque côté de la classe, séparés par l'allée centrale.

Les différences de développement faisaient que les romances de salles de classe étaient rares. Il était plus vraisemblable qu'une fille de dix-sept ans sorte avec un garçon de dix-neuf ans extérieur à la classe, un garçon qui avait de l'argent à dépenser. Il y avait ainsi une grande et belle fille aux yeux sombres qui aimait agacer les garçons, par exemple en retroussant sa jupe de façon à ce que sa main puisse remonter jusqu'en haut de ses bas et jusqu'aux jarretelles érotiques pour se gratter ; cela permettait aux garçons de se rincer l'œil par dessus l'allée centrale. Nous savions tous qu'elle sortait avec un agent immobilier stagiaire qui avait un coupé ou quelque chose comme ça. Sa meilleure amie, encore une qui aimait exhiber sans risque des bouts d'anatomie, connaissait quelqu'un au club de tennis ; il était clair qu'elles étaient toutes les deux un cran au-dessus de l'échelon social habituel. Ce à quoi elles pouvaient avoir accès le samedi soir nous semblait aussi éloigné et aussi tapageusement outré que le sont de nos jours les manières des feuilletons télévisés américains les plus clinquants. Je suppose que c'étaient une suite d'auberges défraîchies et prétentieuses situées au-delà du boulevard extérieur, le club de tennis, de temps en temps un bar en ville fréquenté par la jeunesse dorée et une séance de pelotage dans le coupé.

Un soir, une boursière aux cheveux roux qui rentrait tard avec moi après la répétition d'une pièce pour le théâtre scolaire me demanda de la raccompagner jusque chez elle, trois ou quatre rues plus loin. Alors que nous approchions, elle fit remarquer que sa mère était sortie et que la maison était vide. Lorsque nous arrivâmes au bout de la rue, elle m'invita à entrer et, tout stupide que j'étais, je me rendis compte – je me rendis compte à moitié serait plus exact – qu'elle faisait une allusion voilée à la possibilité de quelque chose de sexuel. Je dis que ma grand-mère m'attendait et décampai, les oreilles rouges, gêné mais pas excité. Je devais avoir environ quinze ou seize ans à l'époque. C'est la seule occasion de ce genre dont je me souvienne.

On parlait beaucoup de sexe, mais en se concentrant sur des événements ou de prétendus événements éloignés de l'école ; il s'agissait de racontars plutôt que d'expériences directes. Comme toujours, il y avait des modèles mythiques concernant des pratiques particulières et les endroits où elles étaient censées avoir lieu ; et des mots spécialement sélectionnés à cet effet. Il y avait par exemple l'histoire de ces filles, quelques rues plus loin, qui organisaient des soirées d'initiation sexuelle le samedi soir, pendant que leurs parents étaient au pub, à l'intention de garçons et de filles plus jeunes qu'elles ; il y avait une coiffeuse qui travaillait à domicile et dont on disait qu'elle couchait avec ses jeunes clients l'après-midi ; il y avait une bonne à tout faire dans une boutique du coin qui, paraît-il, faisait montre de son habileté à se faire enfiler par le chien de la boutique (un chien-loup, naturellement). Il y avait, bien sûr, des filles qui acceptaient de montrer « tout ce qu'elles avaient » pour quelques sous : « Un sou pour voir, deux sous pour toucher/Trois sous pour tirer les poils du frisé » (assez originale, celle-là). Ces histoires intéressaient aussi bien les garçons du lycée que ceux de l'école primaire ; les uns et les autres se rencontraient là-dessus car ils étaient encore, dans les mêmes rues et au même âge, pleins de curiosité. Il y avait aussi des magazines *spicy*, illustrés de dessins au trait, du porno très doux, tant dans le texte que dans l'image. Nous aimions particulièrement l'histoire d'un magnat du cinéma dont la nouvelle secrétaire passait sans tarder derrière un paravent dans son bureau, se déshabillait et réapparaissait : « Et Gale s'avança et révéla ses cuisses lisses et brillantes. » Cette phrase devint une plaisanterie récurrente en classe.

Parmi les lieux d'élection où ces histoires étaient censées se passer, il y avait les grandes maisons à l'extérieur de la ville, dont les bonnes étaient supposées avoir des complaisances pour les ouvriers qui venaient y travailler, et les plages de Blackpool les soirs de plein été. Et, encore davantage, les wagons de chemin de fer : nous avions un stock inépuisable d'histoires sur les galipettes de mariés en voyage de noces ou de couples occasionnels, entrevues, de jour comme de nuit, par les employés des chemins de fer. Je ne fus pas surpris de découvrir plus tard que Graham Greene, comme Ian Fleming, reconnaissait le pouvoir érotique du wagon de chemin de fer, immobile ou, de préférence, en mouvement.

Plus que tout autre lieu, les parcs publics servaient de scène aux histoires et aux expériences sexuelles ; parmi eux, le plus grand et le préféré, et pas seulement pour ces raisons, était Roundhay Park. J'ai deux souvenirs marquants qui s'y rattachent, l'un d'ordre sexuel, l'autre non, chacun en relation avec un grand événement public et chacun avec sa traîne de suggestions dérangeantes, troublantes, embarrassantes. Le premier se rapporte à la parade militaire, qui avait lieu (était-ce tous les ans ?) dans un grand amphithéâtre de verdure. Je n'avais pas assez d'argent pour y assister et, de toute manière, c'était le soir et à l'autre bout de la ville. Mais, pendant les vacances d'été, juste avant mon douzième anniversaire, je suis allé avec un copain voir son « installation », ce qui signifiait y aller le plus près possible du jour de l'ouverture.

Après avoir observé les préparatifs dans le grand amphithéâtre de plein air, nous sommes descendus nous promener dans les allées boisées du labyrinthe et, à un tournant, nous sommes tombés sur deux filles, beaucoup plus vieilles que nous, assises sur un banc, qui avaient le fou rire. Elles regardaient dans une glace à main assez grande, orientée de manière à ce qu'on puisse voir ce qui se passait sous le couvert du talus derrière elles. Nous leur avons demandé de quoi elles riaient et elles nous ont tendu la glace. Quelques mètres plus bas sur le talus, à l'abri d'un buisson et probablement aussi à l'abri de l'illusion qu'il ne pouvait pas être vu, il y avait un soldat, sans aucun doute de ceux qui participeraient à la parade du soir et à qui on avait donné quelques heures de permission ; il était sur une fille – beaucoup de filles rôdaient autour du campement – et ils en étaient presque arrivés au point critique. Je n'avais jamais vu l'acte sexuel auparavant et le souvenir en reste aigu. C'est par-dessus tout un souvenir de violence, vue de l'extérieur, au moment de l'orgasme. J'avais souvent entendu parler de « ce qui arrive », mais rien ne m'avait préparé à cette sensation de la violence masculine, non réprimée et irrépressible, qui explose au moment décisif, dans les derniers instants aveugles, avec la femme toute accueillante, toute réceptive, adaptée par nature à cette violence. J'étais abasourdi et décontenancé. Lorsque nous rendîmes le miroir, une des filles dit : « Elle aura une sacrée migraine dans neuf mois. »

Le second événement dont Roundhay Park fut le théâtre est un meeting aérien, de ceux qui parcouraient le pays avec un Tiger Moth et d'autres vieux avions remis à neuf après la guerre ; des pilotes casse-cou exécutaient des acrobaties, et en particulier des loopings à vous couper le souffle. Il était toujours possible d'attraper un bout du spectacle sans payer. Cette fois encore, nous étions deux copains à nous balader la veille du meeting, pour s'en mettre plein les yeux. Le périmètre du meeting était déjà fermé par un mur de toile de sept à huit pieds de haut qui en faisait tout le tour. Mais tout était calme, nous avons rampé sous la toile et nous nous sommes retrouvés dans un petit village de caravanes qui s'étendait le long du mur. Nous sommes tombés sur une caravane très élégante autour de laquelle s'affairaient deux jeunes femmes. Elles nous appelèrent et nous offrirent un shilling chacun si nous voulions leur apporter de l'eau pour remplir différents réservoirs et récipients, ce que nous acceptâmes immédiatement.

Nous sommes même entrés dans la caravane. Je n'avais jamais vu de femmes comme elles ni de femmes équipées de cette manière. Ces filles n'étaient pas les femmes ou les petites amies des pilotes ; elles étaient elles-mêmes des pilotes acrobates. Elles étaient minces et jolies, elles venaient du Sud, avec un accent que j'identifierais sans doute maintenant, je pense, comme un accent de *public school*... des filles bourgeoises, d'anciennes élèves de *public school* sorties pour mener une vie pimentée et qui ne manquaient pas de courage ; la grande tradition. Pour elles, nous étions comme des coolies pour des sahibs[121] ; elles n'étaient ni dures, ni brutales ; elles nous ignoraient totalement ; et nous les regardions. Je me souviens surtout de leur odeur, tandis qu'elles se déplaçaient dans la caravane étroite ou venaient à la porte pour demander encore de l'eau, une odeur de parfums qui suggéraient quelque chose d'exotique et de remarquablement cher. Ce n'était pas une odeur sexy ; c'était une odeur d'insouciance, d'allant, d'aisance financière. Il y avait donc un monde dans lequel des jeunes femmes sveltes, élevées dans des parties de l'Angleterre dont nous avions seulement entendu parler, avec des noms tels que Egham, Midhurst, Haslemere et Sevenoaks[122],

121 Le terme « coolies » désigne des travailleurs asiatiques salariés dans une colonie ; « sahib » est un titre de respect employé en Inde envers un étranger notamment pendant la colonisation anglaise.

122 Petites villes résidentielles du Sud de l'Angleterre, aux maisons anciennes, situées en général au bord d'une rivière ou dans une vallée boisée.

se déplaçaient librement et faisaient ce dont elles avaient envie, sans être tourmentées jour après jour par les soucis d'argent ou par ce que pourraient penser les voisins.

À Cockburn, il y avait trois catégories de professeurs. Un premier groupe, important, se composait de professeurs qui étaient sans aucun doute d'origine bourgeoise, en général du Sud, avec les accents correspondants : des accents que nous avions rarement entendus auparavant, excepté peut-être dans la bouche du médecin et du pasteur, et encore : leur appartenance aux professions libérales n'excluait pas qu'ils aient été originaires de la région et qu'il y aient fait leurs études. Il y avait en particulier une femme, professeur de français, jeune et aimable, qui nous dit qu'elle venait de Virginia Water. J'imaginais une grande étendue de lac dans le Sud de l'Angleterre, bordée de maisons basses à colombages qui touchaient le bord de l'eau, des dames avec des ombrelles, des jeunes gens en canotier en train de ramer. De nos jours encore, je pense à elle lorsque je traverse cette région qui est devenue une prébanlieue ou une quasi-prébanlieue résidentielle, contournée par la nationale A30. Elle était douce et bon professeur ; nous n'avions jamais rencontré pareille douceur ni pareil raffinement dans les écoles que nous avions fréquentées auparavant. Le professeur principal de français avait des manières un peu efféminées et arborait un nœud papillon ; encore quelque chose d'exceptionnel pour nous, aussi exceptionnel qu'une perruche en liberté. Beaucoup plus érudit que ne le nécessitait son travail, il aurait très bien pu avoir un poste universitaire s'il avait fait ses études dans les années 1960 au lieu des années 1920 ou 1930 ; lui aussi enseignait bien. Tous les deux avaient placardé aux murs de grandes affiches en couleur – les châteaux de la Loire, la Provence, Notre-Dame – pour nous inspirer une francophilie à la hauteur de la leur.

Le représentant le plus parfait et le plus raffiné du contingent de professeurs originaires du Sud était Mr. Norden, le proviseur. Il avait le style et les manières de la haute bourgeoisie universitaire : cette impression a subsisté même à l'université, après que j'eus été témoin du style et des airs dont se gratifiaient beaucoup de professeurs provinciaux. Il avait enseigné à Dulwich Collège[123]. Ce n'était pas seulement la difficulté de trouver du travail à cette époque qui l'avait poussé, lui et quelques autres des professeurs du même groupe, à venir dans le Nord, dans un lycée d'une zone ouvrière d'une grande ville industrielle crasseuse ; ils étaient également animés par un esprit missionnaire. Ce n'était pas le cas pour tous les professeurs de Cockburn, mais une large majorité d'entre eux avaient le sentiment qu'ils avaient un rôle spécial à remplir vis-à-vis de leurs élèves. Leur vision de ce qu'ils pourraient essayer de faire pour ceux-ci était souvent limitée culturellement, mais c'était bien une sorte de vision ; et elle garantissait qu'ils avaient un sens très fort de leur responsabilité pastorale tout autant qu'académique. Ils veillaient sur nous, parlaient de nous entre eux dans la salle des professeurs, songeaient à ce qui pourrait être pour nous le meilleur avenir.

La vocation du proviseur était la plus évidente de toutes. Je soupçonne qu'il n'était pas ce que nous appellerions aujourd'hui un « administrateur de premier plan ». On disait qu'une année, il avait oublié de renvoyer au service des examens les papiers que les élèves avaient remplis pour le brevet ; même si elle est fausse, l'histoire traduit bien l'aspect fantaisiste de

123 *Public school* huppée.

son tempérament. Il n'était ni cordial, ni enjoué, et pas davantage sévère ou brutal. Il ne cherchait pas à ce que Cockbum l'emporte dans la course aux meilleurs résultats avec les autres lycées. Il savait ce que l'enseignement de lycée, dans le bon vieux sens du terme, devait être et il voulait l'encourager dans son établissement, en montrant l'exemple d'une bonne éducation plutôt qu'en appliquant des « méthodes de direction » ou en nous présentant une carotte au bout d'un bâton. Vers la fin des années 1930, il donna sa démission pour rejoindre un établissement du Sussex et, plus tard, il se fit, je crois, moine de l'Église anglicane.

Un groupe intermédiaire, plus petit, se composait de professeurs traditionnels, aux marques d'identité professionnelle bien nettes et plus importantes que les marques d'appartenance sociale. Je ne sais pas s'ils étaient issus de dynasties d'enseignants, mais c'est l'impression qu'ils donnaient ; tels ces garçons qui font médecine et qui ont l'air de fils et de petits-fils de médecins : bon chien de chasse de race. Ils étaient consciencieux et sérieux dans leur effort pour tirer de bons résultats du matériel composite qu'ils avaient en face d'eux, mais le masque du pédant cachait chez eux un esprit missionnaire, bien réel à ce que je crois. Ils n'avaient pas non plus cet air légèrement surpris, nerveux et novice de ceux qui sont les premiers de la famille à obtenir des grades universitaires. Ils avaient une manière différente de porter leur toge dépenaillée, comme des consultants d'hôpitaux qui vont d'un rendez-vous important à un autre. C'étaient certainement de vrais professionnels, pourvus d'une méthode bien affûtée, lorsqu'ils nous enseignaient le latin, les mathématiques ou, assez étrangement, l'anglais. Ils établissaient les normes pour leurs collègues plus jeunes et considéraient comme un devoir d'aider ceux d'entre eux qui voulaient se mettre à leur école.

Les professeurs moins consciencieux savaient qu'on les jugeait sans rien dire. Vue sous un certain angle, la vie de ces vétérans pouvait sembler terne, et certains professeurs plus jeunes se promettaient de ne jamais s'installer dans une telle routine ; mais c'était une routine qui, professionnellement, ne cédait pas à la facilité et qui était l'expression d'un sens du devoir fort et constant.

C'est à de tels professeurs que je dois, et je ne suis pas le seul, beaucoup plus que des bases convenables en mathématiques et en latin, bien que je sois parti du niveau le plus bas. Je leur dois aussi l'exemple d'une attention quotidienne et non spectaculaire au détail, une attention qu'on accorde parce que c'est pour cela qu'on a été nommé, pour remplir les obligations du métier, et que faire moins serait se montrer irresponsable. Les professeurs les plus caractéristiques et les plus impressionnants de ce groupe étaient le professeur principal de latin et le professeur principal d'anglais. Grave et réservé, celui-ci n'était pas loin de la retraite ; à la différence de ses collègues plus jeunes, il n'établissait pas de relations spéciales avec ses élèves, pas même avec les meilleurs. Ses opinions sur la langue et sur la littérature étaient conventionnelles, mais pas dérisoires – une bonne attention à la logique de la grammaire et une approche de la poésie à la manière de Palgrave ne sont pas de si mauvaises bases[124].

Ce professeur avait tendance à arriver cinq ou dix minutes en retard au premier cours après l'interruption de la mi-journée. Un jour – je suppose que je voulais montrer que je pouvais être un peu diable – je

124 Professeur de poésie à Oxford, Francis Turner Palgrave (1824-1897) est l'auteur d'une anthologie de la poésie anglaise de goût victorien, d'où sont exclus les poètes contemporains ou non académiques.

jetai une boule puante dans la salle de classe huit ou neuf minutes avant l'heure habituelle de son arrivée, sans me rendre compte que l'odeur serait encore là quand il viendrait ; en fait, il arriva plus tôt que d'habitude, au moment où les œufs pourris étaient à leur puissance maximale. Il renifla et demanda d'un air plus magistral que colère : « Qui est l'auteur de cette plaisanterie ? » Il y eut un silence, puis je me levai et dis : « Je le fus, monsieur. – Au moins votre aveu est-il grammaticalement correct, Hoggart. Vous aurez une heure de retenue pendant toute la semaine. » Je méritais au moins ça ; comme on était lundi, j'arrivai à la maison avec une heure de retard tous les soirs de la semaine. Je ne me souviens pas si j'ai menti pour excuser mon retard ; je suis sûr que personne, à Newport Street, n'a deviné ce qui s'était passé ; cela les aurait peinés outre mesure s'ils l'avaient su.

C'est une petite histoire idiote, mais je suppose que je la raconte parce que la dignité et la décision dont ce professeur fit preuve m'impressionnèrent. Il ne se mit pas en colère et ne feignit pas non plus de s'en amuser. Il fit ce qu'il avait à faire, oublia l'incident, et je pense qu'il n'en fit part à personne, sauf au maître qui surveillait les collés ; il ne le retint certainement jamais contre moi. Mon envie de jeter une boule puante sortait sans doute tout droit de la lecture de Frank Richards[125] dans *Magnet* et *Gem* ; ces illustrés avaient une prise plus puissante sur nos imaginations de lycéens que *Wizard* ou *Hotspur*. La culture pseudo-*public school* avait supplanté la culture de la rue.

125 Auteur prolifique (pseudonyme de Charles Hamilton, 1876-1961) dont les histoires mettant en scène des élèves d'une *public school* étaient publiées dans *Magnet* et *Gem* (comparables à *Spirou* ou au *Journal de Tintin*). *Wizard* et *Hotspur*, illustrés plus populaires, ne faisaient pas référence à la culture lycéenne.

Un troisième groupe de professeurs était constitué par les « nouveaux venus », les nouveaux entrants, les premiers de leur famille à avoir franchi – tout juste – la frontière en direction des classes cultivées et des professions libérales. Chez eux aussi, on pouvait rencontrer des soins pastoraux attentifs. À mesure que j'écris, je me demande si je n'insiste pas trop sur les bons côtés de Cockburn. Je me souviens aussi de professeurs sans valeur : les professeurs de gymnastique, en particulier, n'étaient pas très impressionnants. Parmi les hommes, certains jouaient au bridge d'une manière obsessionnelle chaque midi dans la salle qui leur était attribuée, et où les femmes n'étaient pas admises. Mais, dans l'ensemble, je dois dire que je suis impressionné par les attitudes et les actes de la plupart de ces gens, par le fait que la majorité d'entre eux étaient éclairés par une lumière qui brillait sans défaillance, même si elle ne jetait pas un vif éclat, et qu'ils essayaient de suivre. J'ai plus d'une raison de soutenir l'idée du tronc commun dans le premier cycle ; j'ai vu celui-ci fonctionner convenablement dans d'autres pays et, parfois, en Grande-Bretagne. Le fait que ce soit si difficile à réussir ici s'explique surtout par nos complications et nos contradictions culturelles traditionnelles, par nos inhibitions, nos paresses, notre inaptitude au changement. Notre handicap principal, sauf dans les collèges les plus chanceux, est peut-être l'idée même que nous avons de la pédagogie, la difficulté qu'éprouve le personnel même le plus dévoué à dégager un espace, à créer un climat propice au développement des enfants intelligents et qui aiment les livres. Cockbum a été transformé en collège[126]. J'y suis passé il a quelques années : les

126 *Comprehensive School*, établissement d'enseignement général non spécialisé, lié à l'idée de la prolongation de la scolarité obligatoire dans l'enseignement

changements survenus dans l'industrie spécialisée, la fuite de beaucoup de ceux qui pouvaient s'en aller, la politique de relogement dans d'autres quartiers avaient abouti à la surreprésentation des familles à problèmes, des familles du « sous-prolétariat ». Quel que soit le dévouement du personnel enseignant, il doit être encore plus difficile de créer une première classique que cela ne l'était de mon temps. La pollution par l'amiante obligea l'école à déménager et à s'établir un peu plus loin il y a quelques années. Le bâtiment vieux de quatre-vingts et quelques années a été jeté bas.

Ce serait une erreur d'essayer de refaire des lycées pour les élèves de onze à dix-huit ans. Mais il faut rendre hommage à ceux qui, en leur temps, ont fait fonctionner les lycées locaux ; ils avaient un sens de l'étude et le sentiment de leur responsabilité, tant pédagogique que sociale, envers les filles et les garçons qui passaient entre leurs mains, en particulier envers les enfants intelligents issus de familles qui n'avaient jamais envoyé leurs enfants au lycée auparavant.

C'est un professeur de ce genre qui, ayant décidé que je pouvais « avoir de l'avenir », me prit à part un jour après la classe et étendit la main par la fenêtre vers le nord, au-delà du centre, vers les beaux quartiers. « Si vous jouez bien vos atouts, Hoggart, dit-il (l'image est à la fois adaptée à ce qu'il disait et involontairement révélatrice de l'insuffisance de la pensée elle-même), vous pouvez finir avec une maison à Roundhay. » « Souviens-toi toujours, mon cher Dan, que tu dirigeras un jour cette entreprise…[127] » : les

secondaire. L'équivalent français est le collège d'enseignement secondaire fondé sur le principe du tronc commun.

127 Phrase attribuée à la mère de Sir Daniel Gooch (1816-1889), premier directeur des locomotives puis président de la Great Western Railway et député conservateur, qu'elle lui aurait répétée chaque matin alors qu'il débutait sa

aspirations capitalistes victoriennes transposées dans les classes populaires de Leeds en 1930. À l'époque, je ne me rendais pas compte à quel point l'expérience professionnelle et sociale personnelle de ce professeur était mince. Il avait sans doute un diplôme universitaire, probablement de l'université de Leeds ; il faisait partie des « nouveaux venus ». Il n'avait pas l'accent d'un indigène, d'un gamin de Leeds, et venait sans doute d'un bourg des environs ; maintenant, il avait une maison à Roundhay, ou du moins à sa périphérie, meilleur marché. L'ambiance là-bas, l'ambiance de sa vie domestique et de sa vie de travail tout entière, devait être douce, aimable, mais intellectuellement peu tonifiante.

Un autre de ces professeurs, qui faisait partie du groupe de littérature anglaise, m'arrêta dans un couloir au cours du deuxième trimestre de ma cinquième année. Il y avait un camp scolaire annuel à Stratford-on-Avon, sous des tentes coniques, dans un champ appartenant aux brasseries Flowers ; le séjour comprenait plusieurs visites au théâtre au bord de la rivière. Ce professeur avait décidé que Stratford me ferait du bien (il avait raison : je n'avais guère vu, à seize ans, plus de deux pièces de Shakespeare, et presque aucune autre pièce) ; mais il savait que nous ne pouvions pas trouver les six livres que coûtait le camp. Il m'annonça sur le ton de la conspiration que lui et quelques autres collègues avaient fait une collecte. Il insista sur le fait que l'opération devait être gardée secrète – *sub rosa*. Je n'avais jamais entendu cette expression auparavant ; chaque fois que je la lis, et plus encore que je l'entends, elle résonne comme l'écho lointain d'une gentillesse imprévue ; une belle expression, brève et mélodieuse.

vie professionnelle. Cf. Matthew Arnold, *Culture and Anarchy. An essay in political and social criticism*, Smith, Elder & Co, 1882.

Une fois encore, c'étaient mes compositions anglaises, qu'ils trouvaient très prometteuses, qui leur avaient suggéré cette initiative. Ce qui importe davantage, c'est que cet épisode fournit une preuve supplémentaire d'un sens des responsabilités qui s'étendait au-delà du mesurable, du formel, des obligations écrites, et qui se manifestait en particulier dans la vigilance que ces maîtres qui, pour beaucoup d'entre eux, s'étaient eux-mêmes élevés avec plus ou moins de difficultés, exerçaient à l'égard des enfants qui pouvaient avoir besoin d'une aide particulière et qui pouvaient en faire bon usage. Cette attitude a sans doute son revers : de tels professeurs avaient peu de temps à consacrer aux élèves paresseux ou même aux élèves un peu trop détendus. Étant donné leurs antécédents et les nôtres, il leur était plus difficile, psychologiquement, d'obliger ce genre d'élèves.

Le « nouveau » théâtre venait juste d'ouvrir et faisait valoir ses possibilités techniques avec la représentation d'un orage magnifique pour la première scène de *La Tempête*. Dans le bus qui nous emmenait à Stratford, l'un des jeunes professeurs dit à un autre que le bâtiment ressemblait à une usine de biscuits. Je n'avais jamais pensé auparavant qu'il était possible d'avoir des opinions sur l'architecture, et encore moins des opinions critiques. Les bâtiments – un nouveau pub, une bibliothèque municipale, une banque – apparaissaient, tout simplement, et on les acceptait, tout simplement.

La semaine au camp et toutes les pièces me plurent beaucoup. Pour un camp, l'atmosphère n'était pas mauvaise. En rôdant autour de la tente des professeurs lorsqu'ils ne nous regardaient pas, nous découvrîmes bien qu'ils avaient du ketchup, un extra sybaritique auquel nous n'avions pas droit, mais nous n'en fûmes pas offensés : nous n'étions pas à Ripon. Il y eut la brute presque inévitable, un garçon plus grand, peut-être d'un an plus âgé que ceux de notre classe, qui se mit à détendre les cordons des tentes des plus jeunes. Il me donna, tout à fait contre mon tempérament et, j'en suis sûr, contre le sien, une bonne leçon. Après qu'il eut pour la troisième fois dérangé notre tente, je fus saisi d'une bouffée de rage contre cet acte de méchanceté bêtement gratuite, je sortis de la tente et, tout à fait conscient de la supériorité en taille et en force de l'adversaire, je le frappai en plein visage, sans savoir d'où me venait cette décision et sans me soucier sur le moment de ce qui en résulterait. Il tourna les talons, s'en alla et ne revint pas. Je ne pense pas que cela se passe toujours ainsi, mais cet incident m'apporta un curieux soulagement, comme si l'affirmation « la seule chose que nous avons à craindre est la crainte elle-même » avait été vérifiée.

Il y avait un prix pour la meilleure composition sur le camp de Statford et l'on me fit comprendre qu'on s'attendait à ce que je participe à la compétition. Je la gagnai. On retrouva plus tard dans les papiers de Tante Ethel le numéro de la revue du lycée, *The Cockburnian*, dans lequel mon récit avait paru. Je devais être en train de lire ces gens qui gagnent leur vie en voyageant à travers la Grande-Bretagne avec leur canne et leur stylo, prennent note des beautés qu'ils voient et les décrivent d'une prose inspirée et rustique.

> Le plaisir des après-midi paresseux sur une rivière calme et navigable telle que l'Avon est quelque chose d'appréciable. En matière de popularité les baignades, ne se sont nullement laissées dépasser par le canotage. Le courage de quelques âmes vaillantes qui se sont levées à 6 h 30 du matin pour aller se baigner est suffisant pour faire en

> sorte que les mortels moins courageux admirent en silence sans essayer d'en faire autant…
> Un groupe de grands élèves décida de goûter les délices des ploutocrates et, à cette fin, prit plaisir à manger des glaces pendant une heure à la terrasse du Pavillon royal (dans la ville d'eau de Leamington) tout en écoutant languissamment l'orchestre…
> C'est une bien triste affaire que de lever le camp ! Cette activité n'a rien à voir avec le brillant espoir, la joyeuse et vivante attente qui accompagne l'installation des tentes. Cependant, ne soyons pas ingrats. Nous avons recueilli cette semaine des souvenirs et des expériences qui nous réconforteront dans les jours à venir et nous donneront des « roses en décembre[128] ».

Les professeurs auraient dû me mettre en garde, mais ils admiraient sans doute ce genre d'horrible pastiche. Ce prix, le plaisir d'écrire cette composition et de jouer avec une manière d'inventer le passé immédiat, la déroute du brutal et, par-dessus tout, les pièces de théâtre elles-mêmes, firent de la semaine passée à Stratford un événement marquant et une porte ouverte sur l'avenir.

Il semble que la plupart des professeurs de Cockbum qui faisaient partie de ce troisième groupe avaient accepté totalement et pour toujours leur place dans le petit cercle social où ils se trouvaient. Je me souviens de beaucoup de gentillesses, de beaucoup d'attention professionnelle, mais pas d'une seule pensée subversive ou radicale. Ils étaient tout à fait

128 Expression se rapportant à une citation attribuée au moine Thomas Merton (1915-1968) : « Dieu nous a donné une mémoire, grâce à quoi nous avons des roses en décembre. »

intégrés au système et, sous certains aspects, le système avait prospéré grâce à eux. Je pense qu'ils se seraient probablement comportés de la même manière s'ils étaient nés, par exemple, en Union soviétique. Quels qu'aient été leurs plaintes et leurs ronchonnements dans ou hors de l'école, ils ne donnaient jamais l'impression de mettre en question la justesse fondamentale du système dans son ensemble ; ils étaient effectivement parqués dans leur style de vie et dans leur mode de pensée. Ils n'étaient pas d'humeur violente ; ils semblaient se contenter du promontoire médiocre de confort et de respectabilité sur lequel ils avaient grimpé. Mais leurs vies n'étaient pas dépourvues d'unité et de cohérence ; ils étaient obligeants et encourageants envers certains d'entre nous, jusqu'au moment où notre propre moteur se mettait à tourner et où nous coupions la corde de halage. Il n'y a pas là de quoi se payer leur tête. Je me sens d'humeur plus narquoise envers certains universitaires que j'ai connus par la suite, qui se situent idéologiquement à l'extrême gauche dans l'amphithéâtre et dans la salle des professeurs, mais qui rentrent à la maison chaque jour depuis quarante ans pour retrouver le confort d'une existence bourgeoise dans un des meilleurs quartiers de la ville.

Il serait facile d'étiqueter comme conformistes bon nombre d'attitudes des professeurs de Cockburn, de ranger ces derniers dans la catégorie prescrite, et de conclure, en dernière analyse, qu'ils n'avaient rien de plus que ce qu'on peut attendre de gens qui se sont un peu élevés, n'ont pas envie de retomber et se tiennent en conséquence à carreau. Mais cette manière de procéder légèrement caricaturale élude la complexité de ces attitudes. Il est certain que ces gens avaient un esprit conventionnel ; peu de choses dans leur formation les avaient disposés à questionner, à éprouver les choses par eux-mêmes, intellectuellement et émotionnellement. Cependant, ils n'étaient pas conformistes comme les petits malins qui font le point et qui décident une fois pour toutes de se tenir du côté du manche. Ils étaient conformistes en ce qu'ils acceptaient trop facilement les cadres de référence qui leur avaient été transmis. Leur enseignement de l'histoire, par exemple, était très semblable, en meilleur et en plus complet, à celui de l'école de Jack Lane. Ils n'étaient pas sans critiquer l'histoire coloniale anglaise, mais cette histoire, à partir des premiers voyages d'exploration, s'imposait à eux irrésistiblement, comme la trame même de l'histoire de cette île et, dans l'ensemble, comme une trame solide.

Certains de mes amis parlent « du » maître – homme ou femme – qui les a conduits à penser la politique par eux-mêmes ; d'autres parlent de professeurs qui les ont influencés d'une manière plus générale, en les encourageant à croire qu'une bonne démocratie fonctionne grâce à la critique constante, aussi bien individuelle que sociale, et que les divergences d'opinion, les erreurs de bonne foi, voire quelques blessures, sont nécessaires sur la voie de la liberté. À de légères exceptions près (et une grande exception en ce qui concerne le proviseur), cela ne fut pas le cas pour moi avant l'université. Le professeur d'anglais qui avait fait une collecte pour me permettre d'aller à Stratford me fut d'une grande aide et d'un grand soutien et je lui en garde beaucoup de reconnaissance ; mais il ne m'ouvrit pas, il ne pouvait m'ouvrir de nouvelles étendues de la pensée ou m'enseigner des façons nouvelles, plus inventives, plus excitantes d'utiliser celle-ci. Il me perçut comme un élève intelligent, que sa situation pouvait empêcher d'utiliser ses talents aussi bien qu'ils auraient pu et qu'ils auraient dû l'être ; mais son sens de ce que pouvaient être ces perspectives était très limité.

En dépit des amitiés qui nous liaient et du pacte tacite qui nous interdisait de nous concurrencer ouvertement, la classe, ou plutôt la promotion (nous avons gravi ensemble tous les échelons du cursus) était une juxtaposition d'individus, une collection d'univers solipsistes. Bien que nous répugnions à l'admettre, la compétition entre nous était, au fond, intense. Je n'étais pas le plus intelligent, mais j'étais très appliqué et je connaissais l'art de faire beaucoup avec pas grand-chose, de sorte que je parvins à me maintenir dans les six premiers jusqu'au brevet, à seize ans. Tout cela est très éprouvant tant que vous ne vous êtes pas construit une carapace, que vous n'avez pas appris à régler votre allure et pris la mesure de vous-même, ce qui me demanda deux ans à partir de mon entrée à Cockburn ; cette période fut marquée, vers la fin de ma seconde année je crois, par ce que j'appris à appeler une « dépression nerveuse ». Grand-Mère a dû se demander ce qui, diable, pouvait se passer. J'avais visiblement perdu toute joie de vivre, je restais figé, assis à la table de la salle de séjour, nerveusement incapable d'écrire un seul mot et plus incapable encore de dire ce qui n'allait pas. Je ne le savais pas moi-même.

On m'envoya chez le Dr Cooke pour qu'il me donne un « remontant » – on s'attendait à une bouteille d'un de ces médicaments tout usage, comme le fortifiant Parrish[129]. C'est lui qui parla de « dépression nerveuse », ce qui rendit la chose, quoique effrayante, plus compréhensible et par là, jusqu'à un certain point, plus maîtrisable, pour Grand-Mère et pour mes tantes. Elles avaient entendu parler de gens qui avaient eu une dépression nerveuse – des petits commerçants qui s'étaient trouvés liquidés par l'arrivée d'un magasin

129 *Parrish Chemical Food*; l'équivalent français d'époque pourrait être la Quintonine.

à succursales multiples, ou encore une vendeuse aux prises avec un patron horriblement exigeant. Chez un jeune garçon, une dépression nerveuse était quelque chose de nouveau et de bizarre; mais, après tout, ce n'était pas tellement surprenant étant donné tout le travail scolaire que j'avais à faire – « tout ce travail de tête » – et la manière sérieuse dont je m'y prenais – « toujours perdu dans un livre ». Il ne faut pas s'étonner si « faire mes devoirs » est resté une de mes métaphores personnelles; de même que « bon, je ferais mieux de m'y mettre », qui signifie se remettre au travail qui est toujours là.

Je fus envoyé pour une ou deux semaines dans une maison de repos à Bridlington : autre illustration des dispositions que le Comité des gardiens pouvait prendre en faveur de ceux dont il devait s'occuper. C'était une grande maison, probablement construite à l'origine pour être un hôtel; et la nourriture n'était pas mauvaise. On nous emmenait faire de longues promenades de santé et nous passions beaucoup de temps dans une grande salle commune, vide, dont les vastes fenêtres donnaient sur la mer. Lorsque les infirmières n'étaient pas dans la salle, certains des garçons, qui semblaient avoir la convalescence vigoureuse, jouaient des tours sadiques comme d'enfermer les plus petits dans un grand coffre dont ils refermaient le couvercle; ils découvrirent rapidement ceux qui étaient claustrophobes. Je me souviens d'une infirmière d'une exceptionnelle douceur. À tout prendre, ce n'est pas une collection de mauvais souvenirs; en dépit de ce qui m'amenait à Bridlington, ils sont plus heureux que ceux du camp de Ripon. Cette période de répit sembla me faire de l'effet et je ne suis jamais retombé dans la dépression, même si j'en ai été très près durant ma dernière année à l'université, lorsque je peinais pour obtenir la mention très bien. Je vis à ce moment-là un psychiatre, juste une fois, pendant environ cinq minutes, sur l'élégante place du Parc, près de l'hôtel de ville. Il me dit que mon meilleur médicament était ma petite amie, que je subissais simplement la tension des examens et que je serais bientôt d'aplomb ; et que je devais donner cinq livres à sa secrétaire.

Retour à Cockburn et au long processus de démarrage et de décollage. Notre itinéraire passait avant tout par l'imprimé. Il n'y avait pas de télévision ; et l'on considérait que la radio, que nous avons eue assez tard à Newport Street, ne correspondait guère aux intérêts et aux besoins qu'il convenait d'encourager en nous. Nous n'étions pas très occupés non plus par la pratique des arts, très peu par les représentations théâtrales, encore moins par la musique et par les arts plastiques. C'étaient donc les livres, toujours et avant tout. Nous avions peu d'intérêt pour la vie intellectuelle en elle-même et pour elle-même, considérée comme son propre stimulant ; nous étions obstinément utilitaristes. En fait, l'investigation intellectuelle était de nature à nous inquiéter, dans la mesure où elle était susceptible de troubler notre conviction selon laquelle une application régulière de l'intelligence suffisait parfaitement à nous faire trouver notre chemin avec succès. Lorsque je lus, plusieurs années après, l'élégante comparaison de Richard Hofstadter entre les personnalités intelligentes et les personnalités intellectuelles, je compris tout de suite ce qu'il voulait dire. Il y avait bien sûr des intellectuels à l'université, mais c'est à l'armée que, pour la première fois, j'eus l'occasion de connaître de près quelqu'un qui était doté d'une forte intelligence, d'un sens vivant de l'investigation intellectuelle et, ce qui était le plus surprenant de tout, de la capacité de jouer avec ces dons. Cette aptitude au jeu intellectuel m'échappe toujours. Il serait injuste d'imputer ce manque à l'éducation que j'ai reçue à Cockburn ; il provient plus vraisemblablement de la rencontre et de la combinaison étroite d'une disposition naturelle et des tensions de mon itinéraire ; sur ce chemin, il n'y avait pas beaucoup de temps pour les caprices et pour les pirouettes intellectuelles.

Peu de temps après mon séjour à Bridlington, je trouvai une porte de sortie, un soutien. J'avais besoin de découvrir quelque chose par moi-même, de bifurquer en quelque sorte de la voie tracée, de faire mes propres découvertes, de trouver mes propres espaces d'enthousiasme en dehors de ce que les professeurs offraient et au-delà de ce dont parlait la quasi-totalité de mes camarades. Cette voie passait par la nouvelle bibliothèque municipale de Hunslet. Un grand nombre de gens d'origine modeste ont rendu hommage au rôle que les bibliothèques publiques ont joué dans leur éducation non officielle. Sans elles, beaucoup n'auraient jamais approché d'aussi près la révélation de l'ampleur, de la profondeur et de la variété possibles de la vie, du savoir et de la compréhension. Il faut le souligner aujourd'hui, alors que certains hommes politiques, et même certains membres du gouvernement, ne voient pas très bien ce qui justifie l'existence d'un service de bibliothèque gratuit et n'en établiraient certainement pas un s'il n'existait pas déjà. Quoi ! une salle chauffée dans chaque quartier, où les gens peuvent lire et emprunter des livres gratuitement ! Il faudrait d'abord que ce soit rentable ; d'ailleurs, les gens ne l'apprécieraient-ils pas mieux s'ils devaient payer ? J'en doute. Ce qui est sûr, c'est que nombre de ceux qui en ont le plus besoin et qui pourraient en bénéficier le plus seraient évincés si ces services n'étaient plus gratuits. Comme pour la plupart des nouveaux avantages sociaux, c'est la loi du « à celui qui a, il lui sera donné » qui jouerait. Ceux qui profiteraient le plus de ce service seraient ceux qui en connaîtraient par avance la valeur.

Pour les gens comme moi, cette bibliothèque était un second foyer. On pouvait se servir librement dans les rayons, ce qui ne va pas de soi partout, et il y avait même une petite salle d'étude. Je ne pouvais pas et je ne désirais pas y aller tous les soirs ; mais certains soirs, en particulier lorsque je devais chercher des références ou quand il y avait des visites à la maison, c'était un prolongement indispensable de ce qu'offrait l'école, de son espace, de son calme et de sa chaleur. Les devoirs mis à part, je furetais dans les rayons de la bibliothèque principale comme quelqu'un qui n'est pas sûr de ce qu'il cherche mais qui est sûr qu'il finira par le dénicher.

Le service des bibliothèques connaît de nos jours un débat sur ses finalités. Il y a quatre ou cinq décennies, la plupart des bibliothécaires pensaient qu'indépendamment des autres livres, ils devaient offrir au public une bonne sélection du meilleur de ce qui avait été pensé et dit, tout particulièrement à l'intention des jeunes lecteurs qui avaient peu de chances d'y avoir accès. Ils s'assuraient que les rayons étaient bien garnis de littérature classique, de bons romans, de bonne poésie et de bonnes pièces de théâtre. De nos jours, si l'on assiste à une conférence de bibliothécaires, on a de fortes chances d'entendre s'opposer ceux qui mettent encore en avant cette conception traditionnelle du rôle de la bibliothèque et les « démocrates », qui contestent aux bibliothécaires le droit de choisir les livres en fonction de leur propre échelle de valeurs, d'être, comme ils disent dans leur jargon, « normatifs », de promouvoir certains livres parce qu'ils pensent qu'ils sont meilleurs que d'autres, qu'ils font partie de la grande tradition. Les « démocrates » usent d'un argument populiste courant : puisque les bibliothèques sont financées sur les impôts locaux, elles doivent s'adapter aux besoins et non les créer, autrement dit proposer ce que la majorité désire, à savoir une avalanche d'histoires romanesques, des monceaux de romans à suspense, des palanquées de récits de voyages faciles à lire, des torrents de plus en plus abondants de guides pour le traitement de l'information et pour la maîtrise de la technologie moderne de la communication appliquée à la maison et au bureau.

Ma grande découverte personnelle dans la bibliothèque de Hunslet fut la poésie. On n'était pas plus fort à Cockbum qu'à Jack Lane pour la lecture de la poésie à haute voix ou pour nous faire sentir sa richesse et son pouvoir d'exaltation ; c'était donc un domaine ouvert à la chasse au trésor. Le catalyseur, rencontré par hasard, fut Swinburne. Je trouvai un volume de ses poésies – dans l'édition Chatto, je pense – et tombai sur :

Before the beginning of years
There came to the making of man
Time, with a gfit of tears ;
Grief, with a glass that ran[130]...

Cela me faisait le même effet que le prélude de l'acte I de *La Traviata*, mon premier disque, une musique qui vous donne envie de distribuer tout votre argent. C'est seulement des années plus tard que je remarquai la permutation des attributs du Temps et de la Douleur. Le chœur d'Atalante en Calydon me prit encore plus :

130 « Avant le commencement des ans/Vinrent pour la création de l'homme/Le Temps qui lui fit don des pleurs ;/La Douleur avec un sablier... » Algernon Charles Swinburne, *Atalante en Calydon*, 1865.

When the hounds of Spring are on winter's traces,
The mother of months on mead or plain
Fills the shadows and windy places
With lisp of leaves and ripple of rain;
And the brown bright nightingale amorous
Is half assuaged for Itylus,
For the Thracian ships and the foreign faces,
The tongueless vigil, and all the pain[131].

Je n'ai pas lu ce poème depuis tantôt cinquante ans, mais les vers jaillissent de ma mémoire presque mot pour mot; ce n'est pas difficile, car ce type de textes déploie un grand nombre de mécanismes mnémotechniques qui vous accrochent et vous entraînent dans leur sillage. Plus tard, j'appris à qualifier de complaisants ce genre de vers: ils le sont en effet, mais j'aimerais être capable d'exprimer mes propres complaisances avec une telle habileté rhétorique.

À Jack Lane, notre accointance avec la poésie était pratiquement limitée à Robert Service[132], une sorte de Kipling du pauvre, et c'était un hasard; il était apprécié par l'un de nos plus vieux instituteurs qui occupait les moments perdus ou d'ennui en le déclamant à voix haute; après tout, c'était une forme d'introduction à l'intoxication par le langage, et un exemple de la manière dont celui-ci peut servir de support à un engagement vigoureux dans des dilemmes moraux personnels. Pour un enfant qui ne connaissait pas grand-chose d'autre en fait de poésie, Swinburne

131 «Lorsque les meutes du Printemps sont sur les traces de l'Hiver,/La mère des mois sur la prairie ou sur la plaine/Remplit les ombres et les endroits ventes/Du bruissement des feuilles et du murmure de la pluie ;/Et l'amoureux rossignol, brun et brillant/Est à demi rassuré pour Itylos,/Pour les bateaux des Thraces et les visages étrangers,/Pour la veille silencieuse, et toute la douleur», *Atalante en Calydon.*

132 Poète canadien né en Grande-Bretagne (1874-1958), dont les ballades les plus connues ont pour sujet la ruée vers l'or du Klondike.

faisait voir un de ces élans simples et forts qui sont à l'arrière-plan de l'écriture poétique, cette passion de jouer avec les mots pour eux-mêmes, pour ce qu'ils peuvent faire et ce qu'on peut leur faire faire, sans laquelle, comme dit Auden, on peut devenir homme politique, pasteur ou bon citoyen, mais mieux vaut renoncer à être poète.

La rime, l'allitération, l'assonance, le jeu des voyelles, les images éclatantes, l'interaction des voyelles et des consonnes, la montée de la vague et sa descente dans une chute mourante, le déroulement entier de la chose, tout m'emportait. Lorsque je lus les vers de Swinburne pour la première fois, je ne connaissais rien de cette légende grecque ; je savais que c'était triste, d'après la façon dont ça avançait d'une manière cadencée puis descendait en vol plané jusqu'à ce point immobile du pathétique. Je ne savais pas, et je ne sais toujours pas pourquoi le rossignol doit être à la fois « brun » et « brillant » (que ce soit par son aspect ou par son chant, ce n'est pas un oiseau particulièrement brillant), mais je savais d'instinct pourquoi Swinburne avait mis ces deux mots ensemble. Plus tard, je rencontrai l'étendue exceptionnelle des usages plus complexes et plus éblouissants du mot « brillant » – *bright* : « So quick bright things come to confusion » ; « Brightness falls from the air, Queens have died young and fair… » ; « A bracelet of bright hair about the bone » (on trouve un effet semblable dans les vers de Webster : « Cover her face ; Mine eyes dazzle ; She died young[133] »). Par contraste, lorsqu'on

133 « Si prompt est tout ce qui brille à retourner au néant. » William Shakespeare, *Le Songe d'une nuit d'été*, acte 1, scène 1 ; « L'éclat tombe du ciel,/Des reines sont mortes belles et jeunes. » Thomas Nashe, « Time of Pestilence », *Summers Last Will and Testament*, 1600 ; « Un bracelet de cheveux qui brille autour de l'os. » John Donne, « The Relic », *Songs and Sonnets*, 1633 ; « Couvrez son visage ; Mes yeux sont aveuglés ; Elle est morte jeune. » John Webster, *The Duchess of Malfi*, 1623.

utilise « brillant » dans la vie courante – « c'est un élève brillant » –, on dirait que quelqu'un a éteint la lumière. Je réagissais de la même manière au contraste entre les doubles longues de « tongueless vigil » et les monosyllabes exténuées de « and all the pain ». La force de ces monosyllabes rappelle, encore, le pouvoir des vers de Wordsworth : « Heavy as frost, and deep almost as life ! » et ceux de Eliot : « Oh dark dark dark. They all go into the dark[134]. » Tout cela, je l'avais découvert par moi-même, sans l'aide d'un professeur ; et, ne pouvant alors me faire expliquer la manière dont ces choses produisaient leurs effets ni trouver quelqu'un pour en discuter, j'avais dû y réagir tout seul ; c'est ce qui en faisait la beauté. À la fin de ma seconde, je savais que, de tout ce que j'apprendrais à l'école, la littérature, et par-dessus tout la poésie, serait ma passion prédominante.

Je ne sus qu'assez tard que je resterais au lycée et que je passerais en première, pas avant l'intervention de Miss Jubb au vu des appréciations de mes professeurs. Comme je l'ai déjà dit, je me demande encore ce qu'il advint des élèves intelligents qui ne purent pas rester, qui n'avaient pas de Miss Jubb, dont les parents ne pouvaient pas les garder à l'école, ou avaient l'impression qu'ils ne le pouvaient pas, ou trouvaient, sous la pression de leur entourage, que ça ne rimait à rien de continuer à avoir à la maison ce quasi-adulte qui ne rapportait aucun salaire.

Après tout, on était en 1934 et la Grande-Bretagne était encore loin d'être sortie de la grande crise ; on se dirigeait vers le réarmement, mais cela ne créait pas encore de nouveaux emplois. Nous connaissions

134 William Wordsworth, « Intimations of Immortality, from Recollections of Early Childhood », *Poems*, 1807 ; T. S. Eliot, « East Coker », *Four Quartets*, 1943.

la réalité du chômage comme nous connaissions la varicelle, la phtisie, la scarlatine et le veuvage précoce, les têtes dans les fours des cuisinières à gaz et beaucoup d'autres maladies apparemment inéluctables. Pour pouvoir résister aux pressions exercées par l'extérieur et par l'exiguïté des ressources de la famille et renoncer à mettre enfin un enfant au travail à seize ans, il fallait que l'école garantisse que non seulement il irait loin, mais qu'il irait vraiment très loin. L'école réagissait en se contentant d'essayer de retenir ceux, parmi les enfants pauvres, qui étaient vraiment très intelligents. Dans les conditions où ils étaient placés, les parents pouvaient difficilement être détendus et dire : « Bon, il pourrait aussi bien rester encore deux ans de plus. On ne sait jamais ce que ça pourra donner. » Si mince que soit la somme, ils savaient parfaitement ce que cela représentait comme manque à gagner dans le budget du ménage. Pour les filles, la cause du maintien à l'école devait être encore plus fortement défendue (« De toute manière, elle se mariera dans pas longtemps »). Si l'on ajoute à cela la nature non intellectuelle et non artistique de l'expérience des classes populaires, on comprend que, dans la plupart des cas, les plaidoyers en faveur de la poursuite des études avaient toutes les chances d'échouer. Heureux l'enfant dont l'un des parents gardait assez de respect à l'ancienne pour la connaissance.

À partir du milieu des années 1960, les enfants issus de familles de la petite bourgeoisie et parfois des classes populaires « respectables » en vinrent à considérer comme normal de rester à l'école jusqu'à dix-huit ans et même d'aller ensuite à l'université ou de suivre une formation technique supérieure. Reste que ce développement considérable de l'enseignement supérieur a inévitablement bénéficié davantage à ceux qui en connaissaient déjà la valeur qu'aux familles du genre de celles parmi lesquelles j'ai grandi. Si l'on tient compte de ces différences, le contraste entre les attitudes reste frappant et parlant, et montre une fois de plus qu'en dépit de l'augmentation de la prospérité, certaines attitudes et certaines pratiques changent plus facilement que d'autres, plus enracinées. Le changement culturel ressemble davantage à une série de manipulations génétiques inconscientes qu'à une simple greffe.

Il existe depuis longtemps des attitudes étrangement contrastées parmi les familles des classes populaires, et parfois à l'intérieur d'une même famille. On retire les enfants de l'école, on les envoie travailler au-dehors, mais on se refuse en général à prélever plus qu'une petite partie de leur salaire après qu'ils ont commencé à travailler, pour la bonne raison qu'ils ne tarderont pas à être moins en fonds et moins libres et ont intérêt à prendre du bon temps tant qu'ils le peuvent ; la réalité – le mariage, les enfants, l'augmentation des dépenses, peut-être sans augmentation de salaire – leur rognera les ailes bien assez tôt. C'est la première phase haute du cycle de Rowntree[135]. Cette attitude persiste aujourd'hui, avec quelques effets curieux. J'avais, à Birmingham, un étudiant qui était le fils unique d'un travailleur manuel du Pays noir, ce qui lui donnait droit à une bourse d'entretien entière avec maintien au foyer. Les parents de la plupart de ses camarades avaient des revenus plus élevés et étaient assujettis à l'impôt sur le revenu[136], de sorte qu'ils ne

135 D'après Benjamin Seebohm Rowntree, *English Life and Leisure*, Longmans Green, 1951, l'ouvrier, qui naît dans la pauvreté, connaît une première période de bien-être lorsqu'il commence à travailler et n'a pas encore de charges familiales. Il devient pauvre à nouveau lorsqu'il fonde une famille ; sa pauvreté s'atténue ensuite lorsque ses enfants, en âge de travailler, rapportent leur salaire à la maison. Enfin, il finit pauvre lorsqu'il a cessé de travailler et que ses enfants ont quitté le foyer.

136 Littéralement au *Means Test* ; cf. chapitre 1, note 18.

touchaient pas une bourse entière de l'État. Leurs familles étaient censées la compléter, mais beaucoup, probablement la plupart, ne comblaient pas complètement la différence, de sorte que ces étudiants étaient assez fauchés. Les parents du garçon du Pays noir lui laissaient acheter ses vêtements et pourvoir à son argent de poche, mais refusaient de prélever quoi que ce soit sur sa bourse d'entretien – après tout, cela ne leur coûtait pas plus cher de continuer à le garder à la maison. Il était un des étudiants les mieux habillés de son année et venait aux cours dans sa propre voiture, une occasion de quatrième main.

Pourtant, dans les années 1930, cinq shillings de plus apportés par un adolescent de seize ans dans le revenu familial hebdomadaire pouvaient faire une grosse différence. Le garçon ou la fille qui avait assez bien réussi au brevet avait la qualification nécessaire pour obtenir un emploi de col blanc et c'était, à coup sûr, une promotion suffisante, du moins sur une génération (ce dernier point était sous-entendu). Je ne me souviens pas qu'un seul de mes camarades de classe ait exprimé du ressentiment à l'idée de ne pas continuer ses études, bien que certains d'entre eux aient dû se rendre compte qu'ils étaient au moins aussi capables de profiter de cette chance que certains de ceux qui restaient à l'école. Ils partirent et je ne les revis presque jamais, sauf par hasard lors de rares rencontres dans le centre de la ville, où chacun se sentait un peu mal à l'aise. La plupart devinrent employés ; certains d'entre eux firent leur chemin, d'autres restèrent coincés à l'endroit, ou très près de l'endroit où ils avaient atterri pour la première fois.

Je pense à eux chaque fois que je vois quelqu'un piégé de cette manière, tout aussi piégé qu'un travailleur manuel ; peut-être plus encore, dans la mesure où un travailleur en col blanc qui a vu les autres le dépasser a sans doute plus de chances de prendre conscience de ce qui aurait pu être. Je pense en particulier à l'employé du service public qui regarde avec colère hors de sa cage, conscient que lui ne va nulle part, qu'il peut prédire où il sera, ce qu'il fera et presque ce que sera son salaire d'une année sur l'autre, et l'année d'après et ainsi de suite ; et qui se compare peut-être à un cadet parti au Canada ou en Australie, et qui a réussi.

Une jour, alors que je prenais un ticket à la gare de Birmingham, j'ai trouvé une casquette posée sur le rebord du guichet. Je voulus la tendre au guichetier. Il me lança ce regard sinistre de celui qui est pris au piège. Il ne répondit pas grossièrement ; il supposait simplement que je partageais ses opinions. « C'est à un de ces cochons de Pakis qui viennent nous prendre notre travail, dit-il, jetez ça par terre. » Tout un panorama de ressentiment, de dépression, de souci dans une maison bon marché avec des traites difficiles à payer s'ouvrit devant mes yeux. L'une des formes les plus cruelles de regret – et non de remords, car cela voudrait dire que vous êtes le responsable de votre propre condition – naît du sentiment que vous auriez pu mieux réussir, ou être mieux traité, que la vie vous a distribué de mauvaises cartes, une donne déloyale qui ne vous permettait pas d'atteindre le niveau que vous auriez dû atteindre ; et qu'il est trop tard maintenant.

Je dois mon passage en première, comme je l'ai dit, à une demi-phrase griffonnée sur mon carnet scolaire par le proviseur, à la rapidité avec laquelle Miss Jubb en avait mesuré les conséquences et les perspectives, et à l'intervention de cette dernière auprès de Grand-Mère : un fil bien ténu pour tout ce qui en dépendait. J'intégrai donc la petite section littéraire ; d'autres passèrent dans la section scientifique. Nos sujets, maintenant spécialisés et officiellement identifiés, devenaient clairs. On commençait à attendre de nous que nous travaillions davantage par nous-mêmes durant les heures de classe, que nous commencions a exercer par nous-mêmes ces muscles dont nous aurions besoin pour le prochain saut, dans deux ans ; ce dont nous n'avions guère au début qu'une compréhension assez vague.

C'est ici que pour moi se situe la deuxième intervention décisive du proviseur. Notre professeur d'anglais était en congé de maladie pour une semaine ou deux. Le proviseur entra dans la salle de classe, nous parla d'une manière libre et spéculative à laquelle nous n'étions pas habitués, nous dit de choisir notre propre sujet pour une dissertation à rendre dans une semaine et sortit. Nous avions déjà commencé à lire Hardy en vue du baccalauréat[137] et je trouvai cette expérience absorbante et déconcertante. Il y avait quelque chose dans la manière de Hardy de faire face à l'existence qui me parlait d'une façon que j'avais du mal à comprendre. Je venais juste de saisir l'importance, dans certains cas, d'une phrase d'introduction courte et frappante et je décidai de m'y essayer. Ma dissertation commençait donc par : « Thomas Hardy était un homme véritablement cultivé. »

C'était la première manifestation d'un intérêt qui devait grandir par la suite au point de dominer mon approche de la littérature : au lieu de m'occuper uniquement de ces livres et de ces auteurs dont la réunion constitue le corpus et la société de la « bonne littérature », je m'intéresse aux relations que certaines œuvres et certains auteurs entretiennent avec la culture générale. J'avais été intrigué par le fait que Hardy n'avait pas fait beaucoup d'études supérieures,

137 Higher School Certificate ; cf. chapitre 4, note 80.

n'était pas ce qu'on appelle habituellement un homme de lettres raffiné, restait un campagnard, et aurait pu être décrit, d'un point de vue mondain et snob, comme un homme « inculte ». Quand on écoute l'enregistrement de la conférence faite par Edmund Gosse[138] à la mort de Hardy, on entend l'effort que fait « un véritable homme de lettres » (du moins quelqu'un qui était, en son temps, considéré comme tel) pour s'assurer que son Hardy admiré mais considéré par beaucoup comme assez peu cultivé pouvait réellement entrer au Panthéon. La voix de Gosse, flûtée, terriblement cultivée, et les complications de sa prose élaborée, faite pour être lue plutôt que parlée, et dégustée pour la délicatesse du sentiment et la finesse du style, tout cela souligne l'idée que j'espérais introduire par mon incipit outrecuidant et lui donne corps. Pour la première fois de ma vie, j'essayais, d'une manière sans doute confuse, de mettre en question des idées reçues sur la « culture » et le fait de « se cultiver ». Seize ans et demi était peut-être un âge un peu tardif pour en arriver là, mais c'était ainsi ; je ne pouvais pas, à ce moment-là, aller beaucoup plus loin sur ce sujet.

J'avais dû en faire assez pour donner à penser au proviseur qu'il y avait là un garçon qui essayait de comprendre les choses par lui-même, de pénétrer les rapports entre les livres et la vie, de questionner une idée abstraite communément admise plutôt que d'accepter une opinion conventionnelle à sa valeur faciale. J'aurais été déconcerté et je n'aurais pas compris grand-chose s'il m'avait dit tout cela, et il était trop perspicace pour le faire. Il se contenta de me

138 Edmund William Gosse (1849-1928), fils d'un éminent zoologiste, critique et poète, introducteur de l'œuvre d'Ibsen en Angleterre. Il était lié d'amitié avec Robert Louis Stevenson, Henry James et Thomas Hardy. En tant que bibliothécaire de la Chambre des lords, il exerça un pouvoir et une influence considérables sur le monde littéraire.

héler alors que je passais devant son bureau, dans ce hall agréable, un jour ou deux après la remise des dissertations. Il se leva de derrière son bureau, vint vers moi, s'appuya contre le chambranle de la porte, baissa les yeux et dit: «Thomas Hardy, un homme véritablement cultivé… Peut-être. Je ne suis pas certain de ce que cela signifie. Bon… Vous me mettrez par écrit les caractéristiques de l'homme véritablement cultivé, Hoggart. Je me demande parfois: suis-je véritablement cultivé ? Ou ai-je simplement appris certaines façons de me comporter qui donnent cette impression dans une société telle que la nôtre ?… » etc.

Ce fut une petite révélation. Comment le proviseur pouvait-il ne pas être cultivé ? Comment pouvait-il se mettre ainsi sérieusement en question, et en présence d'un garçon de seize ans ? Ce devait être une plaisanterie, une sorte de jeu. Mais, en m'éloignant, je compris que, bien que ce soit drôle, ce n'était pas un jeu. Je ressentais pour la première fois, puissamment et consciemment, le choc grisant que l'on éprouve lorsqu'on se rend compte qu'on peut et qu'on doit contester les étiquettes mondaines, non seulement dans la vie sociale ordinaire, mais aussi dans la vie intellectuelle, ne pas prendre les mots à leur valeur faciale; et qu'en conséquence, on peut résister au fait d'être mis soi-même dans une case, et étiqueté. La scène décrite par George Eliot est trop auguste pour décrire ce qui m'arriva dans le vestibule de Cockburn, mais mon expérience était du même ordre; ma surprise était analogue à celle que ressent Lydgate dans ce passage de *Middlemarch* brillant et révélateur où, prenant une des encyclopédies de son père, il lit un article sur les valvules du cœur et se rend compte pour la première fois que le corps est une machine; il est, dès lors, destiné à devenir médecin:

> L'instant de la vocation était venu, et avant qu'il ne descende de sa chaise, le monde lui était apparu sous un jour nouveau dont il pressentait les développements sans fin… À partir de ce moment, Lydgate sentit grandir en lui une passion intellectuelle.

Le baccalauréat approchait et, pour la plupart, nous étions encore incertains de ce qu'il adviendrait ensuite. Il y avait une fille dont le père était professeur et qui suivait un entraînement spécial pour entrer à Oxbridge ; je ne me souviens pas qu'on ait suggéré que d'autres élèves pourraient en bénéficier. C'était à coup sûr une décision triste, mais probablement raisonnable : les bourses étaient rares et insuffisantes. Il était réaliste de penser que la plupart d'entre nous ne pourraient pas trouver l'argent supplémentaire requis pour aller à Oxbridge et qu'en conséquence nous aurions été malheureux dans un de ces collèges.

Grand-Mère avait gardé à l'esprit l'explication inspirée de Miss Jubb – selon laquelle « carrière libérale » pouvait vouloir dire faire des études pour être médecin ou pasteur – et on a dû me dire de me renseigner sur les carrières possibles. Le choix était bien entendu limité. Les études médicales, par exemple, étaient longues et demandaient une rallonge substantielle de la part de la famille. Une fille très douée, qui semblait sans conteste être la plus intelligente de nous tous, trouva que deux ans dans une école normale d'instituteurs était le seul débouché possible pour elle ; je suppose que ses propres enfants sont allés à l'université au début des années 1960, pour autant qu'elle s'en soit souciée.

Dans les dernières semaines avant le baccalauréat, le bruit courut à Cockbum que si l'on réussissait vraiment très bien l'examen on pourrait « aller à l'université » – ce qui signifiait aller à l'université de Leeds. La ville donnait des bourses universitaires chaque année ; l'université de Leeds en enregistrait 47 en 1936. La population de Leeds était alors de 490 000 habitants. Si l'on suppose que 7 000 à 8 000 d'entre eux avaient dix-huit ans en 1936, cela fait une bourse pour 150 à 170 jeunes en âge d'entrer à l'université. Ajoutez l'inégalité des chances selon la classe sociale, le nombre de cerceaux supplémentaires que les enfants des classes populaires avaient à franchir, la hauteur croissante et la taille décroissante de ces cerceaux à chaque étape, le handicap de l'éloignement géographique aussi bien que celui de la classe sociale pour des gens comme nous. C'est là qu'il se trouve toujours quelqu'un pour dire : « Nous y revoilà, vous rapportez tout à la classe sociale. La plupart de ces inégalités ont été complètement éliminées aujourd'hui. » Ce n'est pas vrai. On a fait beaucoup de choses, beaucoup de gros efforts et davantage de gens ont percé. Mais les grandes corrélations entre la famille, le quartier, l'argent, la classe sociale et la prime éducation d'une part, et les chances intellectuelles, scolaires et professionnelles de l'autre, demeurent très fortes.

Je réussis mon baccalauréat et je reçus peu de temps après une lettre me disant que j'étais accepté au département d'anglais de l'université de Leeds. Je ne me souviens pas d'avoir eu un entretien en vue de mon inscription ; je suppose que mon secourable professeur d'anglais m'avait dit à un moment donné : « Il semble que vous puissiez aller à l'université, Hoggart. Vous voulez faire (pas "étudier") littérature anglaise, n'est-ce pas ? », que j'avais répondu « Oui, monsieur », et que cela avait été inscrit quelque part sur un formulaire.

Ainsi les barrières s'ouvraient un peu plus, différentes issues possibles apparaissaient progressivement. Tel un têtard plus tenace que la moyenne qui se dirige vers la surface en agitant la queue comme un fou, un individu de plus, motivé par un mélange de pulsions sociales et personnelles, avait frayé son chemin à travers le système jusqu'au point d'entrée suivant. Ce n'était pas grand-chose, rien que l'université de Leeds au milieu des années 1930; mais, pour Hunslet, c'était aussi étrange que si le Phénix en personne avait surgi de ses cendres. Lorsque je pense à tous ces gens intelligents abandonnés en chemin, étape après étape, j'ai envie de faire écho à Granville-Barker ou, plus fortement encore, à Empson[139]. Il faut dire et redire ces choses aujourd'hui encore, beaucoup plus qu'on veut le reconnaître.

Cockbum m'apporta, avec bien d'autres choses, l'amorce de cette intuition de base : à savoir que la grande majorité d'entre nous roule réellement dans sa tête le modèle et l'image tridimensionnels qui nous sont propres, un sens du temps, de l'espace et du possible qui nous est pour une faible part personnel, qui est déterminé socialement, et qui reste pratiquement inchangé depuis le moment où il a pris forme. Un millier de séries télévisées sur des mondes différents et sur des manières de voir différentes ont apparemment peu d'influence ; le pouvoir de cohésion du vécu et du quotidien est trop grand. Je ne suis pas un grand intellectuel, mais Cockbum avait déclenché en moi l'habitude de mettre en question le monde qui m'avait été précédemment offert, ce qui, en retour, agissait sur mon acceptation ou mon refus du monde que Cockbum lui-même offrait. Après une rupture de ce genre, vous n'êtes plus jamais pleinement à l'aise dans votre culture locale, quel qu'en soit le niveau – culture de taudis, de grand ensemble, de pavillon de banlieue,

139 « Oh ! the waste of them… oh, the waste… the waste. » Harley Granville-Barker, (1906), *Waste* ; « The waste remains, the waste remains and kilts. » William Empson, « Missing Dates », *The Gathering Storm*, 1940.

de cottage, de maison de maître ou de château. Vous pouvez faire la paix avec votre culture d'origine, vous pouvez apprendre à être jusqu'à un certain point à l'aise avec elle, vous pouvez en venir à la respecter ; mais vous ne pouvez plus en être l'indigène à part entière, et ce n'est pas à regretter ; vous avez goûté le fruit défendu.

Sans vous sentir supérieur ou méprisant, écoutez vous-même et soigneusement les conversations des hommes sur un chantier de construction : les enthousiasmes et les rejets limités, les discussions sans fin au sujet de la dernière émission de jeux télévisés, ou des révélations scandaleuses de leur journal – sur la famille royale, le sport, le monde du spectacle – dont la répétition donne à penser qu'elles touchent à quelque chose qui dépasse les aspects superficiels de l'existence ; les bavardages sur le sexe, non moins conventionnels et non moins interminables, la routine du langage grossier, lui-même en grande partie d'origine sexuelle, les réactions bornées aux positions politiques simplifiées présentées par la plus grande partie de la presse populaire et colportées dans le groupe. Voilà à quoi vous avez eu la chance et l'énergie d'échapper. Mais ceux qui sont restés là méritent mieux que cela et ne sont certainement pas aussi stupides que le donne à penser la nourriture spirituelle commerciale qu'ils reçoivent ; en elles-mêmes, leurs conversations ne sont pas plus conventionnelles et pas plus répétitives que celles qu'on entend dans de nombreux clubs de golf. « Vous vivez mal, mes amis. C'est une honte de vivre comme cela. » La noble et respectueuse exhortation que Tchekhov adresse à ses compatriotes est juste, mais n'est pas à notre portée. Et il faut dire encore qu'on trouve, dans ce genre d'endroits, des individus que ce macaroni inépuisable d'information fragmentée et idiote mijotant dans un bouillon tiède d'opinions reçues n'a pas empêchés de parvenir à une sorte de sagesse qui leur est propre.

C'était la fin de mes années de lycée. Lorsque je pense à Cockbum, je vois tout d'abord les salles de classe de première, avec un professeur content d'avoir un petit groupe d'élèves intelligents et faisant de son mieux pour les introduire dans un monde plus large. Je pense ensuite à mon retour à la maison, au milieu de l'hiver, aux alentours de quatre heures un quart, lorsque les lampadaires ont déjà commencé à s'allumer. Je tournais la tête au moment où je finissais de traverser la « lande » de mâchefer et je voyais encore par-dessus le toit des maisons, à un demi-mile de là, la lueur jaune pâle des salles de classe et des couloirs de Cockbum et ses coupoles qui se dressaient en demi-teinte, gris argent, dans la quasi-obscurité. Cette vision exerçait sur mon imagination une attraction aussi puissante que les clochers de rêve d'Oxford sur Matthew Arnold ou de Christminster sur Jude l'obscur[140].

140 Matthew Arnold fut étudiant à Oxford avant d'y enseigner la poésie ; dans le roman de Thomas Hardy, *Christminster* (1895) figure Oxford, où Jude rêve de pouvoir un jour étudier.

CHAPITRE 7
L'ÉTUDIANT

À l'origine de l'université de Leeds[141]se trouve le collège universitaire de sciences du Yorkshire, fondé en 1874. Un des motifs principaux de son installation à Leeds fut que les industriels locaux se rendirent compte que, dans l'industrie textile et les industries connexes, l'Allemagne avançait plus vite que l'Angleterre. C'est une histoire bien connue au XIXe siècle.

Lorsque je suis entré à l'université à l'automne 1936, à l'âge de dix-huit ans, elle comptait tout juste un peu plus de 1 700 étudiants (deux femmes pour sept hommes), de la région pour la plupart. 1 300 venaient du voisinage immédiat et, parmi ceux-ci, 324 venaient de Leeds. Les étudiants d'origine locale formaient trois groupes aisément identifiables. Tout d'abord, ceux dont la présence rappelait les origines de l'université, comme les fils des filateurs du West Riding qui étudiaient les textiles afin de reprendre l'affaire de leur père, la jeunesse dorée de l'Ouest du Yorkshire revenue chez ses parents après en avoir fini avec les *public schools* locales – Giggleswick, Rossall ou St. Peter –, qui descendait chaque jour des collines en coupé sport à deux places. Dans le même groupe se trouvaient des étudiants et quelques étudiantes qui faisaient des études de médecine, souvent eux-mêmes enfants de médecins (plus de 600, une femme sur six étudiants), et ceux qui faisaient des études d'ingénieur. Naturellement, ce groupe était riche en

141 L'université de Leeds a été fondée en 1904. C'est à la même époque qu'apparaissent les universités des autres grandes villes industrielles : Birmingham (1900), Liverpool (1903), Sheffield (1905).

fortes personnalités. En plus de ces étudiants d'origine locale, il y avait dans chaque discipline un mélange d'étudiants étrangers : riches Égyptiens préparant leur licence ou poursuivant une thèse sur le textile, techniciens diplômés venant des Indes, etc.

Le groupe intermédiaire était moins à son aise, mais les familles étaient capables de payer tout ou partie des droits d'inscription, ou de trouver des œuvres de bienfaisance qui les payaient : c'étaient des enfants de pasteurs des Wolds, tels que ce fils du pasteur d'un village près de York avec qui j'ai partagé une chambre pendant un an, ou encore des enfants des professeurs des lycées disséminés dans le Nord. Par « origine locale », il faut entendre dans leur cas un cercle s'étendant jusqu'aux confins de l'aire de recrutement de l'université de Durham et Newcastle, à l'ouest jusqu'aux Pennines et jusque sur le territoire des universités de Manchester et de Liverpool, à l'est jusqu'à la mer (le collège universitaire de Hull était alors minuscule) et au sud jusqu'au bailliage de Sheffield ; mais la grande majorité venait des environs immédiats de Leeds. Il n'y avait pas de droits de frontière ; mais l'université locale exerçait une forte attraction, ne serait-ce que parce que c'était moins cher d'aller là.

Le troisième groupe était constitué par les étudiants vraiment locaux et les plus pauvres, des petits-bourgeois et quelques étudiants d'origine populaire, pour la plupart inscrits dans les matières littéraires. Quelques-uns étaient boursiers ou, beaucoup plus nombreux en lettres pures, bénéficiaires d'allocations du gouvernement pour devenir professeurs (on les appelait les RST – *Recognised Students in Training*) ; ils passaient une licence dans la matière qu'ils avaient choisie et recevaient ensuite un an de formation pédagogique, habituellement dans le département d'éducation de l'université. Comme ils se destinaient à la plus accessible des professions « douces », ils devaient en principe signer un papier selon lequel ils s'engageaient à enseigner tant d'années après leur formation ou à rembourser une partie de l'allocation ; mais cela n'était pas toujours le cas dans les années 1930, car les emplois étaient rares. On voit aisément pourquoi les boursiers, qui n'étaient pas liés de cette façon, étaient considérés comme faisant partie d'une catégorie plus favorisée. Les membres de ce troisième groupe venaient à l'université tous les jours par le tram, de différents endroits de Leeds même, ou d'aussi loin que Bradford, distant tout au plus de neuf miles. Nous avions en général des attachés-cases en carton bouilli achetés chez Woolworth ou au marché, nous portions des vestes de sport, des pantalons de flanelle et des pull-overs, et nous étions rasés de près. Les anoraks, les sacs à dos et les barbes étaient encore à venir, un quart de siècle plus tard.

L'université avait très bonne opinion d'elle-même, non sans quelque raison. À cette époque, les chaires d'enseignement supérieur étaient rares dans le pays, et une université de province pouvait engager des professeurs éminents. Cela allait sans dire dans les domaines scientifiques et technologiques pour lesquels Leeds était devenu célèbre ; c'était vrai aussi pour les lettres : en anglais, Leeds alignait une équipe de poids lourds, en général plus linguistes que littéraires, qui faisaient pour la plupart l'aller-retour entre Leeds et Oxbridge. Leurs excentricités étaient conformes à leurs *personae* professionnelles. Le professeur d'histoire, Alexander Hamilton-Thompson, avait une grande renommée internationale pour son érudition, et une réputation locale pour sa diction bizarre et ses histoires usées à force d'être répétées ; sa femme lui servait de faire-valoir en public. Ce genre de choses était typique non seulement de Leeds, mais de toutes les universités du même genre. Le professeur de philosophie, John

Harvey, était un doux quaker qui aimait revêtir l'uniforme de policier auxiliaire pendant ses loisirs. Sa diction était si bourdonnante que je m'endormis pendant l'un de ses cours de tutorat de l'après-midi alors qu'il parlait à bâtons rompus de Berkeley et de la perception. Cela lui donna l'occasion d'illustrer et de développer son argument en me tapant sur la tête pour que je perçoive à nouveau. Nous étions seulement deux à suivre l'option de philosophie cette année-là ; il aurait été difficile d'échouer.

L'incarnation suprême de la grandeur de l'université était le personnage du recteur, qui vivait dans une grande « résidence » avec des domestiques, à un mile ou deux de l'université où il se faisait conduire tous les jours en Rolls. Un de ses successeurs, Edward Boyle, décida de se passer de la voiture de fonction (à l'époque, ce n'était plus une Rolls, ni rien d'approchant en splendeur et en coût) pour utiliser les transports publics, ou au besoin le taxi ; mais c'était à la fin des années 1970. Transporté dans quelque chose de moins grandiose qu'une Rolls, Sir James Baillie aurait eu l'air d'avoir été pris en stop, par hasard, par un élément inférieur du personnel. Il avait le visage plein, des vêtements amples, une chevelure argentée. Sa parole aussi était d'argent. Une fois par an, il dînait à la résidence universitaire dont je faisais partie et s'adressait à nous après le repas, toujours dans le même esprit, en disant qu'il n'aurait pas mieux mangé à l'Athenaeum… à moins que ce ne fût au Savoy. Je ne sais si cette affirmation était juste, encore que, lors des rares occasions où je suis allé manger à l'Athenaeum[142], il n'y ait pas eu de quoi en faire un plat. Nous nous demandions si le rubicond Sir James se rendait compte que nous avions un dîner très spécial

142 Grand hôtel londonien.

lorsqu'il venait. Sa femme donnait dans le même registre, version féminine, et s'intéressait particulièrement aux jeunes filles, dont aucune n'était autorisée à loger en externat, au moins durant le premier cycle. Elle se préoccupait par-dessus tout de la bienséance de leurs manières et de leur comportement, et apparaissait de temps en temps sur le terrain de sport pour admonester celles qui avaient les jambes nues. Une de ses bonnes s'accouplait dans les caves de la résidence, pendant la pause du thé, avec un peintre décorateur de ma connaissance, originaire de Hunslet. « Oh ! là là ! Qu'est-ce que Lady Baillie penserait si elle savait ça ! » criait-elle avec une gaieté nerveuse au moment de l'orgasme au milieu des bouteilles de vin et des tas de charbon.

Les diplômés de l'université qui avaient réussi conservaient le sentiment de l'importance de leur *alma mater*, comme c'était le cas dans toutes les universités provinciales du même genre. L'immeuble de Parkinson dont la silhouette domine cette partie de Leeds depuis environ cinquante ans témoigne de la piété et de la gratitude d'un de ces diplômés, Frank Parkinson, qui devint un grand industriel de réputation mondiale. L'université prenait ce genre de choses comme un dû, sans plus. Elle avait un sentiment à toute épreuve de son importance et elle l'a toujours. Lors de son entretien de candidature au rectorat, Sir Edward Boyle fut cuisiné d'une manière qui suggérait qu'il pourrait bien être tout simplement à la recherche d'un perchoir d'où il partirait se balader à Londres deux ou trois jours par semaine. On lui rappela l'importance de l'université de Leeds et la nécessité pour le recteur de lui consacrer tout son temps et toute son attention. Boyle avait été un sous-secrétaire d'État à l'Éducation et à la Recherche distingué mais, avec la modestie et la générosité qui le caractérisaient, il raconta plus tard d'un air songeur qu'il comprenait parfaitement qu'ils aient ressenti le besoin d'insister là-dessus. Étant donné son passé professionnel, je trouvais cet avertissement un peu déplacé ; mais il était typique de la franchise bourrue de l'université de Leeds et du Yorkshire en général, méfiant à l'égard des gens du Sud, et craignant d'être snobé par eux.

Les dernières universités vraiment locales disparurent après la guerre avec l'instauration complète des bourses d'entretien pour les étudiants ; nous avons assisté à leur disparition sans comprendre vraiment ce qu'elles représentaient à leur apogée. Je pense ici à leurs relations avec les communautés locales. Le fait que nombre d'étudiants de Leeds retournaient chaque soir dans les rues de la ville ou dans les faubourgs, ou filaient chez eux dans les Ridings aux week-ends, faisait que l'université était ressentie comme partie intégrante de la région avec une force qu'il n'est pas facile de susciter aujourd'hui ; on parlait de l'université en famille, et ce qui s'y passait faisait partie du folklore et du tissu de la vie quotidienne. Les gros bonnets locaux pouvaient aussi considérer ces universités comme leurs institutions, et on devait jusqu'à un certain point déférer à leurs attentes ; mais le fait que l'administration locale ne finançait les universités que dans une faible proportion signifiait que chacune d'entre elles jouissait d'une véritable indépendance. À son apogée, cette situation, qui ne correspondait pas à un plan d'ensemble systématique et concerté, permettait effectivement à l'université d'entretenir avec sa ville et avec sa région une relation organique qui inspirait la fidélité et donnait aux gens le sentiment qu'eux aussi pouvaient avoir, et avaient déjà, une institution d'enseignement de classe internationale ; qu'ils faisaient plus que l'héberger sur leur territoire, qu'ils en avaient une. On ne peut pas ne pas rappeler cela, même si l'on croit, comme c'est mon cas, que l'introduction des bourses d'entretien fut à tout prendre une invention heureuse.

La conséquence la plus importante de ces bourses fut que, en même temps que le nombre d'entrées à l'université augmentait, des dizaines de milliers de jeunes gens quittèrent leur foyer, venant de régions dont on ne bougeait guère auparavant et qui n'envoyaient pas leurs enfants dans les *public schools* ou à Oxbridge. Ils y perdirent l'esprit de clocher, au sens neutre du terme, caractéristique de leurs habitudes et de leurs attentes. Quelques-uns s'attachèrent tant à leur nouvelle ville qu'ils y cherchèrent du travail après leurs études. En outre, et c'est beaucoup plus important, ce processus entraîna des mariages interrégionaux sur une grande échelle et dans des parties de la société où ils avaient jusque-là été rares. Ceci fut la conséquence sociale la plus importante et, tout compte fait, un gain. Mais cette mobilité croissante a moins touché les adolescents originaires des classes populaires que les autres groupes, dans la mesure où ils étaient encore sous-représentés parmi les étudiants, même après que le nombre de places dans les universités eut fortement augmenté.

Tout ceci arriva après la guerre. Avant la guerre, les ouvriers qualifiés étaient parfois envoyés faire des travaux au loin, ils vivaient en garni et, lorsqu'ils revenaient, ils parlaient de ces contrées comme si elles étaient peuplées d'individus d'une autre espèce : « Tu sais, là-bas, ils boivent seulement de la bière douce et ils ne connaissent pas le *high tea*. Les femmes sont chouettes quand même. » Historiquement, le principal agent qui a poussé les membres des classes populaires, en grande majorité les hommes, à se déplacer à travers le pays et à l'étranger a longtemps été la guerre. De nombreuses années après, les commérages continuaient, rappelant que la femme d'Untel était une étrangère car il l'avait rencontrée quand il était à l'armée à des kilomètres de là. C'était exactement le cas de nos propres parents.

Après quelques mois passés à la maison avec Tante Ethel, je m'arrangeai, comme je l'ai dit plus haut, pour obtenir une bourse qui me permette d'aller dans une résidence universitaire. Cela transforma l'agencement de ma vie de tous les jours : une chambre chaude, plus de surveillance constante ni de menace omniprésente de chamaillerie, un court trajet pour aller à l'université. Au début, j'eus du mal à joindre les deux bouts, mais j'y parvins, sans doute aussi difficilement que ceux qui vivaient dans les mêmes conditions que moi.

Ni joviale, ni brutale, plutôt civile et amicale, l'atmosphère de Devonshire Hall était avant tout aimable. Elle n'était pas socialement raffinée à la façon dont certains recteurs l'auraient désiré, elle n'était pas du tout maniérée. Frank Smith, le professeur d'éducation qui la dirigeait, un homme grassouillet à la Dr Johnson, y était sans doute pour beaucoup. Il mangeait avec nous à la table d'honneur du grand réfectoire chaque soir de la semaine ; je ne me souviens pas qu'il nous ait jamais gratifiés de dissertations ou d'exhortations sur la nature de la vie civilisée ; à sa manière calme, il semblait incarner lui-même certains aspects de cette vie. Il connaissait ses résidents de beaucoup plus près que nous ne l'imaginions. Au dîner, un soir de 1940, je lui dis que je ne savais pas encore si je serais affecté aux forces armées ou aux mines et Smith dit, avec sa douceur habituelle, teintée d'ironie : « Si c'est les mines, que le ciel aide les mineurs. Il va les étourdir de paroles. » Il ne cherchait pas à subvertir le système ; ainsi, par exemple, lorsqu'un étudiant de dernière année qu'il appréciait et respectait fut trouvé au lit dans sa chambre en compagnie d'une fille, au début de 1939, Smith savait que l'incident ne pouvait être étouffé. Mais il était humain et offrit au coupable le choix entre être renvoyé ou partir à la milice[143] et revenir à la résidence pour terminer ses cours après ses six mois de service (en supposant qu'il n'y ait pas de guerre) – notre équivalent de « va gouverner la Nouvelle-Galles du Sud, et reviens au bercail. »

À l'occasion d'un des premiers thés organisés pour les nouveaux, j'avais remarqué une fille avec une robe de soie marron. Je la trouvais très attirante, mais j'étais absolument incapable de l'aborder et de me présenter. Je n'étais jamais sorti avec une fille. Il se trouvait qu'elle faisait littérature anglaise elle aussi, si bien que nous nous retrouvions dans le même groupe jour après jour. Je n'eus pas l'audace de l'inviter avant le milieu du deuxième trimestre, et je le fis alors d'une manière maladroite sur les marches de la bibliothèque Brotherton (encore un don d'un ancien étudiant reconnaissant). Nous allâmes au cinéma Paramount voir *Verts pâturages*[144] et je pense que chacun paya sa place. D'une manière quelque peu hésitante, en raison de notre timidité réciproque, une relation s'établit et eut tôt fait de transformer notre vie à l'université ; et ensuite, pour toujours. Ce foyer d'échanges affectifs avec la même personne élargit incidemment ma capacité de me faire d'autres amis, de devenir plus sociable. Il m'est difficile d'imaginer ce qu'aurait été ma vie à l'université sans cette relation.

Nous avions des habitudes assez modestes : pas de visite aux pubs, pas de vin, qu'il soit bon marché ou non ; de rares sorties au cinéma et un *fish and chips* de temps en temps, ou seulement des frites, avant de

143 Entre les deux guerres, le service militaire, d'une durée de six mois, s'effectuait un corps territorial. Instauré pendant la guerre, le service militaire obligatoire dans l'armée régulière a été aboli à la fin des années 1950.

144 Réalisé par Marc Connelly et William Keighley (1936).

nous mettre en route pour la résidence des étudiantes de Weetwood, sur la même route que la mienne, deux miles plus loin ; puis je rentrais en tram ou à pied. Tel était le cours ordinaire de nos soirées, après que nous avions travaillé assez tard à la bibliothèque.

Durant le troisième trimestre, je fus présenté à sa famille. C'était à Stalybridge, à trente miles et quelque, en territoire étranger, dans le Lancashire, de l'autre côté des Pennines. Je fus pris en stop par l'un des camions de laine qui sillonnaient sans cesse ces collines sur la vieille A635 qui traversait la lande de Saddleworth. Mary était fille unique, aussi n'étais-je attendu que par Mère et Père, aussi nerveux que moi. C'était dimanche et nous étions tous sur notre trente et un ; Père joua avec la chaîne de montre qui ornait son gilet et finit par se calmer. C'était une maison propre et bien tenue, comme il convenait au directeur d'une école primaire dont la femme avait également été institutrice.

Doris et Harry France étaient des gens tranquilles, pas aventureux pour un sou, un peu timides devant la vie, mais honnêtes et sans malveillance, des pratiquants réguliers, qui se conduisaient selon des principes très respectables. Très vite, je les ai aimés et respectés, comme le firent plus tard nos enfants. Avoir, assez tard dans leur vie, trois petits-enfants affectueux et une fille et un gendre dont l'existence était beaucoup plus variée et mouvementée que la leur, leur ouvrait des horizons nouveaux qu'ils n'avaient ni connus, ni imaginés ; et ils y prenaient un plaisir serein sans donner le plus léger signe d'envie ou de vantardise ; d'autres, dans cet endroit du Lancashire, auraient trouvé une occasion de pavoiser dans le fait d'avoir un gendre qui enseignait à l'université.

Issu d'une famille assez nombreuse, le père avait eu une enfance pauvre. Il avait fait son chemin, d'abord comme précepteur ; puis, après être passé par l'école normale d'instituteurs de l'Église anglicane à Chester, au milieu du règne d'Édouard VII, il était retourné dans sa vieille école dont il avait fini, à la longue, par être directeur Son seul grand voyage fut la guerre de 14-18 durant laquelle, fantassin dans les tranchées de la Somme avec les fusiliers du Lancashire, il fut blessé au pied par un shrapnel, et réformé. Il n'eut plus jamais envie, ensuite, d'aller à l'étranger ; pour lui, comme pour beaucoup de gens dans son cas, les pays étrangers étaient de lugubres champs troués d'obus. Jusqu'à ce que Mary soit capable d'aller en vacances sans eux, ils passèrent chaque été plusieurs semaines à Cleveleys dans la même pension de famille ; comme ils le disaient toujours, ils se sentaient beaucoup mieux après. Par beaucoup d'aspects, c'était une vie « où l'on balaie sa chambre pour obéir au Seigneur ».

Une fois où nous étions chez eux durant les vacances de Noël, je demandai si je pouvais emprunter l'un des tickets de bibliothèque de Père, catégorie « ouvrages généraux » et non « romans » (il lisait récit de voyage sur récit de voyage, assis près du feu, après un repas calculé avec économie mais très agréable), afin d'emprunter un livre sur Shakespeare dont j'avais besoin pour préparer un cours. Il en fut effaré. Il me dit qu'il soutiendrait ma demande d'inscription comme membre temporaire de la bibliothèque mais que, comme ses tickets portaient la mention « non transférable », il serait mal de m'en prêter un. Aujourd'hui, la plupart des gens penseraient que c'était une réaction ultra-rigide, au pied de la lettre ou trop timide, et c'est vrai, dans une certaine mesure. Mais elle venait du fond de son être, de son espèce particulière de droiture et de probité.

Nous sommes allés chez eux pour la Noël jusqu'à la mort du père de Mary, ensuite, notre maison est devenue le quartier général de Noël. Pour le repas de Noël à Stalybridge, il y avait comme boisson, pour six adultes (un oncle et une tante étaient toujours là), deux bouteilles de bière et une grande bouteille de limonade pour faire du panaché. Une année, vers la fin du repas, comme il restait un peu de bière et de limonade, ma femme suggéra qu'on le boive. « Eh bien, Mary, dit son père, ne vas pas si fort sur cette boisson. » Il tenait toujours fermement la barre, sans dévier. À tel point que, ayant enseigné les mathématiques d'une manière traditionnelle avec beaucoup de succès pendant quarante ans en ignorant toutes les modes, il vit ses méthodes revenir en grâce à nouveau, peu de temps avant sa retraite.

L'atmosphère dans notre « année » (le groupe d'environ vingt étudiants qui étudiaient l'anglais) était comme celle des résidences universitaires, amicale mais pas très stimulante intellectuellement. La plupart d'entre nous supposaient qu'ils deviendraient professeurs, de préférence dans un endroit agréable du Yorkshire ; et ils avaient tendance à abandonner la compétition aux rares esprits d'envergure. L'enthousiasme pour la littérature était plus manifeste et plus puissant que la disposition à acquérir des outils de critique intellectuelle bien aiguisés. Nous parlions beaucoup ; et ne buvions pratiquement pas d'alcool.

Nous faisions des excursions en groupe pendant les week-ends dans les parties des Dales qu'on pouvait atteindre facilement en tram ou en bus ; nous allions de temps en temps au théâtre, également en groupe. Nous aimions les « lectures » de pièces de l'Association d'anglais. À ces « lectures », il arrivait que le chargé de cours apporte pour tout le monde des sandwiches préparés par sa femme. Peut-être des sandwiches aux bananes et aux noix ; c'était assez différent des sardines en boîte, et nous commencions à nous apercevoir qu'il y avait plus que trois manières possibles de garnir un sandwich ou un petit pain. Parfois, un directeur d'études qui avait décidé de nous couver ouvrait, dans les grandes occasions, le placard qui se trouvait sous la bibliothèque de son bureau et nous offrait un xérès.

À l'évidence, Leeds n'offrait pas un choix d'intellectuels et d'excentriques intéressants aussi grand qu'Oxford ou Cambridge. C'était beaucoup plus petit et le recrutement avait une base plus géographique. Herbert Read s'était inscrit juste avant la Première Guerre mondiale. Je le vis un jour, en 1937, jeter un œil d'échassier timide derrière la porte du bureau du Pr Bonamy Dobrée ; il battit en retraite rapidement lorsqu'il vit notre petit groupe de séminaire.

Storm Jameson[145] y étudia également la littérature anglaise dix ans plus tard. Comme les autres facultés d'anglais de province, Leeds se cramponnait d'une manière opiniâtre au souvenir de ceux qui étaient arrivés à de grandes choses. De notre temps, les plus brillants devenaient rédacteurs en chef de journaux, universitaires, écrivains, acteurs et actrices. C'étaient eux qui pouvaient, si vous choisissiez de vous attacher à eux, vous arracher à la chaude étreinte de votre « année » et vous révéler un univers plus tonique et plus exigeant, plus large que Leeds et que le Yorkshire, affranchi des limites de cette époque particulière.

Parmi ces étudiants-là, notre préféré était Tom Hodgson, de deux ou trois promotions notre aîné, mince, beau, souriant, calme et courtois, aimé avec raison par le personnel. Il n'en faisait jamais étalage, mais on pouvait qualifier son intelligence de lumineuse : elle rayonnait de lui d'une manière évidente mais non agressive. Il tomba amoureux d'une belle

145 Romancière anglaise (1891-1986), présidente du Pen Club pendant la Deuxième Guerre mondiale.

rousse qui faisait partie de notre groupe, partit pour Cambridge avec la meilleure bourse de thèse de l'année et commença une étude sur Nathaniel Lee[146]. La guerre arriva et il fut tué dans un bombardier au-dessus de l'Allemagne, laissant derrière lui un volume de poèmes, *This Life, This Death*, dont sa veuve mena à bien la publication. Il y a seulement quelques années que nous avons appris qu'elle s'était remariée depuis longtemps avec un homme d'affaires londonien ; et un an environ après, quelqu'un d'autre nous dit qu'elle était morte. Une vie entière – un premier amour, un immense chagrin, une reconstruction et une mort –, tout cela ramassé dans une poignée d'instantanés, et paraissant rétrospectivement si bref qu'il semble n'y avoir rien de plus à en dire ; ce qui ne nous paraît jamais être le cas pour nous, les autres.

Une autre de ces personnalités, plus flamboyante, mit en relief les idioties politiques officielles de l'époque. Il était socialiste et a pu devenir communiste. Il avait une grosse tignasse, de grosses lunettes à monture d'écaille et une bouche qui semblait faite pour pérorer contre le vent. C'était l'époque de la guerre civile espagnole et certains d'entre nous passaient du temps à faire des collectes pour des mouvements comme « Du lait pour l'Espagne » ou à essayer d'aider la poignée de réfugiés, basques pour la plupart, qui avaient pu s'échapper. L'orateur fut brusquement arrêté par les Renseignements généraux et accusé d'avoir cherché à persuader un aviateur de déserter en pilotant son avion jusqu'en Espagne pour venir en aide à la cause républicaine. D'après l'accusation, il avait fait cette proposition au buffet de la gare de Leeds, dont le Queen's Hotel et son fameux salon de

146 Auteur dramatique (1649-1692) dont les tragédies extravagantes eurent beaucoup de succès sous la Restauration anglaise.

thé faisaient partie ; on voulait probablement donner à penser que l'étudiant traînait dans cet endroit à la recherche de militaires en transit. (Ce buffet servait à la fois de lieu de rencontres homosexuelles et pour des rendez-vous un peu étranges. Une fois, j'y ai rencontré un homme qui arrivait juste de Londres et qui y retournait par le train suivant. Il voulait que je m'engage dans les Brigades internationales et que je parte avec le prochain contingent.) L'aviateur fit semblant d'accepter la proposition de l'étudiant, retourna à sa base et raconta l'affaire.

Allez donc démêler le vrai du faux. L'étudiant était-il un agent des républicains, quelqu'un que les Renseignements généraux observaient depuis des mois ? L'aviateur avait-il servi d'appât ? Nous pensions que l'étudiant avait pu faire une proposition, mais de sa propre initiative ; c'était un écervelé, à l'esprit révolutionnaire romantique. Je ne crois pas qu'il ait agi ainsi à plusieurs reprises ; mais une seule fois suffisait. Le gouvernement de l'époque était extrêmement inquiet des réactions suscitées par la guerre civile espagnole, inquiet et agité de pensées contradictoires. Aussi réagirent-ils d'une manière excessive et mirent-ils en branle toute la machine judiciaire ; l'étudiant fut traduit devant les assises de Leeds.

Nous fîmes une manifestation devant l'hôtel de ville et écrivîmes à George Bernard Shaw pour lui demander une déclaration de soutien. Il nous répondit qu'un étudiant aussi inepte dans son radicalisme méritait tout ce qui risquait de lui arriver, et qu'un séjour en prison pourrait l'aider à y voir plus clair. Notre condisciple fut condamné à neuf mois, sentence clémente si on la rapporte à l'accusation d'incitation à haute trahison. Mais il est probable que personne n'y croyait : on avait surtout voulu dissuader les têtes brûlées. Comme action sur l'opinion publique, c'était très maladroit ; autant que d'envoyer une demi-douzaine de bombardiers sur les principaux centres urbains. Je crois que la victime passa ensuite toute sa vie active comme fonctionnaire ; quarante ans plus tard, il m'écrivit pour me demander comment son fils pouvait s'inscrire comme adulte à l'université.

Parmi les intellectuels et les artistes en herbe de l'université, celui que je connaissais le mieux était le fils du pasteur d'une grande église couleur de suie de Holbeck. Il voulait absolument être poète, aussi écrivait-il, comme moi-même, mais plus souvent, des poèmes dans la revue des étudiants, *The Gryphon*. J'en composai un au sujet du Christ, à la suite, sans doute, de ma lecture de *The Man Who Died* de Lawrence. (Dans les années 1970, un critique universitaire qui enquêtait sur la nouvelle gauche dépouilla d'anciens numéros de la revue, tomba sur ce poème, déduisit que les initiales étaient les miennes et en conclut qu'à cette époque, je passais d'une période marxiste à une période chrétienne ; ou l'inverse.) Jocelyn, le fils du pasteur, et moi décidâmes d'écrire ensemble un poème. « Le python engourdi » devait beaucoup, dans son style surtout, aux *Chants de l'innocence et de l'expérience* de Blake, et à Dylan Thomas. Il contenait, d'une manière symbolique, quelques vers sur l'éjaculation ; je ne suis pas sûr qu'aucun des deux auteurs s'en soit vraiment rendu compte :

> Alors le serpent fut cloué,
> Lové et éclaboussé dans son linceul ; il toussait, crachait
> Et se secouait jusqu'au repos.

Le professeur d'histoire excentrique et célèbre, qui jouait vis-à-vis du journal le rôle d'une sorte de Lord chambellan[147], interdit notre poème ; à moins que ce ne fût sa femme. Question de qualité, il méritait l'interdiction ; mais je suppose qu'ils avaient le sexe en tête.

Le père de Jocelyn, le pasteur, devait avoir accompagné notre proviseur de Cockbum dans sa quête, car il décida lui aussi d'entrer dans un monastère ; sa femme était morte et le poète était son seul enfant. Il donna à son fils sa bénédiction, ainsi que trente shilling ou deux livres par semaine (c'était juste suffisant), et partit. Jocelyn loua une voiture à bras et nous trimbalâmes ses affaires depuis le Sud jusqu'à Blenheim Road près de l'université, en passant par le centre-ville. Il affirma que la meilleure manière de transporter sa robe de chambre était de la porter, mais je savais et il savait, et il savait que je savais, et ça nous amusait tous les deux, que son objectif était de provoquer les habitants de Leeds, particulièrement les jeunes filles qui travaillaient en ville. Il écrivait et, de temps en temps, mangeait et recevait, sans s'occuper de ses études, dans un grenier miteux installé de manière à suggérer *la vie de bohème*[148] transposée dans un dialecte du Yorkshire. Il prétendait qu'il laissait quelques capotes anglaises suspendues à une petite corde dans la pièce, comme pour les faire sécher, afin que ses visiteuses ne se fassent pas d'illusions. Il était décidé, plein d'initiatives et descendait de temps en temps à Londres pour entrer en contact avec des gens de lettres originaires de Leeds, susceptibles de l'aider à nager dans les eaux littéraires, tels que Rayner Heppenstall. La plupart des professeurs pensaient que c'était un exhibitionniste irrécupérable mais quelques-uns dont, inévitablement, Bonamy Dobrée, le soutenaient. Sa détermination et son initiative

147 Chambellan de la Maison du roi, chargé par ailleurs de la censure dramatique.

148 En français dans le texte.

furent pleinement utilisées pendant la guerre. Il fit une guerre remarquable aux côtés des partisans yougoslaves et revint chez lui avec une décoration et une épouse yougoslave magnifique, qui devait, je crois, mourir jeune ; je l'ai perdu de vue depuis longtemps.

Les trois principaux centres d'intérêt de ma vie intellectuelle naissante étaient la politique, la recherche documentaire et la poésie. La politique était socialiste, et l'est encore, et ses principaux supports étaient *The New Statesman*[149], le vade-mecum obligatoire de tout intellectuel en herbe issu des classes populaires, le Club du livre de gauche[150], qui avait opportunément fait ses débuts en 1936 (nous empruntions ses livraisons mensuelles à des étudiants plus riches), et l'Association socialiste universitaire. Plus des conférences à l'université et en ville par des personnages célèbres, soucieux de nous alerter au sujet du conflit à venir ; la plus mémorable fut celle de Norman Angell[151], parrainée par Montague Burton, qui parla dans un hôtel de ville bondé.

Les collections de poche, Penguin et Pelican, étaient parmi les outils les plus puissants, peut-être le plus puissant, dont nous disposions. J'ai acheté mon premier livre Penguin à seize ans ; c'était aussi mon premier roman, il ne m'avait pas semblé possible auparavant d'acheter un exemplaire neuf d'un roman et c'étaient des romans qui nous excitaient : *L'Adieu*

149 Hebdomadaire politique progressiste, paru pour la première fois en 1913. Il devait à l'origine être l'organe de la Fabian Society ; George Bernard Shaw et Beatrice Webb y collaborèrent régulièrement. Il paraît encore et est toujours lu par les intellectuels de gauche.

150 Fondé en 1936, ce club avait pour but d'éditer et de faire circuler des livres combattant la montée du fascisme et du nazisme. Il compta jusqu'à 50 000 membres. Le pacte germano-soviétique provoqua une crise au sein du club et son déclin rapide. Il fut dissous en 1948.

151 Économiste anglais (1874-1967), prix Nobel de la paix. Son ouvrage *La Grande Illusion* (1910) démontre l'inutilité économique de la guerre.

aux armes[152], *Jaune de chrome*[153], *Fontamara*[154], pour six pence. Les livres Pelican, à l'aura anticonformiste, comme *La Religion et l'Essor du capitalisme*, de Tawney, *La Psychopathologie de la vie quotidienne*, de Freud, *Germany Puts the Clock Back*, de Mowrer, pour ne citer que les titres qui me viennent tout de suite à l'esprit, étaient au moins aussi excitants que des romans.

Ces lectures, et un intérêt croissant pour l'observation sociale, me conduisirent au cinéma et à la prose documentaires. Semaine après semaine, appuyé contre un pilier dans une librairie au personnel très patient, je lisais avec d'autres de petits magazines où l'on trouvait des comptes rendus sur la vie dans la mine par des gueules noires, ou sur l'armée par des recrues récalcitrantes, ou sur le travail à la ferme par des ouvriers agricoles sous-payés obligés de travailler pour le propriétaire de leur cottage. Nous suivions les films de John Grierson et nous fûmes particulièrement pris par *Night Mail*[155] et les commentaires d'Auden. Nous dévorions tout ce que publiait *Mass Observation*[156].

La poésie était ma passion dominante. Nos directeurs d'études nous introduisirent à la lecture de T. S. Eliot, particulièrement de *La Terre vaine*. On racontait

152 Ernest Hemignway (1929).

153 Aldous Huxley (1921).

154 Ignazio Silone (1933).

155 John Grierson est l'initiateur de l'école documentaire anglaise. Il regroupa autour de lui à partir de 1930 des cinéastes issus de l'université qui tournèrent des documentaires inspirés entre autres de Dziga Vertov et de Flaherty. *Poste de nuit (Night Mail*, 1936) de Basil Wright décrit le travail des postiers ambulants roulant vers l'Écosse.

156 Institut d'enquêtes et de sondages qui réalisait des enquêtes à caractère sociologique à la demande d'organismes publics ou privés. Parmi les rapports publiés, on peut citer : *Puzzled People, a Study in Popular Attitude to Religion, Ethics, Progress and Politics in a London Borough, prepared for the Ethical Union by Mass Observation*, Gollancz, 1947 ; *Reading in Tottenham, a report on a survey carried out by Mass Observation in behalf of the Tottenham Borough Council*, Tottenham Public Libraries and Museum, 1947.

que là-bas, à Manchester, le directeur du département d'anglais demandait encore « Qui est-ce ? » aux étudiants qui amenaient Eliot dans la discussion ; l'histoire était vieille de quinze ans, mais nous aimions la répéter. L'éphémère *Twentieth Century Verse*, qui coûtait six pence et passa à un shilling en 1939, était une affaire, même pour l'époque ; il nous livra notre premier Dylan Thomas. Les poètes politiques qui entouraient Auden – du moins les percevions-nous ainsi – étaient comme les onze sélectionnés d'une équipe dont nous aurions bien aimé faire partie sans oser l'espérer. En plus des noms évidents d'Auden, de Spender, de Day Lewis et de MacNeice[157], le puissant *outsider*, il était important pour chacun de nous d'avoir ses auteurs préférés. C'est ainsi que je citais souvent Kenneth Allot :

> Depuis cette île humide peuplée d'oiseaux et de cheminées
> Qui peut observer l'Europe souffrante sans être en colère ?
> La mort ne prête guère à rire
> Et l'hystérie cabotine de nos dirigeants
> Qui paraissait si drôle à nos parents
> Nous salit les actualités filmées[158].

Le jour de septembre 1938 où Neville Chamberlain revint de Munich en brandissant son bout de papier et en disant qu'il signifiait « la paix de notre vivant »,

157 Jeunes poètes des années 1930, tous passés par Oxford, regroupés autour d'Auden dont ils partageaient les idées proches du marxisme. Leur groupe était surnommé l'École du pylône *(Pylon School)*, par allusion à leur utilisation délibérée d'images industrielles dans leurs poèmes.

158 « From this wet land of birds and chimneys/who can walch suffering Europe and not be angry ?/or death can hardly be ridiculous,/and the busking hysteria of our rulers,/which seemed so funny to our fathers,/dirties the newsreels for us. » Kenneth Allott, « Exodus », *Collected Poems*, 1975.

j'étais allé en vélo jusque chez Tante Ethel. Je dis, comme tout le monde à l'université, que nous avions été trompés et que ce serait soit la guerre, soit davantage de concessions. C'était tout simple pour quelqu'un de vingt ans, mais pas pour elle. J'échappai à l'orage en pédalant ; ce n'était pas une chose que l'on pouvait maîtriser en douceur par le raisonnement.

Ainsi passaient les mois, des mois « de crises et de consternation ». « Premier septembre 1939 » d'Auden (pièce qui fut plus tard victime de sa manie de faire des coupes dans son œuvre, pour la plupart regrettables) résonnait à l'époque avec une puissance particulière :

> Je suis assis dans un des bouges
> De la cinquante-deuxième rue
> Incertain et effrayé
> Voilà que s'éteignent les espérances habiles
> D'une décennie vile et mensongère ;
> Des vagues de colère et de crainte
> Se propagent sur les contrées
> Brillantes et assombries de la terre,
> Obsédant nos vies privées[159].

Nombre de mes intérêts étaient dus pour une part à la mode et je ne pense pas qu'ils aient joué un rôle de premier plan dans le développement de la maîtrise intellectuelle que j'ai pu acquérir. En fin de compte, j'ai quitté l'université avec une mention très bien, mais mon intellect et mon imagination n'étaient encore qu'à demi formés. J'avais appris à sauter les barrières comme il convient et à donner à peu près l'impression

159 « I sit in one of the dives/On fifty-second street/Uncertain and afraid/As the clever hope expire/Of a low dishonest decade ;/Waves of anger and fear/ Circulate over the bright/And darkened lands of the earth/Obsessing our private lives » Wystan Hugh Auden, « September One, 1939 », *Another Time*, 1940.

que je comprenais ; mais c'est en lisant *Macbeth* dans un champ, pendant la campagne d'Afrique du Nord en 1942, dans une édition en lambeaux trouvée dans quelque caserne, que j'ai ressenti pour la première fois l'impact de Shakespeare. J'en parlai à mes collègues comme d'une révélation ; ils savaient que j'étais diplômé de littérature et durent certainement se demander pourquoi il m'avait fallu attendre jusque-là et jusqu'à cet endroit improbable pour découvrir le pouvoir d'une œuvre écrite par l'un des rares grands noms de la littérature qu'ils connaissaient. Tout se passe comme s'il fallait se protéger contre la force des œuvres si l'on veut parvenir jusqu'à ce moment du cursus universitaire où il faut présenter huit ou neuf mémoires sur des périodes et des genres différents ; vous ne pouvez pas vous laisser pénétrer par cette force, cela pourrait vous faire sortir des rails. C'est un peu comme si quelqu'un qui écrivait sur les différentes espèces d'amour physique souffrait d'inhibitions considérables mais provisoires dans la pratique. Pendant ces trois années d'études, nous n'osions pas nous abandonner à la puissance des œuvres et nous contrôlions presque inconsciemment nos réactions à leur égard.

En ce qui me concerne, les chocs intellectuels qui me poussèrent dans de nouvelles directions vinrent principalement de contacts personnels semblables à celui que j'avais eu avec le proviseur de Cockburn à l'occasion de la dissertation sur Hardy. À l'université de Leeds, l'agent principal, le successeur direct du proviseur de Cockburn fut le directeur du département, Bonamy Dobrée[160]. Il cherchait délibérément

160 Originaire d'une vieille famille d'industriels et de banquiers, Bonamy Dobrée (1891-1974) fut titulaire de la chaire de littérature anglaise à l'université de Leeds pendant vingt ans (de 1936 à 1955). Il y exerça une influence intellectuelle considérable aussi bien sur ses collègues que sur ses

à déranger nos idées toutes faites en mettant maintes et maintes fois de petits bâtons dans les roues de nos bicyclettes mentales, que nous nous efforcions de faire rouler selon leur train-train habituel. Surtout, et c'est plus important, il avait la capacité rare de deviner de quoi tel étudiant prometteur pouvait avoir besoin à tel moment de sa vie. C'est ainsi qu'il me dirigea durant ma seconde année vers *Mon éducation* de Henry Adams, que je lus tout d'abord avec peu d'intérêt, jusqu'à ce que j'arrive à des passages comme celui-ci (où Adams parle de sa propre formation universitaire, à Harvard) :

> En fait, l'école crée un type mais pas une volonté. Quatre années à l'université de Harvard, si elles ne sont pas un succès, aboutissent à un blanc autobiographique, à un esprit sur lequel seul un filigrane a été imprimé.
>
> L'empreinte, en l'occurrence, était bonne. Le miracle principal de l'éducation est qu'elle ne détruit pas tous les individus concernés, enseignants et enseignés. Parfois, dans sa vie ultérieure, Adams se demandait si elle ne les avait pas en fait détruits lui et ses camarades, mais, déception mise à part, l'université de Harvard était probablement moins nocive qu'aucune des autres universités alors existantes. Elle enseignait peu, et l'enseignait mal, mais elle laissait

élèves. En plus de T. S. Eliot et du sculpteur Henry Moore (voir *supra*), il comptait parmi ses amis Leonard et Virginia Woolf et Wyndham Lewis. Avant d'entrer dans l'enseignement supérieur, Bonamy Dobrée avait mené successivement une carrière militaire (formation à la Royal Military Academy de Woolwich, officier pendant la Première Guerre mondiale) et la vie d'un dilettante cultivé, notamment en France dans les années 1920, où il commença à écrire sur la littérature anglaise du XVIIIe siècle, qui devint sa spécialité. Il a publié, entre autres ouvrages, une anthologie de la poésie anglaise en collaboration avec Herbert Read et dirigé le volume de *l'Oxford History of English Literature* sur le XVIIIe siècle (publié en 1959).

> l'esprit ouvert, exempt de préjugés, ignorant des faits, mais souple.
> Les diplômés qui en sortaient avaient peu de préjugés enracinés. Ils ne savaient pas grand-chose, mais leur esprit restait prêt à recevoir la connaissance.

Membre de l'élite de la Nouvelle-Angleterre, descendant de deux présidents américains, écrivant vers la fin du siècle dernier, Adams parlait avec une franchise et une pertinence rares. Je fus attiré par la précision feutrée et l'humour sec de sa prose, et la manière dont il prenait ses distances vis-à-vis de lui-même. Ce livre étrange, en retrait, réticent, agissait à des niveaux que je connaissais à peine. Ses thèmes, spécialement les tensions dues au changement culturel, encourageaient en moi des intérêts qui étaient encore à l'état d'ébauche. Sa confrontation avec les problèmes de forme que pose ce genre d'écrit – comment maîtriser l'interaction de l'expérience personnelle et de la signification collective – m'aidait dans ma propre recherche, tout à fait similaire, en renforçant le sentiment que celle-ci valait la peine d'être entreprise. Ses postures et ses accents devant la vie – un choix étroit mais subtil de voix – étaient une musique du Nouveau Monde qui s'accordait avec celle de quelques-uns des écrivains indigènes auxquels j'étais déjà attaché, comme Arnold et Hardy. Adams avait un scepticisme tonique vis-à-vis de l'Europe, et particulièrement de la Grande-Bretagne : « L'esprit britannique est le plus lent de tous ; dans le cerveau d'un Anglais typique de la classe dirigeante, il y a un épais cortex d'idées fixes. »

Il était entre deux mondes et me fit prendre conscience que, à leur façon plus modeste, les gens comme moi étaient eux aussi entre deux mondes, avec les vagabonds de Matthew Arnold. C'est ce qui faisait la plus grande partie de son attrait ; attrait lointain, mais Adams demeure lisible aujourd'hui et souvent inoubliable. Tandis que je le relisais, il y a peu, je lisais également l'autobiographie de Bertrand Russell. En dépit de son brio dialectique, Russell semble fragile ; un observateur fragile de sa propre vie et de celle qui l'entoure. Adams était douloureusement honnête envers lui-même ; il se tenait lui-même à distance comme avec des pincettes, pas tellement enchanté de ce qu'il tenait ; il était lucide et averti sur son propre compte, à un degré qui frise parfois le masochisme et rappelle T.S. Eliot, qui fut par certains côtés son frère spirituel. Adams était aussi très intelligent, finement analytique et plein d'endurance dans la poursuite du genre de vérité qui le préoccupait le plus.

Je ne compris pas tout cela à la première lecture et Dobrée savait qu'il en irait ainsi : il pensait que je retirerais de ce livre quelque chose qui ferait fonctionner une nouvelle partie de mon cerveau, et il avait raison. Je m'étonne encore de la perspicacité qui lui fit deviner que ce livre pouvait être bénéfique pour moi à ce moment précis, et du degré auquel il lui semblait aller de soi que ce genre de recherche, en faveur d'étudiants pris individuellement, faisait partie de son travail.

Les vacances universitaires étaient un problème car je n'avais pas assez d'argent pour me consacrer uniquement à mes études. Durant les vacances de Noël de ma première année, l'Association socialiste de l'université de Leeds m'envoya comme représentant à une conférence des Étudiants socialistes chrétiens qui se tenait à l'université de Birmingham. Je n'ai pas justifié leur dépense car je suis resté silencieux durant les réunions, entouré que j'étais d'étudiants qui s'exprimaient facilement et dont beaucoup ressemblaient déjà à des évêques en herbe (inversement, mais d'une manière tout à fait semblable, les chefs de classe ont tendance à continuer à ressembler à des chefs de classe des années et des années après, parfois jusqu'après leur départ à la retraite).

Outre celui-ci, je n'ai conservé qu'un seul souvenir de cette conférence : ce fut ma première rencontre avec l'intellectuel achevé, l'intellectuel oxfordien de l'époque ; je ne pense pas que le style en ait beaucoup changé depuis. Le discours qui donna le ton fut celui de Richard Crossman, qui allait sur ses trente ans et était un conférencier vedette parmi les professeurs de philosophie d'Oxford. Je ne sais pas s'il était chrétien à cette époque ; si c'était le cas, il devait avoir été annoncé comme chrétien musclé, car c'était à coup sûr un cogneur intellectuel, tranchant, plein de confiance agressive. C'était l'impression qu'il donnait à la tribune. Je ne lui fus présenté qu'un quart de siècle plus tard, alors qu'il était l'un des ministres fantômes du parti travailliste. Il fut le seul du cabinet fantôme à suggérer une réunion pour discuter le rapport Pilkington[161] sur la radiodiffusion. Je le rencontrai avec plaisir. Ses manières n'avaient pas changé : le même air de confiance totale, le même plaisir à manier une dialectique qui ne fonctionnait si facilement que parce qu'elle ignorait et éludait les complexités culturelles qu'elle n'était pas préparée à prendre en compte, et que Pilkington, lui, avait du moins essayé de saisir.

Le plus souvent, je travaillais pendant les vacances. Je commençai, pour les premières grandes vacances, comme employé aux expéditions pour une entreprise de transports à longue distance qui faisait un aller et retour de nuit de Newcastle à Londres avec un arrêt

161 Harry Pilkington (1905-1983), industriel, présida de nombreuses commissions destinées à préparer des réformes ou des mesures gouvernementales et notamment le Committer on Broadcasting (1960-1962).

à Leeds. Le dépôt était un minable petit endroit venté sous le pont de chemin de fer près du centre de la ville ; mais il y avait un gros vieux poêle et, avec un pardessus, c'était assez confortable. Le salaire était bas, mais il n'y avait pas beaucoup de travail à faire. On commençait à neuf heures ; quelque temps après, le camion qui descendait à Londres arrivait ; le chauffeur déchargeait la marchandise et en chargeait une autre – et essayait de filouter en vous faisant vous dépêcher pour que vous signiez pour plus que ce qu'il avait laissé ; au petit matin, le camion qui montait arrivait et la même procédure se répétait. On avait fini vers six heures. Le reste du temps, on était seul, à une exception près, ce qui me permit de lire une grande partie de *L'Iliade*.

L'exception, c'étaient les poules locales, une en particulier, du nom d'Irène, dont j'ai parlé dans *La Culture du pauvre*, qui avaient depuis longtemps l'habitude de venir se réchauffer lorsque leur activité ralentissait.

> Et les prostituées entraient pour un mot ou deux en passant, pour un mot désinvolte et pour arranger un peu leurs cheveux[162].

Les prostituées d'Ezra Pound étaient idéalisées, à moins que celles qu'il a rencontrées aient été d'une classe supérieure à celles de Leeds, qui avaient pour la plupart largement dépassé la trentaine ; elles n'étaient pas vraiment fraîches, et elles étaient maussades. À peine un mot ; ce jeune blanc-bec qui lisait un livre, cet employé temporaire n'était d'aucun intérêt. Peut-être avaient-elles lié une relation de bavardage avec

162 « And the whores dropping in for a word or two in passing/For a flip word, and to tidy their hair a bit. » Ezra Pound, « The Lake Isle », *Lustra*, 1916.

l'employé qui était là habituellement, mais je doute qu'elles aient tenu beaucoup de propos désinvoltes à quelque moment que ce soit et avec qui que ce soit ; vous n'en avez guère envie quand vos pieds vous font mal et que vous vous demandez si vous aurez la chance d'avoir un autre client cette nuit, et si ça vaut le coup d'attendre à des coins de rue exposés à tous les vents. Mon travail était malgré tout assez agréable ou, du moins, pas positivement désagréable et la solitude était un avantage.

Les camps d'été avaient toujours besoin d'auxiliaires ; aussi en fis-je plusieurs. L'un d'eux, à Herne Bay, destiné aux garçons pauvres de l'East End, fut assez rigolo. Le chef du camp était un homme jovial, détendu, rond, d'une trentaine d'années ; nous nous demandâmes s'il était homosexuel. Il ne l'était pas : il allait seul dans les pubs du coin tous les soirs, levait une fille et la sautait sur la plage ; c'est du moins ce qu'il disait en vérifiant sa réserve de capotes anglaises avant de nous laisser, l'autre moniteur et moi, nous occuper du camp. Il nous régalait d'histoires à son retour, par exemple celle de la fille dont la culotte, retenue par une grande épingle à nourrice, était tombée directement sur le sable au moment où il l'embrassait.

Les garçons dont il avait la charge n'étaient pas turbulents, je ne sais pas pourquoi. La nourriture était abondante et savoureuse, surtout les saucisses du boucher du quartier qui surpassaient toutes celles que j'ai goûtées depuis. Les garçons dormaient dans des tentes circulaires, les pieds tournés vers le centre. Je demandai au chef pourquoi on ne pouvait pas les laisser dormir plus longtemps au lieu de les faire lever et sortir pour une course à pied avant le petit déjeuner à 6 h 30 du matin. « Quoi ! rugit-il, les laisser se réveiller avec leur foutu gros nœud gonflé par l'envie de pisser et les laisser comme ça ? Ils se branleraient tous les matins ; et ils se branleraient entre eux. » Herne Bay est pour moi une tapisserie d'histoires de pubs pleins de filles consentantes aux grandes épingles à nourrice à ouverture rapide, de saucisses magnifiques et de petits cockneys qu'on emmène faire de la course à pied dans la brume matinale du Kent pour les empêcher de se masturber.

Le travail pour la YMCA, dans un camp de l'Armée territoriale du Northumberland durant d'autres grandes vacances, n'eut pas ces charmes. Les auxiliaires de cette association chrétienne étaient extrêmement mal payés, on attendait d'eux qu'ils fassent beaucoup d'heures supplémentaires sans les rétribuer ou leur donner de temps libre en échange, et la nourriture était quelconque. Le responsable était un type pieux et pompeux, obséquieux envers les soldats. Nous servions pour pas cher du thé, des sandwiches et des gâteaux aux soldats amateurs qui avaient été envoyés là pour effectuer leur période annuelle d'été. Les cantines de la YMCA ne servaient pas d'alcool. Mais les hommes étaient en fonds et la plupart se bourraient tous les soirs au bar du camp ; pour certains, la quinzaine était une succession de cuites et de dragage des auxiliaires féminines de l'armée et des filles du coin. Ensuite, ils se retournaient vers nous pour avoir de la nourriture bon marché, et nous restions ouverts tard pour les servir.

J'ignore si les organisateurs de la YMCA ont jamais examiné de près la pensée confuse qui leur faisait croire qu'il vaut la peine d'offrir ce genre de service en exploitant le travail étudiant. Je dis un jour au responsable qu'ils devraient donner de meilleurs salaires, si nécessaire en faisant davantage payer les soldats puisqu'ils avaient tant d'argent à dépenser pour la bière, nous donner du temps libre quand nous avions travaillé tard et, de toute manière, fermer plus tôt, car il n'y avait aucune raison valable de rester ouvert pour servir des ivrognes juste avant qu'ils s'effondrent dans leur lit. Heureusement, il ne me rappela pas que « toute peine mérite salaire » ; mais il se sentit outragé, marmonna avec colère quelque chose sur le service chrétien qu'on devait à des hommes qui servaient eux-mêmes leur patrie, et retourna précipitamment au comptoir et à ses relations obséquieuses avec les consommateurs. Après deux provocations comme celle-là, il suggéra, un peu à la manière d'un abbé expliquant à un postulant qu'il ne semble pas avoir la vocation, que si je pensais ainsi, je ferais peut-être mieux de m'en aller. Ce que je fis, heureux d'être débarrassé de cette situation servile. Le fornicateur corpulent de Herne Bay était grandement préférable à ce petit saint lèche-bottes et pompeux.

J'eus un épitomé de la complexité du style Yorkshire, dans ses aspects les moins attirants, lorsque je me portai candidat pour un travail dans une ferme située un mile ou deux après Harewood et sa demeure seigneuriale. Une annonce parue dans le *Yorkshire Evening News* ou le *Post* disait seulement qu'un fermier cherchait des étudiants pour l'aider. Dans sa réponse à ma lettre, il me demandait de me rendre à 17 h 30, une certaine fin d'après-midi, dans une imprimerie d'Armley, près de chez Tante Ethel chez qui j'habitais à cette époque. Le propriétaire, assez âgé, et son fils d'environ trente ans sortirent et m'invitèrent à monter à l'arrière d'une Riley, l'une des voitures les plus rupines du moment. Ils parlèrent tout le long du chemin jusqu'à la ferme sans m'adresser un mot ; j'aurais aussi bien pu être un paquet ou un chien qu'on leur aurait demandé, comme un service, de rapporter au fermier. Ce manque de sensibilité était intéressant, dans la mesure où leur cécité à ma présence impliquait qu'ils supposaient aussi que j'étais sourd ou que mon indiscrétion éventuelle ne valait pas la peine d'être prise en compte. Si bien que je les entendis parler de la manière dont ils conduisaient leur affaire (plutôt malhonnêtement), dire combien ils étaient enchantés de leur nouvelle voiture (« j'ai fait du cent dix tout le temps depuis la frontière, papa ») et quels merveilleux repas leur préparait la femme du fermier. Le propriétaire était veuf et s'était installé quelque temps auparavant, avec son fils, comme hôtes payants de longue durée à la ferme où nous nous rendions.

Nous arrivâmes ; avec le minimum de mots, ils me dirigèrent vers la cuisine et disparurent pour se préparer à faire un sort à ce qui remplissait ladite cuisine d'une odeur très appétissante. La femme du fermier avait l'air de quelqu'un qui serait aimable si son mari le lui permettait ; mais on voyait à ses manières hésitantes que ce n'était manifestement pas le cas. Il entra et je le reconnus immédiatement comme le demi-frère de monsieur Squeer, devenu fermier[163]. Tous les fermiers avares ont l'air avare, mais les fermiers avares du Yorkshire ont l'air de venir de l'agence centrale de placement des comédiens ; si vous leur donniez une guinée pour l'amour de l'humanité, ils la mordraient devant vous. Il commença à me questionner sur mes connaissances en agriculture, qui étaient presque nulles ; je n'avais à offrir que mes deux bras et ma bonne volonté. Il me dit tout de suite avec brusquerie : « Eh, tu ne fais pas l'affaire. Je voulais un de ces étudiants qui étudie l'agriculture et qui connaît ces nouvelles méthodes. » Il voulait faire du pillage de cerveau à bon marché, mais l'avarice ou la ruse l'avait empêché de le dire dans son annonce, même

163 Personnage de *Nicolas Nickleby* de Charles Dickens, directeur d'une école dont il affame et maltraite les élèves.

en termes voilés. Il tourna les talons, mais j'entendis sa femme, qui l'avait suivi avec hésitation, lui suggérer qu'on m'offre un morceau à manger et le prix du ticket de bus pour Leeds. Pas question de morceau, mais il finit par cracher à contrecœur le prix du ticket de bus, et je descendis le long chemin qui aboutissait à la route pour attendre le bus qui allait de Harrogate à Leeds.

De tous mes travaux de vacances, le plus instructif fut celui que je fis en 1939, juste avant que la guerre éclate. J'avais fini mes examens, j'attendais les résultats, je savais que je pouvais être bientôt appelé dans la milice, cette bande de dégourdis de la Onzième qui était censée décourager Hitler mais, en attendant j'avais besoin d'argent. Je trouvai un travail comme aide à la construction de murs de protection contre les bombardements dans un hôpital des faubourgs. Les salles étaient longues, étroites, des pavillons isolés avec des portes-fenêtres à chaque bout. Les murs de protection étaient construits à peu près à un mètre de ces fenêtres. Les ouvriers formaient un groupe plein de bonne humeur et acceptèrent facilement l'étudiant, ce type bizarre qui parlait d'une manière si différente. Leur propre conversation était répétitive, ennuyeuse et, pour une grande part, scatologique ; mais je m'y attendais.

Il devint vite évident que le patron bourru – « salut, les gars, content de vous voir » –, qui nous rendait visite tous les jours ou tous les deux jours dans sa Rover, truandait. La proportion de sable et de ciment nécessaire pour faire un bon mortier est connue de tous les maçons ; si vous mettez plus de sable, vous économisez de l'argent, mais le mur est moins solide. Le contremaître, qui sans aucun doute avait été soudoyé, s'assurait que nous mettions trop de sable. L'inspecteur de l'administration municipale le savait-il ? Il aurait dû. Avait-il été roulé par le patron ? Les ouvriers me dirent que c'était une pratique largement répandue, particulièrement dans les travaux municipaux.

Rien de tout cela n'était aussi révélateur que le comportement et le rôle du fils du patron ; il me donna un premier aperçu sur ce qu'on pourrait appeler le syndrome de Lady Docker[164] ; cette combinaison de la vulgarité du monde du spectacle et du grand monde ajoutée à l'exploitation qui en est faite par les journaux populaires pour émoustiller leurs lecteurs court à travers la vie britannique comme une faille géologique. Le fils était censé se préparer à succéder à papa, mais en fait, il ne faisait pratiquement rien. Tous les deux ou trois jours, il apparaissait dans un pimpant cabriolet de sport rouge à deux places, avec une petite moustache et des cheveux brillantines non moins sport, un Don Ameche[165] du petit monde des affaires de Leeds. Il commençait à faire la conversation aux ouvriers et – c'est là que le syndrome, ou la faille, révélait sa force – ces derniers gobaient tout. Ils posaient leurs outils et l'entouraient pendant qu'il leur racontait son dernier exploit sexuel. « Ah, mince, disaient-ils tandis qu'il déroulait son histoire, c'est un gars qui sait y faire, hein ! »

L'une de ces histoires lui plaisait et leur plaisait tellement qu'il en fit une série à épisodes. Il avait, disait-il, noué une liaison avec une fille brune qui travaillait au guichet du cinéma Paramount à Headrow. Ils s'étaient rendus très vite dans l'appartement qu'elle partageait avec une amie, et avaient fait l'amour sur le tapis devant le radiateur électrique, avec l'amie dans

164 Figure mondaine qui, entre les deux guerres, symbolisait la vulgarité du « nouveau riche ».

165 Acteur de cinéma américain, jeune premier des années 1930.

sa chambre. Mais, et c'était ce qui excitait vraiment les poseurs de briques, c'était une fille hardie et elle avait insisté pour lui grimper dessus ; pratique qui semblait étrange et impudique à la plupart des ouvriers de Leeds et qu'ils trouvaient de toute évidence érotique et très stimulante.

Avant de commencer à travailler pendant mes premières grandes vacances, j'avais dû demander à l'Administration régionale de l'enseignement qui me donnait ma bourse l'autorisation de travailler au lieu d'étudier. Un employé me dirigea vers un fonctionnaire plus important, qui sembla surpris que quelqu'un ait lu les termes et les conditions d'attribution de la bourse. Il disparut, revint trois ou quatre minutes plus tard, et dit que le directeur de l'enseignement – je pense qu'il s'appelait George Guest – voulait me voir. Il me fit passer par une porte très grande et très bien cirée et je me trouvai face à un tapis long d'un arpent au fin bout duquel se trouvait un grand bureau brillant avec un homme, qui semblait petit par comparaison, en train d'écrire. J'ai revu tout cela il y a cinq ou six ans, ça n'avait pas changé et semblait toujours suffisamment grand pour le Premier ministre d'un pays de taille modeste.

Le personnage grisonnant aux cheveux taillés très courts m'intima l'ordre, plutôt qu'il ne me demanda, d'approcher. Ma progression sur le tapis fut accompagnée d'une seconde émission sonore, une question assortie d'une injonction cette fois : « Pour qui vous prenez-vous ?… Pour un poète ? Faites-vous couper les cheveux. » Je ne répondis rien et il me questionna sur le travail que je me proposais de prendre. « Employé dans les transports routiers ! Vous ne tiendrez pas la semaine. Pas assez solide ! » Je lui dis que si, et plus longtemps qu'une semaine. « Très bien, dit-il, revenez dans une semaine et dites-moi comment ça a marché. Allez, mon garçon. » Le directeur de l'enseignement en industriel bourru du Yorkshire ; encore un qui venait tout droit de l'agence de placement pour comédiens.

Je revins une semaine plus tard et jurai que le travail était facile. Il leva les yeux de son buvard et demanda d'une manière aussi brusque qu'à l'accoutumée : « Déjà allé à l'étranger ? – Non. – Vous aimeriez y aller ? – Oui. – Bon, revenez dans deux jours et dites-moi où vous iriez si je vous donnais trente livres, comment vous voyageriez et combien de temps vous pourriez vous débrouiller. Attention, je veux tous les détails ! » Je revins dès le lendemain avec un projet où j'allais en vélo jusqu'à Harwich, laissais mon vélo, traversais la mer du Nord jusqu'à Hock Van Holland (avant-port de Rotterdam), prenais le train jusqu'à Cologne et marchais le long des rives du Rhin, avec un détour par l'Eifel. En logeant dans des auberges de jeunesse, je pouvais tenir un mois. Il sembla aussi raisonnablement satisfait qu'il pouvait l'être, m'interrogea sur l'Eifel, fut amusé par le fait que je voulais aller y voir si les chars nazis étaient vraiment en carton-pâte et seulement destinés à effrayer les Français, comme l'affirmait la presse britannique chauvine. Il me dit de venir le voir à mon retour pour lui dire comment ça s'était passé et, pour finir, m'envoya sur-le-champ au bureau du caissier, à côté. On me donna trente livres.

Je n'imagine pas qu'il ait donné trente livres de sa poche. En avait-il référé à l'avance au président du conseil d'administration ? S'est-il justifié par la suite ? Ou avait-il la liberté de dépenser des sommes comme celle-là pour des initiatives qui lui semblaient valables, sans demander l'approbation préalable ou *a posteriori* de qui que ce soit ? Il respirait l'esprit de décision et la liberté de manœuvre ; un général de brigade dans les services publics de Leeds.

Le trajet à bicyclette jusqu'à Harwich fut interrompu par une nuit à Ipswich. La pension de famille que je trouvai coûtait quelque chose comme un shilling et demi pour la nuit et le petit déjeuner et ne valait pas un sou de plus. Je partageai un lit à deux places avec un gros chauffeur routier, un homme tranquille qui s'endormit instantanément. Je fus tenu éveillé par des démangeaisons et des morsures. Ma torche électrique me montra le lit grouillant de grosses bêtes noires, les premières punaises de lit que j'ai vues. J'en tuai quelques-unes qui répandirent leur sang – mon sang – sur les draps de flanelle de coton d'un gris sale. Le routier s'éveilla, me dit que ça ne le dérangeait pas, qu'elles le laissaient toujours tranquille, et se rendormit à nouveau ; je passai le reste de la nuit sur un fauteuil tout démoli.

À mon arrivée, je n'avais rencontré que le maître de maison, un homme ratatiné qui avait l'air d'élever des furets ; si ce n'était pas le cas, il aurait dû le faire. La table du petit déjeuner était présidée par madame son épouse, énorme et sale créature qui ne se leva pas de son trône au haut bout de la table. Après que nous nous fûmes lavés à un robinet dans la cour, le mari servit du bacon bon marché, qui semblait avoir été cuit dans de la graisse rance, et du thé bouilli : pendant ce temps, madame entretenait, par bribes horripilantes, ce qu'elle croyait être une conversation polie. Où diable avait-elle ramassé ça ? Peut-être qu'avant de devenir grasse et sale, elle avait été domestique dans une maison riche. Le couronnement de cette scène bizarre était le service de table crasseux, qui ne comptait pas moins de vingt-trois huiliers-vinaigriers.

La gare de Cologne vers neuf heures du soir aurait pu me désorienter. Mais je n'avais pas franchi le portillon que parut un jeune homme qui me demanda dans un excellent anglais s'il pouvait m'aider. En très peu de temps, je fus installé dans une chambre bon marché mais convenable, et il promit de venir le lendemain matin pour me donner toute l'aide dont je pourrais avoir besoin. Ses questions sur les déplacements que j'avais l'intention de faire, son souci que j'aille uniquement là où il me suggérait d'aller et que je reste en contact avec lui, les indices qui montraient qu'il savait certaines choses sur mon compte, tout indiquait clairement qu'il m'avait attendu à la gare. Que les nazis aient dû requérir un étudiant pour en filer un autre juste parce que ce dernier était membre de l'Association socialiste de son université, montrait la dépense obsessionnelle et excessive de temps et d'effort que leur coûtait la surveillance de ceux qui pouvaient ne pas être de leur opinion – une attitude typique des régimes menés par la théorie de la conspiration.

Je me débarrassai de lui et commençai le lendemain matin ma randonnée le long du Rhin. Elle débuta par un incident infime mais significatif avec des jumeaux, le frère et la sœur, dont je parlerai un peu plus tard; ce fut, dans l'ensemble, un mois de vacances intéressantes mais solitaires. Je vis le plateau de l'Eifel mais pas de chars, pas plus en carton-pâte qu'en acier. Pour finir, je remontai à nouveau l'Angleterre en vélo et je rendis visite à Tante Annie dans son logement social; elle prépara aussitôt, et en vitesse, le premier repas substantiel que j'aie pris depuis mon départ. Le directeur de l'enseignement, une lueur d'ironie dans le regard, sembla tout simplement content d'entendre mon récit de voyage et alla jusqu'à dire qu'il semblait que «je m'étais pas mal débrouillé». Je ne sais pas s'il était originaire du Yorkshire; si ce n'était pas le cas, il avait complètement adopté le personnage public, plutôt théâtral, que les hommes de la région qui disposent d'une estrade appropriée aiment affecter: «Je suis un homme simple, j'ai mon franc-parler, mais je n'ai qu'une parole ; j'ai du cœur et, si vous tenez vos promesses, je m'occuperai de vous. » Ce qui était vrai en ce qui le concerne ; le directeur de l'enseignement était un homme généreux.

Et il continua de l'être envers moi. Presque deux ans après, juste avant les vacances de Pâques de la dernière année, il était assis à côté de Bonamy Dobrée à un dîner officiel. « Que devient ce jeune homme qui doit se débrouiller tout seul ? » demanda-t-il. Dobrée lui raconta que j'aurais probablement une mention très bien, mais que j'étais surmené et fatigué et que j'avais besoin de faire une pause. « Envoyez-le-moi », dit le directeur. Dès le lendemain, j'étais à nouveau sur le grand tapis, et il me demanda ce que je ferais si j'avais trente livres ou peut-être, cette fois, quarante livres. Je répondis que j'irais à Venise, car j'étais impatient de voir à la fois cette ville et le fascisme italien en action. J'obtins l'argent et, deux ou trois jours plus tard, je sortais de la gare de Venise pour voir les manchettes des journaux annonçant l'invasion de l'Albanie par les troupes de Mussolini.

J'avais glané quelque part le tuyau selon lequel, pour trouver une chambre bon marché, il fallait s'adresser à un porteur à la gare. Je fus conduit dans la première ruelle à gauche, dans un bar où le porteur que j'avais trouvé avait l'habitude de boire entre deux trains l'argent de ses pourboires. Je dormis toute la semaine dans une chambre de derrière, mon lit séparé par un rideau d'un lit à deux places dans lequel donnaient les deux filles adolescentes du propriétaire. Nous n'avons pas échangé un seul mot.

Venise était tout ce que j'avais espéré et même plus. Je vécus de boîtes de sardines à six sous et de quelques fruits ; mais je me débrouillai pour économiser assez pour aller à l'opéra de la Fenice. Au retour par Paris, avec quelques heures d'attente pour le train de Londres, j'avais gardé l'équivalent de neuf pence en argent français pour acheter un petit sandwich et un café qui me suffiraient jusqu'à Leeds. J'allai dans des toilettes publiques en sous-sol mais ressortis par la sortie des cabinets et la dame des lavabos me demanda de payer. Cela aurait signifié la faim pendant vingt-quatre heures, aussi rassemblé-je ce que j'espérais être un français correct et je dis : « Mais, madame, j'ai seulement pissé. » Elle me fixa d'un air menaçant, hésita comme si elle était en train de contrôler la crédibilité de cette excuse inédite, puis dit d'un air à la fois impérieux et méprisant : « Passez ! »

Sonder la mémoire est une curieuse affaire ; c'est un peu comme lorsqu'on retourne des pierres et qu'on est surpris par ce qui s'échappe de dessous ; c'est aussi comme si l'on reconstruisait un puzzle à partir de pièces apparemment disparates que le souvenir va chercher dans le temps et dans l'espace. Je me rends compte maintenant que j'ai une très bonne mémoire des actes de gentillesse spontanés et j'espère que cela me sera compté au jugement dernier – telle la Grouchenka de Dostoïevski qui espère que le don d'un oignon à une âme dans le lac de feu de l'Enfer lui sera d'un grand secours ; cela fait contrepoids – pour moi – à cette mémoire non moins tenace que j'ai pour les méchancetés, les exclusions et les rejets dont j'ai été victime. Il ne fait pas de doute que cela est dû en partie à mon amour-propre ; si difficiles que puissent être les circonstances où l'on se trouve, cette faculté n'apparaît pas obligatoirement, et je connais des gens chez qui elle est absente. Je suppose qu'une disposition naturelle peut être aggravée par des circonstances particulières, de sorte qu'un individu à l'épiderme naturellement sensible prend plus mal que les autres d'être orphelin et séparé de son frère et de sa sœur. Je ne me plains pas, j'y songe seulement en barbotant dans ces eaux confuses. J'ai eu beaucoup de chance depuis. Dommage, cependant, que ma peau soit restée aussi fine pendant aussi longtemps ; à un âge où j'aurais dû être assez robuste mentalement pour ne plus y prendre garde, je pouvais encore être précipité dans la colère, voire dans le chagrin par un acte de rejet inconsidéré, même insignifiant.

Je suis peut-être en train d'exorciser partiellement cette emprise du passé en racontant le petit incident de l'hôtel de Cologne. J'avais bavardé longtemps le premier soir avec un jeune bourgeois anglais et avec sa sœur jumelle. Ils faisaient un beau couple et leur aspect soigné les rendait encore plus attrayants physiquement. Bien qu'ils n'aient pas beaucoup d'esprit, ils étaient aimables et semblaient prendre plaisir à converser avec moi. Le lendemain matin, nous nous trouvâmes par hasard au même moment à la porte de l'auberge de jeunesse. « Quelle rive du Rhin vous proposez-vous de descendre ? » me demanda immédiatement le frère d'un ton tranchant. Cela ressemblait fort à une question préparée à l'avance et je me rendis compte qu'il tentait de conjurer un risque imaginaire : l'idée de les accompagner ne m'était pas venue à l'esprit. Si j'avais été culotté, j'aurais répondu : « Et vous, quelle rive descendez-vous ? » Il aurait été obligé de se découvrir et de risquer que je me colle à eux ; ou j'aurais pu être franchement grossier et répondre : « Celle que vous ne prenez pas. » Je répondis quelque chose comme : « J'avais pensé à la rive gauche » (ou la droite). Rapide, comme une porte qui se ferme, il dit : « Nous prenons l'autre », et ils se mirent en route, la sœur silencieusement consentante.

De toute évidence, ils désiraient être seuls, ne pas ramasser de types bizarres, et ils craignaient que je veuille me joindre à eux. C'était fait brutalement mais proprement, c'était net mais froid, typique de cette assurance et de cette fermeté particulières qui s'enseignent dans les *public schools* anglaises ; ou peut-être, pour utiliser l'argument que j'ai employé envers moi-même, était-ce dans sa nature. Mais, après tout, ce n'était pas « bien », comme auraient dit ma grand-mère et mes tantes. J'avoue que, dans une certaine mesure, je les blâme, lui et le système qui l'avait éduqué et lui avait donné ces armes sociales, dont il avait appris à se servir sans se poser de question.

C'est un exemple de plus de la manière dont certains individus, qui appartiennent aux couches les plus solides de la bourgeoisie anglaise, peuvent, en dépit de leurs bonnes manières et même de l'affabilité dont ils font preuve quand il le faut, être sans pitié (« ferme » est le mot qu'ils préfèrent) lorsque leurs intérêts, petits ou grands, sont menacés. Je dis « petits ou grands » parce qu'on peut être tenté de considérer qu'un incident aussi mince, impliquant des jeunes gens juste sortis de l'adolescence, est hors de proportion avec la signification que je lui donne. Ce serait une erreur. J'ai vu à l'arrière immédiat d'un champ de bataille un commandant issu de la grande bourgeoisie réprimander très durement un jeune sous-lieutenant parce que celui-ci pensait, à tort, que les intérêts et la sécurité de sa batterie étaient compromis. Le sous-lieutenant était un élève du lycée de Nottingham qui est entré après la guerre dans une école normale d'instituteurs. C'était une scène de *Retour à Brideshead* sauf que Waugh, tout en enregistrant le dégoût habituel pour les ongles noirs et les accents grossiers, ne transmet pas la brutalité pleine d'assurance d'une classe pénétrée du sentiment de sa supériorité. En dépit de sa taille plus imposante, cet exemple n'est pas plus significatif que l'histoire de la randonnée le long du Rhin.

Ce genre de comportements n'est pas courant chez les membres des classes populaires parce qu'ils n'ont pas le sentiment implicite qu'il existe au-dessous d'eux un grand groupe qu'il leur appartiendrait de diriger ou de contrôler, et parce que, se trouvant tous dans des circonstances difficiles, ils savent qu'ils doivent rester ensemble et s'aider mutuellement. Il y a beaucoup de brutalité dans la vie des classes populaires, mais elle est différente de la brutalité qui vous traite comme quelqu'un qui n'a pas droit à la courtoisie normale des échanges sociaux. C'est encore le cas maintenant. Au simple niveau quotidien, beaucoup de membres de la bourgeoisie font encore preuve de brusquerie envers ceux qu'ils conçoivent comme socialement inférieurs à eux. Ce fait ne doit pas être dissimulé bien que ce soit la mode de le faire ; il remet à leur place les assertions selon lesquelles il n'y a plus de classes sociales de nos jours et montre qu'elles sont fausses. Si ceux qui réagissent avec colère contre l'idée que le sentiment de classe et les comportements de classe sévissent encore en Angleterre le font avec autant de conviction, c'est parce que le style de classe qu'ils pratiquent eux-mêmes est si enfoui dans leur éducation et dans leur formation qu'ils sont tout à fait incapables de le reconnaître ; cela leur semble la manière ordinaire, normale et neutre de se comporter.

Il y a quelques années, à l'occasion d'un déménagement, j'avais loué une camionnette pour transporter nos livres, et mis mes plus vieux habits pour cette activité salissante. Nous avons tourné dans l'allée privée au bout de laquelle se trouvait notre nouvelle maison, et passé devant plusieurs maisons assez grandes, bien cachées derrière leurs haies. Soudain, une femme en tweed jaillit de sa barrière et nous interpella avec une voix de commandant de camp, une trompette à faire voler le cristal en éclats : « Vous vous rendez compte, n'est-ce pas, que c'est un chemin privé ? » Le même genre d'interrogation rhétorique que lors de l'incident du wagon pullman, sauf qu'il s'agissait moins cette fois d'une question que d'une interdiction proférée avec la voix qu'elle avait été programmée à employer, depuis son enfance, à l'intention de tous les ouvriers, de quelque espèce qu'ils soient – éboueurs, chauffeurs de camion, facteurs, vendeurs ; c'était un ton qui indiquait un degré à peine croyable d'insensibilité à la réalité des autres êtres humains, de ceux qui ne faisaient pas partie de son groupe étroit, dans ce pays et à cette époque ; un ton qui charriait les certitudes implicites de sa classe, de son époque et de son lieu.

Qu'est-il préférable de faire dans ces cas-là ? Je mis la tête à la portière et lui dis que je savais que c'était une voie privée car nous venions d'acheter la maison du bout. Elle fit retraite immédiatement, sans un mot d'excuse ; elle ne savait pas comment se débrouiller avec cette voix, une voix plus « instruite » que la sienne, qui sortait de cette apparence et de ces vêtements. Peut-être aurais-je dû répondre : « Mais oui, ma poule. Je sais que c'est privé parce que moi et ma dame, on a acheté la maison du fond pour nous et nos gosses à nous qu'on a adoptés. Le blackos surtout a vachement envie de jouer au foot dans le jardin. »

On peut collectionner de tels exemples comme on collectionne les images qu'on trouve dans les paquets de cigarettes ou, plutôt, comme les caricatures d'un jeu des sept familles. Mais on reste attristé que tant de styles et de tons suggèrent que, par le hasard de la naissance ou de l'éducation, ou probablement des deux, ceux qui en font étalage sont non seulement différents, mais supérieurs à la plupart des autres ; et que ces autres soient battus froid non par une agression physique, mais par le ton de la voix. Ceux qui parlent ainsi sont eux aussi marqués au fer rouge sur la langue, pas moins que les membres des classes populaires. En France, les différences de statut social sont reconnues plus ouvertement mais, dans la pratique, cela se combine avec une vie quotidienne de style plus démocratique. Aux États-Unis, les banalités rituelles et égalitaires du style « bonne journée » (le *have a nice day* qui s'adresse plus souvent aux touristes qu'aux résidents) coexistent avec d'énormes inégalités ; mais on essaie encore d'y maintenir l'idée que nous sommes, par certains côtés importants, tous égaux. L'atmosphère de ces deux pays est plus libre et moins restrictive que celle de la Grande-Bretagne. Nous bougeons, c'est vrai, mais lentement, avec la légèreté d'un hippopotame constipé.

Le nom de Bonamy Dobrée est apparu çà et là dans ce chapitre. L'université m'a apporté beaucoup de choses. La plus importante fut sans conteste la relation qui aboutit à un mariage qui, au moment où j'écris, dure depuis quarante-cinq ans. Vient ensuite l'exemple de Dobrée. D'autres directeurs d'études nous assistaient régulièrement, moi et beaucoup d'autres ; mais Dobrée me mit au nombre de ceux qu'il avait particulièrement en charge. « Aider à limer les arêtes rugueuses » était une de ses phrases favorites pour décrire une partie de ses devoirs d'éducation. La phrase est paternaliste, mais il savait attirer votre attention sur ce que vous pourriez faire ou devenir, sans jamais être pompeux dans sa façon de donner conseil.

De mon temps, il était nouveau à Leeds et le bruit courut bientôt que l'université avait fait l'acquisition d'un professeur plutôt plus pittoresque que la moyenne ; il devait alors avoir environ quarante-cinq ans. Le premier jour de chaque année universitaire, jour des inscriptions, l'université tenait ce qu'on appelait « la vente de charité des nouveaux ». Cela se passait dans le grand hall (de style gothique victorien, il aurait très bien pu servir de grande chapelle) et ressemblait effectivement à une fête paroissiale ou à une vente de charité, ou encore à une braderie. Il y avait de nombreux stands d'associations et de clubs. Et, surtout, il y avait des tables pour chaque département, tenues par les membres du personnel universitaire, où l'on venait s'inscrire pour les matières principales et les matières auxiliaires et où nous cherchions dans notre embarras à obtenir tous les conseils possibles.

Lorsque j'atteignis la table du département d'anglais, ce premier jour d'inscription, c'est Bonamy Dobrée qui était de permanence. Je fus immédiatement frappé par son « style » et sa « présence », bien que je n'aurais pas utilisé de tels mots à l'époque. Il se tenait droit d'une manière inhabituelle, surtout pour un universitaire, et suggérait des mots et des phrases qui, à l'époque, avaient encore cours : « une allure martiale », quelqu'un qui « se tient bien », des choses de ce genre. Il avait une grosse moustache bien taillée comme celles que portent les commandants convenables dans les films sur la Grande Guerre ; il était habillé un peu dans le style gentilhomme campagnard et sentait le tabac pour pipe.

Cette description le fait paraître trop lourd. Il avait aussi une sorte d'éclat. Ses cheveux, épais, longs sur les oreilles et coiffés en arrière, mais déjà presque complètement argentés, y étaient pour quelque chose, il avait un œil vif d'oiseau et le sourire facile dont il usait abondamment, en partie pour vous mettre à l'aise, et aussi parce qu'il aimait effectivement être avec les étudiants. Pour moi, sa voix était ce qu'il avait de plus remarquable. Elle était légère et aiguë et, quand elle s'élevait dans l'enthousiasme, elle prenait un son féminin. C'était une voix maniérée qui paraissait aussi exotique que le cri du flamant rose, sur la terne et vieille Virginia Road dont le département d'anglais occupait une des maisons victoriennes. C'était un composé d'accent des classes supérieures du Sud, de Haileybury[166] et de l'armée d'active, le tout entrelacé avec la mélopée, légèrement nasillarde, caractéristique de Cambridge.

À nos yeux, c'était bien sûr quelqu'un d'important, comme l'étaient habituellement les professeurs pour les étudiants de premier cycle. J'étais immensément impressionné par le nombre de livres qu'il possédait et qu'il avait lus, par l'étendue de ses activités – il aimait être mêlé aux affaires publiques – et par l'entrain et la vitesse avec lesquels il menait tout cela. J'étais fasciné par sa personne tout entière ou par les éléments dont se composait la personne que j'avais construite. Que ce soit à ce moment-là ou plus tard, je ne me rappelle pas avoir cherché à imiter ses manières ou à adopter son style, sauf pour certaines particularités professionnelles précises, que je commençai à remarquer après quelques mois. Il y avait beaucoup de choses dans sa présentation de soi qui paraissaient contestables à un adolescent du Yorkshire ; mais il était toujours intéressant et élégant d'une façon que je n'avais jamais vue avant, sauf dans des films.

Je pense qu'il commença à me remarquer, en tant qu'étudiant « prometteur », vers la fin de ma première année. C'est à cette époque qu'un jour, il m'arrêta et me dit qu'il aimerait me dire un mot. Je ne me souviens plus au juste du motif, mais je crois me souvenir qu'il voulait me donner un conseil fondé sur la connaissance qu'il avait d'un de mes besoins particuliers, ce qui serait tout à fait dans son caractère. En

166 Haileybury fait partie des nombreuses *public schools* fondées entre 1840 et 1860, destinées à la bourgeoisie d'affaires et excluant définitivement les pauvres d'un enseignement qui, à l'origine, avait été créé à leur intention. C'est à cette époque également que leur modèle d'éducation s'est fixé.

revanche, je me souviens d'un petit détail de cette rencontre : c'était le premier exemple d'un contraste entre nos habitudes sociales que la suite de nos relations devait continuellement mettre en évidence. Nous nous étions trouvés nez à nez sur le demi-palier et, après m'avoir arrêté, il dit : « Attendez une minute, il faut que j'aille faire pipi. » J'eus une double réaction. Ma mentalité classes populaires respectables était légèrement choquée : un professeur ne devait pas parler comme ça. Puis, mon attitude d'adolescent cynique prit le dessus et je me demandai : « Qu'est-ce que ça veut dire ? Est-ce qu'il essaie de montrer qu'il n'est pas conventionnel ? »

Au cours de la deuxième année, il commença à me prêter une attention un peu plus délibérée et à m'inclure dans le groupe d'étudiants qu'il prenait sous son aile et qui provenaient de différentes années et de plusieurs départements. Comme j'étais à ce moment-là le plus jeune, les autres me paraissaient impressionnants, raffinés et sûrs d'eux. L'un d'eux avait déjà une voix de violoncelle et un air magistral, et on disait de lui qu'il avait des relations avec le milieu littéraire londonien. Il faisait des conférences en Roumanie au début de la guerre, y servit avec le SOE[167] et fit ensuite une belle carrière dans la diplomatie. Un autre de ces étudiants devint un journaliste de premier plan au niveau national et agent littéraire de surcroît. Et il y avait le superbe Tom Hodgson.

Chaque année, Dobrée choisissait un, parfois deux étudiants comme moi pour s'occuper d'eux. C'étaient probablement les plus brillants à la fois dans le bon sens et dans le sens limitatif du mot. Nous étions intelligents, mais nous avions aussi tendance à être plus capricieux et excentriques qu'appliqués et solides.

167 Une des branches de l'Intelligence Service.

Au pire, nous étions plus brillants que profonds. Les autres membres du corps professoral s'occupaient des autres étudiants en fonction de leurs propres intérêts et des talents particuliers de ces derniers ; Dobrée, lui, avait toujours plus de temps pour le désordonné créatif que pour le régulier solide. Dans l'ensemble, j'étais plutôt un gros travailleur solide, et je n'étais pas particulièrement créatif ; il ne me comptait probablement pas parmi les plus doués de ses poulains, mais il pensait que j'étais intelligent, tenace et que je réussissais bien, compte tenu de mon handicap de départ.

Il n'encourageait pas ce que d'autres – et lui aussi, en l'occurrence – auraient appelé un individualisme débraillé ; vous pouviez vous habiller comme vous vouliez mais, que vous souhaitiez être critique littéraire, poète, journaliste ou diplomate, vous deviez essayer de garder votre esprit en bonne forme et en ordre. Ses collègues ne percevaient pas toujours cette distinction. C'était pour une part un homme de discipline conséquent et ce n'était pas seulement dans son maintien que les traits caractéristiques de l'officier de carrière se laissaient encore voir. La crainte de blesser votre sensibilité ne le retenait jamais de dire ce qu'il pensait être juste ; son principe était qu'une sensibilité blessée peut guérir dès lors que le coup n'a pas été malveillant, mais qu'un mauvais conseil ou de mauvaises habitudes non corrigées peuvent nuire toute une vie.

J'étais hypersensible, à vif, mal assuré et irrité au moindre soupçon de condescendance. Ce qui créait des difficultés stupides mais douloureuses : Dobrée était assez patient pour les supporter, ou bien il me remettait à ma place s'il pensait que les pans de chemise de mon amour-propre dépassaient un peu trop. Il continua à associer les gestes de gentillesse spontanée et les contributions à ce qu'il devait considérer comme mon éducation sociale. Un jour, au début de la deuxième année, à huit heures et quart du matin, on frappa à la porte de ma chambre à la résidence universitaire. J'étais encore en pyjama, pas rasé et abruti pour avoir lu jusque très avant dans la nuit. Dobrée entra avec un air frais et sentant bon comme d'habitude ; sur son chemin habituel, de sa maison à l'université, il avait tourné dans ma rue pour venir me dire qu'on avait bon espoir d'obtenir pour moi une bourse supplémentaire, et que je devais en conséquence passer au secrétariat de l'université dès que possible. J'ignorais qu'il fît quoi que ce soit en ma faveur.

Une autre fois, sur la route de Collingham où se trouvait sa maison et où nous allions prendre le thé, il s'arrêta brusquement devant la boutique d'un pâtissier dans une rue étroite et banale, et dit qu'il devait acheter des gâteaux car il y aurait d'autres invités. « Venez m'aider à choisir », dit-il. Je sus au premier coup d'œil que ce n'était pas une « bonne boutique ». Je ne veux pas dire que ce n'était pas le Fortnum and Mason[168] des pâtissiers. Mais cela fait partie de la triste sagesse du pauvre respectable de savoir qu'il y a de bonnes boutiques pas chères et de mauvaises boutiques pas chères. Celle-ci faisait partie d'une chaîne, disparue maintenant depuis longtemps, et on pouvait dire immédiatement que la marchandise serait « tout pour les yeux et rien pour le ventre » ; elle n'arrivait certainement pas à la hauteur de la qualité de chez Dawes. Tout en politesse réjouie et flûtée, Dobrée acheta un gâteau tape-à-l'œil et nous fit sortir avec panache. Je suivis le mouvement en me sentant à la fois plus vieux et sans illusions.

Un jour, Dobrée fit une entrée majestueuse (cette expression théâtrale est bien celle qui convient) à l'un de ses cours hebdomadaires. L'air vraiment très en

168 Équivalent de Fauchon.

colère, il se mit à nous reprocher vertement de ne pas aller aux conférences publiques que l'université organisait de temps à autre. Le soir précédent, Sir Ronald Storrs, ancien gouverneur de Jérusalem, de Chypre et de la Rhodésie du Nord, avait parlé des exploits de T. E. Lawrence en Arabie, et c'était Dobrée qui présidait. Le hall était à moitié vide et, en regardant autour de lui, il avait vu peu, pour ne pas dire aucun, de ses propres étudiants, ce qui l'avait profondément irrité. Il admirait les hommes d'action et essayait lui-même de ne pas être un rat de bibliothèque sédentaire ; il respectait l'homme d'État qui était aussi un intellectuel et un soldat, comme c'était le cas de Storrs.

À cette époque du trimestre, sa charité professorale commençait probablement à s'émousser. Aussi nous vit-il ce jour-là tels que quelqu'un de moins généreux que lui aurait pu nous voir la plupart du temps : un tas de calculateurs précautionneux à la mine de papier mâché, de ces gens que la célébration du courage comme celle du patriotisme font ricaner, qui ne se hasardent qu'à coup sûr, des agents d'assurances, des joueurs sans risques. Nous pouvions bien ironiser sur les *public schools* et les officiers d'active, mais au nom de quelles forces compensatrices à l'intérieur de nous-mêmes ? Tels les trafiquants de *Cœur des ténèbres*[169], nous ne voulions pas reconnaître les hauteurs auxquelles nous pourrions être appelés, pas plus que les abîmes dans lesquels nous pouvions tomber. Nous faisions partie des gens moyens décrits par Dante, ceux qui ne sont faits ni pour être sauvés, ni pour être damnés. Non qu'il ait dit quoi que ce soit de semblable, et je ne pense pas que ces pensées particulières lui soient venues explicitement à l'esprit. Mais c'était un ensemble de jugements de ce genre qui

169 De Joseph Conrad [1899], Le Livre de poche, 2012.

l'agitait à cet instant et il ne se gêna pas pour nous dire le peu d'estime que lui inspirait notre refus de sortir le cou de notre carapace intellectuelle afin de respirer un air plus stimulant.

Mais c'était Dobrée, le seul ou presque des professeurs à faire des incursions régulières dans la cafétéria bruyante de l'Association des étudiants pour parler avec les étudiants du premier cycle (plus tard, Edward Boyle en fit autant). De toute évidence, son attitude envers les étudiants originaires du Nord, et nous étions en majorité dans ce cas, était complexe, et elle a sans doute beaucoup changé durant les vingt années qu'il passa à Leeds. Je pense qu'il reconnut dès le début certaines des forces dont ces étudiants peuvent faire preuve – une exigence maladroite et rusée de la vérité, un refus « d'accepter quoi que ce soit de seconde main » (comme il disait dans les attestations qu'il faisait pour les gens qu'il appréciait) et, plus particulièrement, d'entrer dans le club de l'intelligentsia omnisciente ; au mieux, une recherche têtue et dépourvue de style de la lumière qui les aiderait à illuminer leur condition. Il voyait ce genre de choses, les respectait, mais il voyait aussi que cela pouvait être l'équivalent spirituel d'une attitude de nouveau riche. J'ai l'impression que beaucoup d'autres choses dans la texture de la vie du Nord, qu'elles soient admirables ou regrettables, lui échappaient. À son âge et compte tenu de ses préoccupations, combler cette lacune aurait nécessité un effort trop grand ; il parvenait souvent à marcher sur l'eau profonde de ces différences en niant simplement leur existence ; et de fait, à ce moment-là, mais dans un sens seulement, elles n'existaient pas.

Il n'idéalisait pas le Nord à la manière romanesque habituelle, pleine de clichés ; il n'était pas un de ces professeurs fumeurs de pipe méditatifs, élevés dans le Sud, que le hasard a placés dans des universités du Nord pendant un quart de siècle et qui sont devenus des experts incollables sur l'esprit et la sagesse de l'homme du Lancashire ou l'humour caustique et salé des gens de Newcastle. Leeds était gris, sale et humide, et l'est encore dans une certaine mesure ; c'est un gros vieux matou, costaud et miteux que seule la famille peut aimer. Le contraste avec les îles anglo-normandes, dont Dobrée était originaire, ou avec Londres ou Le Caire, où il avait enseigné, devait être aigu. Et pourtant, je ne me souviens pas l'avoir jamais entendu se plaindre de vivre dans le Nord, comme le font à longueur de temps les maîtres assistants ; pas davantage ne parlait-il de Cambridge avec nostalgie, il semblait apprécier d'être à Leeds et heureux d'en tirer le meilleur parti.

Un côté de lui-même se voyait, d'une manière un peu romantique, apporter plus de douceur et de lumière au Nord enténébré. Son style était consciemment cosmopolite ; il faisait partie de la génération francophile qui atteignit l'âge d'homme juste avant la Première Guerre mondiale et il parlait français couramment. Dans sa jeunesse, l'Amérique n'était pas encore une étape obligée dans le grand tour des intellectuels. Si, en dépit de tout, Leeds semblait terne à Dobrée, Dobrée passait à Leeds pour un représentant universitaire et partisan du Mouron rouge[170]. On savait au *Yorkshire Post* qu'on pouvait toujours obtenir de lui une réaction publiable sur tout ce qui concernait l'opposition entre le Nord et le Sud ; et lui, en retour, aimait leur en donner pour leur argent.

170 Allusion à *The Scarlett Pimpernel* (1905) roman de cape et d'épée de la baronne d'Orczy dans lequel les membres d'une société secrète anglaise viennent secourir les victimes de la Terreur en France.

Il ne détestait pas faire son effet (on est enclin à nouveau à utiliser des expressions édouardiennes) et choquer le bourgeois. Parmi ses nombreux ancêtres littéraires, l'un des plus évidents était Lytton Strachey. Il aimait se montrer original et surprendre. Un jour, j'entrai dans sa chambre et le trouvai comme à l'accoutumée en train de fumer en travaillant. Mais l'odeur était bizarre, comme celle qui flotte sur les prairies mouillées en automne. « Prenez votre pipe, m'ordonna-t-il, bourrez-la avec ça. » C'était un mélange d'herbes à fumer provenant d'une maison de St. Albans – « un pot entier pour une demi-couronne » – avec son tabac habituel. Il était content à la fois de sa découverte et de l'économie réalisée. Je ne sais pas combien de temps il s'en est tenu à ce mélange, mais je l'ai fumé durant des années par la suite.

Il pouvait se montrer futile et gamin, spécialement lorsqu'il voulait secouer quelqu'un de son « affectation ». « Affecté » était un des mots les plus puissants de son dictionnaire des dégoûts. Habituellement, nos « soirées » de l'association d'anglais le provoquaient. Dans ce temps-là, nous n'invitions pas de conférenciers et nous nous rencontrions entre nous, d'une manière informelle ; nous n'étions pas à notre aise, car nous nous trouvions en dehors du contexte quotidien et du modèle académique dans lesquels nous nous étions habitués les uns aux autres. Il arriva dans une de ces réunions alors que nous en étions au stade des jeux de société. Il sortait d'un dîner officiel et était en habit de soirée. Nous étions en train de jouer – comme toujours – à un jeu littéraire. Il n'aimait pas ce genre de trucs. Au bout de quelques minutes, il se mit à nous initier à un jeu particulièrement compliqué, complètement idiot et absolument pas littéraire. Deux ou trois d'entre nous boudaient avec irritation : pour qui se prenait-il à faire marcher les gens comme ça, nous pouvions très bien nous débrouiller nous-mêmes avec nos propres balourdises, on n'était pas dans un camp du duc d'York pour apprentis bien sages.

La même vivacité animait ses cours : ils étaient provocants et stimulants plutôt qu'exhaustifs. Il franchissait délibérément les frontières traditionnelles entre spécialités ; faiseur de cocktails congénital, il entremêlait ses cours de digressions, d'aperçus originaux venant d'autres disciplines, de soudains changements de niveau, d'irruption dans des affaires contemporaines. Certains de mes propres intérêts les moins formels, à la jointure du littéraire et du social, ont leur origine dans des remarques qu'il faisait incidemment, par exemple, sur William Faulkner et les différents genres de violence en littérature.

C'était un immense travailleur, mais il aurait vu un signe de faiblesse dans le fait de se plaindre ou même de le laisser paraître d'une manière insistante. Vous deviez porter votre fardeau avec aisance ; vous aviez fait vous-même votre choix. Mais, pour faire tout ce qu'il faisait, tout en honorant les valeurs personnelles et les valeurs professorales qu'il respectait tant, il devait s'être imposé une discipline rigoureuse qui lui permettait de distinguer entre ce qui se fait d'un cœur léger et qui mérite qu'on y consacre du temps et ce qui est trivial et qui en fait perdre, entre le travail solide qui suppose une application constante et la pure et simple corvée. De mon temps, il était dans la force de l'âge et il produisait, je ne sais comment, deux livres par an en moyenne. Ils variaient en profondeur et l'éventail de leurs sujets était « dangereusement » ouvert ; mais ils témoignaient tous de son rêve de littérature. Comme on pouvait s'y attendre, certains le qualifiaient de papillon – et, de fait, il était brillant, coloré et avait tendance à papillonner. Mais sa manière caractéristique et l'étendue de ses centres d'intérêt s'alimentaient à des sources plus constantes, plus abondantes et plus profondes que cet étiquetage ne le laisse entendre.

Bonamy Dobrée nourrissait le rêve d'un « homme de lettres » à la vaste culture, un bon lettré qui s'acquitte de sa charge de lettré avec aisance, mais pas à la légère. Quiconque l'aurait vu se livrant à l'examen critique d'une thèse ou d'un manuscrit aurait réfléchi deux fois avant de parler de papillonnage ; c'était un rigoriste du détail, entêté et sévère. Et pourtant, son homme de lettres idéal était supposé porter sa charge académique allègrement, ne pas être écrasé par elle, n'être ni vieux jeu ni poussiéreux, ne pas être au nombre de ces « Têtes chauves oublieuses de leurs péchés/Ces vieilles têtes chauves cultivées et respectables[171] ». Il pensait que les critiques devaient avoir un pied, sinon dans la boutique puante des chiffonniers du cœur, du moins dans les mansardes en désordre où s'écrit parfois la littérature. Il avait tendance à abandonner aux autres les tâches régulières et monotones de l'étude historique ou textuelle (encore qu'il l'ait pratiquée dans ses propres écrits académiques) ; il mettait plutôt l'accent sur le fait que la littérature et tous les arts sont l'expression d'êtres humains vivants qui y mettent leurs espoirs et leurs souffrances. Parmi ceux qu'il présenta pour être docteur *honoris causa* de l'université, il y eut T. S. Eliot, Edwin Muir, Wyndham Lewis, Edith Sitwell, Storm Jameson et Henry Moore. Je suppose que cette attitude le conduisait à soutenir plus volontiers un poète instable qu'un tâcheron. La qualité particulière de l'école d'anglais de Leeds tenait

171 « Bald heads forgetfull of their sins/Old, learned, respectable bald heads. » William Butler Yeats, « The Scholars », *The Wild Swans at Coole*, 1917.

à l'époque à ce qu'elle donnait le sentiment que l'étude de la littérature est d'un genre différent de la plupart des autres disciplines, parce qu'elle tire ses matériaux des tensions des vies individuelles et de ce qu'on peut tenter pour en extraire du sens au moyen des mots. Nous devions nous aussi nous y investir. « Vous devez vous approprier certains auteurs », avait-il coutume de dire avec un sourire éclatant, mais d'une manière insistante.

J'étais toujours un peu inhibé dans ma relation avec lui, à cause des interférences personnelles et sociales dont j'ai déjà fait mention, et il se peut qu'il l'ait ressenti inconsciemment. D'autres me racontaient des réunions avec lui, joyeuses, d'une manière que je n'ai pratiquement jamais connue. Avec ceux qui l'approchaient avec moins de complication, il se livrait plus volontiers, laissait davantage tomber la posture professorale. L'un de ses protégés plus jeune me dit qu'un soir, alors qu'ils étaient en train de faire la vaisselle à Collingham, Dobrée avait passé en revue sa vie et ses réalisations et avait terminé en disant : « Voyez-vous, je dois reconnaître que mon cerveau n'est pas de la toute première classe. » Plus tard, je fus touché d'entendre à nouveau sa voix claire et honnête, mais triste aussi de ce qu'il n'ait pas pu, dans les premiers temps de notre relation, se départir au même point avec moi de son rôle académique.

Il faut insister sur deux autres de ses qualités, faute de quoi ce portrait serait incomplet. Il était extrêmement courtois et très soucieux de ne pas blesser quand il sentait que quelqu'un avait besoin d'une attention spéciale ou n'avait pas encore la force de supporter la contradiction directe. Vis-à-vis des femmes, auxquelles il était sensible, il était d'une courtoisie un peu à l'ancienne mode et même galant. Il avait passé la plupart de ses jeunes années, jusqu'au début de sa vie d'homme adulte, dans une société à prédominance masculine, alors que, de mon côté, j'avais vécu dans une famille des classes populaires dominée par les femmes. Aussi étais-je particulièrement impressionné par le formalisme quasi cérémonieux de sa courtoisie attentionnée envers elles. Une fois, Mary et moi, nous nous promenions avec lui dans son jardin. J'étais pris par la conversation et je n'avais pas remarqué que Mary était restée en arrière, peut-être pour regarder des fleurs. Quand nous le remarquâmes, je continuai à avancer, en partie parce que j'étais absorbé par la conversation, mais aussi parce que, dans mon univers, elle était censée nous rejoindre. Il me coupa brusquement la parole et dit d'un air un peu étrange : « On attend Mary ? » Un incident infime, comme beaucoup d'autres, mais significatif : c'était encore une manière de faire mon éducation ; mais il est de fait aussi que les hommes de la haute bourgeoisie de sa génération, supérieurement dressés, étaient d'une politesse et d'une attention constantes pour leur entourage féminin et pour les femmes en général.

Il y avait aussi ses simples prévenances, tel ce détour par ma résidence universitaire pour me dire qu'il avait essayé de trouver de l'argent supplémentaire pour moi et qu'il pensait avoir réussi. Des choses apparemment moins importantes aussi, comme ce jour où, pensant que j'étais surmené, il m'emmena dans sa maison vide – sa femme, Valentine, était à Londres avec ses peintures les plus récentes – et me dit : « J'ai bien peur qu'il n'y ait pas grand-chose, aimez-vous les œufs cocotte ? » Je n'en avais jamais entendu parler, mais il les fit très bien. Ces gentillesses impliquaient souvent des sacrifices de sa part, ainsi que de la persévérance, et une attention continuelle aux besoins d'autrui. Beaucoup de jeunes écrivains qui attendaient qu'une de leurs œuvres soit acceptée savaient qu'il était toujours bon pour cinq livres; je suppose que personne, et sans doute pas même Dobrée, car il ne tenait pas de registre, ne connaissait toutes les ramifications de ces secours. Je savais combien l'aide qu'il me donnait était variée; je crois qu'il s'est conduit à peu près de la même manière avec bon nombre d'autres personnes et, au total, il a dû faire don de lui-même d'une manière très large et compliquée.

Après que nous eûmes tous les deux été mobilisés, il m'envoya, du camp dont il était le colonel, de bonnes chaussettes kaki en disant qu'il en avait plus qu'il ne lui en fallait et qu'il savait que les recrues qui faisaient leurs classes n'étaient jamais bien pourvues. Un peu avant, alors que j'étais encore à l'université, il en avait fait un peu trop et hérissé mon dos toujours hypersensible en me disant tout à trac un beau jour: « Soyez dans les bureaux du *Yorkshire Post* à onze heures demain. Je vous ai arrangé un entretien avec Arthur Mann. » Mann était le redoutable rédacteur en chef du *Post*. C'était agir en autocrate que de décider de sa propre initiative que je devais faire du journalisme et encore plus d'arranger un entretien sans me consulter. Du reste, je voulais être universitaire et non journaliste, et mon snobisme était tel que je me sentis légèrement déclassé. Je m'y rendis pourtant – pour un entretien raté d'avance; il n'était pas possible de faire autrement, tant ses bonnes intentions étaient évidentes.

Il est clair que Dobrée incarna pour moi, à bien des égards, la figure du père intellectuel à une étape difficile de ma vie. Mais il sut conserver entre nous une relation bien nette, sans relâchement ni complaisance. Cela aussi, je l'appréciais: le respect de soi-même des classes populaires méthodistes non conformistes entrait en résonance avec les dispositions libérales et militaires de la haute bourgeoisie.

Mais, une fois de plus, j'adopte trop vite le point de vue social au détriment du point de vue personnel. D'autres, avec les mêmes antécédents, n'auraient pas nécessairement agi comme lui. En dépit de tous les éléments sociaux et culturels dont j'ai nourri mon récit, il y avait, à la base de notre relation, une affection réciproque ; et, de mon côté, un grand respect, un respect qui dépassait les considérations de classe. Il me montra en action des qualités que je ne prétends pas avoir appris à pratiquer : l'âpreté au travail et le goût de la perfection, l'attention au détail quel que soit le travail en cours ; un soin pédagogique dépourvu de simplisme ; un soupçon de l'esprit du guerrier heureux – de l'allant et de la gaieté ; de la répugnance au calcul et le refus du sentimentalisme ; à l'occasion, une sorte de raideur digne, mais le plus souvent de la courtoisie, de la magnanimité et de la générosité.

Toutes ces qualités se manifestèrent dans la manière dont il supporta la longue et cruelle maladie de sa femme, qui assombrit les années de leur retraite à Blackheath. La dernière fois que je les vis ensemble, ce fut pendant un répit entre deux de ses opérations douloureuses et je fus à nouveau témoin du soin, de la courtoisie et de l'amour qui ont marqué leur relation d'un bout à l'autre. Valentine avait insisté pour qu'ils fassent un gigot et resta debout un moment. Pendant le repas, la conversation fut franche et détendue ; il m'accompagna ensuite à la gare, et nous parlâmes en marchant de sa vie et de son travail dans sa retraite – avec une ouverture qui, alors, ne se heurtait plus à des obstacles à demi perçus. Quand le train s'ébranla, il m'adressa son sourire rayonnant habituel et, en bon pupille de Dobrée, je me rappelais les vers de Yeats sur la « gaieté qui transfigure toute cette épouvante ». Si je l'avais connu alors, je me serais aussi rappelé ce vers de Larkin qui figure dans les premières pages de ce livre : « Ce qui survivra de nous est l'amour. »

Je ne le revis plus après le début des années 1970. Je sus qu'après la mort de Valentine, il avait commencé à se sentir vraiment très vieux ; il espérait, disait-il, n'avoir pas trop à attendre avant de partir à son tour. Mais il attendit : « Les hommes doivent endurer leur partance de ce monde aussi bien que leur venue ici-bas » était le genre de formule finale qu'il affectionnait. Nous avions déménagé pour Paris en 1970 et je m'étais laissé de mois en mois absorber jusqu'à l'excès par mon travail. Un soir de 1974, une amie venue d'Angleterre me dit tranquillement en descendant l'escalier de notre immeuble : « Vous avez dû être bien triste de la mort de Bonamy Dobrée. » Il y avait plusieurs semaines que c'était arrivé et nous n'en avions rien su.

Deux mois environ après le voyage à Venise, je décrochai une mention très bien[172]. Elles n'étaient pas fréquentes en littérature, un peu plus en linguistique ; les étudiants en littérature en obtenaient d'ordinaire une tous les deux ans. Au cours de la même cérémonie, on conféra le titre de docteur *honoris causa* à T. S. Eliot, un vieil ami de Dobrée. Au thé qui suivit, celui-ci, à sa manière caractéristique, me présenta à l'improviste à Eliot qui dit gravement : « Nous nous sommes vus tous deux faire l'objet d'une distinction aujourd'hui. »

Assis en sa compagnie dans sa pièce du dernier étage chez Faber vingt-cinq ans plus tard, je lui rappelai cet épisode[173]. Il affecta courtoisement de s'en souvenir.

172 Au diplôme de *Bachelor of Arts*, équivalent de la licence.

173 Faber *&* Faber, maison d'édition à la direction de laquelle T. S. Eliot participa.

Ma mention très bien me rapporta la bourse de deux ans que Tom Hodgson avait obtenue auparavant; je devais en conséquence aller à Cambridge où Dobrée avait d'excellents contacts, et travailler à une thèse. Mais, à cette époque, il était évident que la guerre était imminente et, de toute manière, guerre ou pas guerre, il fallait que je case ces six mois de service dans la milice. Dobrée me conseilla de repousser l'entrée à Cambridge d'un an. Cela me donnait quinze mois pour manœuvrer, moins six pour l'armée. Commencez une thèse sur Swift pour le *Master of Arts*[174] ici avec moi, me dit-il (il travaillait alors à son volume *Early Eighteenth Century* de l'Oxford History of English Literature et pensait que je pourrais y apporter ma contribution), vous travaillez vite et pourriez le finir puis faire votre service dans la milice avant d'entrer à Cambridge. Cela signifiait qu'un an de ma bourse de doctorat y passait, mais on pouvait laisser ce problème de côté pour un moment.

Lorsque la guerre éclata en septembre, j'avais bien avancé mon MA[175] et je m'attendais à être mobilisé d'un jour à l'autre. Dobrée, colonel de réserve, disparut bientôt pour diriger un centre d'instruction militaire; mais non sans avoir fait auparavant une demande pour que ma mobilisation soit repoussée. Je terminai le MA en mars et fus mobilisé dans l'artillerie à la fin de l'été; dans l'intervalle, je fis plusieurs petits boulots.

Vers juin ou juillet, à l'occasion d'une semaine de vacances, je connus une période de joie presque pure, cette joie imprévue, hors du temps que l'on ressent lorsque l'agitation et les soucis s'apaisent, et qui rend les actes les plus simples, et parfois les plus idiots,

174 Équivalent de la maîtrise.

175 *Master of Arts.*

beaux et comme neufs. Mon frère Tom attendait lui aussi sa mobilisation, sa demande, pourtant bien fondée, d'obtenir le statut d'objecteur de conscience ayant été refusée, comme on pouvait s'y attendre, d'une manière intolérante ; et Mary venait juste de terminer son année de formation pédagogique. Nous décidâmes de faire une randonnée à travers la région des Lacs en logeant dans des auberges de jeunesse. Vues de l'extérieur, ces vacances ne furent pas une grande aventure ; nous faisions notre cuisine nous-mêmes, nous déjeunions très simplement à midi, nous nous asseyions dans la bruyère et nous avions des conversations sans importance. Une fois, en début de soirée, nous fûmes surpris dans un éboulis par une forte pluie et nous glissâmes sur une centaine de mètres en étreignant nos sacs en papier pleins de foie cru et de pommes de terre qui se désintégraient. Tout cela semblait merveilleux et merveilleusement drôle. Une autre fois, nous trouvâmes une piscine en plein air et Tom fit le marsouin dans l'eau ; Mary et moi, restés sur le bord, étions tous deux écroulés de rire. Tout était aussi simple que ça et c'était un plaisir sans mélange. Nous étions à l'aise entre nous ; nous savions que ce qui allait advenir ne serait pas agréable et durerait longtemps. Mais nous ne nous cramponnions pas anxieusement aux plaisirs qui nous étaient offerts. Nous étions retranchés de tout, sauf de nous-mêmes : trois jeunes gens qui s'adoraient dans un monde naturel qui semblait en harmonie avec eux.

Vers la fin du séjour, nous redescendîmes à Hawkshead pour téléphoner à Leeds. J'avais eu mon MA. Non loin de là se trouvait un de ces hôtels typiques de la région des Lacs, tout en longueur et sans étage, où se restauraient les randonneurs et les grimpeurs de la bourgeoisie. On y servait un déjeuner à trois shillings et six pence, le prix normal pour un repas complet dans un bon hôtel, et bien au-delà de ce que nous nous permettions d'habitude. Nous retournâmes nos poches, découvrîmes que nous pouvions tout juste nous l'offrir à des fins de célébration, et nous assîmes, sinon dans la splendeur, du moins dans un confort inaccoutumé.

Pour ma part, je pense à ces vacances avec deux personnes que j'aimais comme aux derniers jours entièrement heureux avant notre séparation ; Tom avait devant lui une longue lutte avec les autorités et devait ensuite se battre dans plusieurs pays avant de pouvoir enfin entreprendre une formation de professeur, sa vocation naturelle ; je partirais, de mon côté, pour presque six ans, principalement en Afrique du Nord et en Italie ; quant à Mary, elle aurait la part la plus pénible, à enseigner et à attendre.

SOMMAIRE

LES ÉDITIONS HORS D'ATTEINTE

Avant, il nous arrivait d'avoir peur en regardant les infos : aujourd'hui, c'est même le cas quand on regarde la météo.

Beaucoup de ce qu'on croyait acquis tremble ou disparaît – la paix en Europe, le droit d'avorter, les démocraties libérales. Beaucoup de ce qu'on croyait endormi se réveille – les luttes féministes et antiracistes, pour la justice sociale et le climat.

Pour comprendre ce qui nous arrive et ce que nous pourrions faire advenir, nous avons besoin de livres qui se diffusent non seulement en tant que tels, mais irriguent aussi nos débats dans les écoles et les prisons, dans les médias et sur les réseaux sociaux. Nous avons besoin de puiser dans ces refuges de la concentration, du courage, de l'empathie, de l'imagination.

Être féministe implique de se défaire de logiques coloniales, prédatrices, d'accaparement et de domination. Être féministe exige l'égalité et la solidarité entre tous les êtres humains, la dignité de tous et toutes, la défense du vivant, la liberté, l'indépendance et la justice sociale.

Hors d'atteinte est une maison d'édition féministe de fiction et de non-fiction où s'arment les luttes émancipatrices d'aujourd'hui et de demain.

Une grande attention y est portée à ce qui nous précède. Une grande diversité de voix y est représentée. On y regarde la société à travers les yeux de ceux qui ont rarement l'occasion de décrire ce qu'ils voient. On y érige des livres comme des monuments en l'honneur de la dignité des personnes qui les peuplent.

Une dizaine de livres par an, romans et essais, boîtes à outils et partage d'expérience, développement non pas personnel mais collectif; et beaucoup de rencontres.

Ces livres s'adressent à des personnes qui pourraient croire que les livres ne sont pas faits pour elles, et à toutes celles qui s'intéressent à ce qui ne leur ressemble pas.

Lisez, lisez, sinon nous sommes perdus!

Pour suivre nos publications
et vous abonner à notre newsletter:
WWW.HORSDATTEINTE.ORG

Les éditions Hors d'atteinte ont été fondées en mai 2018.
« Dansez, dansez, sinon nous sommes perdus » est une citation de Pina Bausch

Ce livre a été réalisé grâce au travail conjoint de
nombreuses personnes, dont :

Assistance éditoriale et relation libraires : Camille Enrici
Conception graphique et mise en page : Margot Bouvet
Couverture : Katja van Ravenstein
Diffusion et distribution : Équipe Harmonia Mundi Livre,
dont Luigi Balice, Sandrine Benois, Daphné Coularet,
Olivier Fabre, Marion Floris, Dominique Franceschi,
Catherine Kornmann, Guillaume Le Douarin,
Véronique Morvant, Margot Mucci, Evelyne Muespach,
Fabien Pagès, Benoit Pichaud, Cloé Pollin, Matthieu Raynaud,
Violette Tastet, Catherine Travers, Marion Vetro,
Milène Veyrier
Direction générale : Marie Hermann
Droits étrangers et poche : A&M Agency
(Anna Lindblom et Marie-Pacifique Zeltner)
Impression : Équipe Sepec numérique,
dont Alexandre Dahan et Sophie Gil
Relations presse : Françoise Laigle
Stagiaire : Noémie Vanderbecq

Achevé d'imprimer en juillet 2025 sur les presses de Sepec numérique

Pour le compte des éditions Hors d'atteinte
42, rue Saint-Saëns 13001 Marseille

Ce livre est le 63e à y paraître.

Diffusion et distribution en France, en Belgique, en Suisse
et au Québec :
Harmonia Mundi Livre
Mas de Vert – CS 20150
13631 Arles Cedex
Tél. +33 (0)4 90 49 58 05
adv-livre@hmlivre.com

Dépôt légal septembre 2025
Imprimé en France Certifié PEFC